HANS HABE

ERFAHRUNGEN

WILHELM HEYNE VERLAG

MÜNCHEN

HEYNE-BUCH Nr. 5185
im Wilhelm Heyne Verlag, München

FÜR LICCI

»Das kleine Lied, das ich dir zugeschickt,
Ich frage nicht: ob es dein Ohr erquickt,
Ob vor dem Auge farbig dir gespielet?
Ich frage: wenn du's an dein Herz gedrückt,
Ob du's gefühlet?«

Ludwig Uhland

INHALT

GESTALTEN UND BEGEGNUNGEN

GESELLSCHAFT UND GENERATION

CHARAKTER UND LEHRE

Die Monumente im Leben eines Menschen
werden nicht ordentlich aufgereiht. Es ist die Erfahrung,
die einen Menschen einordnet.
(André Malraux: »Antimemoiren«)

Erinnerungen, Memoiren, Autobiographien — über fast allen liegt die Müdigkeit: Da humpelt einer auf Krücken zum Mikrophon und beschreibt einen Schnelläufer, greise Sportkommentatoren. Verklärt liegt die Landschaft in der herbstlichen Abendsonne, aber so sah die Landschaft nicht aus — es hat geregnet, Gipfel in Wolken gehüllt, der Boden war tief, Stürme haben die Bäume geknickt, manchmal hat man nichts gesehen, die Nebel hingen tief.

Auch so milde war man nicht, damals, hat nicht so gerecht geurteilt, wer lebt, ist parteiisch, Gerechtigkeit riecht nach Tod. Wenn die Wahrheit neutral wäre, einerseits, anderseits, habt Verständnis, liebt euch, ich liebe euch alle, alles schon dagewesen: Schopenhauer hätte Traktätchen geschrieben. So war es nicht. Man hat geliebt und gehaßt, manchmal hat man die Falschen geliebt und die Falschen gehaßt, und auch die Richtigen hat man nicht geliebt, die Wege waren krumm und steinig, die Asphaltstraßen des Alters sind öde.

Sie ähneln sich alle, diese abgeklärten Altersweisheiten, und die sie aussprechen, können sich doch nicht geähnelt haben, sie waren gütig oder bösartig, sie waren gütig und bösartig, jetzt sind alle Hände schmal und weiß und freundlich; Gott hat Hände geschaffen, damit sie verschieden seien. So wurden Gespräche nicht geführt, sie waren nicht druckreif, die meisten waren belanglos, die Partner haben keine Stichworte geliefert, man hat verleumdet, verdächtigt, verunglimpft, man thronte nicht über den Jüngern, hatte keine, jetzt sind es Bibelworte, der liebe Gott greift zur Feder.

Es ist alles verziehen. Aber es ist nicht alles verziehen, noch lange nicht, man wurde geprügelt, es tut immer noch weh, manchmal schmerzen die verheilten Narben, manche sind wund, manche bluten, wer weiß, wer man geworden wäre, wenn es nicht so geschmerzt hätte, man verzeiht erst, wenn einem verziehen wird, und da gehen sie hinter einem einher.

Es klingt alles endgültig, und nichts ist endgültig, die Weisheit am allerwenigsten, das Endgültige wird täglich ungültig. Man liest Bilanzen, Bilanzen gehen immer auf, rechts und links die gleichen Ziffern, ich habe das nie verstanden, wie man Bilanz ziehen, da es doch weitergeht, einen Tag oder ein Jahrzehnt, es gibt nichts Langweiligeres als Bilanzen, außerdem sind sie falsch, die beiden Seiten sind nie

11

gleich. Das Wort »zweifellos« steht über der Weisheit, und »zweifellos« sagt man doch nur, wenn man seiner Sache nicht sicher ist, man ist den Zweifel nie los; ist man seiner Sache aber sicher, dann um so schlimmer, Abgeklärtheit ist der Verlust des Zweifels, also des Daseins. Weisheit ist nicht abgeklärt. Weisheit heißt Änderung.

Ich wundere mich über die zornige Ablehnung, die der Begriff »Erfahrung« bei der Jugend auslöst.

Liegt es daran, daß sie meint, wir hätten nichts aus unseren schlechten Erfahrungen gelernt? In Wirklichkeit gibt es schlechte Erlebnisse, aber keine schlechte Erfahrung; der Wert der Erfahrung wird nicht geringer, weil man aus ihr keine Konsequenzen gezogen hat. Erfahrung ist die Verzinsung des Erlebnisses. Daß man die Zinsen nicht selber abhebt, ändert nichts am Reichtum.

Liegt es daran, daß die Jugend von vorn anfangen will, Jugend als göttliches Kollektiv, das die ganze Welt neu schaffen möchte? Sie will nicht ernten, was sie nicht gesät hat, sie will nicht säen in der bekannten Erde, obwohl es keine andere gibt, auf dem Mond gedeiht nichts. Aber auch das kann es nicht sein; ich weigere mich, die Jugend für so töricht zu halten, daß sie das Gesetz der Kontinuität negiert.

Liegt es daran, daß sie die Erfahrung haßt, weil sie die Überlegenheit der Älteren fürchtet, die Arroganz der Erfahrung? Sie sieht in der Erfahrung einen Kapitalismus ohne Geld, sie versteht unter den Besitzlosen, denen ihre Liebe gehört, auch die Armen an Erfahrung, Solidarität mit den *have-nots*. Dabei hindert sie nichts, uns den Rohstoff unserer Erfahrung zu entlisten, zu entreißen, nach Gutdünken zu verarbeiten — Erfahrung ist nie Arroganz, höchstens die Schlußfolgerungen, die man aus ihr zieht, sind es.

Wesentlicher ist ein anderes. Diese Jugend ist von einem nicht unbegründeten, aber unqualifizierten Mißtrauen besessen — besessen, sage ich, denn ihr Mißtrauen grenzt an Verfolgungspsychose.

Ich muß an die Frau eines Komponisten denken: Sie starb nicht an dem Wahnsinn, von dem sie befallen war, sondern an einer vulgären Lungenentzündung — sie hatte sich geweigert, Antibiotika zu nehmen, weil sie sie für vergiftet und die Ärzte für Mörder hielt. Als eine vergiftete Arznei betrachtet die Jugend unsere Erfahrungen: keine Erfahrung, meint sie, die nicht von Vorteil und Vorurteil, Intoleranz und Aggression, Eigensucht und Eigendünkel vergiftet wäre.

Es werden, fürchte ich, viele junge Menschen sinnlos an Lungenentzündung sterben.

Lebenserkenntnis ist die einzige ausschließlich empirische Wissenschaft. Nietzsche geißelt »*das Offenstehen mit allen Türen, das unter-tänige Auf-dem-Bauch-Liegen vor jeder Tatsache, das allzeit sprung-bereite Sichhineinversetzen, Sichhineinstürzen in Andere und Ande-res*«, aber er geißelt nur, was nicht zu ändern ist, wir liegen auf dem Bauch vor der Erfahrung, und wenn wir uns aufrichten, ist eine neue da, die uns zu Boden zwingt.

Ich kann da nicht mitmachen, großer Friedrich. Meine Türen stehen offen, sprungbereit stürze ich mich in Andere und Anderes, und weil er mit »*jeder Tatsache*« jede Erfahrung gemeint hat, bin ich bereit, mich ihr zu unterwerfen. Ich bin nicht frei von der ewigen Sehnsucht der Menschheit, mit dem Gehirn des Vielerfahrenen das Leben neu zu beginnen, aber der Preis ist mir zu hoch; ich möchte lieber unbelehr-bar bleiben. Zöge man die Lehren aus seinen Erfahrungen rechtzeitig und ganz bewußt, müßte man auf die Augenblicke verzichten, aus de-nen sich die Stunde zusammensetzt, es gäbe keine spontane Erfahrung mehr, nur eine herbeigeführte, verschlossene Türen, der Mensch ein Computer, gefüttert mit verhinderten Konsequenzen. Erfahrung ist der einzige wahre Reichtum, weil man ihn nicht verlieren, nur ver-schenken kann, weil man ihn auch behält, wenn man ihn verschenkt, weil man, indem man ihn verschenkt, reicher wird, weil der eigene Gewinn gering ist neben dem Geschenk.

Ich habe euch nichts zu schenken. Ich schenke euch Erfahrung.

MOMENTE

Ich lebe in Ascona, im Schweizer Tessin, in einem weiten, schönen Haus, das mir nicht gehört, das aber nach meinem Geschmack ist, es könnte mir gehören.

Eigentlich lebe ich in meinem Arbeitszimmer. Es ist ein herrlicher Raum, hoch und luftig, mit einer schiefen, getäfelten Decke, die Frau des ersten Besitzers war Malerin, das Zimmer war ihr Atelier. Zwei Wände sind mit Büchern tapeziert, Farbenglück, an die zweitausend Nachschlagewerke, ich muß nur selten eine Bibliothek besuchen, ich bin nicht so gebildet, daß ich nichts nachschlagen müßte, und nicht so ungebildet, daß ich nicht fände, was ich suche. In einem einzigen Regal stehen meine Lieblingsbücher, »Lieblingsbücher« steht im Katalog, gemeinsam ist ihnen nur, daß ich sie liebe, Joseph Roths *Gesammelte Werke*, das *Tibetanische Totenbuch*, Alfred Kerrs *Neues Drama*, der ganze Claudius, eine Auswahl von Machiavelli, *Der Traum der roten Kammer*. Die Bücher, die ich selber schrieb, in mehr als fünfunddreißig Jahren, füllen sieben Reihen, etwa vierhundert an der Zahl, der Übersetzungen halber wirkt das sehr eindrucksvoll, am stolzesten bin ich auf die Bücher in Blindenschrift. Ich habe zwei Schreibtische, an dem einen schreibe ich meine Bücher mit der Hand, an dem anderen meine Post mit der Schreibmaschine, ich habe keine Sekretärin, das ist sehr mühsam, mühsamer wäre nur eine Sekretärin. Ein paarmal im Tag betritt Licci das Zimmer, sagt mir, was ich vergessen habe, setzt sich in das große Lederfauteuil, in dem ihre zierliche Gestalt verschwindet, hört zu, wenn ich ihr vorlese, stimmt mir zu, oder sagt: »Mir gefällt es«, was so viel bedeutet, daß es nur ihr gefällt, sonst niemand gefallen könnte, wenn sie geht, sage ich: »Paß auf auf dich!« Eine breite Tür führt in den Garten, hinter mir das Atelierfenster; wenn ich mich erhebe, sehe ich die Cardada. Im Garten Sonnenblumen und Gladiolen, Pelargonien in Töpfen, die Wege von Tulpen gesäumt, Rosen an der Hauswand, eine japanische Kirsche, ein Baum, den wir Dayan nennen, weil ihn uns eine Freundin am letzten Tag des Sechs-Tage-Krieges geschenkt hat. Hinten, an der Hecke, im Bambuswald, wohnt die Fasanfamilie, im Winter kommen Monsieur und Madame an meine Tür, Licci füttert sie. Da schaukelt sich der Winter in den Hängematten des Nebels, die Palmen wundern sich über den Schnee, der sich auf ihre harten Blätter bettet, aber sie sterben nicht, denn sie wissen, was sie dem Tessin schuldig sind. Ich spreche von meinem Arbeitszimmer, die Gäste nennen es Bibliothek, das Hausmädchen sagt Studio, aber für Licci ist es das Kinderzimmer, weil es so viel Kindisches enthält — die Whiskyflasche, die eigentlich ein Radioapparat ist, die Sanduhr, der batteriegeladene Brieföffner, das Kaleidoskop, das Feuerzeug in einer Kerze, die Muscheln vom Lido, alte Automodelle und Netsukes.

Hier, in Ascona, hause ich nun das dreizehnte Jahr, hier ließe sich hausen.

Aber es hätte sich überall hausen lassen.

Meine Kindheit ist mit Balatonboglár verbunden, dorthin kehren sie zurück, meine heimatlosen Träume. Ein staubiges Dorf am ungarischen Plattensee, wenn die Regen kamen, versank man tief im Kot, die in der prallen Sonne gelbenden Akazienbäume waren schüchterne Versuche von Bäumen, den ganzen Sommer waren die grünen Rolläden herabgelassen, aus dem Gasthof des Onkels drang der Weingeruch auf die Straße, wir versteckten uns, wenn die Zigeuner kamen, die stehlen Kinder, hieß es, der Vierspänner des Gutsherren verschwand in einer Staubwolke, die Badekabinen rochen nach nassem Holz, die Großmutter stopfte die Gänse mit Mais, meine Mutter hatte einen rosa Sonnenschirm, bei einer Bauernhochzeit weinten die Zwillinge des Brautpaares im Trog unter dem Bett, die schönen Kusinen betreuten die verwundeten Soldaten auf der Bahnstation, am Abend saß man an dem langen Familientisch vor dem Haus, auf dem sandigen Boden standen die Weinflaschen. Balatonboglár war ein häßliches Dorf, und wenn ich etwas Schönes sehe, erinnert es mich an das häßliche Dorf. Ich habe an vielen schönen Stätten in vielen schönen Häusern gewohnt. Ich beneide alle, die ihr Heimatdorf nie verlassen haben.

Das Haus der Tante, in Dornbach bei Wien, dort wuchs ich auf. Man nannte es Villa, weil es in einer Villenstraße lag, aber es war ein ziemlich plebejisches einstöckiges Haus mit einem kleinen Garten, einem einzigen Kastanienbaum und einer verfallenden Weinlaube, dem »Salettl«. Die Erinnerung kennt kein Nebeneinander, sie kennt nur, falsche Perspektive, ein Nacheinander. Es war ein Nebeneinander: Mit meinen Freunden und Freundinnen saß ich im Garten, wir diskutierten über Schnitzler und Hofmannsthal, in der Schule tauchten die ersten Hakenkreuze auf, im eisigen Winter 1929 stand ich frierend in der Telephonzelle, in der Zeitung, die ich des Sportberichtes wegen gekauft hatte und in der Straßenbahn las, stand, mein Vater sei ein Lump, ich küßte das Mädchen auf dem Waldweg, der nach Neuwaldegg hinaufstieg, »Juden hinaus!« schrien die Studenten im Hörsaal, um meinen Onkel versammelten sich die kommunistischen Genossen aus Ungarn, ich saß in der Nacht am offenen Fenster und wartete auf die Frau, die nicht kam, im Parlament fragte ein Abgeordneter, was ich, Sohn meines Vaters, in Wien verloren habe, ich brachte eine Frau im Morgengrauen zur ersten Straßenbahn, »Marktfahrerin«, spottete Tante Juli, ich veröffentlichte meine ersten Artikel und versteckte meine ersten Gedichte. Viele Behausungen zwischen dem Haus in Balatonboglár und dem Haus in der Curlandgasse, viele Häuser danach, aber an den Straßen stehen viele Häuser, und wer darin wohnt, weiß nicht, ob es ein Heim ist.

Mit meiner zweiten Frau wohnte ich in der stillen Avenue Bertrand in Genf, wir hatten die Möbel aus Wien mitgebracht, zum ersten und letzten Mal lebte ich zwischen modernen Möbeln, Vorahnung vieler Hotelzimmer, sie werden schnell alt. Im Pressesaal des Völkerbundes hatte ich mein Schreibpult, am Abend telephonierte ich mit dem *Prager Tagblatt*, ich liebte eine Französin, mit der ich nicht verheiratet und die verheiratet war, die Koffer waren immer gepackt, spanischer Bürgerkrieg, Krieg in Abessinien, Kanonendonner, Bombenrauch, Ambulanzglocken, bei einem Fest im Schloß der Madame de Staël trug man die Kostüme des 18. Jahrhunderts, italienische Journalisten bewarfen den geflohenen Negus, Eidotter im Gesicht, auf den Giebeln der Hotels am See wehten die Fahnen der Nationen, in den Hotelhallen saßen Flüchtlinge aus Deutschland, ich schrieb an einem Emigrantenroman, junge Journalisten im Wohnzimmer in der Avenue Bertrand, bis zum Morgengrauen diskutierten wir über Freud und Marx, Dollfuß wurde ermordet, mein österreichischer Paß wurde ungültig, ich saß auf dem Balkon und sah dem Flug der Vögel nach, an den Wänden des Restaurants *Bavaria* welkten die Menüs aus der großen Zeit der Hoffnungen, im Nachtlokal *MacMahon* tanzte man den Lambeth-walk, in der Nacht, in der Chamberlain in Bad Godesberg kapitulierte, gab de Valera einen Ball im *Hotel des Bergues*, der See roch nach Verwesung, ich packte meinen Koffer, ein Fischerdorf in der Bretagne, ich packte den Koffer aus, ich packte den Koffer ein, es war ein kleiner Koffer, man braucht nicht viel, wenn man unter die Soldaten geht. Als ich zurückkehrte, nach Kriegsgefangenschaft und Flucht, war die Wohnung noch da, aber man sagte mir, ich sollte mich fortscheren, die Schweiz habe keine Lust, meinethalben Krieg zu führen, die Schweiz hatte recht, die Wohnung in der Avenue Bertrand war nur eine Wohnung gewesen.

Von den Wohnungen in Amerika erinnere ich mich an das Haus in Washington, auch das war ein sehr komfortables Haus, ich kann mich nicht beklagen, die Wände waren immer sehr komfortabel. In Amerika haben die meisten Menschen eine Adresse statt eines Heimes, ich hatte eine Adresse, Kalorama Road, Washington NW, NW heißt vornehm, meine Frau war Amerikanerin, der Koch Ungar, der Koch verstand mich, er ging, weil er nicht für mich kochen konnte, ich war selten zu Hause, das Armeelager war nicht weit entfernt, in Maryland, Cordell Hull kam zum Essen, Maxim Litwinow kam zum Essen, Andrei Gromyko kam zum Essen, aus dem Fenster beobachtete ich die Eichhörnchen, sie hatten die Tollwut, mein Hund wurde tollwütig, mein Geburtstagsgeschenk brachte ich in die Bank, weil man einem vorher nicht sagt, wann man an die Front geschickt wird, bei der Geburtstagsparty von Barbara Hutton hüpften Papierfrösche unter der Tischdecke, es war zum Totlachen, Eleanor erwartete ein Kind, keine Sorge um das Kinderzimmer, ich würde mein Zimmer nicht brauchen, Hemingway schrieb mir, ich sollte ein neues Buch schreiben, aber der Schreibtisch, den ich gekauft hatte, das einzige Möbelstück, das mir gehörte, war leer, eines Sonntags bekam ich die Masern, zum zweiten Mal, obwohl das gar nicht möglich ist, ich durfte zu Hause bleiben, ich fühlte mich beinahe zu Hause, der Masern wegen, Roosevelt fragte, wo ich wohne, ich wußte es nicht genau, als der Film, der nach *Ob tausend fallen* gedreht wurde, Premiere hatte, war ich in Afrika, als mein Sohn geboren wurde, war ich in Sizilien. Ich kehrte nicht mehr zurück, in das Haus auf Kalorama Road, ein paar Kisten mit überflüssigen Büchern und überflüssigen Anzügen kann man auch nach Hollywood schicken.

Einfamilienhaus ist ein schrecklicher Begriff, das Wort riecht nach Spießertum und Abfallkübel und Linoleumboden und Wäscheseil und Gemüsebeet: Das Haus in München, Harlaching, war ein Einfamilienhaus. Der Pg, dem es gehört hatte, war vertrieben worden, dann hatten Amerikaner hier gewohnt, alle Besatzungshäuser ähnelten einander, deutsches Bürgertum, amerikanisches Offiziersquartier, nahtloser Übergang, jetzt das Dach eines Amerikaners, der kein Amerikaner, eines Deutschen, der kein Deutscher war, Berta, das alte Hausmädchen, stammte aus Reichenberg, vertrieben, eine Party für Fritz Kortner, er war gerade heimgekehrt aus dem Exil, zurückgekehrt, nicht heimgekehrt, im Hof des Redaktionsgebäudes stand mein Cadillac, eine Antiquität aus Amerika, die Garage des Einfamilienhauses diente als Kohlenkeller, General Eisenhower hatte mir gesagt, er wolle nie wieder einen deutschen Soldaten sehen, die Amerikaner wollten deutsche Uniformen sehen, ich fuhr zu Konrad Adenauer nach Bonn, auf dem Rückweg las ich in der *Neuen Zeitung*, daß sich meine Eltern in Budapest umgebracht hatten, meine fünfte Frau war schwanger, sie sagte, daß sie das Kind in Amerika zur Welt bringen wolle, beim Oktoberfest spielte die Kapelle *Lützows wilde verwegene Jagd*, am Sonntag versuchte ich, an meinem neuen Roman zu arbeiten, ich ging an der Isar spazieren und glaubte, hier sei es gut, Hütten zu bauen, »*Hinaus aus Deutschland mit dem Schuft*«, schrieb eine illustrierte Gazette, als meine Tochter geboren wurde, taufte sie ein deutscher Pastor nach anglikanischem Ritus, der Name Marina Elizabeth wurde auf dem amerikanischen Konsulat registriert. Die Freunde sammelten für die Überfahrt, wir fuhren mit dem Schiff nach Amerika, wir hätten auch fliegen können, ohne Übergewicht.

Schloß sich der Kinderreigen, als ich das alte, geräumige Bauernhaus in St. Wolfgang am Wolfgangsee bezog? Mit meinem Erzieher hatte ich den Schafberg bestiegen, es war noch der gleiche Schafberg — »Naß war der Tag, die schwarzen Schnecken krochen, / doch als die Nacht schlich durch die Gärten her, / da war der weiße Flieder aufgebrochen / und über allen Mauern hing er schwer«: Börries von Münchhausen —, das Spalierobst kletterte zum Fenster hinauf, Tag und Nacht fiel der Regen, von »Kamillenteeregen« hatte Kaiser Franz Joseph gesprochen, hier hatte er gejagt, im Gmundner Kachelofen knisterte das Feuer, ich trug einen Lodenanzug, obwohl Hitler das den Juden verboten hatte, der Blick von der Gartenlaube, dem »Salettl«, war von duftendem Jasmin gerahmt, unter den roten Apfelbäumen zog ein einziges Pferd den Bauernwagen, mit dem Sarg des alten Schöndorffer, seine Enkelin spielte mit Marina, der kleine Richard wollte mit dem Lockruf: »Fischi, Fischi«, die Fische ans Ufer zaubern, der See verglaste, aus dem Fenster meines Arbeitszimmers konnte ich die Kinder sehen, die auf dem Eis ihre Kurven zogen, Licci kochte auf einem riesigen Holzofen, Licci war da, es konnte nur das Kindheitsland sein, ich kaufte einen Bauernschrank, ich baute ein Bootshaus, Bootshausgeplätscher am sonnigen Nachmittag, ein Wiener Schriftsteller schrieb über die lästigen Fremden, der Tischler kam nicht, die Wirtin sagte, es sei schwer, einen Weihnachtsbaum zu finden, was brauchen Juden einen Weihnachtsbaum, die fette Frau des Installateurs grüßte Licci nicht mehr, der Dorfgendarm fragte nach unseren Pässen. Ich hatte einen Kastanienbaum gesetzt. Man soll keine Kastanienbäume setzen, wo man keine Wurzeln hat.

Ascona ist schöner als Balatonboglár, freundlicher als St. Wolfgang, verwandter als Washington. Der Biedermeiergraf lächelt beruhigend in seinem Rahmen, unser Bett ist aus einem alten italienischen Weinwagen geschnitzt, Licci hat die Porzellanlampen gemalt; nur die Mauern der Casa Acacia gehören einem andern. Alles im Haus haben wir in dreizehn Jahren gesammelt, älter als dreizehn Jahre sind nur die Reisekoffer, es gibt viele, sie füllen die Schränke eines ganzen Korridors. Wenn ich nachts an ihnen vorbeigehe, scheinen sie mit mir zu sprechen. Ob ich hier Bäume setzen soll ...?

Mit siebzehn Jahren schrieb ich ein sechshundert Seiten starkes Buch über Heine. Die Ideale meiner Jugend waren nicht Indianerhäuptlinge und nicht Poetae laureati, nicht Generale und nicht Frauenlieblinge, nicht Chirurgen und nicht Komödianten — das Ideal meiner Jugend war ein kranker Jude, der Emigranten aus dem Weg ging und dem sie aus dem Weg gingen.

Ich habe die Inflation der frühen zwanziger Jahre zwar als Kind, aber bewußt erlebt; sie bedeutet mir etwas anderes als bloß Geldentwertung.

Inflationszeiten sind Zeiten der gesetzlichen Ungerechtigkeit, sandgebaut, prahlerisch und herzlos, aber so einfach ist es nicht, Balzac wußte es, Zola wußte es, in Schwarz und Weiß ist die Inflation nicht darzustellen, keine Epoche hat so viele Farben, Töne, Schattierungen. Wer in der großen Inflation gelebt hat, der hat nicht vor fünfzig Jahren, er hat in einem anderen Jahrhundert gelebt, vor Hunderten von Jahren. Das Elend der Inflation ist ein besonderes Elend, weil es nicht die Klassenunterschiede an den Tag fördert, wie sie im Schulbuch stehen, die Armen werden nicht bloß ärmer, die Reichen reicher: Manche Arme werden reich und manche Reiche arm, aber selbst das trifft nicht zu, neben dem Konflikt zwischen arm und reich wuchert der Konflikt zwischen Altreichen und Neureichen; sie hassen sich mehr als die Reichen und die Armen, wobei sich die Neureichen den Armen näher fühlen als den Altreichen, ohne bei den Armen Gegenliebe zu finden, die Altreichen hinwiederum fürchten die Parvenüs mehr als die Revolution. Kein Zufall, daß nach diesem unorthodoxen Umsturz die Reaktion siegt, nicht die Revolution. Der Begriff des Eigentums wird in der Inflation so pervertiert, daß die revolutionären Kräfte, die sie hervorbringt, nicht wissen, gegen wen sie sich erheben sollen. Besitz wird zu einem Tausch- und Schacherobjekt wie in den *trading posts* der Indianer; mittelalterliche Brutalität macht sich breit; freie Bahn dem Tüchtigen, der auf der freien Bahn gleich wieder strauchelt; die neuen Kapitalisten, die meistens »von unten« kommen, sind auf ihre Rolle so wenig vorbereitet wie die neuen Armen, die meistens aus dem Mittelstand kommen: Sie wollen kein Porzellan zerbrechen, sie wollen nur ihr Porzellan aus der Pfandleihanstalt holen. Die Entwertung des Geldes bringt den Wert des Geldes zum Bewußtsein. In der Inflation, einer reaktionären Revolution, gehen Misere und Romantik Hand in Hand, übrigens tun sie das fast immer. Glücksritter und Raubritter treten auf, Abenteurer, Goldmacher, Goldsucher; das Elend flüchtet in Sentimentalität, der Reichtum in Frivolität; die Totengräber amüsieren sich, und die Toten tanzen; da keiner eine Chance hat, glaubt jeder, eine Chance zu haben; Ideen und Nacktheit und Gefühle werden gehandelt, alles käuflich, alles verkäuflich, man kauft Schlösser und Seifenblasen, man verkauft Türme und Träume. Nie ist die »gute alte Zeit« so modern wie in der Inflation, das Gestern unbedingt besser als das Heute, Tanz um ein unsichtbares goldenes Kalb; da hat es die Heuchelei leicht, neben den Glücksrittern treten die Prediger auf, Karneval im Schatten von Aschermittwoch.

Doch auch das gehört zu den Farben der Palette, daß die Zeit, neben Spekulanten, Betrügern, fixen Gesellen, auch jungen Talenten hold ist, man braucht neue Narren an neuen Höfen; die neuen Reichen, anders als die alten, haben ein schlechtes Gewissen, im faulen Boden blühen die Künste.

Es ist der Merkwürdigkeiten kein Ende. Wenn die Inflation stirbt, häufen sich die Leichen der Sklaven zu Bergen, sie werden im gleichen Grab mit den Sklavenhaltern verscharrt, doch, siehe da, die Pyramiden, die sie mit Falschgeld errichten, stürzen nicht ein, neben den Kartenburgen, welche die Stabilisierung hinwegfegt, gibt es auch stabile Kartenburgen. Es ist mit dem Inflationserlebnis, Vergangenheit in der Gegenwart, wie mit dem Kriegserlebnis: Man möchte es nicht erfahren haben — und man möchte es nicht missen.

Ich mußte 1954 meine Autobiographie schreiben, *Ich stelle mich*, eine Operation am zuckenden Herzen — der Titel stammt nicht von mir, ein geschäftstüchtiger Verleger hat ihn ersonnen, immerhin stimmte ich zu. Ich bereue es nicht, obwohl es ein gefährliches Unterfangen war.

Autobiographien sind Selbstmordversuche. Mißlingen sie, wird einem vorgeworfen, zu wenig Veronal geschluckt zu haben, gelingen sie, ist man tot. Die meisten Leute, die von sich schreiben, vermeiden es sorgfältig, von sich zu schreiben; man erfährt aus ihren Autobiographien nur, was sie für diskrete Leute sind. Hielten sie nichts von sich, schrieben sie keine Autobiographien, aber sie geben sich bescheiden und spielen Statistenrollen in einem Stück, das man des Stars halber zu sehen gekommen ist. Ihre eigene Bedeutung bedeuten sie durch die Schilderungen ihres Zusammentreffens mit bedeutenden Leuten. Solche Autobiographien dreht man hin und her, wie die altmodischen Rebusse: Der Beschriebene sitzt zwischen den Ästen, aber man muß einige Übung besitzen, um ihn zu finden. Die anderen Autobiographien, die aufrichtigen, bringen den Autor in den Verruf des Exhibitionismus; man liest sie wie eine Pornographie, teils geil, teils empört. Kaum hat man sich einen Schurken genannt — was, bei einiger Ehrlichkeit, gelegentlich jeder tun sollte —, glaubt jeder, den Autor einen Schurken nennen zu dürfen. Rousseau beschreibt in *Les Confessions*, daß er als Knabe eifrig vor dem Kamin onanierte; wäre er nicht Rousseau, nennte ihn alle Welt einen Onanisten. Autobiographien sollten postum erscheinen.

Es gibt jetzt Leute, die ihren kümmerlichen Lebensunterhalt mit dem Studium von *Ich stelle mich* verdienen. Sie sind nicht der Erwähnung wert, nur ein Beispiel ist es.

Da haben einige meiner arbeitslosen Eckermanns ausgegraben, daß ich als Zweiundzwanzigjähriger einige Monate lang die Zeitungen des faschistischen Prinzen Starhemberg redigierte. Sie haben es ausgegraben in meinem eigenen Bergwerk, sie hätten es sonst kaum erfahren.

Der österreichische »Faschismus«, der dem Anschluß voranging, war der ebenso verzweifelte wie untaugliche Versuch, die Unabhängigkeit Österreichs gegen die braunen Horden zu verteidigen: »SA-Verbrecher an Österreichs Grenze«, hieß eine der ersten Schlagzeilen des *Mittagsblattes;* Tausende Juden strömten in die Heimwehr; meine Redaktion bestand zu einem guten Teil aus deutschen Emigranten; die Zeitungen störten den begonnenen Flirt zwischen Rechten und Rechtsextremisten; am Tage des Anschlusses mußte Prinz Starhemberg fliehen; ich hatte mich schon längst von ihm abgewandt, die beiden Emigranten hatten nichts gemeinsam als die Trauer um das Ende Österreichs. Das alles habe ich beschrieben, aber ich kann niemand zwingen, das ganze Buch zu lesen, Gewinn für die Fälscher, ich kann sie nicht einmal Fälscher nennen.

Der Sinn der Beichte ist die Reue; jede Beichte läßt sich, wenn man die Reue des Beichtenden verschweigt, in eine Anklage verkehren. Autobiographien liefern Indizien für ein Verbrechen, das man nicht begangen hat. Aber ich sollte mich nicht beklagen. Stellt man sein Gewissen vor die Tür, darf man sich nicht wundern, daß sich Vagabunden finden, die darin wühlen.

Ich war vierundzwanzig, einer der jüngsten Korrespondenten am Völkerbund. Eines Tages stellte ich den berühmten Zeichner Kelen — er hatte alle Größen des Völkerbundes karikiert —; ich fragte ihn, warum er mich so »herablassend« behandle. Erstaunt, aber zur Auskunft bereit, sagte er, er sei ein Freund meines Vaters gewesen, in meinem Kinderzimmer habe er mich zum ersten Mal gesehen, ich hatte gerade auf dem Töpfchen gesessen. Öfter als man glaubt, bestimmt das Ich-habe-dich-noch-gekannt-als die menschlichen Beziehungen.

Ich ertappe mich dabei, daß mir die Freundlichkeiten, die man mir in Wien erweist, besonders wohltun. Neben den vielen Komplexen, welche die Psychoanalyse in den letzten Jahrzehnten entdeckte, sollte der Koriolan-Komplex einen vornehmen Platz einnehmen. Jeder will das Heimatdorf erobern.

Gerade aus der Emigration heimgekehrt, besuchte mich der Dichter des *Teufel,* Alfred Neumann — zuweilen mit einem Zwergkopisten des gleichen Familiennamens verwechselt —, in München, wo ich

21

eine Zeitschrift redigierte. Wie sehr er sich über meine Erfolge freue, sagte er, über meine Beliebtheit bei Verlag und Lesern. Ich staunte. »Da Sie nie Unwahres sagen, Alfred, da ich aber unbeliebter bin denn je zuvor und meine Zeitung zudem eine Pleite ist — können Sie mir verraten, wer Sie so falsch unterrichtet hat?« Neumann nannte drei Namen, die Namen von drei Freunden, mehr besaß ich nicht. »Merkwürdig, gerade diese haben Sie getroffen?« — »Durchaus nicht merkwürdig«, sagte Neumann. »Freundschaft heißt, nur jenen zu begegnen, die von dem Freund Gutes sagen ...«

Am 14. August 1972 hat der sowjetische Ministerrat beschlossen, für jüdische Intellektuelle, die nach Israel auswandern wollen, für Wissenschaftler, Gelehrte, Professoren, ein »Kopfgeld« von 16 000 bis 80 000 Mark zu fordern, das Vierfache bis Zehnfache der »Taxe« für nichtjüdische Auswanderer über sechzehn Jahre.

Im Juli 1938 befand ich mich als Sonderkorrespondent des *Prager Tagblatt* in Evian-les-Bains, dem seiner Heilwässer halber berühmten Kurort auf der französischen Seite des Genfer Sees. An einem sonnigen Morgen lief ich auf der Hotelterrasse einem Mann in die Arme, an den ich mich im weißen Ärztekittel erinnerte — »Jetzt zähl schön, mein Junge!« hatte er gesagt, als mir sein Narkotiseur die Äthermaske aufs Gesicht drückte, dreizehn Jahre war es her, 1925, Wien, Auersperg-Sanatorium, dem Jungen muß man endlich die Mandeln entfernen, ich war knapp vierzehn. Heinrich von Neumann, Ritter von Héthárs, geboren im Jahre 1873 zu Wien, vom letzten Kaiser Österreichs geadelt, doch ein Edelmann von Geburt, in meiner Kindheit hatte man gesagt, er besäße »das Ohr der Könige«, ein witziges Wort, er war der Laryngologe der Könige, der berühmteste seiner Zeit. Er war Jude.

Zwei Tage später, es hatte den ganzen Tag geregnet, saß ich mit Heinrich von Neumann auf dem Balkon seines Zimmers im *Hotel Splendid*. Er müsse sich jemand anvertrauen, sagte er, ich sei jung, sagte er, deshalb wolle er sich mir eröffnen, es war ziemlich unverständlich. »Weißt du«, sagte er — er duzte mich noch immer —, »ich bin da, um die Juden Österreichs zu verkaufen.« Die Gestapo habe ihn kommen lassen — daß ihn nur die Intervention des Ex-Königs Eduard VIII. aus dem Gefängnis befreit hatte, erwähnte er nicht —, im Auftrag der Gestapo sei er hier, mit ihrem Einverständnis habe er das Ausreisevisum erhalten; vierhundert Dollar, mindestens zweihundert verlange das Deutsche Reich für die Auslieferung jedes österreichischen Juden, zwei- bis vierhundert Dollar pro Stück. »Pro Stück«, sagte er, und blickte hinaus über den dampfenden See. Von dem Kampf mit der Gestapo kein Wort, nichts von dem qualvollen Dialog mit seinem Gewissen, jeder Jude der Preis eines Maschinengewehrs, Devisenbeschaffung für den Krieg, Beihilfe zum Mord, jeder Jude, für den nicht gezahlt würde, zum Tod verurteilt, er sagte nur: »Die Welt ist hier versammelt, die Flüchtlingskonferenz ist die einzige Chance.« Er fragte mich nicht nach meiner Meinung, »die Mission muß geheim bleiben«, manchmal griff er sich ans Herz, als striche er über sein Sakko, von unten hörte man Schritte auf dem nassen Kies, von fern die Musik der Salonkapelle, »zweihundert pro Stück«.

Acht Tage später ging die Konferenz auseinander, sie kaufte nicht, Heinrich von Neumann fuhr zurück nach Wien, die Geiseln warteten.

Jetzt ist der Preis höher, 4000 bis 20 000 Dollar pro Stück. Man soll nicht sagen, daß der Wert des Menschenlebens nicht gestiegen ist. Sonst hat sich nichts geändert. Nicht für die Juden.

Wieviel Menschen ich im Krieg getötet habe, weiß ich nicht; vielleicht keinen, vielleicht ein Dutzend. Nicola habe ich nicht getötet. Von den Toten denke ich an Nicola.

Es war im Juni 1940, unmittelbar vor dem Zusammenbruch der französischen Armee. Mein Beobachtungsposten war nur wenige hundert Meter von den deutschen Stellungen entfernt. Wir hatten uns zu dritt in unser Erdloch gegraben, drei »Freiwillige« aus drei Ländern — der schmächtige Doktor Baráti, ein Rumäne, der dunkle Bergarbeiter aus Portugal, Malagrida, und ich. Die Telephonverbindung mit unserem PC, der Kommandostelle, war längst unterbrochen. Es regnete.

Das Gespenst, das aus dem Wald kam, hieß Nicola. Ich weiß nicht mehr, welcher Nationalität Nicola war, die meisten von uns, in diesem hastig zusammengewürfelten 21. *Régiment de Marche des Volontaires Etrangers* hatten keinen gültigen Reisepaß, man nannte sie *indéterminés*, die Unbestimmten. Nicola war ein Unbestimmter. Alles an ihm war unbestimmt, seine graue Hautfarbe, sein beinahe zahnloser Mund, seine farblosen Haare, sein fremdes Französisch. Wie ein Gespenst starrten wir ihn an, denn der schmale Pfad im Wald von Noirval war von der deutschen Artillerie »eingeschossen«, tiefe Löcher, quergefallene Baumstämme, verbranntes Laub, der Wald geschändet und weggeworfen. Seit zwölf Stunden hatten wir nichts vom Gefechtsstand des Obersten gehört, nichts hatte man im Gefechtsstand von uns vernommen, schlafen diese Kerle eigentlich auf ihrem Beobachtungsposten, wer soll das Artilleriefeuer dirigieren, wenn die Kerle schlafen.

Das einzige Fernrohr, mit dem man etwas ausmachen konnte, sei zertrümmert, sagte ich Nicola, er möge dem Colonel einen schönen Gruß bestellen. Er nickte und trank aus der Feldflasche. Dann fragte

er, ob man sich denn nicht von den Beobachtern des 11. Infanterieregiments ein Fernrohr ausleihen könne, die lägen doch nur zwei Kilometer östlich von uns, beinahe mit freiem Auge sichtbar. Eine Idee.
Wer aber sollte den Hang hinabsteigen, zu den Elfern, kein schützender Wald, freies Feld, unwahrscheinlich, daß die Deutschen kein Fernrohr besäßen. Als Chef des kleinen Trupps durfte ich meinen Posten
nicht verlassen, blieben also Baráti, Malagrida und Nicola. »Du mußt
es bestimmen«, sagte Baráti.

Ich weiß nicht, warum meine Wahl auf Nicola fiel. Er war nun
schon einmal unterwegs, der Oberst hatte ihn gesandt, der Weg von
dem *poste d'observation* des anderen Regiments nach Noirval war
nicht länger als von unserem eigenen. Aber vielleicht wollte ich nur
keinen meiner Beobachter verlieren. Im übrigen regnete es noch
immer; es begann zu dämmern.

Kaum eine Minute, nachdem Nicola aus dem Erdloch gekrochen
war, setzte von drüben das Artilleriefeuer ein. Nicola hatte sich eben
aufgerichtet, er wollte die Bäume erreichen. Das Artilleriegeschoß
schlug neben ihm ein.

Manchmal kommt ein Gespenst aus dem Wald. Vielleicht habe ich
Nicola getötet. Wenn ich nicht wüßte, wie er hieß, käme das Gespenst
nicht aus dem Wald. Nur Namen wecken das Gewissen. Ist Anonymität der Feind der Menschheit?

An einem der frühen Abende, die ich mit Licci verbrachte — kaum
wirbt man um eine Frau, spricht man schon von der eigenen Kindheit —, fragte ich sie, ob sie sich an das erste Theaterstück erinnere,
das sie gesehen hatte. *Der listige Schornsteinfeger*, sagte sie, ein Kinderstück, und auch für mich war *Der listige Schornsteinfeger* das erste
Theatererlebnis gewesen. Ich sage nicht, daß wir das Glück unserer
Ehe dem listigen Schornsteinfeger verdanken, aber er hat einen guten
Teil dazu beigetragen. Glückliche Ehen sind ein Wunder: Sternschnuppen, die von zwei verschiedenen Sternen gebrochen sind, sie
ähneln sich nicht und sollen eins werden, sie sollen verschmelzen ohne
zu verglühen, das All kennt keine Schienen, und sie sollen nebeneinander einherlaufen. Wenn es sich wenigstens um Bruder und Schwester handelte, aber damit hatte schon Lord Byron Schwierigkeiten. Es
steht nicht geschrieben, daß man nicht heiraten dürfte, ohne im gleichen Theater, in der gleichen Stadt, im gleichen Jahrzehnt den *Listigen
Schornsteinfeger* gesehen zu haben, es ereignen sich Wunder, aber
man sollte sie nicht allzusehr strapazieren. Ein Salut dem *Listigen
Schornsteinfeger!*

Mike und Paul bestanden darauf, mir den Platz zu zeigen, wo man die Ermordete begraben würde, mein Kind, Marina.

Der *Holy-Cross*-Friedhof in Los Angeles, wenige Tage nach Weihnachten. Kleine Weihnachtsbäume auf den Gräbern, Weihnachtskugeln in allen Farben, Lametta, Engelshaare, nur die Kerzen fehlen, es ist in Amerika verboten, Kerzen anzuzünden, Feuergefahr, *Merry Christmas*, Prosit Neujahr.

Gestern fegte ein Sturm über Los Angeles. Er riß Kugeln von den Bäumen, jetzt liegen sie auf fremden Gräbern, die lieben Verwandten werden sich kränken, Paul tritt auf eine Kugel, sie knistert wie Silberpapier. Der Wind bläst mir Engelshaare ins Gesicht, sie kleben wie türkischer Honig, der Wind bewegt die Kugeln auf den Bäumen, violette Glocken singen. Die kalifornische Sonne spiegelt sich in den Kugeln, die Grabschriften spiegeln sich silbern, blau, violett.

Paul und Mike sprechen unentwegt, sie versuchen, mich abzulenken, aber ich starre auf die *candy sticks*, sie stecken in der Erde um die Gräber, sie sehen aus wie Spazierstöcke für Liliputaner, weiß-rosa gestreift, weiß-lila, man schenkt sie braven Kindern, sie lutschen daran. Die lieben Toten hatten, wer weiß, eine Vorliebe für *candy sticks*, um Mitternacht sitzen sie auf den Gräbern und lutschen an Spazierstöcken. Man läßt sich die Stimmung von den Toten nicht verderben, *Merry Christmas*, vielleicht lächeln auch die Toten, *keep smiling*, auf einem Grabhügel liegt ein Paket, rosa, mit einer riesigen Masche, die Maschen werden fertig geliefert, das Paket ist ungeöffnet, der Tote war nicht neugierig.

Im Büro soll ich einen Grabstein aussuchen, aus einem Katalog, alle gleich groß, *regulation size*, die einen etwas billiger, die anderen etwas teurer, auch die Inschrift vorgeschrieben, nur die Namen sind verschieden, kein Stein darf aufrecht stehen, man schreitet über die Toten, man kennt hier keinen Spaß, außer zu Weihnachten.

Ich dachte, Evelyn Waughs bittere Friedhofsnovelle sei eine Übertreibung gewesen. Und dabei hat er den *Holy Cross Cemetery* nicht um die Weihnachtszeit gesehen ...

Im Nebenzimmer schläft Eloise, sie hat seit achtundvierzig Stunden nicht geschlafen, der Arzt hat ihr eine Spritze gegeben, die Krankenschwester wacht an ihrem Bett. Wer wohl den Unsinn in die Welt gesetzt hat, daß geteiltes Leid halbes Leid sei, Leid ist kein Kuchen, den man aufteilt, Eloise hat nichts so gefürchtet wie die Begegnung mit mir, das Leid im Spiegel ist doppeltes Leid. Ich sitze allein im Wohnzimmer, ich habe es nicht gekannt, da hat Marina gelebt, mit ihrer Mutter. Eloise hat mir verboten, den Steckkontakt herauszuziehen, es ist Marinas Weihnachtsbaum, er darf nicht angerührt werden, die

Kerzen leuchten auf und verlöschen, rot, gelb, grün, Verkehrsampeln auf dem Sunset Boulevard. In allen Häusern dieses riesigen Landes regeln Weihnachtskerzen den Verkehr. Ich liebe dieses Land. Und ich könnte hier nicht leben.

Die Bilder der Toten verwandeln sich unentwegt, die Bilder der Lebenden sind tot, und die Bilder der Toten leben.

Ich habe die Bilder Marinas aufgestellt, aufgehängt, überall, gnadenlos, aus wildem Trotz. Anfangs sprachen sie zu mir, aber es war keine gute Sprache, es war, als wollte sie mir Schmerz bereiten, als wollte sie mich anklagen: Ich spreche zu dir, du hörst mich nicht, kein Wunder, du hast mich nie verstanden, ich brauche dich, warum tust du nichts. Ich blickte auf vom Papier, blickte nach der Tür, die in den Garten führt, durch die Gartentür pflegte sie zu mir zu kommen, am Morgen, verschlafen, den Schlafrock umgeworfen, du arbeitest schon, ich habe lange geschlafen, es wird ein sonniger Tag, fahren wir auf den See hinaus? Nur das Bild im Rahmen, warum habe ich es aufgestellt, nur das Bild lebt, sie ist tot, ich bin tot, wir sind tot.

Dann starben auch die Bilder, auf einmal waren sie alle tot, sie sprachen nicht mehr, erstarrter Mund, die Haare Papierstreifen, fremde Photographien, nicht Marina, nur Marinas Photographien.

Dann wurden einzelne Bilder lebendig, nicht alle, das Bild mit dem Stofflöwen war tot, so klein war sie nie gewesen, alle Toten sind erwachsen, und das andere war lebendig, das lachende aus Hawaii, sie blickte in die Kamera, vielleicht hatte sie ihren Mörder gesehen, warum erkennst du ihn nicht, das Bild auf dem Boot, hat sie etwas geahnt?

Und dann alle Bilder lebendig, jetzt sieht sie mir zu bei der Arbeit, ich störe dich nicht, ich habe es hinter mir, du hast es vor dir, vertauschte Rollen, du bist jung und ich bin alt, du brauchst mich nicht zu verstehen, ich verstehe dich.

Morgen? — ich weiß nicht. Morgen sterben die Bilder wieder, morgen leben sie wieder, sie haben ihr eigenes Leben, ihren eigenen Tod.

Es hätte anders kommen können, und ich bin dankbar, daß es so gekommen ist. Damals, nach Marinas Tod, schrak ich zusammen, wenn ich ein junges Mädchen sah, in ihrem Alter. Ich floh vor Silhouetten, vor flatternden blonden Haaren, ihre Haare waren in der Mitte gescheitelt, jede Ähnlichkeit jagte mich, jede eingebildete Ähnlichkeit, ein Mädchen unter einem Regenschirm, so hatte sie ausgesehen, als wir sie aufgelesen haben, an der Ecke der Via Patricia, eine Coca-Cola-Reklame im Fernsehen verdunkelte meinen Abend, tanzende Mädchen, Beat-Musik, wie hatte sie sie geliebt, die Ferienabende im *Club*, wir hatten gewacht, endlich drehte sich der Schlüssel, die kurzen Röcke, es war die Minizeit, das Lachen, ich hatte es gehört, am Weihnachtstag, an dem wir zuletzt miteinander sprachen, es ist eine schreckliche Zeit, in der sich die Jungen so ähneln, alle ähnelten Marina, ich wollte niemand sehen, der ihr ähnelte. Warum sie, gerade sie, eine mörderische Frage, es hätte eine andere sein können, nun würde ein anderer Vater vor jungen Mädchen fliehen, ich will kein Mörder sein, ich meide alle. Ich weiß nicht, ob es plötzlich geschah, oder allmählich: Jetzt ist es anders, ganz anders, umgekehrt, nie zuvor habe ich junge Mädchen so gern gesehen, nie waren sie mir so nahe, es sind die Freundinnen der Toten, Gespräche, als führte ich sie mit ihr, wir haben so viel gesprochen, so viel nachgeholt, im letzten Sommer. Ich verstehe sie, sie verstehen mich, das Sommergespräch geht weiter, du und ich haben es nur unterbrochen, was ich damals nicht verstand, verstehe ich jetzt, verzeih, daß ich es damals nicht verstand! Es ist gut, daß alle Marina ähneln.

Man hat die Mörder nie gefunden, obwohl ich sie zu kennen glaube. Wir haben eine Freundin, sie lebt in Venedig, auch ihre Tochter wurde ermordet, auch sie in Kalifornien. Als der Mörder vor Gericht stand, sagte unsere Freundin, daß sie dem Mörder verziehen habe. Ich verzeihe Marinas Mörder nicht. Vor dem Ungeheuerlichen wird man gläubig oder ungläubig. Ich bin so gläubig, daß ich Ihm das Verzeihen überlasse. Nicht so gläubig, daß ich Ihm die Strafe überließe.

Viele denken, ich hätte mich erst nach Marinas Tod dem Konservatismus verschrieben. Die stellen sich das so einfach vor. Ein Mädchen wird in einer kalifornischen Nacht ermordet, ein paar Kilometer vom Sunset Boulevard, sinnlos, eine verlorene Handtasche, Messerstiche. Also bekennt sich der Vater zu *law and order*. Warum nicht umgekehrt? Könnte der Vater dieses Kindes nicht die Gesellschaft anklagen, die faule, verfaulende Gesellschaft, in der sich solches ereignen konnte, und die nicht einmal des Mörders habhaft zu werden vermag? Marinas Tod hat mein Leben verändert, alles ist anders geworden. Nur so primitiv bin ich nicht, daß mir das persönliche Erlebnis zur Ideologie würde. Einer wird Antisemit, weil ihn ein Jude hintergangen hat, ein anderer wettert gegen das Establishment wegen einer Parkstrafe, ein dritter entwickelt eines unredlichen Hausdieners halber nationale Ressentiments. Nur bei den Primitiven ersetzt persönliche Erfahrung die Phantasie; was sie sich nicht vorstellen können, das müssen sie erfahren, das *pars pro toto* ihrer Erfahrungen wird zur Totalität ihrer Gesinnung, Verlust zu Rebellion, Gewinn zu Bequemlichkeit, Enttäuschung zu Lehre und Schmerz zu Urteil.

Ich weiß, wann ich mich vom konservativen Liberalen zum liberalen Konservativen wandelte — ein Ereignis war es, kein Erlebnis: Der Sechs-Tage-Krieg. Da kam es mir zum Bewußtsein, daß jener Teil der Welt, der das Wort Sozialismus gestohlen hat, nicht zurückschreckt vor der Gewalt, Revolution statt Reform, Vernichtung statt Kritik, Macht der wenigen statt Fortschritt für viele, Götzen statt Gott, Armut statt Chance, Entführung statt Argument, Kriegsfurcht als Erpressung, Friedhof als Seligkeit, Mord als Waffe. Und Tod den Juden!

Im Sommer 1968, dem letzten, den wir zusammen verbrachten, haben Marina und ich viel vom Juni 1967 gesprochen. Wer ein Datum sucht, kann meinen Kalender haben.

In meinem Prozeß gegen den Schweizer Dramatiker Friedrich Dürrenmatt sagte dieser: »*Karl Kraus' Angriffe auf Habes Vater sind in die Literaturgeschichte eingegangen, daß ich nun gegen den Sohn anzutreten habe, verpflichtet.*«

Ich verstand es erst, als ich es im Druck gelesen hatte; ich bin einundsechzig, und meines Vaters halber fühlt sich Dürrenmatt »*verpflichtet*« — Karl Kraus (1874—1936), Imre Békessy (1886—1951). Ist Dürrenmatt Karl Kraus? Bin ich mein Vater?

Nein, Dürrenmatt steht nicht allein, seit meinem sechzehnten Lebensjahr führen die Jünger Karl Kraus', die »Krausianer« nannte man sie in Wien, einen Vernichtungsfeldzug gegen den Sohn seines Feindes.

Es ist ein unglaublicher Krieg, tragikomisch, eine Mischung aus alttestamentlicher Rache und Hitlerscher Sippenhaftung, aus Aggressivität und Masturbation, ein hoffnungsloser Krieg für meine Gegner und hoffnungslos für mich, weil es in einem Kampf nichts Lähmenderes gibt, als sich seiner Feinde zu schämen. Ich greife zur Feder, schon fühle ich mich besiegt, wie soll man es dem Uneingeweihten erklären, dem Nachgeborenen, er versteht es nicht, kann es nicht verstehen, das allein kann es nicht sein, da muß etwas anderes dahinterstecken: Die Niedrigkeit in ihren tiefsten Tiefen wirkt unglaubwürdig, man weiß es von Hitler; die Niedertracht lebt von ihrer Unverständlichkeit.

Was bewegt die »Krausianer«?

Es sind Gespenster, die sich begatten, Tote, die Kinder zeugen, der Haß und seine Enkel: Wie die Geister der jüdischen Sage heizen sie das Bad des toten König Salomon.

Karl Kraus hat meinen Vater aus Wien vertrieben, 1926, — verschwendete Zeit, wahllose Mittel, erbärmliche Verbündete. Er ist tot; wir haben längst Frieden geschlossen. Er war ein pädagogisches Genie, kein schöpferisches, musterhaft nicht, doch meisterhaft; ich verstehe, daß ihm seine Schüler dankbar sind. Warum bezeugen sie Dankbarkeit durch Rache? Zu Hitler fiel Karl Kraus nichts ein, er verherrlichte, ein später Österreicher, die parafaschistische Heimwehr, aber die Sippenhaftung hätte er nicht gebilligt. Doch ist es Sippenhaftung nicht allein. Die Jünger fürchten, alles, was ich erreicht habe, erreichen könnte, rechtfertige meinen Vater, postum, setze Karl Kraus postum ins Unrecht, obwohl nichts, was ich bin, tue, erreiche, meinen Vater zu rechtfertigen vermag, obwohl Kraus meinen Vater, nicht dessen Samen verflucht hat.

Manches andere. Das Los der guten Bücher ist es, sagt Lichtenberg, daß sie so viele schlechte Bücher gebären. Die Jünger wollen es dem Meister nachtun, aber da Karl Kraus kein Matthäus war, vermögen sie keine Paulusbriefe zu schreiben; so unproduktiv war der Haß Karl Kraus' nicht, daß er sich immer noch um meinen Vater drehen würde, die literaturhistorische Aggression läßt sich nicht aufmöbeln. Dürrenmatt — es lohnt sich nicht, die anderen zu erwähnen — glaubt, weil er den Sohn des Békessy bekämpft, Karl Kraus zu sein, ein Gedanken- und Größenfehler.

Kein Zufall auch, dachte ich, daß Dürrenmatt in seiner kurzen Rede unentwegt auf mein Judentum zurückkam: Karl Kraus war, wie manche unglückliche Juden vor Hitler, ein jüdischer Antisemit, man kann sich auf ihn berufen, ohne in den Geruch des Antisemitismus zu geraten. Der Jude Kraus bekämpfte den Juden Békessy, das war vor den Gaskammern; greift man den Juden Habe an, richtet es sich nicht gegen die Juden, nur der Sohn des Békessy ist vogelfrei, testamentarisch vogelfrei erklärt, so verjüngt der Haß von vorgestern, man befindet sich im Wien der zwanziger Jahre, vergeßt die Gaskammern!

Ich staunte, daß mich Dürrenmatts Plädoyer nicht schmerzte. Nur die jüdischen Jünger, in der Mehrzahl, bereiteten mir Kummer. Als ich im Krieg gegen Hitler meine Haut zu Markte trug, saßen sie in London und New York und Hollywood, die Gasöfen brannten, und sie heizten das Bad des König Salomon. Und nach dem Krieg führten sie den Krieg weiter, die arme Fehde von vorgestern, niemand verstand sie, man verstand nur, daß Juden Juden bekämpfen; ich kann ihnen nicht antworten, ich will keine lachenden Dritten sehen, die wissen ja nicht, was die Jünger bewegt, sie sehen nur blutige Judenköpfe. Wohl dem, der keine Jünger hat!

PS. Doch wer, Jude oder Christ, in Zukunft und im Zusammenhang mit mir, den »Fall Békessy« heraufbeschwört, ist ein Schuft. Schuft war ein Lieblingswort von Karl Kraus.

Ein Jude »muß« links stehen. Warum muß er das? Dem Zwangwörtchen »muß« haftet etwas drohend Utilitäres an, etwas unterbewußt Antisemitisches auch: Der Jude ist schutzlos in einer christlichen

Welt, Asyl ist die Freiheit, und die ist links angesiedelt, der Jude »muß« links stehen, weil das für ihn nützlich ist, er wird schon so handeln, wie es für ihn nützlich ist, deshalb ist er ja Jude, in die Nützlichkeit mit dir, Jude, ins Asyl!

Aber die Freiheit ist gar nicht links angesiedelt, jedenfalls nicht immer, nicht überall, nicht unter allen Umständen, was ist Freiheit, und ist nicht Freiheit auch, gegen die eigenen Interessen zu denken, die vermeintlichen wie die wahren? Wenn ich für die Gleichberechtigung der Neger nur aus Furcht vor der Verfolgung der Juden einträte, aus einem Minoritätsgefühl, fast immer zweifelhaft, aus Solidarität und Identifikation, fast immer egoistisch —, ich schämte mich meiner Freundschaft für die Schwarzen. Mündigkeit schützt vor Solidarität. Von einem gewissen Instinkt der Nützlichkeit ist niemand frei, aber die Erkenntnis von Tugend oder Schaden einer Gesellschaft kann nicht abhängig sein von der eigenen Abstammung.

Es läßt sich nicht leugnen, daß jetzt mehr und mehr Juden, höchst ärgerlich, dem Konservatismus zuneigen, was, übrigens, ihrer religiösen Tradition eher entspricht als widerspricht. Wenn man annimmt, die Juden hätten öfter »links« als »rechts« gestanden, so nur, weil die Humanität in der ersten Hälfte des Jahrhunderts eher von rechts als von links bedroht wurde, doch ging es in Wahrheit gar nicht um rechts und links, sondern um die größere Anfälligkeit der Rechten für den Extremismus. Der tiefe Glauben der Juden an Ordnung und Gesetz — nur sie kennen das Fest der Gesetzesfreude, *Simchat-Tora* — bewahrt sie fast immer vor dem Extremen. Seit dem Ende des Zweiten Weltkrieges sind Freiheit und Humanität vom linken Extremismus bedroht. Deshalb verteidigen mehr und mehr Juden die bestehende Gesellschaft, die besser ist als die vorhergehende und schlechter sein könnte als sie ist. Verteidigen sie also doch nur ihre eigenen Interessen? Jedenfalls weniger egoistisch als andere Minoritäten, nicht weil sie besser sind als andere, sondern weil der jüdische Pessimismus vor Opportunismus schützt. Selbst in einer freien Gesellschaft ist die Freiheit der Juden bestenfalls relativ.

Als ich in meinem Prozeß gegen den *Stern* auf seinen antisemitischen Angriff des Jahres 1951 verwies, zeigte sich der Anwalt der Gegenseite höchst entrüstet, das habe doch mit den Anschuldigungen des *Stern* im Jahre 1972 nichts zu tun, antisemitisch seien diese mitnichten. Gewiß, es ist viel komplizierter, so einfach richtiger, daß einem »rechten« Nichtjuden nichts Ähnliches widerfahren wäre, doch auch einem »linken« Juden nicht, die linken Juden werden von der Linken akzeptiert, bis auf Widerruf. Das ist sinnvoll, ich gebe es zu. *Keep the nigger in his place*, sagen die Rassisten, und auch der Jude muß an seinem Platz gehalten werden, in die linke Ecke der Gesellschaft gestellt, relative Freiheit, siehe oben. Steht der Jude nämlich »rechts«, und ist er, zu allem Überfluß, auch noch ein Intellektueller, dann könnte es doch sein — er denkt ja nur an sich, der Jude —, daß die »Rechte« gar nicht so unduldsam ist, wie man annimmt, wie sie zu sein hat, nach dem Willen der Linken, daß Freiheit und Humanität mit links nicht identisch sind, die sowjetischen Judenverfolgungen, das linke Bündnis mit den Arabern kein Zufall, aus dem Opfer der Vorurteile ist ein Störenfried der Vorurteile geworden; man hat aus dem Juden ein Symbol der Linken gemacht, und nun desertiert das Symbol, der Popanz macht sich selbständig. Und weil er raffiniert ist, er ist ja schließlich Jude, bedient er sich am Ende gar jener intellektuellen Waffen, die der Linken vorbehalten sind, stiftet er Verwirrung, der gefährliche Bursche. Ich hätte es wissen sollen: Jude, bleib bei deiner Linken!

Ich registriere mit Sorge das steigende Niveau der anonymen Briefe. Wenn ich sie chronologisch veröffentlichte — sie sind unter »A« abgelegt, ein voller Ordner —, könnte man am Steigen des Niveaus das Sinken der Moral ablesen. Anonyme Briefe zeichneten sich früher durch Analphabetismus aus: Idiotenhandschrift, orthographische Fehler, Volksschulgrammatik, Satzbau der Narren. Sie waren selten mit der Schreibmaschine geschrieben, und waren sie es doch, so kam der Schreibmaschinengraphologe zu den gleichen Schlüssen wie der Kenner der Kalligraphie. Auch ein anderes ist neu: Sie sind nur noch selten »anonym«, sei es, daß sich die Schreiber Namen einfallen lassen, sei es, daß sie sich von der Plebs der anonymen Briefschreiber distanzieren wollen. An der heimtückischen Feigheit der Pfeile aus der Risikolosigkeit ändert das nichts; »bessere« Briefe sind schlechter, deprimierender auf jeden Fall, weil sich jetzt offenbar bessere Leute schlechter benehmen. Hie und da entdecke ich Formulierungen, die ich kenne, ein paar ganz gute Verse, ein »Kollege« muß sie geschrieben haben, hätte er seinen Namen daruntergesetzt, könnte man sich amüsieren. In der Vergangenheit erhielt ich häufig antisemitische Kritzeleien, es war nicht schwer, sich die Fratze des ehemaligen SA-Mannes vorzustellen; auch politische Drohbriefe kamen, aber sie waren »links« oder »rechts«, das eine oder das andere, jetzt heißt es auf der gleichen Münchner Postkarte, es werde mir nicht gut bekommen, gegen Deutschlands sozialistische Regierung zu »hetzen«, und: *Ihre Hetztiraden stehen Ihnen als Jude nicht zu ...*« Die Züge des jungen Revolutionärs verschwimmen mit dem des alten SA-Spießers. Todesdrohungen enthalten die Briefe, auch die der intelligenteren Anonymen, billiger geben sie es nicht, Bildung schützt nicht vor Gewalt. Der einzige Trost: Frauen scheinen nach wie vor keine anonymen Briefe zu schreiben, jedenfalls nicht politischer Natur. Oder kommt das noch ...?

Wir trafen den deutschen Literaturpapst auf dem Bahnhof in Bellinzona; nach dem Austausch heuchlerischer Höflichkeiten begaben wir uns in den Speisewagen.

Der Himmel von frühreifem Blau, täuschende Unschuld des Frühlings, der Schnee barmherzig, er verdeckte alles Häßliche. Aber es gibt ja hier nichts Häßliches, an den Hängen des Gotthard: Wassen, dieses winzige Phänomen des Berges — so laufen hier die Geleise, daß die Dorfkirche mit ihrem Zwiebelturm einmal rechts auftaucht, sie liegt einem zu Füßen, dann gleich wieder links, hoch oben, in unmittelbarer Nähe, im Weißblau der Landschaft.

»Ist es nicht herrlich?« fragte ich den Literaturpapst.

Er nickte: »Schön, aber Kitsch.«

Da wurde mir bewußt, warum zwischen mir und den Intellektuellen ein Abgrund klafft, tiefer als die Schluchten des Gotthard. Was sollte ich sagen? Es ist im Grunde so einfach, ein Kind könnte es verstehen: Die Natur kann niemals Kitsch sein, weil die Schöpfung nicht Kitsch sein kann, nur die Nachschöpfung kann es sein: Nicht jede Imitation ist Kitsch, aber Kitsch ist unbedingt Imitation.

Der Intellektuelle sieht die Natur und damit alles Natürliche — das Menschenkind und den kindischen Menschen, Aufschrei der Freude, Ausbruch des Zornes, Rührung, Fluch, Glauben, Erschrecken — im Zerrspiegel der Bildung, er empfängt das Natürliche aus zweiter Hand, die Welt ist für ihn ein Kunstwerk oder eine Ansichtskarte, bewundernswert oder kitschig, doch beides übertragen und vermittelt, beim Posterestante-Schalter abzuholen. Wenn er an eine Frau denkt, fällt ihm Madame Bovary ein, bei einer Landschaft ein Ruisdael, Italien reimt sich auf Winckelmann, und blickt er in seine Seele, sieht er Kafka. Er hat für den Verlust der Naivität einen schrecklichen Preis bezahlt: das Leben als Reflexion, er torkelt durch ein Spiegelkabinett, wenn er nach dem Menschen greift, stößt er auf Glas, die Perspektiven täuschen, eine einzige Dimension.

So kommt es, daß der Künstler nie ein Intellektueller im akzeptierten Sinn des Wortes, der Intellektuelle nie ein Künstler sein kann. Der Künstler schafft, der Intellektuelle schafftelt, beschafft, verschafft, schafft an. Alles, was den Künstler auszeichnet — Kindlichkeit, Ursprünglichkeit, Intuition, Originalität, Experiment im Impuls, unbedachte Schaffensfreude, sinnloses Leid, falsche Rechnung, das Unerforschliche und Unabwägbare und Unvergleichliche —, ist dem Intellektuellen fremd: Besitzt er reproduktive Fähigkeiten, so gleicht er dem Maler, der nach einer Photographie arbeitet. Der Künstler ist dreidimensional, der Intellektuelle kennt nur Flächen.

Natürlich hat der Literaturpapst auf den Höhen des Gotthard an eine Gotthardpostkarte gedacht. Die Welt als Kunstdruck.

Die Reporterin der Frauenzeitschrift fragt mich nach meinen Hobbys, in der Mehrzahl; ich scheue mich, ihr zu gestehen, daß ich keines habe, kein einziges. Jeder Bankdirektor und jeder Taxichauffeur hat ein Hobby, wahrscheinlich ist ihr Beruf nicht ihr Hobby; mein Beruf ist mein Hobby, aber das sage ich ihr nicht, wenn mein Verleger es läse, würde er meine Tantiemen kürzen. Ich sage ihr aber auch nicht, daß ich kein Hobby habe, denn es herrscht die Meinung, der Mensch werde erst durch seine Hobbys menschlich, wenn der Henker auch ein Hochalpinist ist, ist er menschlich. Wer kein Hobby hat, tut gut daran, in die Sammelleidenschaft auszuweichen, und das tue ich dann auch; ich sammle alles, Modelle alter Automobile, Muscheln, Barockgegenstände, Extraausgaben, ungarische Kupferstiche, Damenbörsen aus dem neunzehnten Jahrhundert, aber Sammeln ist kein Hobby, es sei denn, daß es paradoxerweise, wie bei manchen Bilder-, Briefmarken- oder Münzensammlern, zur Beschäftigung wird. Ich zeige ihr meine Netsuke-Sammlung. Netsukes sind kleine japanische Figuren, aus Elfenbein, Kirschenholz, zuweilen aus Perlmutter, meine Netsukes sind aus Elfenbein. Als die Japaner nur Kimonos trugen, befestigten sie ihre Tee- oder Tabakbeutel am Gürtel, dazu bedurfte es aber eines Gegengewichts, sie rissen Wurzeln aus der Erde, doch kontrastierten die rohen Wurzeln mit den schönen *Imros*, meistens aus Lack: So entstand die Kunst, Figuren als Gegengewicht zu schnitzen, die meisten Netsukes haben zwei Öffnungen, damit man die Gürtelschnur hindurchziehen kann. Ende des achtzehnten Jahrhunderts wuchs das Handwerk in Kunst, es gibt Michelangelos der Netsuke-Schnitzerei. Ich verriet der Reporterin nicht, daß auch meine Liebe zu den winzigen Kunstwerken — je kleiner, desto besser — mit meinem Beruf zusammenhängt: Sie sind Elfenbeinnovellen. Jede Netsuke erzählt eine Geschichte, japanische Legenden, mythologische Gestalten, Symbole und symbolische Begebenheiten. Wie das grasende Pferd des Malers Kose no Kanarao, mein schönstes Stück — es heißt, er habe nur grasende Pferde gemalt, so realistisch, daß die Bauern, die in der Nähe seines Hauses wohnten, meinten, die Pferde verließen nächtens die Staffelei, zerstörten trampelnd Feld und Wiesen; da drangen sie in Koses Atelier ein und zerschnitten jede Leinwand, die ihnen unter die Hände geriet; er hat nie wieder zum Pinsel gegriffen. Ich erzähle meinen Netsukes, sie erzählen mir. Ein Hobby kann man das nicht nennen.

Ich habe verzweifelt nach Licci gerufen. Das tue ich immer, wenn ich mich in einer schwierigen Lage befinde. Diesmal hatte meine Verzweiflung einen Grund, den außer Licci niemand verstünde. Durch die offene Gartentür hatte sich ein Vogel in mein Arbeitszimmer verirrt, graues Köpfchen, roter Bauch, vielleicht ein Sänger. Vom Fenstersims hüpfte er auf den Rauchtisch, von dort auf das Büchergestell, er nistete sich ein, ziemlich wahllos, zwischen Brockhaus und Thomas Mann. Eine verzweifelte Lage, für mich mehr als für den Gast, weil ich mich vor Tigern weniger fürchte als vor Menschen, vor Menschen weniger als vor Vögeln; sie jagen mir Angst ein, natürlich nur in den vier Wänden.

Ich kann mit unvernünftigen Wesen nichts anfangen. Weder mit kleinen Kindern — kleinen, sage ich — noch mit Betrunkenen, noch mit Rauschgiftsüchtigen, noch mit Anarchisten. Und nicht mit dem lieben Federvieh. Ich brauche ein Minimum an Kommunikation, also ein Minimum an Kontrolle. Wo die Kontrolle aufhört, da hört die Kommunikation auf, wo sie nicht existiert, da packt mich Angst.

Den Wehrlosen gegenüber bin ich wehrlos. Die Dummen kann ich zu überzeugen versuchen; bei einem Einbrecher kann ich schneller sein, Gewehre wie Gespräche sind Kommunikationsmittel. Einen Vogel kann ich nur hinaustragen ins Freie. Aber meine Hände sind ungeschickt; was geschieht, wenn ich dem Vogel eine Feder breche, wenn ich ihn am Bein verletze? Er hat unvernünftige Angst vor mir, deshalb habe ich unvernünftige Angst vor ihm.

Licci hat den Vogel natürlich gleich gefangen, er saß gerade auf Friedells *Kulturgeschichte*. Jetzt zwitschert er auf der japanischen Kirsche vor meiner Tür.

Am 5. April, jedes Jahr, pflanze ich einen Baum. Wenn Licci am Morgen die Augen aufschlägt, steht er im Garten. An einem fünften April haben wir geheiratet.

Schriftstellerei ist ein schamloser Beruf. Gerichtstag halten über das eigene Ich, aber warum öffentlich, ein Schauprozeß mit Geschworenen, Anwälten, Zeugen, Neugierigen, Ibsen hat es nicht beantwortet. Keine Literatur ohne Exhibitionismus. Noch die zarteste Lyrik hat etwas von einer *show*. Was man mitteilt, ist nie ganz aufrichtig, Dichter sind nicht ganz aufrichtig.

Was ist das für eine Frohleidigkeit, daß ich sagen muß, wie sehr ich meine Frau liebe? Ich könnte mich schamhaft stellen, indem ich »erzähle«, die Erzählung bekleidet die Blöße der Gefühle — Begegnung in München, wir haben beide in Amerika gelebt, wir kannten beinahe jeden, den der andere kannte, nur einander kannten wir nicht, *»klug wie zwei Männer und hold wie ein Bauernkind«*, sie kam am Weihnachtsabend, »spielen Sie Hausfrau«, sagte ich, sie blieb, wir waren nicht mehr ganz jung, der Standesbeamte in Salzburg hatte es nicht leicht, sie war einmal geschieden, ich fünfmal, was sollte er dem jungen Paar sagen, nun leben wir neunzehn Jahre miteinander und haben uns höchstens für ein paar Stunden getrennt, Kämpfe und Krankheit und Koffer, immer auf dem Weg nach oben seither, Geliebte, Kamerad, Kind, Mutter, Pfand des Glücks, *the best years of our lives* —; ich könnte also erzählen, ein schamhafter Roman und nichts von Gefühlen. Aber ich werde den Roman nicht schreiben, weil vollendete Wesen unwahrscheinlich sind, und weil mir Licci vollendet erscheint, unfähig eines unsauberen Gedankens und von niemand Vollendung erheischend, blumenzart und wie eine Eiche in der Erde verwurzelt, kapriziös und bescheiden, wenn ich ihr etwas schenke, sagt sie: »Was hast du mir da wieder angehängt?«, voll innerer Stürme und von äußerer Ruhe, mein Richter, wenn wir allein sind, und mein Anwalt in der Öffentlichkeit, eine neue Frisur ist ihr wichtig und der einzige Erwachsene in der Familie, voll ernster Heiterkeit und Hexerin meiner Melancholie, eine zärtliche Amazone. Wenn ich nachts die Augen schließe, sehe ich immer eine Szene des Tages vor mir: Sie hat einen Verkehrspolizisten nachgeahmt, ihre bezaubernde Gestalt am Lenkrad, so winzig, daß man glaubt, der Wagen führe führerlos, sie streckt die Zunge aus vor dem Spiegel, sie schneidet Rosen, liest Leitartikel, beim Konzert hat sie nach meiner Hand gesucht, sie schleppt eine schwere Einkaufstasche, im Abendkleid mit dem Fuchs um die Schultern eine große Dame.

Liebe ist Bedürfnis nach Gegenwart, ich wünsche immer ihre Gegenwart, auch wenn sie bei mir ist, Angst vor der fliehenden Stunde. Liebe ist Angst. Ich habe Angst um sie, sie hat Kopfweh oder Magenschmerzen, »sei nicht hysterisch«, sagt sie, und die Angst verläßt mich nie, keine Frau, die man in Watte wickeln könnte, schon ist sie mir entzappelt, schutzbedürftig ist nicht das richtige Wort, da nur ich das Bedürfnis habe, sie zu beschützen, ich habe Angst, wenn ich sie auf den Straßen weiß, grenzenlos meine Phantasie der Gefahren, und doch denke ich manchmal, daß ich nur um mich selbst bange, meine *life-line*, meine Verbindung mit dem Leben.

Seit ich sie kenne, kenne ich die Einsamkeit nicht mehr. Nein, dieses Wir-genügen-uns hat nichts gemeinsam mit egoistischem Inseldasein, Robinson und Frau Freitag, wir haben Freunde, sie haben uns, aber wenn wir allein auf einer Insel lebten, wäre sie bevölkert, wenn wir aufwachen, singt sie, beim Frühstück wird der Tag besprochen, der Tag ist reich. Ich spüre ihre Anwesenheit durch die Wände, und wenn ich Gerichtstag halte, fällt mir ein mildernder Umstand ein, sie liebt mich, vielleicht werde ich freigesprochen.

Das alles ist allen gleichgültig, warum schreibe ich es nieder, ich liebe dich, ich schreibe es hundertmal, die schlechten Schüler müssen nachsitzen, schreiben Sie hundertmal: »Ich liebe dich«. Ich sitze die Liebe nach.

Dann waren wir wieder in Israel, zum zweiten Mal, und nun wußte ich, was sich mir ein Leben lang verborgen hatte. Ich erinnerte mich der ersten Reise, der Rückkehr in mein Schweizer Heim. Reich beschenkt kehrte ich zurück aus Israel, doch sagte ich, daß ich das Empfangene nur von seiner Hülle zu befreien, fein sorgfältig aufzustellen und zu bewahren brauchte: Es wäre falsch. Ich irrte wie ein Mann, der etwas gefunden und gleich wieder verloren hat, durch Haus und Garten: Was ich mitgebracht hatte, war nicht verloren, doch war es auch nicht auffindbar zur Hand, es war da und doch wieder nicht da, war vorhanden und verborgen, greifbar und fern, ein beglückender und unheimlicher Gast. Und noch etwas geschah, unheimlich nicht minder. Was mir bis zu jener ersten israelischen Reise und bis zur Rückkehr aus Israel heimisch erschienen war und wichtig und selbstverständlich, verlor seine Konturen, zwischen dem Wohlvertrauten und mir, zwischen mir und manch Wohlgeliebten auch, senkte sich ein Schleier, durchsichtig zwar, hauchdünn, ein Schleier immerhin, unheimlich auch dies.

Indem Israel den Juden eine Heimat gab, hat es die Juden der Welt heimatlos gemacht. Sitzt man am Abend vor dem Fernsehgerät und hört die Nachrichten, sind es keine Nachrichten, wenn sie nicht Israel angehen; gehen sie Israel an, richtet man sich auf; treiben die Tupamaros in Montreal ihr grausames Spiel, fragt man sich, was es für Israel bedeutet, und wird gar Berlin verkauft, fragt man sich, ob morgen nicht Jerusalem preisgegeben werden könnte; wird der Nobelpreis verteilt, horcht man, ob nicht ein Cohn oder Levy dabei ist; vernimmt man, daß ein beleidigter deutscher Schriftsteller Israel des Rechtsextremismus zeiht, begibt man sich auf die Barrikaden; reist der amerikanische Präsident nach Moskau, wartet man auf ein beruhigendes Wort der israelischen Ministerpräsidentin; streikt, ausnahmsweise, nicht die *Alitalia*, sondern die *El-Al*, rechnet man sich die Verluste aus, und so könnte ich fortfahren, aber ich frage mich nur: Wie kommt man dazu, daß einem beim Genuß einer Jaffa-Orange das Herz höher schlägt?

Auch ich habe, wie manche Juden in der Diaspora, in einem *fool's paradise* gelebt, in jenem Nachtasyl der Illusionen, das ich für ein Paradies hielt. Diese Juden, zu denen ich gehörte, haben, wie die meisten Narren, keine Probleme, weil sie, fallen die Schatten, auf die Sonnenseite wechseln. Manche von ihnen werden ein Leben lang aus dem paradiesischen Höllenkreis ihrer Täuschungen nicht vertrieben, die haben nicht das Glück, als Juden angegriffen, bemitleidet, ausgesondert und somit identifiziert zu werden. Jude, lieber Ben-Gurion, ist nicht, wer sich als Jude empfindet, sondern wen man dafür hält.

In einem herumgetriebenen Leben hatte ich mich mit der Heimatlosigkeit abgefunden, wähnte ein »Kosmopolit« und »Weltmann« zu sein: Wenn Ahasver nichts anderes übrigbleibt, gebärdet er sich, als wäre er Xerxes, der Perserkönig. Von der Stunde an, da mein Schiff die Taue löste, die es an das Land Israel gebunden hatten, hörte ich auf, ein »Weltmann« und »Kosmopolit« zu sein: Der Dampfer entfernte sich, aber meine Sehnsucht hatte Anker geworfen. Was mich damals, nach meiner Rückkehr aus der israelischen Fremde in das heimisch Vertraute, so seltsam stimmte, das war die Schizophrenie der Sehnsucht.

Nicht die ganze Diaspora weiß, daß sie an ihr leidet. Vielen Juden in der Welt geht es »gut«, viele sind, mir gleich, durch Sprache, Alter und Aufgabe an ihren Lebensort gebunden, aber geht es einem wirklich »gut«, dort, wo man nur geduldet ist? Täuschend diese Mode des Philosemitismus, die jetzt manchenorts getragen wird wie der *cul de Paris* und morgen abgelegt werden kann wie ein Bauschrock der Jahrhundertwende; täuschend diese Differenzierung zwischen Juden und Isreaelis, ob man »nur« die Juden verfolgt und die Israelis achtet, oder »nur« Israel ein grimmiges, den Juden ein freundliches Gesicht zeigt. Toleranz ist die snobistische Schwester der Unduldsamkeit.

Ob es den Juden aber »gut« geht oder nicht: Insgeheim beneidet jeder von uns die Juden Israels, denen es nicht unbedingt gut geht, die nur unbedingt zu Hause sind. Man ist nicht zu Hause, wo es einem gut geht, sondern wo einem das Schlechte zu bessern erlaubt ist. Viele Juden werden in Israel angeklagt, aber in jeder Anklageschrift, die zehn Punkte enthält, fehlt der elfte: Des Fehlers, ein Jude zu sein, wird in Israel niemand denunziert. Fällen die Israelis ein Urteil, brauchen sie niemand zu schonen, weil er Jude ist; lesen sie von einem Mord, einem Einbruch oder einem Betrug, beten sie nicht, daß der Verbrecher kein Jude sein möge; wenn sie ihr Land verlassen, führen sie kein falsches Reisepapier mit sich. Wir, in der Diaspora, reisen mit falschen Pässen.

Ich war kein Jude, bevor ich den Boden von Erez Israel betrat. Licci kehrte aus Israel heim, wie sie nach Israel gekommen war, beglückt von der Entdeckung des Landes; das Volk Israels brauchte sie nicht zu entdecken. Ich mußte Israel finden, um mein Judentum zu finden. Das von Starken gebaute Haus hat den Schwachen ein Heim des Bewußtseins errichtet. Israel schenkte mir die Erkenntnis des Wichtigen und des Nebensächlichen. Den Anspruch auf das gleiche Recht — und das Recht, anders zu sein. Das Mitleid ohne Interesse. Die Treue ohne Scham. Den Stolz ohne Hochmut. Die Hoffnung ohne Eigennutz. Ich habe in meinem Leben nichts bekommen, was ich mir nicht verdient habe. Israel bekam ich unverdient.

Was bedeutet das Geschenk?

Ich habe das Fürchten gelernt. Ich bange nicht nur um die Existenz des israelischen Staates, um jeden Bauern im Kibuz am See Genezareth, um jeden Lastfahrer im Gaza-Streifen, um jeden Soldaten auf den Golanhöhen. Ich bange darum, daß Israel den richtigen Weg nicht verläßt. Würde ich dieses Land ebenso lieben, wenn es nicht die heile Welt der Zehn Gebote wäre, der heilen Welt letzte Insel? Ich würde es ebenso lieben. Was wäre, wenn mich Israel enttäuschte? Ich würde versuchen, es nicht zu enttäuschen. Gegenliebe hat einen schalen Klang, es klingt wie Gegengeschäft. Und doch genügt es mir nicht, daß Israel lebt, daß es stark bleibt und tapfer und seines Glücks bewußt, daß es jedem Angriff zu widerstehen vermag und zu bauen im Hagel. Ich bange auch, daß es gut und gerecht bleibe, der Tradition verbunden im Fortschritt und treu der bedrohten Sache der Freiheit.

Ich habe verstehen gelernt. Nicht nur mein eigenes Volk verstehe ich jetzt besser, auch andere Völker sehe ich in milderem Licht. Der Neid, dieser mächtige und furchtbare Motor, ist so seltsam beschaffen, daß er sich um Tugenden dreht wie um Untugenden. Diderot hat den Widerspruch nicht gescheut, als er sagte, man beneide seine Mitmenschen um die Liebe, deren man nicht fähig ist. Seit ich weiß, daß irgendwo, jenseits des Mittelmeers, eine heilende Hand sich ausstreckt, die empfangenen Wunden zu verbinden, weiß ich, wie viele ich um ihre Heimat beneidet habe. Nur Stolz schützt vor Neid.

Ich habe die Juden der Diaspora entdeckt. Für Israel hatte ich lange vor der Begegnung gestritten — es gibt Juden, die keine Zionisten, aber es gibt auch Zionisten, die keine Juden sind. Nun entdeckte ich die Juden der Verstreuung. Die Arroganz, mit der sich westliche Juden über die Juden des Ostens erheben, fiel von mir ab. Ich suchte in fremden Augen das Erkennen. Mußte ich jüdischen Verrat am Judentum erfahren, ergriff mich nicht mehr Zorn, sondern Mitleid; ich dachte: Die Toren haben sich des Glücks beraubt! Zu der Solidarität des Stolzes gesellte sich die Solidarität der Scham; sie wissen ja nicht, diese armen Juden, was der Volkssänger des *Kaukasischen Kreidekreises* am Schluß verkündet: »... *daß da gehören soll, was da ist, denen, die für es gut sind.*« Die Juden der Diaspora! Ob sie Zionisten sind oder nicht, ob sie den Berg Karmel je erblickt haben oder nicht, ob ich sie liebe, hasse, achte, verachte, ob sie unwissend sind oder gleichgültig, ob sie in Illusionen verharren, in guten oder bösen Träumen: Zwischen ihnen und mir mag es keine Verbindung geben, aber ein Strahl geht von ihnen aus, ein Strahl von mir, und irgendwo in der Ferne treffen sich die Strahlen, ein Strahlenbund über den goldenen Kuppeln von Jerusalem.

Ich hatte es gefühlt, das alles, in den zwei Jahren der Abwesenheit, nun konnte ich es aussprechen; in viele Wälder hatte ich gerufen, und jetzt, zum ersten Mal, streichelte mich das Echo meiner eigenen Stimme. Ich bin kein Riese, wie es Heinrich Heine gewesen, und doch war es mir, als müßte ich, indem ich den Boden von Erez Israel betrat, die

Worte paraphrasieren, die in Caput I seines *Wintermärchens* stehen: Seit ich auf diese Erde trat, / Durchströmen mich Zaubersäfte — / Der Riese hat wieder die Mutter berührt, / Und es wuchsen ihm neu die Kräfte. Und als der Abschied kam, ein zweites Mal, da war es nicht anders als ich es in *Wie einst David* gesagt hatte: »*Dann sahen wir nur noch die winkenden Hände, die flatternden Taschentücher. Wir sahen sie noch lange, ohne ein Fernglas. Es muß eine optische Täuschung gewesen sein, die weiße Stadt im Abendnebel wurde immer kleiner, und die winkenden Hände wurden nicht kleiner. Eine Täuschung. Schon lange mußte die* Enotria *ihre Seile eingezogen haben. Und es war doch so, als läge unser Schiff noch immer im Hafen. Als blieben wir gebunden an Israel.*«

Ich denke zurück. Es war herrlich! Gruß und Dank, auch an die Niederlagen. Frauen haben mich verlassen, Freunde verraten, Feinde besiegt. Manches, das ich versuchte, mißlang; die Retorte zerbrach, noch ehe ich sie füllen konnte; der Weg war lang und endete weglos; ich rief in die Öde und sprach für Taube und verstummte; es gab Höhen, die in die Ferne rückten, wenn ich mich näherte; atemlos lief ich auf Häuser zu, und fand die Türen verschlossen; ich sperrte die Hand, und öffnete ich sie, blieb sie leer; Züge fuhren fort, wenn ich den Bahnhof erreichte, ich saß in falschen Zügen und stieg aus in fremden Stationen. Es war herrlich! Leben heißt überleben. Einmal werde ich nicht überleben, und das kann im Moment der Niederlage geschehen wie im Moment des Sieges. Ich habe die Antwort der Existenz in den Stunden der Niederlagen so deutlich gehört wie in glücklichen Stunden. Ich bin dankbar für das Ticken der Uhr und das Fallen der Kalenderblätter. Ob ich aufwärts flog oder abwärts: der gleiche Flügelschlag. Die gleiche Luft, die gleichen Wolken, der gleiche Himmel. Es war herrlich! Es kommt darauf an, glühend zu vergehen.

REALITÄT UND REFLEX

Die Freunde sprachen von den Feinden; einer der monotonen Zeitungsangriffe war der Anlaß gewesen. »Neid«, sagten die Freunde, darauf einigten sie sich, sie sind sich darüber längst einig. Ich wehrte ab. Wer seine Gegner für Neider hält, hält sich für beneidenswert, wert des Neides. Ich wuchs im Schatten eines verpönten Namens auf; als ich zu schreiben begann, ging mir die Sprachheimat verloren; seit meinem vierundzwanzigsten Jahr war ich nirgends zu Hause; fünf Ehen waren das, was die Lokalchronik »zerrüttet« nennt; sechs Jahre verkämpfte ich im Krieg; die Freunde und Verwandten, die in den Gaskammern umkamen, kann ich nicht zählen; zwei Zeitungsgründungen endeten im Debakel; meine Eltern begingen Selbstmord, meine Tochter wurde ermordet. Es liegt mir nicht, wie Heine sagte, *»eine schiefmäulige Duldermiene zu schneiden«* — aber gar so beneidenswert?

Die Freunde haben wenig Verständnis für diese makabre Rechnung. Ich hätte das Leben überlebt, sagen sie, wie der Abbé Sieyès die Französische Revolution, im Prozeß, der jedem gemacht wird, wöge das am schwersten. Neid ist Vergleich. Für so glücklich hält sich niemand, daß er sich mit den Glücklichen vergliche, ärgerlich nur der Schwimmer, der beinahe untergeht und doch das Ufer erreicht, am ärgerlichsten der Sinkende, bei dem sich das Überleben dennoch berechnen läßt. Vielleicht beneidet man nicht jene, die trockenen Fußes über die Felder gehen, sondern den Baron Münchhausen, der sich beim eigenen Schopf aus dem Sumpf zieht.

Indes: Das Malheur ist wohl eher, daß mir die Regale zu klein oder zu groß sind, ich passe in keine Kartei. Ich glaube an Gott, und bin weltlich wie ein Atheist. Liebe ist für mich ein göttliches Wunder, kein menschliches Almosen. Meine Melancholie ist versperrt. Ich bin ein Gesellschaftswesen, und scheue die Gesellschaft. Ich bin an den Orten zu Hause, die ich nie aufsuche. Ich leide unter den Hieben, die ich austeile. Ich trage die Misere wie einen Schlafanzug, und das Glück wie einen Frack. Ich arbeite wie ein Sklave, und verberge den Schweiß. Ich kaufe Besitz, und bin nicht käuflich. Mein Garten ist still, und jenseits der Hecke stehen die Barrikaden. Ich bin ein Schriftsteller, dem es genügt, wie ein Schriftsteller zu schreiben. Die Hälfte meiner gesammelten Werke paßt nicht in meine Gesammelten Werke. Der Preise, die ich mir verleihe, erkenne ich mich morgen als unwürdig. Ich kämpfe intellektuell gegen Intellektuelle. Unter der Mitte verstehe ich nicht die Lauheit der Mitte. Ich achte den Erfolg, und ich verspiele ihn.

Ich bin frei. Also doch beneidenswert?

Der junge Professor von der Universität New Mexico war erstaunt, als ich ihm sagte, ich hätte ein »unglückliches Geburtsdatum«. Was ist das?

Meine Arbeiten gehören nicht zur Exil-Literatur. Als ich mein erstes Buch schrieb, 1936, war die Emigration drei Jahre alt; was heute als Exil-Literatur gilt, war viel älter, sie wurzelte in der Republik von Weimar, zum Teil im Ersten Weltkrieg. In der goldenen Schaffensepoche von Weimar, die man nur deshalb nicht die goldene nennt, weil sie hinausleuchtet aus dem bequemen Grau der Mittelmäßigkeit, hatte die spätere Exil-Literatur ihre funkelnde Stunde. Ich habe erst im Exil zu schreiben begonnen. Ich war zu jung, um der Gefährte der Weimarer zu sein, keine Freundschaft ohne Erinnerung. Meine Bäume standen fern von ihren eigenen Wurzeln.

Etwas Ähnliches, lieber Professor aus Albuquerque, nach dem Zweiten Weltkrieg: das fatale Geburtsdatum. Zwar hatten die Nationalsozialisten meine Bücher verbrannt, aber das geschah erst in Österreich, nach dem Einmarsch, in Deutschland waren sie unbekannt, kein feiger Deutscher konnte sie verbrennen, kein tapferer Deutscher verstecken. Wie ich keine gemeinsame Vergangenheit hatte mit den Weimarern, so habe ich auch keine gemeinsame Erfahrung mit der HJ-Generation, nicht einmal mit der widerwilligen. Den Unmenschen gehaßt zu haben, ist nicht dasselbe, wie ihn bekämpft zu haben. Ob man eine Uniform mit Abscheu trug, oder stolz die Uniform des Gegners, ist nicht dasselbe. Das Trauma der Vergewaltigten und das Trauma des Zuschauens ist nicht dasselbe. Ein neuer Faden und ein geknüpfter Faden ist nicht dasselbe. Wer seiner Überzeugung halber vertrieben wurde, kann zurückkehren, der Jude kehrt nicht zurück, seine Heimat ist ein Irrtum. Ich war, nach dem Krieg, zu jung, um mir, wie die heimkehrenden »Weimarer«, auf die Schulter klopfen zu lassen — brav, daß du weg warst, brav, daß du wieder da bist, misch dich nur ja nicht in unsere Angelegenheiten, ruhe sanft —, und ich war zu alt, um eine Vergangenheit zu entschuldigen, die ich nicht verschuldet hatte. Wenn man kein ex-exilierter Greis ist, sollte man wenigstens ein ehemaliger Hitlerjunge sein.

Manches in meinem Leben hätte ich anders gestaltet — nicht schlechter, nicht besser vielleicht, doch anders —, wenn ich mit Schriftstellern verkehrt hätte, privat und öffentlich, *intercours* und Gruppensex.

Es gab Ausnahmen. Der schmale Korridor, Bücher zu beiden Seiten, führte zu Thomas Manns Arbeitszimmer in seinem kalifornischen Haus; Lion Feuchtwanger stand zwischen den Schildkröten im Patio; Alfred Kerr betrat voll Würde den Gesellschaftsraum der armseligen Fremdenpension bei London. Aber das waren ja nicht »Kollegen«, sondern Monumente, die aus der Vergangenheit in meine Gegenwart ragten, Vorbilder, zu mir herabgestiegene Idole. Einige späte Freundschaften — Erich Maria Remarque und Hans Hellmut Kirst und Julius Háy und Werner Keller und Ephraim Kishon —, aber wir hätten uns wohl auch gefunden, wenn wir, sie und ich, nie eine Zeile geschrieben hätten.

Mag ich keine Schriftsteller, mögen sie mich nicht, bin ich eifersüchtig auf sie, stört mich ihre Eifersucht?

Ach nein, nicht sie sind meine Feinde, die Langweile ist mein Feind. Schriftsteller haben einen so interessanten Beruf, daß sie nichts interessiert als ihr Beruf; was sie zu sagen haben, bringen sie zu Papier: ohne Neugierde keine Freundschaft. Manche von ihnen haben das eine oder andere erlebt — die meisten erleben von Jugend an nur Literatur —, aber sie haben ihre Erlebnisse formuliert, sie liefern sie verarbeitet, glattgestrichen, verpackt, wie die Butter, die man jetzt — o Schrecken! — in hygienischem Stanniolpapier vorgesetzt bekommt. Mir schmeckt die Butter nur, wenn ich mir ein Stück vom Stück abschneiden kann. Natürlich langweile auch ich sie, auch ich habe meine Erfahrungen formuliert. Sie haben ihr Leben dem Schaffen geopfert; ich tue das auch — was soll man mit einem solchen geopferten Leben anfangen? Am wenigsten verstehe ich jene, die »Gruppen« bilden, literarische »Ziele« verfolgen, »gemeinsame Interessen«. Ich kann keine gemeinsamen Interessen entdecken, es sei denn, von Verlegern nicht allzu sehr übers Ohr gehauen zu werden, aber das kann man auch per Post vereinbaren, die schriftliche Solidarität ist weniger zeitraubend. Die Besserung der Zustände, gewiß, aber da hilft es mehr, einen Eisendreher zu überzeugen — wozu besprechen, was man beschreiben kann? In Wahrheit ist unser einziges »gemeinsames Ziel«, bessere Bücher zu schreiben, aber die schreibt man am Ende ganz allein.

Meine Beziehung zur Literatur ist die eines Wanderers zur Natur, die Landkarten sind aus Papier. Die Interpretation der Literatur ist ein Stilleben, *nature morte*. Wenn ich hinter dem Schriftsteller den Literaten entdecke — verständlich, daß der Literat Schriftsteller sein möchte, aber warum sollte sich der Schriftsteller zum Literaten degradieren? —, ergreife ich die Flucht. Die Werkanalyse beleidigt mich; sie ist fast immer falsch, oft eitel und verlogen, Berge, Flüsse, Seen wirken auf der Landkarte wie Landkarten; am eitelsten und verlogensten ist die Selbstanalyse der Schriftsteller.

Könnte man sich nicht auf anderen Gebieten treffen? Schriftsteller kennen kein anderes Thema als Literatur, am wenigsten im Verkehr mit »Kollegen«; sie verteidigen ihr eigenes Werk, ihre »Schule« gar, das jüngste Buch, ein vergilbtes Manuskript, die eigene Sprache, Privatbesitz; wenn sie nicht gerade schreiben, blättern sie im Baedeker ihrer eigenen Werke — am ehesten versteht man sich noch, wenn man einen Dritten vom Piedestal stürzt, aber das ist kein guter Sockel für eine Freundschaft.

Ich verkehre mit vielen unglücklichen Menschen, was sonst, aber ich bin nicht so uneigennützig, mit Menschen zu verkehren, die ihre Misere an der Leine führen, das Leid wedelt, bellt, gibt Pfötchen oder hebt den Fuß. Die Bestseller-Autoren leiden, weil sie nicht anerkannt sind; die Literaten, weil man sie nicht liest; die Engagierten, weil man sie nicht für Lyriker hält; die Lyriker, weil man ihr Engagement nicht versteht; die Jungen, weil man sie nicht entdeckt; die Alten, weil man sie vergessen hat, und alle, weil es neben ihnen andere Schriftsteller gibt.

Unter allen Verlusten ist mir der Zeitverlust am schrecklichsten. Ich bliebe lieber mit einem Mechaniker, einem Schauspieler, einem Ringkämpfer oder einem Dirigenten auf einer einsamen Insel als mit einem Schriftsteller. Am liebsten mit einer Schreibmaschine.

Ich frage mich, warum ich so ärgerlich auf das Dichterinterview im Fernsehen reagierte. Der Mann gebärdete sich nicht aggressiv, im Gegenteil, er sagte, man möge das Wettrüsten unverzüglich einstellen und für das verbrecherische Geld Kinderheime bauen. Ich bin gegen Wettrüsten und für Kinderheime. Woher der Ärger?

Es hat mich schon als Kind gewurmt, wenn man mir Spinat mit der Mahnung: »Wie würden sich arme Kinder freuen ...«, schmackhaft machen wollte. Es war mir auch damals klar, daß kein hungerndes Kind von meinem Eifer, den Spinatteller bis auf den letzten grünen Rest zu leeren, auch nur im geringsten profitieren würde. Dringt man etwas tiefer in die Struwwelpetermoral ein, zeigt sich sogar, daß es für die armen Kinder, wer weiß, besser wäre, wenn die verwöhnten den Spinat stehenließen. Und ist es überhaupt sittlich, den Spinat besonders zu genießen, weil arme Kinder nichts zu essen haben? Auf jeden Fall sind Spinat und Sittlichkeit nicht kommensurable Begriffe.

Ich bin, vor dem Fernsehschirm, einem Spinatintellektuellen begegnet. Der Spinatintellektuelle predigt eine Moral, die niemand nützt, die ihn allein mit dem Bewußtsein seiner sittlichen Superiorität erfüllt. Mein Spinatintellektueller weiß genau, daß das Wettrüsten nicht eingestellt werden wird, und sollte es doch, unter dem Druck der Umstände, von anderen Weltmeisterschaftskämpfen ersetzt werden, so wird man auf keinen Fall statt Kanonen Kinderheime bauen. Spräche er sich aber nur gegen die Rüstungen aus, würde er die Mächte auf den Plan rufen, die, hüben oder drüben, schmieden wollen: ein Risiko. Ein Risiko wäre es indes auch, nur für den Bau von Kinderheimen zu plädieren — wo bleibt die Weltanschauung, Herr Dichter? Ganz risikolos ist es indes, gleichzeitig gegen Rüstungen und für Kinderheime zu plädieren, ein Humanist mit Weltanschauung, bravo, der stört niemand, man baut weiterhin Kanonen und keine Kinderheime.

Der Ärger verfliegt nicht.

Ich habe den Verdacht, daß ich den Dichter um seine Geschicklichkeit, die schöne Fingerfertigkeit beneide, das Abstrakte so konkret und das Konkrete so abstrakt darzustellen, daß es seinem Dichterruhm keinen Abbruch tut: ein bequemer Richter, er richtet nichts aus. Ich beneide ihn, sage ich, denn die Fähigkeit, einen Satz unbeendet zu lassen, geht mir ab; es »kratzt« mich, wie Feuchtwanger zu sagen liebte, die verführerische Pflicht, die Probe aufs Exempel zu erbringen, das hinwiederum ist sehr undichterisch, die Logik hat keine Melodie. Unerfüllbare Wünsche empfinde ich als selbstgefällig: die Luftschlösser des Baumeisters Solness waren nur glaubwürdig, weil sie feste Grundmauern hatten. Träume sind nie abstrakt — konfus und unwirklich, aber nicht abstrakt —, der Dichter träumt, aber warum appelliert er zugleich an die höchst realistischen Vorstellungen von Waffen und Kinderheimen? Tut er es dennoch, warum verschweigt er, wie er sich das vorstellt, die Umbuchung des Budgets von Rüstungen auf Kinderheime, oder die Verteidigung von Kinderheimen in Ländern ohne Waffen gegen Länder, die nicht daran denken, Spielzeug statt Bomben zu erzeugen? Unfähig, dem Leser, Zuschauer, Zuhörer die Kommentierung meiner Sehnsucht zu überlassen, beneide ich den Dichter um seine intellektuelle Unredlichkeit.

Idealismus ohne Realismus ist eitler Lippendienst und geistiger Firlefanz. Der Gedanke, der keine Fäden spinnt zur Tat, ist die Bequemlichkeit der Nichtstuer. Mein Ärger über die Spinatintellektuellen ist mein Ärger über die Moral ohne Nutzanwendung.

Was ist echt? Die Verwirrung ist groß.

Die Lebensform eines Menschen gleicht einem Anzug, den man entweder von der Stange kauft oder nach Maß schneidern läßt. Daß nur die vom Menschen ausgewählte, ihm angepaßte, auf den Leib zugeschnittene Lebensform echt ist, sollte selbstverständlich sein: Noch weniger als die Körpermaße gleichen sich die Seelenlängen und Geistesumfänge; es ginge nicht mit rechten Dingen zu, wenn die konfektionelle Lebensform des einen dem anderen »paßte«; trägt man die gleiche Lebensform, ist die Echtheit der Individualität zu kurz gekommen.

Leider sind Wahrheit und Wirkung zwei verschiedene Dinge. Man wirkt nicht echt, wenn man so lebt, wie es einem entspricht: Als »echt« gilt, was den Vorstellungen der anderen von einem selbst zusagt. Da sich der eine mit dem anderen aber nur selten ernsthaft beschäftigt, sind seine Vorstellungen Konfektionsvorstellungen, die von äußeren Faktoren abhängen. Wer diese unechten Vorstellungen von der Echtheit stört, gilt als Betrüger, im besten Fall als Sonderling: Die Unabhängigkeit des Individuums von Rasse, Nationalität, Alter, sozialer Stellung oder Beruf ist unzulässig.

Vor nicht langer Zeit schrieb mir Alexander Lernet-Holenia einen köstlichen Brief, in dem es heißt:

»Ich selbst hingegen bin allmählich zum wahren Schreckgespenst der Jugend und ihrer Journalisten geworden, und dies schon rein äußerlich, weil die Leute zum Beispiel schon nicht mehr verstehen, warum ich, zuzeiten, ein Monokel trage. Man glaubt, ein Monokel sei etwas, das sich ein Kavallerieoffizier, also ein Säugetier, das auf ein andres steigt und darauf herumreitet, ins Auge klemmt, um damit arrogant zu wirken. Daß man ein Monokel trägt, um damit zu sehen, weiß niemand mehr. Ich jedoch habe dem entgegenzuhalten, daß mich ein Monokel, wenn es mir hinunterfällt, etwa DM 7,— kostet, eine Brille hingegen durchschnittlich auf DM 140,— zu stehen kommt; und nur deshalb trage ich Monokel ›mit Eichenlaub und Schwertern‹.«

Natürlich nicht *nur* deshalb. Lernet-Holenia trägt ein Monokel, »zuzeiten«, weil er zuzeiten Lust hat, ein Monokel zu tragen. Ich trage zwar kein Monokel, weder zuzeiten noch mit Eichenlaub, noch mit Schwertern, aber ich weigere mich, meine Lebensform von der Stange zu kaufen. Weniger defensiv als der geschätzte Dichter, kann ich aber auch bei anderen an ihre *façon de vivre à la Woolworth* nicht so recht glauben. Ich kann mir nicht vorstellen, daß der Konfektionsanzug *Homme de lettre* allen Schriftstellern paßt; es ist mir peinlich, daß ich sie, als wären sie Straßenbahnschaffner, an der Uniform ihrer Lebensart sofort erkenne. Gern wäre ich mit ihnen solidarisch, aber wie soll ich solidarisch sein mit einem Anzug? Wie soll ich glauben, daß sie sich der Konvention widersetzen, da sie die Konfektion, Inbegriff der Konvention, akzeptieren? Freilich weiß ich, daß das keine kluge Haltung ist, historisch gesehen ist sie doppelt unklug. »*Man hatte vom Dichter*«, antwortete ich Lernet-Holenia, »*immer ganz bestimmte Vorstellungen; der Mut, diesen Vorstellungen zu widersprechen, wurde nie honoriert. Die private Erscheinung, das geistige Einglas, der interne Schaffensprozeß spielten bei der Anerkennung stets eine gewichtige Rolle. Heute, da einem jedes Fernsehauge über die Schulter guckt, ist das alles noch viel wichtiger geworden. Obwohl mir kein vernünftiger Mensch sagen kann, warum ein Buch glaubwürdiger sein sollte, weil sein Verfasser wie die Lorelei mit Brille aussieht oder sich mit Mief deodoriert — so ist es, man muß sich damit abfinden.*«

Statt mich aber damit abzufinden, betreibe ich die ärgerlichsten kulturhistorischen Studien: »*In England fährt heute der zornige junge Mann der Literatur im Rolls-Royce, mit acht Zylindern; in Deutschland würde ihn schon ein einziger Zylinder ›unecht‹ erscheinen lassen*

— *beide Schriftsteller, welcher ist ›echt‹? Gemeinsam ist allen Zeiten und allen Nationen jedoch, daß der Maßanzug immer und überall als Anmaßung gilt. Eben diese Anmaßung der Unabhängigkeit erwarte ich aber vom Künstler; daß man ihm ein Konfektionsgewand anpaßt, ist unvermeidlich, daß er es trägt, ist unverzeihlich.«*

Manchmal tritt die Versuchung an mich heran, es mit dem Konfektionsanzug zu versuchen. Er sitzt mir wie ein Tarnanzug.

Es ist heutzutage ein Wagnis, das auszusprechen, wovon die meisten überzeugt sind.

Wiedergutmachung ist eine akzeptierte Sprachdummheit. Nichtmehrschlechtmachen und Andersmachen sollte es heißen.

Es wäre schmerzlich, der alten Freundin die Freundschaft zu kündigen, weil wir seit längerer Zeit jedes politische Gespräch meiden müssen, es endet mit Mord und Totschlag. Unaufrichtig wäre die Flucht in die Banalität, daß man sich »trotzdem« respektieren könne. Ideologie ist des Menschen Bild: Wie könnte ich sie achten, da ich ihr Bild verachte? Und unaufrichtig wäre es, die Freundschaft fortzusetzen. Freundschaft heißt, vor dem Freund keine Schublade zu verschließen. Glaubt man, auch nur eine einzige verschließen zu müssen, stirbt Freundschaft am abgezogenen Schlüssel.

Die Angst vor der klaren Formulierung ist die Angst vor dem klaren Gedanken.

Neben dem Beifall von der falschen Seite gibt es auch faule Eier von der falschen Seite.

Du sitzt »*zwischen allen Stühlen*«, schrieb mir mein Freund Pem. Soll mich das erschrecken oder bedrücken? Der Platz zwischen allen Stühlen ist der einzige, der eines Schriftstellers würdig ist.

Nebenbei: Zwischen zwei Stühlen setze ich mich meistens in einen Fauteuil.

Objektivität ist eine Anmaßung.

Wenn ich es mir bloß abgewöhnen könnte, wie ein Pessimist zu denken und wie ein Optimist zu handeln ...

Ich umgebe mich nicht gern mit mittelmäßigen Jasagern. Aber immer noch lieber als mit mittelmäßigen Neinsagern.

Die Sparsamkeit der Gefühle kann so verlogen sein wie ihre Überfülle. Es gibt auch eine umgekehrte Sentimentalität.

Es ist anerkennend gemeint, wenn die Freunde sagen, ich sei ein »Kämpfer«. Ich bin nicht geschaffen, mich an der Wand entlang zu schleichen, meine Meinung an die Kette zu legen, einem Überfall gaffend zuzusehen, die Hände zu verbergen, wenn sie sich zur Faust ballen. Aber ein Kämpfer? Peinliche Freiwilligkeit, einer sucht Händel auf friedlichen Straßen, sieht sich suchend nach einem Gegner um, ein Hauch von Raufbold. Meine ruhigsten Tage sind meine sonnigsten; es tut mir leid, wenn meine Existenz provozierend wirkt. Ist man ein Kämpfer, weil man sich gegen Monster und Monstrositäten wehrt? Hat man sich so sehr an Deserteure gewöhnt? Es ist allerdings nicht leicht, zwischen Aggressoren und Verteidigern zu unterscheiden: Beide kämpfen. Aggression nennt man den Verteidigungswillen des anderen. Kampf, wie ich ihn verstehe, ist Verteidigung. Walt Whitman: »Den Staaten, oder jedem von ihnen, oder jeder Stadt in den Staaten: / Widerstehe viel und gehorche wenig!« Es wäre mir lieber, wenn man für Widerstandskämpfer ein Wort fände, in dem »Kämpfer« nicht enthalten ist. Vielleicht genügt: Verteidiger.

Mut zu ... drei Punkte, ich stocke. Mut zum Risiko, Mut zur Überzeugung, Mut zur Unbeliebtheit, Mut zur Originalität — der Satz ist so leicht beendet, wie kein Satz beendet werden darf. Die Nachsätze zu dem Begriff Mut reimen sich wie Herz auf Schmerz, und dabei ist oft gerade der Mut der wahre, der sich nicht auf Mut reimt. Mut zur Sentimentalität, zum Beispiel: Mut, sich vom Anblick des Mondes rühren zu lassen, obwohl man weiß, daß dort Taxichauffeure Schutt räumen, oder man flüstert einem Mädchen, das eben erst die Pille geschluckt hat, »Ich liebe dich!« zu, oder man empfängt intellektuelle Gäste und spielt ihnen Stille Nacht vor. Mut zur Kindlichkeit, zum Beispiel: Man schmückt mutig einen Weihnachtsbaum, sammelt mutig Muscheln, geht mutig in den Zirkus, wo man mutig über den Clown lacht. Mut zur Lächerlichkeit, zum Beispiel: Man sagt, daß man Jungfräulichkeit für keine Schande, Gruppensex für abstoßend,

Pop-Art für Mist und Polizisten für Menschen hält. Mut zur Ungerechtigkeit, zum Beispiel: Man preist ein Gedicht, weil man es als Kind der Großmutter aufgesagt hat, man findet eine Frau schön, weil sie jenem Mädchen ähnelt, das auch nicht schön war, man lobt ein Buch, weil es ein Freund geschrieben hat. Mut ... drei Punkte. Mut, den Satz so zu beenden, wie es einem behagt.

Der Konflikt zwischen Intelligenz und Intellektualität beschäftigt mich unentwegt — oder ist es die Frage, warum es zu diesem Konflikt gekommen ist?

Etwa bis zum Ende des Zweiten Weltkrieges gehörten sowohl die Intellektuellen wie die *intelligenza* einer Minderheit an; es waren wohl zwei verschiedene Minoritäten, aber sie ähnelten einander und hatten ein gemeinsames existentielles Interesse. Das Zeitalter der Intelligenz, das man etwa vom Ende des Zweiten Weltkrieges datieren kann, bedeutete für die Intellektuellen eine beispiellose Herausforderung. Das Volk hatte sich der Intelligenz, die Intelligenz dem Volk angeschlossen, ein Amalgamierungsprozeß von gewaltigen Dimensionen setzte ein. Man hätte nun annehmen können — die Logik, die immer ethisch ist, und die Ethik, die immer logisch ist, aber auch der primitive Selbsterhaltungstrieb verlangten es —, daß sich die Intellektualität diesem Entwicklungsprozeß zugeselle. Über die Grenzschicht der Intelligenz hätte die Intellektualität zum Volk finden können. Just das wollte sie nicht. Die neue Intellektualität entwickelte, im Gegenteil, gegenüber der neuen Intelligenz einen Haß- und Neid-Komplex — nicht zufällig spricht Professor Schoeck in seinem grundlegenden Buch, *Der Neid*, von *envious vicinity*. Zwar führte die neue Intellektualität Begriffe wie Freiheit von Unterdrückung, Gleichberechtigung, Mitbestimmung, soziale Gerechtigkeit und Revolution unentwegt im Munde, zwar versprach sie den Massen den Universitätshimmel, wie ihnen einst die Kirche die Seligkeit versprochen hatte, aber je näher die Intelligenz dem Volk kam, das Volk der Intelligenz, desto bewußter wurde sich die Intellektualität ihrer elitären Position, ihrer Onkel-Tom-Beziehung zu den Massen: Sie glich mehr und mehr dem Plantagenbesitzer George Selby, der die Sklaven, Toms Nachfahren, gnädig entläßt, aus seiner Hand allein dürfen sie die Freiheit empfangen. Die Intellektualität betrachtete die *intelligenza* als Verräterin. Mit Hegelscher Dialektik, die den Vorteil besitzt, daß man mit ihr das Gegenteil der Wahrheit unwiderleglich beweisen kann — indem sie »nichts beweist«, beweist sie alles, was ihr genehm —, bewies die Intellektualität sich und anderen, daß die Intelligenz zu einem Sklaven der Leistungsgesellschaft geworden sei, daß ihr Emotionalismus den Verstand gefährde, daß sie, wie sich ein Intellektueller *par excellence*,

Max Frisch, ausdrückt, »*die Kultur nur als Alibi, Literatur als schöne Tapete*« betrachte.

Nicht alles — so ist das mit der Hegelschen Dialektik — ist daran unwahr. Die Intelligenz, obwohl gebildet, anerkennt das Primat der Erfahrung über die Bildung. Sie hat keine Angst vor dem »gesunden Volksempfinden«, weil sie begriffen hat, daß es sich hier um einen puren Sprachbetrug aus dem Machtvokabular des Dritten Reiches handelt — nie hat man sich um das Empfinden des Volkes weniger gekümmert, nie hat man weniger danach gefragt, ob es »gesund« oder »ungesund« sei; nicht, was das Volk wirklich empfand, wurde als »gesund« bezeichnet, sondern das, wovon die Mächtigen wünschten, daß das Volk es empfinde, was sie ihm unterschoben und suggerierten; sie stellten dem Volk einen falschen Reisepaß aus und ließen es gelten. Die Intelligenz leugnet nicht, daß es ein »ungesundes« Volksempfinden gibt, doch meint sie, daß nicht nur das Böse epidemisch auftritt. Sie will konservieren oder reformieren, oder beides, aber nicht revolutionieren; sie betrachtet die bestehende Gesellschaft kritisch, aber sie ist nicht gesellschaftsfeindlich; sie ist nicht emotionell, aber emotional und hat Verständnis für die Emotionen anderer; sie fürchtet die technologische Explosion, aber sie ist nicht vom blinden Zorn der spießerischen Maschinenstürmer ergriffen; sie ist in ihrer Mehrheit fortschrittlich, aber sie empfindet sich als Konservator im Sinne jener Bewahrer der Kultur, die sie nicht nur zu erhalten, sondern auch instand zu halten, zu restaurieren, zu reparieren und zu respektieren berufen sind. Das alles aber brachte sie in Gegensatz zu der Revolution von oben der neuen Intellektuellen, zu ihrem paradox aristokratischen Sozialismus, zu dem hoffnungslos antiquierten Robespierreschen *Etre-suprême*-Geist. Manche von ihnen meinten es ernst mit Menschlichkeit und Freiheit, sehnten sich nach dem Verständnis der Majorität, aber die Brücke der Intelligenz, der *intelligibilità*, die ans andere Ufer führt, wollten sie um keinen Preis betreten.

Was mich indes von der neuen Intellektualität trennt, was mich erschreckt und abschreckt, ist ihre gereizte Aggressivität. Diese Aggressivität richtet sich nicht gegen die Massen, mit denen sie keinen Kontakt hat und von denen sie doch auf die Schultern gehoben zu werden hofft, sondern — nochmals: neidige Nachbarschaft — gegen die Intelligenz, die ihre Sonderstellung bedroht, ihre Minorität verringert, ihre Isolation vergrößert. Daß sich in Babel niemand versteht, würde sie hinnehmen, aber sie meint, in Babel verstünden sich alle, nur der Sprache der Intellektuellen gegenüber seien alle taub. Isolation ist ein schlechter Berater, gleichgültig, ob man Gefangener eines Klubs oder eines Kerkers ist; der Hochmut des Herrenklubs und die Aggressivität der Sträflinge haben vieles gemeinsam.

In Hoffnungslosigkeit zu verharren, widerspricht meinem Wesen.

Ich möchte die Zuversicht, daß sich Intellektualität und Intelligenz eines Tages vereinigen, nicht über Bord werfen. Aber die historische, kulturgeschichtliche und soziologische Entwicklung läßt sich nicht zurückschrauben; wer sich aus der Isolation gelöst hat, findet nicht zu ihr zurück; das Ziel der Majorität ist niemals die Minorität. Die Intelligenz müßte restaurativ sein, damit sie sich der Intellektualität anschließe. *Que Messieurs les intellectuels commencent ...*

Seit ich erkannt habe, wie das »Image« eines Menschen beschaffen ist, schere ich mich nicht um mein eigenes.

Scheinbar gehört Image zu den überflüssigen Fremdwörtern, da es mit dem deutschen Wort »Bild« genau übereinstimmt. In Wirklichkeit wäre Bild mit Image, Image mit Bild falsch übersetzt.

Image ist ein Bild, in dem man den Porträtierten erkennt, ohne daß es ihm ähnelt.

Der Porträtierte »besitzt« sein Image, ob er will oder nicht. Wer ein Image besitzt, ist Zwerg Nase, die Nase ist ihm nicht gewachsen, sondern angewachsen.

Das Image entsteht in einem bestimmten Augenblick, gleich anderen Bildern. Selbst Behörden, nicht heikel, verlangen jedoch, daß man sein Paßphoto, meistens ohnedies eine Karikatur, von Zeit zu Zeit erneuere. Das Image wird nicht erneuert: ein ewig gültiges Archivbild. Der Abgebildete kann sich nicht neu aufnehmen lassen, er kann das Bild höchstens retouchieren, das dann aber als Fälschung angesehen wird. Wer ein Image hat, hat kein Recht auf sein Gesicht.

Das Image setzt sich aus sekundären Merkmalen des Porträtierten zusammen, meistens aus Benehmensformen, die dem Wesen des Porträtierten entsprechen können, aber nicht entsprechen müssen, reine Glückssache. Image ist eine Momentaufnahme, die als Gemälde ausgegeben wird.

Manche Leute haben die Fähigkeit, ihr eigenes Image zu formen, sie nehmen sich selbst auf, sozusagen mit dem Selbstauslöser; in diesem Fall setzen sie sich bei der Aufnahme in die ihnen genehme Positur, doch wird das Bild dadurch nicht naturalistischer, es beweist nichts als die Geschicklichkeit des Photographen.

Gefährlich für den Porträtierten wird das Image, wenn er der Versuchung nachgibt, sich ihm anzupassen; ebenso gefährlich ist es aber, sich strampelnd dem Image zu widersetzen: An dem Image ändert sich nichts, man wird ein lächerlicher Suppenkaspar, obwohl man sich nur weigert, die Suppe auszulöffeln, die einem eingebrockt wurde.

Ich habe mich längst daran gewöhnt, mit meinem Image zu leben. Weder glaube ich, daß es mir ähnelt, noch verlange ich, neu und besser aufgenommen zu werden. Es ist Peter Schlemihl nicht gut bekommen, daß er seinen Schatten verkaufte.

Das Schachbrett versinnbildlicht fast perfekt der Menschen und der Menschheit Kampf. Auf dem Schachbrett gibt es Schwarz und Weiß, doch ist nicht die eine Hälfte des Brettes schwarz, die andere weiß, die schwarzen und die weißen Felder wechseln ab, sind gleich an Zahl, liegen hart nebeneinander. Das Nebeneinander bedeutet nicht Verschmelzung, es gibt kein Grau auf dem Schachbrett. Einmal fällt ein schwarzer Turm, einmal ein weißer Läufer, der Kampf geht weiter bis zum Matt oder Patt, doch werden, weder durch Matt noch durch Patt, die Weißen schwarz und die Schwarzen weiß, das Remis, häufiger als der Sieg, heißt Gleichheit der Kräfte, nicht Gleichheit der Figuren. Zuweilen stehen die Könige und zuweilen die Bauern auf den weißen Feldern, Könige, so unfähig wie die Bauern, mehr als einen Schritt vorwärts zu tun, Bauern, die nicht die Noblesse besitzen, sich jemals zurückzuziehen, Königinnen, beweglicher als die Könige, aber nicht unersetzlich, wetterwendische Läufer, immer zur Stelle, doch stets auf schiefer Bahn, hochgeachtete, doch schwerfällige Türme, Rösser, die andere Figuren überspringen, aber so phantasiearm wie es ihrem tierischen Wesen entspricht, ein schwarz-weißer Tummelplatz von Gestalten, die schwarz sind oder weiß, nicht beides, jeder Handlung fähig, jeder Wandlung unfähig. Ein fast perfektes Bild der Menschheit — fast, sage ich, weil das Spiel der Menschheit nie beendet ist, die besiegten Engel ziehen sich nur zurück, die schwarzen und die weißen, verlorene Schlachten, keine verlorenen Kriege, der Krieg geht weiter. In der nächsten Schlacht stehen sich wieder schwarze und weiße Engel gegenüber.

Die Heilige Schrift, das bedeutendste Buch der Menschheitsgeschichte, ist mit ihrer strengen Trennung von Gut und Böse eine einzige Schwarzweißmalerei. Warum sollte man sich der Schwarzweißmalerei schämen ...?

Jedes Urteil ist eine Verallgemeinerung, nicht zu sprechen von philosophischen Thesen, samt und sonders Verallgemeinerungen. Abscheuliche Verallgemeinerungen, Rassentheorien etwa, sind Ungerechtigkeiten, die der Überprüfung auch dann nicht standhielten, wenn sie in weniger allgemeiner Form vorgetragen wären. Der Prozeß des Denkens schließt als Korrelativ den Prozeß des Verallgemeinerns mit ein.

Die Erinnerung gleicht einer Ziehharmonika, deren Enden sich zuweilen nähern, zuweilen voneinander entfernen.

Erinnerungen sind die Lügen der honetten Leute.

Ich habe mich nie zum Jünger geeignet. Wer aber später selbst gern auf einem Piedestal stehen möchte, das neckische Amoretten bewundernd umspielen, der muß wohl selbst einmal Amorette gewesen sein.

Das einzige, was ich in den Zehn Geboten vermisse — alle Gesetze sind nur ein Kommentar des Gesetzes vom Berge —, ist das elfte Gebot: Du sollst kein Opportunist sein! Es ist indes möglich, daß dieses Gesetz vergessen wurde, weil Opportunismus eine angeborene Eigenschaft ist, dem Willen entzogen, Opportunisten gehören einer bestimmten Rasse an: Es gibt Weiße, Schwarze, Gelbe und Opportunisten.

Die Opportunisten haben mehr Unheil über die Welt gebracht als Mörder, Diebe, Atheisten und Ehebrecher. Sie sind die Mächtigsten dieser Erde. Man schenkt ihnen wenig Beachtung, weil man sie für Verführte hält; man blickt hypnotisiert nach den Verführern, die indes, ohne die Opportunisten, Generale ohne Soldaten wären. Keine Diktatur ohne die Unterstützung der Opportunisten, sie ist gebaut auf dem Fundament der Mitläufer. Es gibt keine Kollektivschuld, aber kollektiven Opportunismus; Niedrigkeit wird durch Vielfalt nicht besser. Der Teufel ohne Anhang ist beinahe ein Heiliger.

Opportunisten sind unschwer zu erkennen. Sie haben, anders als jene, die nur unschuldig der Mode huldigen, einen unfehlbaren Instinkt für das, was sich »anbahnt«, ein rheumatisches Gefühl für das Wetter, sie sind wahre Laubfrösche der Konjunktur. Sie ziehen sich, wenn Meteorologen Schlechtwetter prophezeien, schnell einen Regenmantel an; sagen die Meteorologen Sonnenschein voraus, entledigen sie sich sofort ihrer Kleidung — sie ändern zwar nicht das Wetter, aber sie schaffen das Klima, und wenn sie nicht Schuld tragen am Regen, so doch gewiß an der Atmosphäre. Indem sie verführt werden, sind sie auch Verführer, weil sich ihr »Rette sich, wer kann!« tausendfach fortpflanzt, ihre Feigheit ist ansteckend. Der Opportunist ist ein Revolutionär oder Reaktionär, je nachdem, aber er ist ein Feind der Reformen, deren Ausgang immer ungewiß ist. Er versteht es, die Theorie der Praxis und die Praxis der Theorie anzupassen. Elastisch wie ein Gummiball, wird er angebissen, aber nicht zerbissen. Er lügt nicht wie gedruckt, sondern nach einem Manuskript. Wenn er bei der Drehtür hinten hineingeht, kommt er vorn heraus.

Das Übelste ist die arrogante Sicherheit der Opportunisten. Wer die Zehn Gebote nicht befolgt, geht wenigstens ein Risiko ein: Die Opportunisten können damit rechnen, nie ertappt zu werden, sie entgleiten jeder Verantwortung, jede neue Organisation, jede neue Richtung, jedes neue Regime braucht sie, man kommt ohne sie nicht aus. Haben sie auch keine Weltanschauung, so vertreten sie doch, was sie nicht haben, um so wirkungsvoller. Da sie auf das Pfeifen des Zuges warten, kommen sie fast immer zu spät, aber das macht ihnen nichts aus: Sie versäumen keinen Zug, jeder Zug wartet, bis sie es sich bequem gemacht haben. Sie sind die Stützen jeder Gesellschaft.

Ich beschäftige mich in *Palazzo* — Figur der älteren Tochter — mit dem Problem der einsamen Frau. Wenn ich mich der Sorge um eine Minorität widmen sollte, wäre es eine Minderheit, um die sich kein Staat, keine UN, keine Gesellschaft, buchstäblich kein Hund kümmert: die Minorität der einsamen Frauen.

Ich erkenne sie sofort. Sie sind von einer verschämten und zugleich übertriebenen, ans Herz greifenden Liebenswürdigkeit; ohne sich zu demütigen, betteln sie um die Stunde. Sie wollen etwas für einen »tun«; dabei ist es gleichgültig, daß sie auch etwas für sich tun, sie vertreiben die Langweile, die an ihren Türen lungert. Viele sagen, daß Arbeit sie ausfüllt, aber das ist nicht wahr, auch den Mann füllt die Arbeit nicht aus, doch ist die Einsamkeit des einsamen Mannes aus festerem Stoff. Sie leben intensiv das Leben der anderen; nicht alle sind »gut«, aber was verschlägt es, da ihre Handlungen gut sind — es bedarf des Alleinseins, damit man sich um andere kümmere. Ihre Dankbarkeit für eine Einladung, einen Anruf, eine Frage ist rührend. Rührend ist auch ihre Bestechlichkeit, sie sind mit Aufmerksamkeit zu korrumpieren, Menschenkenntnis werfen sie über Bord. Sie überschätzen die Männer, die sie nicht bekommen oder verloren haben; man schämt sich und möchte ihnen helfen, was man aber gleich wieder vergißt, nur eines Gastspiels ist man fähig, man ist ja nicht allein, also nicht barmherzig. Sie fragen: »Warum bist du so nett zu mir...?« — eine schreckliche Frage.

Merkwürdigerweise sind sie selten eine Gefahr für andere Frauen, Resignation ist ihnen zum Charakter geworden; vielleicht wollen sie dem Mann einer anderen Frau gefallen, aber einen Erfolg trauen sie sich nicht mehr zu, sie fürchten, die Freundin zu verlieren, an deren Leben ein Stück ihres Lebens hängt. Sie wählen meistens verheiratete Frauen als Freundinnen, schnuppern an fremdem Glück, oder hoffen, daß es ansteckend sei, sie verkehren mit Ehepaaren, haben sich daran gewöhnt, das fünfte Rad zu sein. Wahrscheinlich finden sie nur keinen Mann, weil man die Einsamen meidet — viele von ihnen sind höchst anziehend; sie pflegen sich mehr als andere Frauen, auch an dieser beinahe sterilen Soigniertheit sind sie zu erkennen, nur der Zippverschluß, rückwärts, steht manchmal offen. Man sollte es ihnen nicht übelnehmen, daß sie samt und sonders zu viel sprechen: Das tun alle Gefangenen, auf Urlaub, im übrigen gehört es zu dem schmerzlichen Wunsch, etwas zu »bieten«. Sie haben ein besonderes, inniges Verhältnis zu Gegenständen, zum Telephon, zum Rundfunkapparat, zur Fernsehkiste. Bücher, Blumen, Möbelstücke, eine Kette oder ein Schminktiegel sind ihre Gesprächspartner.

Man schenkt doppelt, wenn man einer einsamen Frau schenkt. Möglichst nicht zu spät ...

Licci und ich haben es uns abgewöhnt, mit Leuten zu verkehren, die eine unglückliche Ehe führen, ein Luxus unserer späten Tage. Wenn es sich bei den Unglücklichen um kultivierte Leute handelt, tragen sie ihre Konflikte nicht in fremde Zimmer, aber das Unbehagen ihrer gemeinsamen Existenz erzeugt eine unerträgliche Spannung. Wenn man ihnen nicht helfen kann, sollte man sie meiden.

Ich habe, wie so vieles andere, auch das von Licci gelernt: Nach einer gewissen Zeit sind Ehepaare oder Lebensgefährten, wie das scheußliche Wort lautet, füreinander verantwortlich. Der ekelhafte Kerl, der mit der reizenden Frau lebt — oder umgekehrt —: ein Märchen. Wäre sie so reizend, wäre ihr das Leben mit dem Ekel längst unerträglich geworden. Er weiß vielleicht nicht, daß er den ganzen Abend gelogen hat, aber sie weiß es; hindert sie ihn nicht daran, auch das nächste und übernächste Mal zu lügen, wird sie zu seiner Komplicin, nicht mehr gar so reizend. Wenn die Ehe kein Prozeß gegenseitiger Korrektur ist, hat sie keinen Sinn.

Man spricht von einem »tragischen« Tod, wenn einer bei einer Flugzeugkatastrophe umkommt. Der Tod durch Lungenentzündung ist nicht »tragisch«, obwohl beide Toten gleichermaßen tot sind. Tragödie und Drama werden unentwegt verwechselt.

Es fiel mir schon als jungem Reporter auf, daß Polizeiberichte, die ein einziges Motiv für einen Selbstmord angeben, falsch sein müssen. Lebensüberdruß setzt sich aus mindestens zwei Komponenten zusammen.

Gewisse Leute gelten nur deshalb als besonders intelligent, weil sie tiefsinnig zu schweigen verstehen. Ich habe den Verdacht, manche schweigen so klug, weil sie nichts zu sagen haben.

Platzangst und Unendlichkeit sind kein Widerspruch: Man kann aus der Unendlichkeit so wenig ausbrechen wie aus der Enge.

Man kann das Alter nur verstehen, wenn man es als unheilbare Krankheit deutet, übrigens kein Grund zu Mitleid oder Selbstmitleid, man kann mit dieser unheilbaren Krankheit lange leben, manchmal sogar ganz gut, jede unheilbare Krankheit ist tödlich, nicht jede ist schmerzlich.

Alter, wie Krankheit, ist ein Phänomen der Wehrlosigkeit. Wie die Krankheit »bekommt« man es schuldlos, es trifft die Guten wie die Bösen, die Klugen wie die Dummen, die Reichen wie die Armen, vorbereitet wie unvorbereitet, mit Tugend nicht zu beschwören, mit Untugend nicht zu hintergehen. Man kann das Alter bekämpfen, Vitamine, junge Frauen, Hormone, junge Gesinnung, Arbeit, Muße, viel Spaß, kein Spaß, Haarfärbemittel, Weltreise, Diät, moderne Kunst, Enkelkinder — wenn man nur weiß, daß man mit rostigen Waffen kämpft und den Krieg verliert. Der kranke Napoleon kämpfte, der kranke Marconi funkte, der kranke Heine sang. Krank waren sie allesamt.

Nicht jeden befällt das Alter zur gleichen Zeit und in gleichem Maße, auch darin ähnelt es der Krankheit. Es gibt Hypochonder des Alters, schon alt, ehe sie alt sind, Heuchler des Alters, sie fälschen Geburtsscheine und laufen die Treppen hinauf und ziehen den Bauch ein, Realisten des Alters, bedacht und würdig und strenge Rechner. Manche sprechen unentwegt von ihrer Krankheit, manche nie. Manche erheischen Mitleid, manche weisen es zurück. Manche täuschen andere, manche sich selbst. Alle lauschen in sich.

Wie die Kranken, so suchen die Alten Gefährten ihres Siechtums. Es tröstet sie, daß man anderen die Krankheit nicht ansieht, und es tröstet sie, daß es anderen schlechter geht als ihnen. Sie suchen die Gesellschaft der Jungen, die sind gesund, Gesundheit ist ansteckend, Wärme im Freien, oder sie suchen die Gesellschaft der Alten, die zählen nicht die Runzeln, oder zählen nur die eigenen, vielleicht sind es gar keine Runzeln, nur ein Bruch im Spiegel, auch am Öfchen kann man sich wärmen. In den Todesanzeigen forschen sie nach dem Geburtsdatum.

Keiner will alt sein, wie keiner krank sein will, jeder will das Alter verlängern, wie die Krankheit, nicht Gesundheit ist die Alternative, sondern der Tod, Gesang aus der Matratzengruft: »*Leben wie der ärmste Knecht / In der Oberwelt ist besser / Als am stygischen Gewässer / Schattenführer sein, ein Heros / Den besungen selbst Homeros.*« Alle lieben, was sie verlieren.

Nachdem die Diagnose gefällt ist, wird dem Kranken alles zum Symptom. Unheilbar die Krankheit, aber es gibt Symptome, die nichts mit ihr zu tun haben, der Kranke läßt sich das nicht sagen, er vergißt die angeborenen Schwächen, er meint, sie alle hätten mit der Krankheit zu tun. Zugleich klammert er sich an günstige Symptome, eine Leber wie ein Zwanzigjähriger, was tut es, daß man alles vergißt, geistig höchst regsam, er braucht keine Brille, was soll es mit dem Alter zu tun haben, daß der Atem so kurz geworden ist? Selbsttäuschung wird ihm zum Charakter, er verliert den eigenen Charakter nicht, aber ein zweiter Charakter geht neben ihm einher, der Charakter der Kranken.

Und alle macht das Alter edler oder elender, wie die Krankheit.

Doch eines unterscheidet die Alten von den Kranken. Sie werden isoliert, ausgesondert, abgesondert, sie gehören nicht mehr dazu, das Krankenhaus wird ihr Heim, ihr Heim ein Krankenhaus, wie die Kranken blicken sie hinaus durch die Fenster und beneiden die Gesunden. Aber während sich vor den Fenstern der Krankenhäuser viele Gesunde tummeln, die nie erkranken werden, promenieren vor den Fenstern der Alten lauter Narren. Keiner weiß, daß er eingeliefert wird, eines Tages. Alle werden eingeliefert.

Viele trostreiche Briefe zu meinem sechzigsten Geburtstag.

Ich empfinde das Alter nicht als einen unerträglichen Zustand; die Zukunft, also den Tod, fürchte ich weniger denn je. Manches, worunter andere leiden, ist mir erspart geblieben; die »Freuden des Alters« stehen zwar in Anführungszeichen, aber nicht alles, was in Anführungszeichen steht, ist ein leeres Wort. Ich schäme mich nicht, älter zu werden, die Frage nach dem richtigen Benehmen im Alter bedrückt mich nicht, ich begehre nichts, was ich nicht besitze, ich weiche dem Alter nicht aus und komme ihm nicht entgegen. Des Trostes bedarf ich dennoch.

Das Leid des Alters ist nicht die Kürze der Zukunft, sondern die Kürze der Vergangenheit. Nicht alles, doch manches hätte ich anders tun sollen. Warum habe ich die blonde Baskin verlassen, nach jenen Monaten in der Bretagne, warum habe ich die dunkle Deutsche gesucht, nach dem Krieg, warum ging ich nicht in die Berge, statt den ganzen Sommer zu arbeiten, ich habe das Buch geschrieben, das besser ungeschrieben geblieben wäre, ich habe das Buch nicht geschrieben, das verdiente, geschrieben zu werden, ich habe den Brief meines Vaters nicht geöffnet, ich ging nach Amerika, hätte ich bloß Palästina gewählt, sechs Jahre habe ich gewartet, ehe ich mich zwischen Europa und Amerika entschied, überflüssige Lektüre, Wichtiges ungelesen — zu langsam, zu schnell, zu früh, zu spät. Daß nichts mehr gutzumachen ist, wäre nicht schlimm; man leidet an überflüssigen Erkenntnissen.

Tröstend schreibt ein Freund, daß mir »immer noch« so viel einfällt. Es fällt mir zu viel ein. Ich bin ein Bildhauer, dem sein Material vorgeschrieben ist, ich kann nur noch mit meinem Charakter arbeiten, und auch das ist fraglich, die Statue ist fertig, aufgestellt, ausgestellt, es ist gleichgültig, ob man sie bewundert oder achtlos an ihr vorbeigeht, ich kann sie nicht mehr formen. »Fertigmachen« ist ein plastisches Jargonwort, keiner kann den anderen »fertig machen«, man macht sich selbst fertig, das ist arg genug, noch im freundlich-ursprünglichen Sinn des Wortes, man ist fertig, vollendet, das heißt am Ende.

Danke, Freunde, es geht mir gut. Ich bedarf nur des Trostes, weil ich mich nicht mehr ändern kann.

Ich fühle kein Zeichen des Alters. Eine Alterserscheinung ...

Wenn man die »großen alten Männer« — Päpste, Politiker, Künstler, Erfinder — ihrer »Jugendlichkeit« halber bewundert, so ist das eine optische Täuschung. Auch mindere Geister können sich auf eine, eine einzige Sache konzentrieren. Nur ist eben der Öffentlichkeit diese einzige Sache bei den *great old men* sehr wichtig.

Im Alter kann man sich auf keine Wunder verlassen.

Heinz Ullstein erzählte mir von seinem siebzigsten Geburtstag, an dem ihn jemand mit dem Gemeinplatz trösten wollte, man sei nur so alt, wie man sich fühle. Ullstein: »So alt auch wieder nicht ...«

Je älter man wird, eine desto engere Beziehung unterhält man zu Gegenständen.

Nur angeborene Dummheit schützt vor Senilität.

Im Verhältnis zum fünfzigsten Geburtstag eines Mannes sind alle anderen »runden« Geburtstage ein Kinderspiel. Mit dem fünfzigsten Geburtstag beginnt die Maskerade.

An kaum einem Phänomen läßt sich der Wandel unserer gesellschaftlichen Struktur deutlicher ablesen als an der Beziehung von Mann und Frau zum Alter. Es war nie wahr, daß das Alter beim Mann »keine Rolle« spiele, immerhin spielte es eine geringere Rolle als bei der Frau. Heute ist es umgekehrt. Die Erklärung, daß die Frau durch die Hexereien der Kosmetik ihr Alter besser zu verbergen vermag, ist flüchtig: Der Spiegel ist nicht die Seele. Wesentlicher, daß die Frau vom Sommer der Frauenemanzipation profitiert: Sie altert als Individuum, aber sie verjüngt sich als Mitglied einer jungen Kaste; als solches wird ihr das Altern von der Jugend eher verziehen, sie entwickelt sich nicht, aber sie hat Anteil an der Entwicklung. Entscheidend jedoch, daß im Zeitalter der Sexualität der Blick instinktiv von der Region unter dem Gürtel angezogen wird. Daß die Frau nach den Wechseljahren keine Pille braucht, ist eher komfortabel. Sie bleibt Mitglied der Leistungsgesellschaft. Beim alternden Mann denkt man nur noch an Impotenz.

Die Alten haben die Jungen immer beneidet, aber es war ein individueller Neid, sie beneideten den jungen X., nicht die Jugend. Der Neid war gemildert durch gewisse, dem Alter eigene Vorteile — man durfte dies und jenes tun, was den Jungen verwehrt war, man hatte auch dies und jenes erreicht, wonach die Jungen noch strebten. Heute gibt es nichts, was die Jungen nicht dürfen, und was sie nicht erreicht haben, streben sie nicht an: Von dem Neid der Alten kann der Neid der Jungen nicht mehr subtrahiert werden. Der Alternde fühlt, daß er seine Jugend nicht nur verloren, sondern auch versäumt hat; in dieser Zeit sollte man jung sein! Das permissive Zeitalter hat eine Klassenherrschaft errichtet: Ihre Permissionen gelten nur für die Jugend. Dabei handelt es sich bei den Älteren um einen Komplex, mit allen falschen Wertungen. Der alternde Mensch weiß nicht, daß seine eigene Jugend, mit ihren frohen Irrtümern, ihren hintergangenen Verboten, ihren allmählichen Entdeckungen, ihren schmerzlichen Geburten viel beneidenswerter war. Ich erwache verjüngt, wenn ich von meiner Jugend geträumt habe.

Torheit schützt vor Alter nicht.

Wenn ich tausend Franken von meinem Konto abhebe, betrachte ich sie als ausgegeben. Man schützt sich am besten vor dem Alter, indem man es frühzeitig »abhebt«. Die Reifen werden später alt.

58

Fast alle alten Menschen ähneln sich. Es kommt wohl daher, daß sie ausgezogen sind, tausenderlei zu erfahren, und am Ende alle das gleiche erfahren haben.

Man wird im Alter immer bescheidener. Zuerst will man die Menschheit retten, dann begnügt man sich mit ein paar Menschen, und am Ende treibt man die Bescheidenheit so weit, nur sich selbst retten zu wollen.

Da der Fuchs die hochhängenden Trauben nicht erreichte, glaubt man, daß sie süß waren, vielleicht waren sie aber wirklich sauer. Nicht alles Unerreichte ist süß, manch ein alter Fuchs trauert saueren Trauben nach.

Reifen bedeutet die richtige Erkenntnis der Werte. Ein Kind weint, wenn es eine Puppe zerbricht; später weint man nicht einmal, wenn man einen Kameraden verliert. Sagt man, daß ein alter Mann »kindisch« wird, so meint man in Wirklichkeit, daß ihm Maß und Waage abhanden gekommen sind.

Je weniger man von seiner Kindheit hatte, desto kindischer wird man im Alter.

Alter bedeutet: Intensivierung des Charakters. Nicht nur die Guten werden besser, die Schlechten schlechter, der Lügner lügt unverschämter, der Ehrliche wird korrekter, der Faule lässiger, der Ehrgeizige ambitionierter — auch geringfügigere Eigenschaften treten deutlicher hervor oder verschwinden ganz. Besonders gilt das für die Fähigkeit zur Toleranz. Die Lebensweisheit des Alters ist nur den Duldsamen gegeben. Die anderen werden blind und hartnäckig.

Weisheit ist nicht die Vollendung, sondern die Resignation der Klugheit.

Luxus und Freude sind nicht dasselbe, aber ich möchte den Alten raten, sich des Luxus zu freuen, den ihnen das Alter gewährt. Aufrichtigkeit ist ein solcher Luxus; man braucht seine Meinung nicht mehr zu verkleiden. Die *documenta* in Kassel nicht zu besuchen, ist ein solcher Luxus; man weiß schon, daß sich die Scheußlichkeit überlebt. Der Mode zu widerstehen ist ein solcher Luxus; es wäre kein Gewinn, zu preisen, was einem mißfällt. Neinsagen ist ein solcher Luxus; das Risiko, das man dabei einhandelt, ist gering geworden. Leichtsinn ist ein solcher Luxus; die Erbschaftssteuer ist ohnedies zu hoch. Da man nicht ernst genommen wird, kann man manches heiter nehmen. Auch ein Luxus.

Ich habe einen Katalog der Dinge angelegt, die ich im Alter nicht zu tun gedenke.

Ich werde nicht von der Vergangenheit sprechen, weder verklärt noch abgeklärt.

Ich werde niemals das Wort: »Zu meiner Zeit«, gebrauchen.

Ich werde nicht alles schön finden, was ich einmal schön fand.

Ich werde nicht von Leuten sprechen, die niemand mehr kennt.

Ich werde niemand belehren, es sei denn, daß er es ausdrücklich verlangt.

Ich werde nicht Zeitungen und Zeitschriften zitieren, die jedermann gelesen hat.

Ich werde mich nicht wiederholen, auf die Gefahr hin, etwas, was ich vielleicht zum zweiten Mal erzähle, überhaupt nicht zu erzählen.

Ich werde mich nicht mit alten Leuten umgeben, die alles kennen, was ich kenne. Ich werde mich nicht mit jungen Leuten umgeben, die nichts kennen, was ich kenne.

Ich werde nicht senil auf meiner Weltanschauung beharren, weil sie mir vertraut ist. Ich werde nicht senihilistisch die Weltanschauung der Jugend akzeptieren, weil mich das jung erhält.

Ich werde mich nicht neuen Kunstrichtungen verschließen. Ich werde mich ihnen nicht anschließen.

Ich werde nicht von dem Wetter reden, als handelte es sich um eine Revolution.

Ich werde mir im Fernsehen nichts ansehen, was ich mir früher nicht angesehen hätte.

Ich werde nicht mit alten Damen Bridge spielen. Ich werde nicht mit jungen Mädchen Tennis spielen.

Ich werde junge Frauen nicht behandeln, als ob ich Aussichten hätte. Ich werde sie nicht väterlich behandeln.

Ich werde nicht immer zu Hause bleiben. Ich werde keine Weltreise unternehmen.

Ich werde meine Gesundheit nicht mehr schonen, als es unerläßlich ist. Ich werde nicht Golfspielen lernen.

Ich werde nicht Respekt für mein Alter fordern. Ich werde Respekt für mein Alter erwarten.

Ich werde mich nicht unentbehrlich machen.
Und ich werde mir diese Vorsätze über den Schreibtisch hängen.

Weil ich das Alter für eine unheilbare Krankheit halte, heißt das beileibe nicht, ich hielte die Kranken für minderwertig. Ich glaube an die Superiorität des Alters, wenn auch nicht aller Alten: Manche sind eben nicht der Auszeichnung würdig, die ihnen die Jahre an die kranke Brust hefteten.

Es ist jedermanns Recht, über sein Alter und sein Altern zu klagen; ich selbst mache von diesem Recht ausgiebig Gebrauch. Das verleitet mich nicht zu dem Inferioritätsgefühl, ich sei, weil ich mir selber weniger nützlich bin, weniger nützlich für andere: Refüsierte Geschenke verlieren nichts von ihrem Wert.

Der Herbst ist die Jahreszeit des Vergehens wie der Vollendung. Das Jahr hat Bekanntschaft geschlossen mit sich selbst, die Fragen tragen Früchte, Antworten hängen in den Zweigen, jetzt weiß die Erde, warum sie an ihren Wurzeln gelitten hat. Zwar hat man noch keinen Baum gesehen, der seine Früchte selber erntete, aber die Wörter Ernte und Erbe ähneln sich; daß man nicht ernten kann, schmerzt, daß man geerntet wird, ist ein Glück.

Die Bäume haben es leichter als die Menschen: Erst wenn sie gefällt werden, zeigen sie ihre Jahresringe, dem Menschen sind sie ins Gesicht geschrieben. Man sollte stolz sein auf seine Jahresringe. Jugend ist kein Verdienst, Alter ist es. Das Leben verdankt man einem, das Überleben sich selbst. Der vorletzte Satz in Richard Strauß' *Heldenleben* spricht von des Helden Friedenswerk, der letzte von seiner Weltflucht und Vollendung: Weltflucht und Vollendung sind kein Widerspruch, wer sich vollendet, hinterläßt ein Friedenswerk. Man kann nur von den Kranken lernen.

Fast alles Große in der Welt ist von Alten geschaffen worden; wir fürchten und bewundern die Gewitter — nur der langsame Regen befruchtet die Erde. Die meisten Menschen sind dumm, aber die erfahrenen etwas weniger als die anderen. Viele geben sich Mühe, aus ihren Erfahrungen nichts zu lernen: Dennoch bleibt etwas haften. Auch Moral ist Erfahrung: Mit der Zeit erfährt man, wie töricht es ist, sich und anderen Schaden zuzufügen. Aus Egoismus werden wir besser. Nur der Erfahrene ist der Besserung fähig.

In *Die Lebenswende* schreibt C. G. Jung: »*Wir dürfen nicht vergessen, daß die wenigsten Menschen Lebenskünstler sind und daß zudem die Lebenskunst die vornehmste und seltenste aller Künste ist — den ganzen Becher in Schönheit zu leeren — wem gelänge das?*« Es wäre gar nicht schön, den »ganzen« Becher zu leeren. Es gehört zu der Lebenskunst des Alters, nicht den ganzen Becher leeren zu wollen.

Das Alter, wie der Tod, läßt sich ertragen. Mit dem Altern, wie mit dem Sterben, ist es schwerer.

Jugendgerichte billigen der Jugend Jugend als mildernden Umstand zu. Gilt die große Krankheit des Alters nicht als mildernder Umstand? Warum gibt es keine Altersgerichte?

Der Herbst ist kurz. Wer da nicht erntet, hat umsonst gesät.

Im Alter sucht man weniger nach guten Motiven. Man ist dankbar für gute Taten ...

Noah lebte 950 Jahre, davon 350 nach der Sintflut. Es sind meistens die Alten, welche die Sintflut überleben. 350 Jahre: Das heißt, daß Noah des Überlebens würdig war.

Der Frauenliebling ist nicht ein Mann, der ein Maximum an Erfolgen verbucht, sondern derjenige, der ein Minimum an Mißerfolgen zu verzeichnen hat. Casanova: der Mann mit dem unfehlbaren Instinkt für die Hoffnungslosigkeit. Warum sollte dieser Instinkt im Alter verkümmern?

Es gibt Dinge, die uns viel ausgiebiger voneinander trennen als der Tod.

Es kommt darauf an, im Sattel zu sterben. Zum Teufel damit, wie lächerlich man hoch zu Roß aussieht ...

Endlich der vollständige Text der Nobelpreisrede, die Alexander Solschenizyn nicht halten durfte: Jede Zeile prägt sich ein, jede Zeile könnte man zitieren, aber ein Absatz beschäftigt mich, des Dichters Auseinandersetzung mit dem »München-Geist«.

In das Glücksgefühl, daß hier der Tapfere, der dem Begriff der intellektuellen Redlichkeit wieder Sinn verlieh, ausgesprochen hat, was ist, mischt sich ein merkwürdiges Unbehagen. Woher kommt es?

Solschenizyn schreibt: »*Der München-Geist gehört keineswegs zum Vergangenen, er war keine kurze Episode. Ich erkühne mich, reinweg zu behaupten, daß der München-Geist im zwanzigsten Jahrhundert vorherrschend ist. Die verzagte zivilisierte Welt hat angesichts des Drucks der plötzlich voranstürmenden grinsenden Barbaren keinen besseren Widerstand gegen sie gefunden als Zugeständnisse und Lächeln.*«

München-Geist heißt *appeasement*, jede andere Übersetzung ist falsch, absichtlich oder unabsichtlich. *Appeasement* hinwiederum übersetzt das Wörterbuch mit Versöhnung, Beruhigung, Besänftigung, Befriedung — Schwindelwörter weil Schmeichelwörter, denn wer wollte nicht versöhnlich sein und ruhig und sanft und friedlich? Mit Beschwichtigung wäre *appeasement* schon ehrlicher übersetzt, doch immer noch trügerisch, denn das deutsche Wort verrät nicht, wer und was beschwichtigt werden soll. Es gibt kein *appeasement* eines schreienden Babys. Es gibt nur die Beschwichtigung der brüllenden Gewalt. Das heißt *appeasement*, das heißt *München-Geist*, sonst nichts.

Man bleibt jedoch unaufrichtig, wenn man nicht der Quelle des Wortes nachgeht. Im September 1938 hatten sich die damaligen Supermächte, Frankreich und England, den Forderungen Adolf Hitlers bedingungslos gebeugt; aus Angst vor der bewaffneten Konfrontation, aus Angst vor dem Krieg hatten sie nicht nur ihre tschechischen Alliierten verraten, sie hatten dem »*Druck der plötzlich voranstürmenden grinsenden Barbaren*« nichts entgegengesetzt als »*Zugeständnisse und Lächeln*«.

Ich nähere mich meinem Unbehagen. Wenn Solschenizyn jetzt den Geist von München heraufbeschwört, so ist das keine Exkursion in die Geschichte, ist eine Warnung: Er kann unter den »*grinsenden Barbaren*« nur die Sowjetunion, ihre Verbündeten und Vasallen, unter den zurückweichend Lächelnden nur den Westen verstehen. Damit bekennt der leidend Kundige aber auch, was wir im Westen nicht bekennen wollen: daß sich nämlich die Gewalt, gestern, heute und morgen, nicht versöhnen, nicht beruhigen, nicht besänftigen, nicht befrieden und auch nicht beschwichtigen läßt.

Dennoch versuchen wir es mit dem *München-Geist*. Mehr als die Gewalt, die uns vernichtet, fürchten wir, daß wir die Gewalt mit Gewalt bekämpfen müßten. Wir dulden den Teufel in allen seinen Verkleidungen, und zeigt er seinen Klumpfuß, fabrizieren wir schnell orthopädische Schuhe, damit ihn niemand erkennt. Wir reichen den Mördern ein Schlafmittel, verwechseln die Gläser und schlafen selber ein. Wir lassen uns narren von feigen Moralisten, schwankenden Idealisten, pazifistischen Kriegsmachern, die in der Apokalypse nur ihr armseliges Seelenheil suchen. Wir verwechseln die Verteidigung, die unser würdig ist, mit der unwürdigen Aggression. Wir errichten keine Barrikaden auf dem Weg der »grinsenden Barbaren«. Wir laden sie zum Geschäftslunch, streicheln ihre Waffen, äffen sie nach. Wir erleichtern das Handwerk des Mörders: Wir begehen Selbstmord, damit er uns nicht zu morden braucht. Und »es ist keiner gerecht, auch nicht einer«.

Ich habe mich den Quellen meines Unbehagens genähert, doch an der Quelle stehe ich erst, wenn ich an die Alternative denke, die Solschenizyn unausgesprochen ausspricht. Verlangt Solschenizyn, daß wir rechtzeitig die Waffen ergreifen? Es gibt keine Waffen mehr, nur eine Waffe, die Waffe der Vernichtung. Das kann der russische Patriot und Menschenfreund nicht wollen. Er kann aber auch das Wort vom München-Geist nicht im Sinne jener Intellektuellen ausgesprochen haben, die gegen den Berg rufen und vor dem Echo ihrer Stimme davonlaufen. Das Unbehagen hat mich überkommen, weil ich fürchte, er könnte mißverstanden werden.

Er hat nicht nichts gemeint und nicht alles. Nicht Krieg war die Alternative des appeasement von 1938, sondern der Pestkordon. Niemals hätte Hitler den Krieg gegen die Welt gewagt, wenn er gewußt hätte, daß sie gegen ihn aufstehen würde. Wenn sie die Verfolgten aufgenommen hätte. Wenn sie sich entschlossen hätte zum totalen Boykott des Hitlerreiches: keine Einfuhr deutscher Waren, keine Ausfuhr fremder Waren nach Deutschland, kein Tourismus ins Kannibalenreich, kein Kulturaustausch mit Barbaren, kein Wettspiel mit den Grinsenden. Wenn sie seine Verbündeten entmutigt hätte durch die gleiche Behandlung, die sie ihm selbst hätte zuteil werden lassen. Wenn sie die Deutschen im September 1938 ermutigt hätte, so zu handeln, wie es zu handeln im Juli 1944 zu spät war. Appeasement bedeutet Verlust der Menschenwürde, Verrat an den Unterdrückten, Verwerfung der Hoffnung. Widerstand, das Gegenteil von appeasement heißt nicht Krieg, heißt Isolierung und Ächtung der Gewalt, Verzicht auf sentimentalen Humanismus und heuchlerische Internationalität, heißt Mut zum Risiko. Nichts anderes kann der Ruf aus dem Kerker bedeuten.

Das Unbehagen, seltsam, will immer noch nicht schwinden, weil durch die Nacht, in der ich lese, der hohle Applaus jener westlichen Intellektuellen tönt, die es nicht wagen, Solschenizyn auszupfeifen, aber, indem sie ihm Beifall spenden, mit ihren Blechbüchsen doch durch die Straßen ziehen, um Spenden für Solschenizyns Kerkermeister zu sammeln. Den Prügelknaben des Ostens verzaubern sie, hokuspokus, in einen Hofnarren ihres München-Geistes. Sie setzen

dem Märtyrer eine Schellenkappe auf und machen ihm dann Zugeständnisse in der Hoffnung, der Geräderte werde nur noch Räder
schlagen. Ihr Lächeln aber gilt den grinsenden Barbaren. Die zweite
Kreuzigung des Alexander Solschenizyn.

Und dennoch ...

Zweimal im Tag kommt die Verzweiflung, pünktlich wie die
Schweizer Post.

Allen Anlaß habt ihr zur Verzweiflung. Im Osten ist die Sonne
untergegangen, die halbe Erde liegt in Finsternis. Hilfesuchend
strecken sich die Hände nach uns aus, die armen Arme der Versunkenen. Aber auch andere Hände strecken sich nach uns aus, und diese
Hände tragen die Waffen der Vernichtung. Hieronymus Bosch, Welt-
gerichts-Triptychon. Ach ja, die Leiden der anderen könnten wir
ertragen; die Menschheit hat sie immer ertragen. Ihr fürchtet nicht das
Leid und nicht die Gewalt der anderen. Ihr verzweifelt am eigenen Unverständnis.

Sehende seid ihr unter Blinden. Eure blinden Brüder sagen euch, der
Betrug sei kein Betrug, Elend kein Elend, Unterdrückung nicht Unterdrückung, Gewalt nicht Gewalt, Zukunftsvision der Blinden.

Ihr riecht die Verwesung. Die Blinden schnuppern den Duft des
Fortschritts. Unter ihren Füßen fault der Fortschritt, aber sie baden im
Leichengeruch. Und ihr erkennt, daß die Blinden auch den Geruchs-
sinn verloren haben.

Was ihr gebaut habt, zerfällt. Ihr habt gebaut, und der Bau ist nicht
schlecht geraten. Nicht herrlich, doch nicht schlecht. Und nun können
die Blinden die Sintflut nicht erwarten, alle Hähne öffnen sie, alle
Schleusen, der Eroberer wird seine Fahne auf versunkenen Mauern
pflanzen. Ruinen entlang tasten sich die Blinden, und können nicht
unterscheiden zwischen nassen Wänden und frischem Mörtel. Ihr
verzweifelt, weil die Blinden, die nicht riechen können, auch nicht
tasten können mit ihren lahmen Fingern.

Eure Zungen verraten euch das Gift. Aber die Blinden essen von den
vergifteten Speisen, schmatzen bei Genuß von Lüge und Fälschung
und Propaganda, das Gift mundet ihnen, gierig verschlingen sie die
Henkersmahlzeit. Ihr könnt nicht verstehen, daß sie auch den Ge-
schmackssinn eingebüßt haben.

Ihr hört das tausendfache Geflüster der Verführung, Marschmusik
und Beat, Kanonendonner und Schmalzmarseillaise. Ihr fragt die
Blinden, ob sie nichts hören. Ja, sagen sie, sanfte Melodien seien das,
Liebe, *love, amour, amore*, nicht aufrührend, nur rührend. Und ihr
wißt, daß die Blinden, die nichts riechen, nichts tasten, nichts spüren,
auch taub sind.

Eure Sinne sind nicht verkümmert. Ihr könnt Wärme von Kälte unterscheiden, Wohlgefühl von Schmerz, die Muskeln reagieren, die Gewichte sind verteilt. Ihr wollt helfen. Ihr könnt nicht helfen; die der Hilfe bedürfen, haben sich um den Instinkt gebracht. Daß ihr nicht helfen könnt, ist eure Verzweiflung.

Und dennoch ...

Die Sonne ist im Osten untergegangen, ich kann euch nicht versprechen, daß sie im Westen aufgeht, so verkehrt ist das Verkehrte nicht, nicht so einfach. Die Menschheit wird nie reich werden, weil sie immer arm bleiben wird an Phantasie. Wenn Sokrates recht gehabt haben sollte und Glück die Abwesenheit von Schmerz wäre, so empfände doch niemand Glück, der nicht gelitten hat. Freiheit ist die Abwesenheit der Unfreiheit, vielleicht kann sich niemand bewegen, der keine Ketten trug. Und dennoch: Mag die Sonne ihre Bahn verlassen haben, mag sie irren im All, mögen sich ihre Strahlen in Blitze verwandeln — die Sonne ist kein Komet, der zerschellt, die Sonne kehrt wieder. Nachdem Matthäus die Endzeit vorausgesagt hatte, Irreführung und Kriege und Kriegsgerüchte und Erhebung von Volk wider Volk und Reich wider Reich und Hungersnot und Erdbeben und das Kommen falscher Propheten und die Verachtung des Gesetzes und das Erkalten der Liebe, hat er auch gesagt: »Wer aber ausharrt bis ans Ende, der wird gerettet werden.«

Dennoch.

GESTALTEN UND BEGEGNUNGEN

FRANKLIN DELANO ROOSEVELT

Die erste Begegnung mit Roosevelt fand unter merkwürdigen, beinahe drolligen Umständen statt; ich verdanke sie einer Partisanin.

Es war kurz nach dem Eintritt Amerikas in den Krieg. Ich war mit der Stieftochter des Botschafters Joseph E. Davies verheiratet, der damals als Sonderberater dem Kabinett Roosevelts angehörte. Eines Tages hatte Eleanor Roosevelt meine Frau angerufen: Die »Partisanin Nummer eins« der Sowjetunion sei Gast des Weißen Hauses, sie werde Vorträge in Amerika halten, doch sei das Weiße Haus »ausgebucht«, ob wir denn Ludmilla Pawlitschenko bei uns beherbergen wollten.

Sie wohnte bei uns mit zwei Offizieren. Vor dem Hintergrund des Hauses auf Kalorama Road spielte sich eine *Ninotschka*-Story ab. Nachdem Ludmilla in den ersten Tagen ihre fadenscheinige Uniform und ihre Röhrenstiefel getragen hatte — Ludmilla zum Diener: »Sind Sie verrückt, diesen Leuten die Stiefel zu putzen?« — , nachdem sie Gastgeberin und Gäste beleidigt hatte — zu meiner Frau: »Sie führen ein nutzloses Leben«, zu einem jungen Diplomaten: »Sie sollten lieber in der Armee sein« —, befreundete sie sich mit meiner Frau, trug sie deren Kleider, schüttete sie ganze Flaschen von Badesalz in ihr Bad, bediente sie sich in Überfluß des Lippenstiftes und der Puderquaste und sah am Ende nicht mehr aus wie eine Heckenschützin aus Moskau, sondern wie eine Straßendirne aus Odessa.

Die Einladung ins Weiße Haus war ein Dank für die Ersatzgastfreundschaft. Es war ein intimes Mittagessen: Eleanor Roosevelt, Harry Hopkins, der Berater des Präsidenten, Mrs. Hopkins, meine Frau und ein junger, mit den Roosevelts verwandter Marineoffizier. Der Präsident sollte später zu uns stoßen, der britische Botschafter hatte ihn zurückgehalten.

Wir saßen um einen ovalen Tisch des kleinen Speisezimmers, sehr bürgerlich, Gemütlichkeit des neunzehnten Jahrhunderts, der Diener, der das einfache Essen servierte, wirkte wie ausgeliehen; das Gespräch drehte sich vorerst um Ludmilla. Ich erzählte von einer erstaunlichen Erfahrung. Wir hatten uns mit Ludmilla und ihren Begleitern über einen Dolmetscher des State Departement verständigt, er war den ganzen Tag anwesend. Als Ludmilla abfuhr, legte sie wieder ihre Uniform an, ungebürstet, nun ging es ja ins Land hinaus. Ninotschka hing im Schrank. Beim Abschied dankte mir einer der beiden Offiziere plötzlich in tadellosem Deutsch; während die Koffer verstaut wurden, unterhielten wir uns, wie wir es die ganze Zeit hätten tun können, wenn er sich früher hätte demaskieren dürfen. Er war der Sohn eines baltischen Barons.

Eleanor Roosevelt lachte — da gesellte sich der Präsident zu uns.

Die Enttäuschung, auf die ich gefaßt gewesen war — ich mißtraue Idolen, auch meinen eigenen —, blieb aus. Ich hatte es immer schwer, mich mit Amerikanern zu verständigen, aber der Präsident war kein Amerikaner, freilich auch kein Europäer, wie alle großen Intellektuellen kam er von jenem anderen Stern, auf dem die großen Intellektuellen wohnen, sie fallen wie Kometen auf die Erde und zerschellen. Er hatte etwas im schönsten Sinne Königliches, Monarch der Republik, Repräsentant und Individualist, ein nachdenklicher Staatsmann, also Einzelgänger, er handelte unter dem glücklichen Zwang der Persönlichkeit, Rede und Dialog ein Ausbruch aus dem Monolog. Der Kopf von männlicher Schönheit und unverwechselbarem Charakter, Kupferstichporträt, beinahe schon gerahmt, die Stimme von einer Melodie, in der sich Energie mit Wehmut paarte, mit den Worten *My friends* pflegte er seine Rundfunkreden zu beginnen, es war die gleiche Stimme.

Ich bewunderte ihn, doch verstand ich jetzt auch jene besser, die ihm mißtrauten. Er war unfaßlich, die Zauberer sind es immer. Ob man den Zauberern vertraut, oder mißtraut, hängt von ihrem Beruf ab, der Dirigent darf zaubern, weil er dem Orchester Töne entlockt, der *magicien* entlockt dem Zylinderhut nur Kaninchen, bei dem Politiker weiß man es nicht: Beethoven oder Kaninchen. Man begegnet der undefinierbaren Tugend, die man Charme nennt, mit unterbewußter Abneigung; Menschen mit Charme kann man schwer nein sagen, weshalb man es später bereut, ihnen ja gesagt zu haben; Charme kann man sich nicht aneignen, was man selber nicht erwerben kann, erweckt Neid. Natürlich wurde über Politik gesprochen, aber es war kein politisches Gespräch; der Mann, der neben mir saß, nicht an der Spitze der Tafel, man war einfach auseinandergerückt, sprach von Politik, wie man von Literatur oder Bildhauerei spricht, mit Ernst zwar, doch mit künstlerischem Ernst; er ähnelte keinem der Staatsmänner, die ich kennengelernt hatte, den großen Künstlern eher, Gide und Kokoschka und Rubinstein.

Charme in seiner edlen Form ist überwundener Schmerz. Der körperliche Schmerz war nicht der einzige, den Roosevelt überwunden hatte. Diesem Künstler fiel es schwer, Politik zu machen, der Krieg unverständlich, er hätte lieber Töne gezaubert. Irgendein rüder Angriff eines politischen Gegners, den Hopkins erwähnt hatte, bewog ihn — den aktuellen Anlaß fegte er mit einer Handbewegung fort — zu der Definition: »Was sind das für moralische Postulate, von deren

Undurchführbarkeit man überzeugt ist?« Man müsse zwischen prakti-
schem und theoretischem Idealismus unterscheiden, aber den meisten
erscheine der praktische Idealismus als ein Widerspruch, wenn man
dem praktischen Idealismus huldige, gelte man als *politician*, und
dieses Wort habe einen zweifelhaften Klang, *a doubtful meaning*. Es
sei leicht, Liebe von den Menschen zu fordern und dann in den Urwald
zu gehen, um sich fürderhin nur noch mit so harmlosen Geschöpfen zu
umgeben, wie es wilde Tiere sind. Die Humanität, die nicht mit dem
Menschen rechnet, mit seinem Egoismus, seinem Verrat, seinem Kompromiß, sei keine, aber man erwartet von dem Idealisten Passivität,
sonst begegnet er Argwohn. Dabei schien er sich selbst gegenüber
nicht frei von Argwohn, ein Künstler auf dem Fechtboden der Aktion.

Wir zogen uns zum Kaffee in Eleanor Roosevelts Salon zurück. Ein
länglicher Raum, altmodisch, sehr amerikanisch, die Tradition in
Amerika ist doppelt traditionell, Klöppeldecken, gerahmte Photographien, zwei Uhren tickten, beim Schlagen ließ die eine der andern den
Vortritt. Der Präsident rauchte aus einem langen Zigarettenhalter, die
Frauen sprachen, Roosevelt lächelte abwesend, er war nur aus Höflichkeit da, doch als er zurückkehrte, war es, als hätte er sich nie entfernt.

Vom Krieg, der uns alle beschäftigte, sagte er kein Wort, aber plötzlich wandte er sich an mich, sprach von Hitler, fragte mich, wie ich
mir dessen suggestive Kraft erkläre. Er schien das Böse nicht zu verstehen, es war für ihn etwas Exotisches, Nebelhaftes, der Bazillus, den
kein Mikroskop erfaßt, ein formloses Gespenst. Das würde Jalta erklären, Naivität vor dem Bösen. Aber vielleicht ist es anders. Roosevelt war so viele Tode gestorben, daß er sich für unsterblich hielt,
auch körperlich — ich merkte es, als er von der Nachkriegszeit sprach,
unvorstellbar, daß er sie nicht erleben würde, er würde da sein, zehn
und zwanzig Jahre nach dem Krieg: Mißtrauen gegenüber den
Sowjets auf der einen Schale der Waage, auf der anderen sein Selbstvertrauen, als ob er die Zauberformel besäße, zuerst würde er Hitler
wegzaubern, dann Stalin, er, FDR, der Zauberer.

Harry Hopkins, hager, bleich, magenbitter, von stiller und schnei-
dender Klugheit, blickte manchmal erschrocken auf, wenn der Präsident Meinungen äußerte, die zu zitieren bedenklich gewesen wäre;
Roosevelt nickte, rauchte, sprach ruhig weiter. Erst als ich mir nachher einige Notizen machte, wurde mir klar, daß er nichts gesagt hatte,
was ich nicht hätte zitieren dürfen, Mischung aus Offenheit und
Glätte, Spiel und Verantwortung, Routine und Originalität, ein
Meister der Zweideutigkeit, Idealist und Machiavelli.

Er fragte mich nach meinen Plänen — ich wartete gerade auf meine
Einberufung —, hörte aufmerksam zu und sagte: »Lassen Sie sich von
den Deutschen nicht wieder gefangennehmen!« Das war eine Anspie-

lung auf mein Buch *A Thousand Shall Fall;* entweder hatte er es gelesen, oder er hatte sich vor dem Mittagessen informieren lassen. Auch das war eine Seite seines Charakters: Er besaß so viel Charme, daß er sich darauf nicht verließ, ein informierter Rattenfänger.

Da er sich nicht erhoben hatte, mußten wir uns erheben, Eleanor Roosevelt begleitete uns, von den Hopkins' und dem jungen Marineoffizier gefolgt, niemand blieb bei dem Präsidenten. Sicher haben ihn ein paar Minuten später Diener und Sekretäre abgeholt. Aber für mich sitzt er immer noch in dem altmodischen Salon, seine Zigarette rauchend, den Blick auf das offene Fenster gerichtet, an dem die Welt vorbeifließt. Allein, allein. Vielleicht besaß er die Zauberformel. Aber er hat sie keinem verraten.

ARTURO TOSCANINI

Momentaufnahme. Vielleicht ist der Porträtierte nicht zu erkennen, nicht die Aufnahme ist bezeichnend, nur der Moment. Es war 1934 oder Anfang 1935, ich war Chefredakteur des *Wiener Morgen,* ganze dreiundzwanzig Jahre alt. Eines Tages bat mich der Kritiker meines Blattes, Ludwig Ullmann, zum Abendessen — ein angesehener Literat, doppelt so alt wie ich —, eine schmeichelhafte Einladung: Nur Arturo Toscanini und seine Frau würden anwesend sein, sie würden nach dem Essen kommen, nach einem Konzert, der Maestro hatte zugesagt, es zu besuchen. Kurz nach zehn trafen sie ein, aber nur Frau Toscanini gesellte sich zu uns, der Maestro habe Kopfweh, wolle sich noch ein wenig in der Bibliothek ausruhen. Beinahe eine Stunde verging, dann begab sich der besorgte Hausherr ins Arbeitszimmer; er kehrte mit Toscanini zurück, ein angeregtes Gespräch, vornehmlich über die Salzburger Festspiele und Max Reinhardt, der sich, von Neidern und Eifersüchtigen unter der Gürtellinie getroffen, aufs schäbigste der Bigamie beschuldigt, gerade in Amerika aufhielt. Als die Toscaninis gingen, erzählte Ullmann, was er den ganzen Abend für sich behalten hatte. Toscanini habe, mit den Tränen kämpfend, auf dem Kanapee des Bibliothekszimmers gelegen. Nein, es sei nichts Persönliches, hatte er dem Kritiker versichert, er stünde noch unter dem Eindruck des Konzertes — wie hatte nur Bruno Walter Mozart so mißhandeln können! Ein rechter Unsinn, natürlich, niemand dirigiert Mozart zärtlichvertrauter als Bruno Walter, sicher auch an diesem Abend. Ich war dreiundzwanzig Jahre alt und sehr enttäuscht: Ich hatte für Toscanini geschwärmt, der Abend mit ihm hatte meinem Enthusiasmus keinen Abbruch getan. Und nun dies! Seither habe ich gelernt, daß man die Eifersucht, die auch die größten Künstler füreinander empfinden, nicht tragisch nehmen sollte, *déformation professionnelle*, kein Charakterzug. Ihre Größe schütze sie nicht vor Ungerechtigkeit und Blindheit und Kleinlichkeit, nicht einmal vor dem Lächerlichen. Voltaire und Rousseau. Neben den beiden waren Toscanini und Walter noch durchaus erträglich.

WILLY BRANDT

Wenn ich jetzt, nach seinem Sieg bei den Wahlen im November 1972, zurückdenke an meine einzige persönliche Begegnung mit Willy Brandt, glaube ich manches zu verstehen, was mir damals, am 2. Mai 1967, unbegreiflich schien.

Ich arbeitete um diese Zeit an einem Deutschland-Buch, das ich nicht vollendet habe; ich bin froh, daß ich es nicht tat, es werden viele Bücher über Deutschland geschrieben, es ist schwer, ein Buch über Deutschland zu schreiben. Der amerikanische Verlag McGraw-Hill hatte mich bei ihm angemeldet. Er war damals noch nicht Kanzler, nicht Nobelpreisträger, er war Vizekanzler und Außenminister im Kabinett Kiesinger.

Es war ein überraschendes Gespräch. Ich hatte gemeint, wir würden uns verstehen, über die Verschiedenheit der Gesinnung hinweg. Alle früheren Emigranten, alle, die »draußen« waren, haben etwas gemeinsam. Walter Mehring hat gesagt, er sei 1896 »als Emigrant geboren« worden. An Willy Brandt schien die Emigration spurlos vorbeigegangen zu sein, das Exil ein Asyl, nicht in die Sterne geschrieben. Ein Deutscher, so deutsch wie das Kyffhäuserdenkmal. Brandt hat Deutschland aus Überzeugung verlassen, aber ich glaube nicht, daß er Italien verlassen hätte, kein anderes faschistisches Regime hätte ihn so tief beleidigt, den Deutschen hatte er das Böse nicht zugetraut, mit den Deutschen konnte er sich gleich wieder verständigen. Er wiederholte, daß er nie auf Deutsche geschossen habe, als norwegischer Offizier, kein anderer Emigrant hätte sich gegen diese »Anschuldigung« gewehrt, und obwohl das nicht mehr als ein Zufall gewesen sein konnte, nehme ich an, daß sich Brandt geweigert hätte, auf Deutsche zu schießen; hätte er es getan, er hätte, wie Dorian Gray, sein eigenes Bild zertrümmert.

Wir saßen in einem Winkel des mit blauen Serienmöbeln eingerichteten Zimmers, kleinstädtisches Bürgermeisteramt, dachte ich, eine Sekretärin hatte den Gummibaum hingestellt, vielleicht schon für den Vorgänger — nein, kein Amtszimmer, jetzt wußte ich es: ein Wartesaal, Brandt hatte sich hier nicht häuslich eingerichtet, wenn sich sein Blick auf das Fenster richtete, war es, als schaute er auf den Bahnsteig hinaus, die Geleise, wann geht der nächste Zug?

Die Gestalt quadratisch, Kopf und Nacken aus einem Stück, Entwurf eines Denkmals, der Maßanzug wie von der Stange, er täuscht Konfektion vor. Das Gesicht knabenhaft und vergrämt, es schämt sich des Grübchens, das Lächeln wird zurückgepfiffen, schlüpft gleich wieder in das Futteral der Ernsthaftigkeit. Das deutsche Lächeln ist ausgemessen. In keiner mir bekannten Sprache gibt es eine Übersetzung der Wörter »Er-kenntnis« oder »Er-arbeiten«, auch für das Wort »Ab-ringen« gibt es keine passende Übersetzung; in Deutschland fliegt man nicht auf die Höhen zu, man »er-klimmt« sie, der Prozeß des »Er-reichen« ist so wichtig wie das Erreichte, eine gute Hand ist eine schwere Hand — ich dachte an Tasso: »*Doch, haben alle Götter sich versammelt, / Geschenke seiner Wiege darzubringen — / Die Grazien sind leider ausgeblieben, / Und wem die Gaben dieser Holden fehlen, / Der kann zwar viel besitzen, vieles geben, / Doch läßt sich nie an seinem Busen ruhn.*« Nun ruht das deutsche Volk an seinem Busen — man kann, rückblickend, nicht so tun, als wäre das Bekannte unbekannt —; er vermißt sie nicht, die Gaben der holden Grazien, ja es will mir scheinen, daß ihn ein einziger Kuß der Grazien um seinen Sieg gebracht hätte, Charme ist in Deutschland das Merkmal der Unredlichkeit.

Es war ein schleppendes Gespräch. Ich bewunderte seine Fähigkeit, den Gemeinplatz als der Weisheit letzten Schluß darzustellen, eine politische Tugend, hochentwickelt. Er sagte: »Der Bundeskanzler«, Bun-des-kanz-ler, jede Silbe ein Wort, dann eine lange Pause, dann sagte er: »Kiesinger« — als ob er sich nicht leichtfertig zu einer so wichtigen Äußerung hinreißen ließe, daß der Kanzler Kiesinger heißt, »Kiesinger«, das hinwiederum sagte er so schnell, an die letzte Silbe von »Bundeskanzler« angehängt, »ler-Kiesinger«, wie er mit dem Wort »Bundeskanzler« gezögert hatte: Wer es sich lang genug überlegt, ob der Kanzler Kiesinger heißt, der erweckt den Eindruck, er, der Sprechende allein, kenne den Namen des Bundeskanzlers, eine Offenbarung, bei der Silbe »ler« ist ihm die Erleuchtung genommen: Kiesinger. Er hatte die Erkenntnis, daß der Kanzler Kiesinger heißt, erarbeitet, er hatte es sich nicht leichtgemacht, nun war sie da: keine fertigen Bilder, dieser Photograph führt den Besucher in die Dunkelkammer, siehst du, so wird ein Bild entwickelt, mühsam, und sei es auch, daß nur eine flüchtige Momentaufnahme dabei herauskommt.

Ein Schauspieler? Ich weiß nicht, warum dieses Wort abfällig gebraucht wird. Jeder Politiker ist ein Schauspieler: Jeder Politiker steht auf der Bühne, schlägt Räder, spielt Rollen, erheischt Applaus. Und will, wie der Schauspieler, der sein, den er spielt. Deshalb meint man natürlich, wenn man Schauspieler sagt, »Versteller«, ein alter jüdischer Ausdruck. Brandt wäre nur ein »Versteller«, wenn er in die Macht schlüpfte, wie verheiratete Frauen unter die Tore ihrer Geliebten schlüpfen. Brandts Beziehung zur Macht ist nicht die Liebelei eines

Nachmittags: Er ist mit ihr verheiratet. Er war ein überaus fleißiger, aber nicht besonders ehrgeiziger Journalist, er wäre auch kein ehrgeiziger Advokat, Werkmeister oder Rennfahrer geworden. Nur hätte er das alles nicht werden können: Ich war an diesem Mainachmittag mit einem Phänomen konfrontiert, das, wie Golem ganz aus Ton, ganz aus Politik besteht. Sein Wesen ist nicht komödiantisch, gleicht eher einem Schauspieler in der ihm auf den Leib geschnittenen Rolle des Schauspielers: Er denkt und fühlt und lebt politisch, er ißt und schläft und träumt politisch, die Landschaft hat eine einzige Straße, asphaltiert mit Politik, politische Verkehrszeichen, die Häuser an ihrem Rand und die Bäume sind politisch. Da sein ganzer Charakter der Politik untertan ist, ist es auch sein Ehrgeiz, doch ist es ein Ehrgeiz besonderer Art: Er brennt nicht, glüht nicht, lodert nicht, aber erlöscht auch nicht, er flackert ständig, wie die Lämpchen in den Kirchen, kein Fanatiker, ein fanatischer Politiker. Mit der Macht vermählt, also nicht »hungrig« nach Macht: Heißhunger rationiert nicht, Brandt rationiert. Er rationiert alles: Nachsicht und Strenge, Ernst und Humor, Überlegenheit und Ungeduld, Eitelkeit und Bescheidung, keine Maske, da Politik nicht eine von vielen Masken ist, sondern seine Haut, Tugenden und Untugenden nur zu Nutzen oder Schaden der Politik, nie heimatlos, da er in der Politik immer zu Hause ist. Als wir von Berlin sprachen, meinte er, er fahre jetzt nur selten dorthin, er wolle es seinem Nachfolger nicht schwermachen; die leidenschaftliche Verteidigung Berlins in den Tagen der Blockade war für ihn Politik, und Politik ist für ihn die Blindheit vor der Mauer; Berlin war sein Leben, und nun ist es nicht sein Leben, Politik.

Einzelheiten des Gesprächs wiederzugeben wäre unpassend. Zwar sagte er, die Bundesrepublik habe keinen Grund, die Oder-Neiße-Linie anzuerkennen — das sei Sache der DDR, die habe eine Grenze mit Polen —, aber sein Vertrauen zum Osten klang schon damals mit. Sein Flirt mit Rumänien hatte gerade begonnen, er genoß ihn wie einer, der sagen will: Die Amerikaner machen Politik, mit den Rumänen läßt sich Politik machen, kein Dirigent möchte in einem Orchester nur Cello spielen, nicht einmal wie Casals. Dirigent in Europa, die erste Geige vorerst, Konzertmeister, auf keinen Fall sollte Amerika den Stab führen, wahrscheinlich war Kolumbus das ganze Malheur. Ich wußte damals nicht, doch hätte ich es wissen müssen, daß auch dieses, wenn auch nie ausgesprochene Ressentiment gegen Amerika Brandt zum Deutschen unter den Deutschen macht: Sie haben den Russen verziehen, daß sie von ihnen besiegt wurden, denn das war ja eine barbarische Horde, Iwan Dschingis-Khan, den Amerikanern verziehen sie nie, die haben sie mit Maschinen besiegt, Panzern und Flugzeugen, mit ihren eigenen Waffen, sozusagen mit Deutschlands gutem Stern auf allen Straßen, Ami-Germania.

Brandt hatte sich schon damals mit den Linksintellektuellen eingelassen, er konnte mir keine Sympathie entgegenbringen. Mit jedem Wort wurde es kälter, aber zugleich verstand ich die Liebe der Intellektuellen zu ihm — zu einem Mann, der schon deshalb kein Intellektueller sein kann, weil er nur Politiker ist, der sie aber als Fremder wie etwas Fremdes bewundert und den sie bewundern, weil er sie bewundert; er ist ihnen gegenüber ohne Eitelkeit, seine Eitelkeit ist politisch, er trägt die Intellektuellen vor sich her wie eine Monstranz, und sie tragen ihn vor sich her wie eine Monstranz, keiner stört keinen, und wenn die Monstranz vorbeigetragen wird, weiß man nicht, vor wem die Gläubigen knien.

Ich suchte wieder den Weg zur Gemeinsamkeit und fragte ihn, ob ihm sein Emigrantentum geschadet habe. Er antwortete aufrichtig. Natürlich habe ihm sein Emigrantentum geschadet, sagte er, er habe die Wahlkampagne für seine Partei nicht führen wollen, seine Freunde hätten ihn dazu gezwungen. Ob er gut beraten gewesen sei, ein paar nationalistische Dummköpfe zu verklagen? Wahrscheinlich nicht. Höchst ärgerlich immerhin, daß man ihm vorgeworfen habe, er sei wegen einer »Rowdy-Affäre« in die Emigration gegangen. Und der Richter vernehme jetzt einen ehemaligen SA-Häuptling, einen früheren Polizeipräsidenten, der sei es aber nur geworden, nachdem er, Brandt, schon fort war. Übrigens habe der Mann recht fair ausgesagt — »will ja ruhig seine Pension beziehen«. Ich dachte an Adenauer. Ist Brandt ein Menschenverächter? Jedenfalls anders als Adenauer. Adenauer saß neben dem lieben Gott und blickte auf die Menschen hinab. Zuweilen holte sich der Alte Rat beim Alten. Auch Brandt sitzt neben dem Stuhl des Höchsten. aber der Stuhl ist leer. Ich glaube, Brandt ist einsamer, als es Adenauer je gewesen. Wenn er friert, legt er die Hände auf die warmen Kacheln der Politik.

Auf dem Weg ins Hotel drängte sich mir das Bild eines Schachbrettes auf, zwei Beispiele aus der Schachwelt fielen mir ein, merkwürdig. Wir hatten wenig von der Wiedervereinigung gesprochen, aber ich hatte den Eindruck mitgenommen, just die Wiedervereinigung sei Brandts fernes Ziel, Bismarck sein geheimes Idol, zwei unabhängige deutsche Staaten, damit sie sich vereinigen können; vielleicht denkt er, man könne die Deutschen zusammenführen, wenn man dem Kapitalismus abschwört, ohne den Kommunismus zu akzeptieren, neun Schritte in der Richtung Sozialismus, die anderen würden einen Schritt in Richtung Kapitalismus tun, man trifft sich in der Mitte, seltsame Geometrie. So aber, wird überliefert, pflegte der österreichische Feldmarschall Conrad von Hötzendorff Schach zu spielen, immer mit sich allein, mit einem phänomenalen Gedächtnis imstande, zehn oder zwanzig der eigenen Schritte vorauszudenken, niemals imstande, die Schritte des Gegners zu kalkulieren. Und auch an Stefan Zweigs

Schachnovelle mußte ich denken; da bildet sich ein Mann in der Kerkerzelle zum Schachmeister aus, ganz allein. Ich könnte mir vorstellen, daß Brandt in der Emigration viel Schach gespielt hat, ohne Partner. Das würde auch seinen Hochmut erklären, den er mit keinem abwesenden Lächeln, keinem Händedruck, keinem Kinderstreicheln zu bemänteln vermag: Wer alle Partien allein spielt, gewinnt alle.

Unterdessen ist er Nobelpreisträger und Friedenskanzler geworden; jedermann will sein »Geheimnis« erkunden. Die Stunde Willy Brandts kam, als die Welt, die Bewährungsfrist war abgelaufen, den »guten Deutschen« suchte, als die Deutschen, zugleich, meinten, es fehle ihnen zum letzten Glück nichts als ein bißchen Stolz. Nun war es keine Belastung mehr, daß Brandt Emigrant gewesen: War er nicht stellvertretend für sie in die Emigration gegangen, war er nicht stellvertretend für sie heimgekehrt, er war kein Nationalsozialist, also konnte er kein Nationalist sein, und wie sollte die Welt den Deutschen nicht verzeihen, da ihnen Willy Brandt verziehen hatte? Konrad Adenauer hatte sie von der bösen Misere befreit, Willy Brandt vom bösen Gewissen. Im Warschauer Getto war er für sie in die Knie gegangen, Opfer der Demut, freie Bahn für Stolz. Die stille Sehnsucht jedes Volkes, beileibe nicht nur des deutschen, ist es, nicht so zu sein, wie es ist, und wer hätte es besser bewiesen, daß die Deutschen nicht so sind, wie sie sind, als Willy Brandt, der so ist, wie sie sind?

Als sich die Deutschen im November 1972 an die Urnen drängten, hätte man meinen können, die Deutschen seien ein politisches Volk geworden; und als die Stimmen gezählt waren, stellte sich heraus, daß die große Mehrheit den Politiker gewählt hatte, der sie, nachdem er sie stellvertretend von der Schande der Vergangenheit befreit, von der Politik der Zukunft befreite. Sie hatten auf das Monument des Nobelpreisträgers »Deutschland« geschrieben. Und wenn ich an die Monumente der Nationen denke, meine ich, nicht die Maler und die Musiker, die Dichter und die Architekten, die Bildhauer sind es, die ein Volk porträtieren.

FRANZ JOSEPH I.

Bei einer Herrengesellschaft in Schönbrunn ließ sich Ministerpräsident Graf Gyula Andrássy dazu hinreißen, im Zusammenhang mit einem verschuldeten Baron recht unflätige Worte zu gebrauchen. Er sah den Kaiser an — und hielt inne. »Fahren Sie ruhig fort, mein lieber Andrássy«, sagte Franz Joseph, »— ich bin kein Aristokrat, ich bin der Kaiser.« Er war in der Tat der letzte Kaiser, der nicht bloß ein Aristokrat war.

MAHATMA GANDHI

Er war eine »große Seele«, aber kein Heiliger. Er haßte die Engländer mit unheiligem Fanatismus. Seinen Haß vermochte er auch nie zu überwinden. Nicht alle, die an die Gewaltlosigkeit glauben, sind der Liebe fähig.

CHARLES DE GAULLE

Es gibt eine Größe, die aus der Zeit in die Zukunft hineinragt, und eine Größe, die aus der Vergangenheit herausragt. De Gaulle ragte aus der Vergangenheit in die Gegenwart. Seine Tragik bestand nicht darin, daß er sich für die Jungfrau von Orléans hielt, sondern daß er es vielleicht war. In einem Zeitalter, das sich zwischen Asien und Amerika entscheiden mußte, träumte er von einem französischen Europa, das schon unter Karl VII. eine Schimäre gewesen. Als er eine gotische Madonna anbetete, mußte er aufblickend entdecken, daß er unter einem Gemälde von Miró gekniet hatte. Er konnte Frankreich im Zweiten Weltkrieg vor einer Niederlage bewahren, weil der Zweite Weltkrieg die letzte Schlacht des Ersten Weltkrieges war. Der Frieden von 1945 war der Beginn des Dritten Weltkrieges.

INDIRA GANDHI

Wenn man das Denkmal der Heuchelei in unserer Zeit errichtet, wird es die Züge Indira Gandhis tragen.

CLAUDE EATHERLY

Major Claude Eatherly, der »Hiroshima-Pilot«, ein Gast der Zucht- und Irrenhäuser. Jetzt, da er versucht hat, ein Postamt auszurauben, erscheinen wieder die rührendsten Weltanschauungssentimentalitäten. Der Mann, der vor seinem Gewissen flieht. Recht schön und recht gut, nur hat Eatherly Hiroshima nie gebombt. Er war Kapitän einer Wettererkundungsmaschine. Der wirkliche Hiroshima-Pilot dient, in tiefem Frieden mit seinem Gewissen, im amerikanischen Generalstab. Es ist leichter, eine Stadt als eine Legende zu zerstören.

Die Ministerpräsidentin hatte ihre Rede an die Nation beendet. Es war Dienstag, der 9. Mai 1972, zwanzig Uhr. Vor wenigen Stunden war die Aktion der arabischen Terroristen, welche die Boeing 707 der Sabena in die Luft zu sprengen gedroht hatten, erfolgreich abgeschlossen worden.

Ich hatte den ganzen Tag auf eine Absage aus dem Büro Golda Meirs gewartet. Die Ministerpräsidentin hatte in der vergangenen Nacht zwei Stunden geschlafen, seit dem Morgengrauen war die Vierundsiebzigjährige auf den Beinen.

Daß die Ministerpräsidentin nicht absagen würde — ich hätte es wissen sollen. Als ich um zehn Uhr früh mein Hotel in Jerusalem verlassen hatte — noch waren das Flugzeug und 91 Menschenleben in den Händen der Araber —, hatte mein israelischer Chauffeur gesagt: »Dayan hat das Kommando übernommen. In vierundzwanzig Stunden werden die Terroristen tot und die Passagiere frei sein.« Kalter Zorn und kühles Vertrauen waren die Stimmung Israels. Die Ministerpräsidentin hatte gehandelt, wie das Land dachte, Terroristen können den israelischen Kalender nicht ändern.

Während Golda Meir vor den Fernsehkameras sprach, saßen wir, Licci und ich, im Wartezimmer. Vor der offenen Tür, Atmosphäre eines amerikanischen Industriebüros, unterhielt sich Bar-Lev, Minister und ehemaliger Generalstabschef, mit einem hemdsärmeligen Geheimpolizisten. Die Sekretärin erzählte, die Rede an die Nation habe sich etwas verzögert; die Ministerpräsidentin habe versucht, die Rede abzulesen, dann habe, sie, unfähig, anders als spontan zu sprechen, das Manuskript in den Papierkorb geworfen.

In dem unpompösen, geschmackvoll eingerichteten Zimmer, holzgetäfelt, eher Studierstube als Empfangsraum, kam sie uns entgegen, mit einem häuslichen Lächeln. Fernsehen und Photographien geben ein falsches Bild. Weder die »jüdische Mamme«, als welche sentimentale Chronisten sie darzustellen lieben, noch der »einzige Mann im Kabinett«, wie man einst zu spotten pflegte: in dem weinroten Kleid mit der langen Bernsteinkette eine moderne Dame, keine »arbeitende Frau«, sondern eine Frau, die arbeitet, weise ohne Resignation, energisch ohne Brutalität, selbstbewußt ohne Hochmut, würdig ohne Pose. Das Gesicht der Propheten, aber bei einer Prophetin erkennt man das nicht gleich, Prophetinnen sind in der Bibel nicht vorgesehen. Greco-Hände, zart und kräftig: Zärtlichkeit, wenn man darf, Kraft, wenn man muß. Manchmal faltet sie die Arme, die Zigarette immer in der Hand, die Ellbogen stützt sie auf die Tischplatte, das geschieht in Gesprächspausen, eine beinahe buddhistische Geste der Nachdenklichkeit.

Das Attentat in Lod. Voll stolzer Liebe sprach sie von den Soldaten, es ist hier keine Schande, mit Stolz von Soldaten zu sprechen, doch von einem der jungen Männer sprach sie mit besonderer Liebe oder besonderem Stolz: Er hatte einer der beiden Terroristinnen die Handgranate aus der Hand genommen, die junge Frau nicht erschossen. »Er konnte nicht.« Was hätte sie gesagt, wenn es anders gekommen wäre? Sie hätte geschwiegen, nicht geheuchelt. Ich habe viele gute Frauen gekannt, es ist leicht, gut zu sein, wenn man keinen Schießbefehl geben muß. Die schwächliche Güte ist eine Güte zweiter Ordnung.

Sadat von Ägypten hatte kurz vorher gesagt, er sei bereit, eine Million seiner Landsleute zu opfern, aber auch eine Million Israeli würden sterben. Solche blutige Mathematik ist Golda Meir unverständlich. »Deshalb, sehen Sie, ist es so schwer. Der Unterschied. Die Achtung vor dem Menschenleben.«

Frieden? Warum, fragte sie, will die Welt nicht verstehen, daß Israel keinen Frieden schließen kann mit Regierungen, die mit Israel nicht einmal sprechen wollen? Man hat nie mit den Juden gesprochen, die man vernichtete. Sie kreuzte die Arme über dem Schreibtisch. Öl, sagte sie, die Beherrschung des Mittelmeeres, Öl, nochmals. Als ich erwähnte, daß auch der latente Antisemitismus eine Rolle spielen könnte bei dem großen Unverständnis, blickte sie auf. Ihre Augen sind nicht jüdisch, es sind nicht traurige Augen, jetzt waren sie traurig.

»Das ist die größte Enttäuschung meines Lebens«, sagte sie. »Ich war überzeugt, daß mit dem Zionismus der Antisemitismus aus der Welt verschwinden würde.«

Gleich darauf kehrte sie zu den Ereignissen zurück: Für die Juden Israels ist Enttäuschung keine Endstation.

Ben Gurion pflegte zu sagen, er regiere ein Land von zwei Millionen Ministerpräsidenten; das scheint auch heute wahr zu sein. »Golda«, wie das ganze Land sie nennt, sprach nicht anders als mein Chauffeur: Vor Drohung, Erpressung und Ultimatum bleibt Israel taub. Sie nannte Lod ein Beispiel, aber sie sagte es ohne Fanatismus, die Juden geben ein Beispiel, die Welt befolgt es nicht, auch der Lehrer bleibt unbelehrbar, er hat sich an die Unbelehrbarkeit gewöhnt.

Drei Tage vorher war sie aus Rumänien zurückgekehrt, Versuch des Brückenbaues. Was sie erzählte, war nicht für die Öffentlichkeit bestimmt, aber sie sagte nie, daß es nicht für die Öffentlichkeit bestimmt sei, Vorschußvertrauen, Selbstvertrauen, sie selbst würde Vertrauen nie mißbrauchen. Zwei hohe Beamte hatten sich zu uns gesellt, aber der Ton ihrer Erzählung blieb unverändert; zwar saßen wir ihr gegenüber, aber wir hätten um den Teetisch sitzen können, ich kann mir ihr Heim vorstellen, Mrs. Golda Meir, ich wüßte niemand, dem es gleichgültiger wäre, ob Mrs. Golda Meir auch *Prime Minister* ist; Ehrgeiz für Israel schließt den Ehrgeiz für die israelische Bürgerin Golda Meir aus, zufällig *Prime Minister.* Sie berichtete mit einem warmen Lächeln — wahrscheinlich war es ihr Humor, der die Verständigung so leicht machte —, daß der rumänische Ministerpräsident versucht hatte, sie bei ihrer Eitelkeit zu packen. Wenn sie jetzt Frieden schlösse mit den Arabern — vollständiger Rückzug, natürlich —, würde sie in die Geschichte eingehen. Sie sei ein armes jüdisches Mädchen gewesen, als sie vor vierundsiebzig Jahren in Kiew geboren wurde, hatte sie ihm erwidert, ein armes jüdisches Mädchen sei neun Jahre später mit den Eltern nach Milwaukee ausgewandert, jetzt sei sie Ministerpräsidentin von Israel, und die Rumänen versprechen ihr eine Eintrittskarte in die Geschichte!

Für zwanzig Minuten war das Gespräch vorgesehen gewesen, nun währte es schon über eine Stunde, die Israeli haben viel zu tun, deshalb haben sie Zeit. Wir sprachen wieder von den Ägyptern. Ägypten bemühe sich um eine Aufnahme in die EWG, boykottiere aber, entgegen den Grundsätzen der EWG, die Länder, die mit Israel Handel treiben: Großzügigkeit mit Menschenleben, Kleinlichkeit mit Öl. Das war der Übergang zum Abschied:

»Boykottieren Sie bei Ihrem nächsten Besuch nicht die Ministerpräsidentin. Sollten Sie aber kommen, nachdem ich mich zurückgezogen habe, können wir das Gespräch ungestört bei einer Tasse Tee fortsetzen.«

Es war mir nicht aufgefallen, daß es kein Gespräch bei einer Tasse Tee gewesen war.

Es war dunkel. Die Koffer waren im Wagen verstaut; wir mußten noch am selben Abend in Haifa sein. Licci hatte, als am Vorabend die Nachricht vom Attentat in Lod bekannt geworden war, einen Schwächeanfall erlitten. Sie öffnete das Fenster; wir atmeten noch einmal die kühle Luft Jerusalems. Mit dem Botschaftsrat, der uns begleitete, sprachen wir von Golda, auch wir nannten sie jetzt so, vielleicht ist das am bezeichnendsten, ich habe Tage oder Stunden mit Eisenhower verbracht und de Gaulle und Truman und Eden und Brandt — aber Dwight, Charles, Harry, Anthony, Willy: nein. Es mag an mir liegen, aber ich glaube, es liegt an Golda.

Der Botschaftsrat ist in Tel Aviv zu Hause und wollte dort aussteigen. Wir boten an, ihn in die Stadt zu bringen. Er lehnte ab. Am Stadtrand ließ er sich absetzen. Von dort würde er per Autostop nach Hause kommen ...

MAX HORKHEIMER

Vor einigen Jahren hatte Max Horkheimer zum ersten Mal angerufen. Ein Artikel, den ich über ihn veröffentlicht hatte, entspräche genau dem, was er über seine eigene Position denke.

Sein Haus lag auf einem Hügel in Montagnola; man fuhr an dem Friedhof vorbei, wo Hermann Hesse begraben liegt. Wie Thomas Mann Lübeck nach Pacific Palisades und an den Zürichsee verpflanzte, so hatte Horkheimer Stuttgart oder Frankfurt ins Tessin mitgenommen. Professorenwohnung, auch im frivolen Süden. Der Salon glich einer öffentlichen Bibliothek, kühle Stille und harte Ordnung; daß die Bücher zu einer Privatbibliothek gehören, merkte man nur bei näherem Hinsehen, Notizen zwischen den Seiten, Schopenhauer und *Die Fackel*. Persönlichkeit ist Mangel an Anpassungsfähigkeit.

Das Arbeitszimmer liegt im Keller, Horkheimer nannte es die Folterkammer. Seine Arbeitszeit war absurd — weil er zu absurden Stunden arbeitete, oder immer. »Rufen Sie mich um eins an«, sagte er, und meinte ein Uhr nachts. Ich gewöhnte mich freudig daran, daß um Mitternacht das Telephon läutete. Eines Tages ließ er sich im Krankenwagen nach Frankfurt bringen; die Ärzte — er sammelte Ärzte — waren ernstlich besorgt. »Ich muß noch in der Nacht in Frankfurt sein«, sagte er, »ich habe morgen eine Sitzung im Institut, schon um elf.« Mit dem Krankenwagen in die Konferenz.

Seine Hypochondrie wetteiferte mit der überlieferten Goethes; er kam zum Mittagessen mit einem Ärztekölferchen, wohl ausstaffierte Apotheke. Zum Braten trank er Cognac mit Orangensaft, in den er warmes Wasser, Zucker und Medikamente träufelte, manchmal etwas Sacharin, neben Zucker. Er pflegte die Blume der Gesundheit, die er unbekümmert pflückte. Ich empfahl ihm ein halbes Dutzend Ärzte, die er nicht besuchte; er sammelte ihre Adressen, nicht ihre Rezepte.

War seine Arbeitsbesessenheit die Ungeduld des Abschieds? Ich glaube nicht. Fürchtete er das Sterben, von dem er spricht wie von einem Examen, das er bestehen würde wie die Prüfungen bei seinem Lehrer Cornelius — neben seiner verstorbenen Frau erwähnte er Cornelius am häufigsten —, hätte er sich mit der Biographie beeilt, an der ein Schweizer Gelehrter arbeitete. Die Tonbänder, auf die er gesprochen hatte, reichen aus für drei Bände. Die Niederschrift scheiterte an des Professors schönem und unerträglichem Perfektionismus. Er sprach druckreif, aber es hat nichts damit zu tun, was er für druckreif hielt.

Ich kannte niemand, mit dem das Gespräch lohnender gewesen wäre. Er war ein Philosoph, weil sich ihm alles, was er sah, hörte, empfand, erfuhr, zur Philosophie verdichtete: Nichts, nicht die kleinste Erscheinung des Daseins ist ohne Konsequenz, in jedem Phänomen ein Symbol. Nach ein paar Tagen im Zürcher Kantonsspital vergaß er, auf meine Frage nach seinem Befinden zu antworten: Er erzählte mir von einer Studie über die Massenspitäler, zu der ihn sein Aufenthalt angeregt hatte. Ich las die Manuskripte der Novellen, die er mit siebzehn schrieb, Schulhefte, säuberlich aufbewahrt, für die Ewigkeit. Sezessionsstil, gepaart mit Philosophie. Man fällt fertig aus Gottes Hand.

Da ihm der Alltag zur Philosophie wurde, hatte er zum Alltag die freundlichste Beziehung. Er war ein graziöser Gastgeber und ein dankbarer Gast, mit einem unverändert koketten Interesse für die Weiblichkeit; wenn man glaubte, er habe die Nacht versponnen in seiner Folterkammer verbracht, erfuhr man überrascht, daß er genau wußte, was man im Rundfunk gesagt hatte. Seine Fähigkeit, sich über sich selbst lustig zu machen — also sein Humor; Humor beginnt zu Hause — übertraf die von Picasso. »Der Gelehrte widerspricht anderen, der Weise sich selbst«, sagte Shaw: Horkheimer war ein Weiser.

Er war zierlich von Gestalt, die Züge eines Fuchses, der die Gans stiehlt, aber unversehrt zurückbringt, Romanschriftsteller des achtzehnten Jahrhunderts hätten gesagt, der Schelm sitzt ihm im Auge. Nur selten hob er die Stimme, wenn er zuhörte, schloß er manchmal die Augen, man dachte, er sei eingeschlafen, dann blitzte eine Frage hervor: die Routine des Universitätsprofessors, der seine Studenten überrascht; es wäre ein törichter Versuch gewesen, ihn mit einem Gemeinplatz täuschen zu wollen, er ließ einem nichts durchgehen.

Hielt man Horkheimer vor, daß er sich gewandelt hat: Ich glaube, es hätte ihn, bei aller dünnhäutigen Sensitivität, wenig gekümmert. Er stand am Ende seines Daseins so »links«, wie der »Vater der neuen Linken« immer gestanden hatte, ebenso links, nicht »linker«. Ohne Relativitätstheorie keine Atomspaltung, aber Einstein war nicht verantwortlich für Hiroshima. Er sprach von Marx wie von einem Parteiführer, den er ablehnte, aber er hätte auch Horkheimer als Parteiführer abgelehnt; anders als sein verstorbener Freund Adorno, den er oft erwähnte und dessen Tod sein eigenes ungestümes Missionsgefühl vertieft hatte, sagte er nie, er habe es »nicht so gemeint«, die Praxis ist das Risiko der Theorie, wo käme man hin, wenn man sich von der Praxis bestimmen ließe? Wie Mauriac ein pessimistischer Katholik war, so war Horkheimer ein pessimistischer Jude, das Unerreichbare des Angestrebten kann den Strebenden nicht entmutigen. Ich weiß nicht, ob es Horkheimer schmerzte, daß er von der Jugend so ungründlich mißverstanden wurde, aber seine Religiosität hinderte ihn daran, den ungezogenen Zöglingen zu zürnen.

Auch seine Religiosität, die den Jüngern der Kritischen Theorie so viel Kopfzerbrechen bereitet, ist nicht neu. Am allerwenigsten trifft es zu, daß er den jüdischen Gott nach dem Tod seiner geliebten Frau, einer Christin, entdeckt hat. Die *terribles simplificateurs*, Horkheimers eigentliche Feinde, erreichen das Ziel nie, weil sie von der Hauptstraße auf Privatwege abweichen, Horkheimers Garten steigt zu den Wäldern auf. Jede Humanität ist religiös, auch die Humanität der Kritischen Theorie ist es: der unveränderte Horkheimer in einer veränderten Welt. Da nicht der Philosoph, sondern Gott das übergeordnete Wesen ist, findet man nicht über Gott zur Philosophie, sondern über die Philosophie zu Gott; Einfachheit ist das Resultat der Komplikation; am Ende des Weges steht nicht der Gedanke, sondern das Wesen; je mehr sich die Philosophie weitet, desto mehr schrumpft sie zu den Zehn Geboten zusammen. Horkheimers Kritische Theorie, die den Zweifel über alles setzt, mußte zu einem Zweifel an der Theorie führen. Oder an der Kritik. Lange vor seinem Tod hielt Horkheimer bei den Zehn Geboten.

ARTHUR RUBINSTEIN

Luchino Visconti will meinen Roman *Die Tarnowska* in Venedig drehen; er macht Probeaufnahmen mit dem Filmstar Romy Schneider, wir sind eingeladen.

An den venezianischen Plakatwänden entdecken wir die Ankündigung, daß Arthur Rubinstein heute im *Teatro Fenice* ein Konzert gibt. Es ist ein Jammer, daß wir ihn nicht hören können; die Filmgesellschaft gibt an diesem Abend ein Festessen. Am Nachmittag sucht der Produzent Romy Schneider; sie ist ausgegangen, in einem Juwelierladen auf dem Markusplatz, sagt man ihm, ist sie zu finden. Gleich im ersten Laden: ja, sie sei da, sehe sich im rückwärtigen Zimmer einen Saphir an. Als der Produzent den Raum betritt, stößt er auf Rubinstein. Romy Schneider, Romschneider, Romstein, Rubinstein: spärliches Italienisch auf der einen, spärliches Englisch auf der anderen Seite, daher die Verwechslung. Der Produzent entschuldigt sich. Ein glücklicher Zufall, lacht Rubinstein, er habe gelesen, daß die schöne Frau in Venedig dreht, er möchte sie kennenlernen, auch zur *Tarnowska* habe er eine besondere Beziehung, er lädt uns alle ein, nach dem Konzert, bei *Martini*.

Es geht auf Mitternacht, als Rubinstein erscheint. Der Erfolg war so stürmisch, daß er, mit den *encores*, gleichsam ein zweites Konzert geben mußte. Keine Spur der Anstrengung in den Zügen des beinahe Achtzigjährigen. Das knochige Gesicht, dessen Form an die fliegenden Drachen der Kindheit erinnert, ist rosig, die Augen sind von heiterer Klarheit, er geht wie jemand, der sein Ziel genau kennt. Im frischen Frackhemd leuchten herrliche Saphire. Er ißt mit erstaunlichem Appetit, spricht dem Champagner zu, macht Romy Schneider die galantesten Komplimente, unterhält sich mit Visconti italienisch, mit Licci deutsch, mit mir französisch, mit der Frau seines Agenten russisch, immer bedacht, für jene, die nicht verstehen, den Dolmetscher zu spielen. Wir sind von Photoreportern umlagert, sie sitzen überall herum, liegen ihm zu Füßen, er bemerkt sie nicht und bemerkt sie doch, übersieht sie, wenn er will, setzt sich in Positur, wenn es ihm gefällt.

Er habe meinen Roman gelesen, sei nicht mit allem einverstanden gewesen, der Mordprozeß Tarnowska, 1910, sei schließlich historisch, so könne man doch mit der Geschichte nicht umspringen. Was er denn vom Fall Tarnowska wisse? Alles. Er erzählte von seiner Freundschaft mit dem Mann der Tarnowska. Allerdings sei das viel später gewesen, in Rußland, nach dem Prozeß. Als die Tarnowska gerichtet wurde, habe er in Venedig studiert, sein heißester Wunsch sei es gewesen, einmal der Verhandlung beizuwohnen, aber wie sollte das der arme Student anstellen, selbst Degas habe nur schwer einen Platz bekommen. Da habe er vor dem Gerichtsgebäude herumgelungert, dabei habe er bemerkt, daß die Besucher eine violette Eintrittskarte vorweisen. Er hatte gerade seinen Wintermantel verpfändet, der Pfandschein war violett, er hat den Pfandschein als Eintrittskarte verwendet. Jahrelang habe ich nach einem Augenzeugen des venezianischen Prozesses gesucht, halb Europa habe ich bereist, wenigstens einen Gondoliere wollte ich finden, der die Angeklagte gekannt hat, alles vergebens, und Rubinstein habe ich gefunden!

Die Freude ist nicht ganz ungetrübt. Mich reitet der Teufel, ich erwähne Paderewski. Das Gesicht Rubinsteins verfinstert sich. »Der arme Paderewski!« sagt er. Wieso arm? Nun, Paderewski sei beileibe kein Naturtalent gewesen, ein Genie des Fleißes nur, zehn Stunden im Tag habe er geübt, manchmal haben ihm am Abend die Finger geblutet. Er, Rubinstein, übe nie oder selten, die Konzerte genügen. Der Teufel will nicht aus dem Sattel, ich berichte von einem Besuch bei Paderewski in Morges am Genfer See, er war damals gerade als Staatspräsident von Polen zurückgetreten. Ach ja, der Staatsmann, seufzte Rubinstein, zur Politik habe er schon gar nicht getaugt, der arme Paderewski. Es ist hoch an der Zeit, das Thema zu wechseln.

Rubinstein erzählt. Wir verstummen, ein Feuerwerk von Weisheit und Humor, von Musikalität und Galanterie — als wir, lange nach zwei, gehen wollen, die Aufnahmen beginnen früh am nächsten Morgen, ist der Meister ein wenig gekränkt; er hat gerade frische Speisen und alten Cognac auffahren lassen, er könnte ohne weiteres ein drittes Konzert geben.

Am nächsten Tag, um die Mittagsstunde, treffen wir ihn bei *Colomba*, er ist rosig und heiter wie in der Nacht zuvor, sein Gesicht wie ausgebügelt, er hat schon alle Zeitungen gelesen, er hat einen ganzen

Hummer vor sich stehen. Am Nachmittag fliegt er nach Paris. Vielleicht braucht er wirklich nicht zu üben.

ERICH MARIA REMARQUE

In den letzten Jahren seines Lebens nannte er mich seinen besten Freund, und er war mir teuer wie kaum ein anderer. Dennoch möchte ich nicht sagen, daß ich Erich Maria Remarque gekannt habe.

Sein Leben schien dem Titel seines Romans *Der Himmel kennt keine Günstlinge* zu widersprechen: der frühe Ruhm mit *Im Westen nichts Neues*, früh und bleibend, das Aussehen eines Himmelsgünstlings, einige der berühmtesten Frauen dieser Erde liebten ihn, eine der bezauberndsten, Paulette Goddard, wurde seine gute Frau, das Böcklin-Haus am Lago Maggiore, gefeiert, Freunde in aller Welt. Er war nicht, wie viele behaupten, ein Ein-Opus-Autor, Leoncavallo oder Mascagni, das erste Buch mag das beste gewesen sein, bedeutend waren auch andere, der Erfolg wich nie von seiner Seite. Seine robuste Konstitution ließ ihn viele schwere Krankheiten ertragen, aber damit bin ich ja schon bei dem Rätsel: hätte er nicht unmäßig getrunken — ein eleganter Trinker übrigens, der, je mehr er trank, um so eleganter wurde —, wäre er noch am Leben, und er hätte nicht unmäßig getrunken, wenn er nicht unglücklich gewesen wäre. Warum war er unglücklich? Eben das kann ich nur erraten, denn er verbarg sein Unglück hinter einem schönen Lächeln; ich kenne keinen Mann, der so schön zu lächeln verstanden hätte, nur wenige Frauen. Unglücklich sind auch andere, ein glücklicher Schriftsteller wäre eine Kuriosität. Remarque schloß sich ein mit seinem Unglück, er hütete, was ihn quälte. Da er es niemand zu sehen gestattete, wurde er selbst unsichtbar.

Er war der letzte der »Weimarer«. Kaum war *Im Westen nichts Neues* erschienen, als die Herrschaft des Unmenschen anbrach: dem Lehrersohn aus Osnabrück konnte der Weltruhm den deutschen Ruhm nicht ersetzen. Vielleicht gab er sich als Weltmann — die prachtvollen Wohnungen, die Impressionisten, die alten Teppiche, die venezianischen Spiegel, die Luxuskabinen, die Nachtlokale, die berühmten Frauen, die quellende Gastfreundschaft, die gelassene Sprache —, weil er ganz und gar deutsch war. Nur ein Deutscher konnte so unversöhnlich sein gegenüber Deutschland. Wir saßen manchmal nächtelang und spielten unser Zitatenspiel, dabei kamen Namen vor wie Gilm und Kopisch und Rückert, unübersetzbar. Mag sein. Aber es kann auch sein, daß er die Kritiker, die er zu verachten vorgab, nicht genug verachtete. Oder, daß ihn der Zorn verbrannte, den er nicht lodern ließ; obwohl ihn die Zeit unsäglich schmerzte, auch nach dem

Ende des Unmenschen, war er zu einem politischen Artikel, einer aktuell-engagierten Äußerung nicht zu bewegen, der Mut, der aus seinen Büchern sprach, war von der stillen Art, die dem Mutigen keine Erleichterung bringt. Mutmaßungen, ich werde es nicht mehr erfahren.

Es war ein stilles Begräbnis, mit viel Blumen und keinen Reden. Der Pfarrer sprach italienisch, eine Sprache, die Remarque, der über dreißig Jahre im »italienischen« Tessin lebte, nie erlernt hatte. Kein einziger der Kollegen war anwesend, keine Regierung war vertreten, und welche hätte es auch sein sollen — die deutsche, die amerikanische, die Schweizer? Dennoch war es ein langer Zug, der hinter dem Wagen zu dem Dorffriedhof von Ronco sopra Ascona hinaufstieg, zwischen den Mauern, die der Herbst gefärbt hatte. Alle Handwerker des Ortes waren da und der Bäckerjunge und der Kurzwarenhändler und die Ladenmädchen und der Apotheker und die Wirte. Sie sagten nachher, es sei ein schönes Begräbnis gewesen, keiner dachte daran, daß man einen großen deutschen Dichter zu Grabe getragen hatte.

Manchmal steige ich zu dem kleinen Friedhof hinauf. Ich spreche mit ihm deutsch. Er freut sich, denke ich, wenn ich bei einer Zeile von Rückert oder Kopisch oder Gilm steckenbleibe.

ALFRED KERR

I.
Er malte Töne, so sie vorher nicht erklangen. Er beherrschte die Sprache, ließ sich von ihr nicht beherrschen. Ein deutscher Degas, mit der Feder. Er fand Nachahmer, keine Nachfolger. Seine Kritik hat den Ewigkeitszug.

II.
Er war demütig vor dem Genie. Hauptmann, Shaw, Ibsen, Schnitzler. Er zertrat Eintagsfliegen. Was er sprach, war meistens besser, als das, wovon zu sprechen ist. Er war der letzte Literat, der der Literatur diente.

III.
Und ein Dichter. Ein Dichter. In einem Land, in dem mit vielen Worten wenig gesagt wird, sagte er viel mit wenigen Worten. *Dämmernis*, in der *Harfe* nachzulesen, gehört zu den schönsten Liebesgedichten der deutschen Sprache.

IV.
Ich traf ihn in der Emigration. In einer Vorstadtpension bei London, Boardinghouse-Schrecken, Asyl-Sprechzimmer. Von seiner Würde,

hochgeschlossener Kragen, hochgeschlossenes Lächeln, hatte er nichts verloren. Er verachtete in Hitler den Schmierenkomödianten. Die Welt sah den Weltverderber. Er sah den Provinzschauspieler. Die Welt verfluchte Deutschland. Er zog den Hut vor den Widerstandskämpfern.

V.
Er hatte für das Heine-Denkmal gekämpft. Er blieb Jude und Deutscher.

VI.
Es gab nichts zu lachen. Er konnte lachen. Ich zitierte Passagen aus dem *Neuen Drama*, aus *Es sei wie es wolle*, aus der *Harfe*. Er sagte: Die Zeile lautet anders. Der Staubsauger der Scheuerfrau surrte. Er sprang auf, eilte die schmalen Treppen hinauf. Brachte das Buch, mit dem Spottgedicht über Mussolini. Bekannte, daß ich recht gehabt hatte. Er war stolz, daß ich seine Verse besser kannte als er. Der Staubsauger surrte noch immer.

VII.
Ich erzählte ihm, daß ich aus dem Gymnasium verstoßen worden war, Wien, 1928, weil ich sein Gedicht *Elisabeth* rezitiert hatte. »*Dein Vater war ein Pfaffe* ...« Der Monsignore hatte etwas dagegen. Er hieß Feichtinger.

VIII.
Ich war in Uniform, die Normandie-Invasion stand bevor. Dann also bald in Deutschland, sagte er. General des Optimismus. Ich werde Zeitungen gründen, sagte ich, er müsse Kritiken schreiben. Von wo? Ich sagte: Aus London. Lieber in Berlin, sagte er.

IX.
Er wartete nicht ab, bis in jedem deutschen Kochtopf ein Huhn kochte. Er hatte mit uns die Armut der Emigration geteilt. Er teilte mit den Deutschen ihre Armut. Bei der Probe in einem Hamburger Theater sank er zusammen. Es war der Tod, für den er gebetet hatte. »*Sacht bettet man den Frühverscheuchten* ...« Es steht im Todeslied auf Kainz. Ich zitiere ihn immer noch richtig.

OSKAR KOKOSCHKA

Erinnerungen an ein Gespräch mit Kokoschka, in seinem Haus am Genfer See, neunzehnhundertfünfundsechzig.

Ich: Sie sehen überraschend jung aus ...

Kokoschka: Der Kalender ist die grausamste Erfindung, die je gemacht wurde. Die Atombombe — lächerlich! Die ist doch nur ein Küchengerät neben dem Kalender. Was kann einer Menschheit noch geschehen, die erfunden hat, die Jahre zu zählen ...?

———

Ich: Sie haben wenige Ihrer Bilder bewahrt ...

Kokoschka: Das Bild, das ich gemalt habe, gehört mir nicht mehr. Fort damit! Kinder lieben es nicht, mit ihren Eltern zu leben. Und Väter sollten nicht mit ihren Kindern leben.

———

Ich: Sie haben nie ein abstraktes Bild gemalt ...

Kokoschka: Ich habe nie ein anderes gemalt ... Abstrakt, in jenem Sinn, in dem ich es verstehe, das ist, was der Photograph nicht sieht und daher auch nicht festzuhalten vermag. Der Photograph sieht mit einem Auge. Der Maler sieht mit zwei Augen — das ist der Unterschied. Ich sehe mit zwei Augen, deshalb bin ich Maler. Was man dagegen heute »abstrakt« nennt, das ist Malen mit einem Auge. Was sucht das Kind? Es sucht nicht bestimmte Gegenstände ... diesen Stuhl, diesen Tisch ... es sucht Raumgefühl und Zeitgefühl. Da steht es auf einem Bein ... jetzt steht es auf beiden ... es hat erkannt, daß man auf beiden Beinen sicherer steht. Es hat zuerst gesehen ... jetzt fühlt es auch, was es sieht. Es beginnt, sich im Raum, in dem es geboren wurde und in dem es bis zu seinem Ende wird leben müssen, zurechtzufinden. Es gewinnt eine Beziehung zur Zeit, die es empfunden hat und mit der sich auseinanderzusetzen sein Los sein wird. Es könnte auch mit einem Auge sehen, aber das fällt ihm gar nicht ein; es weiß, daß es falsch sehen würde ... Die abstrakten Maler haben vergessen, daß der Maler ein Experte im Schauen ist.

———

Ich: Ihre Farben sind heller geworden. Heißt das, Sie sehen die Menschheit heller?

Kokoschka: Die Menschheit, anders als der einzelne Mensch, ist von abgrundtiefer Scheußlichkeit. Ich liebe den einzelnen; er steht in dauerndem Widerspruch mit den menschlichen Eigenschaften. Der Mensch hat alle häßlichen Eigenschaften des Tieres, aber er hat eine, die ihn häßlicher macht als das Tier. Tiere bekämpfen sich, Singvögel selbst kämpfen um den winzigen Raum im Käfig, sie sind gierig und geizig, aber eines tun sie nicht. Sie denunzieren nicht. Durch die Denunziation unterscheidet sich der Mensch vom Tier. Von der Inquisition bis zu den Weltkriegen, vom Nationalsozialismus bis zum Kommunismus — am Beginn steht immer die Denunziation.

———

Ich: Empfinden Sie zuweilen so etwas wie Warten auf Inspiration?

Kokoschka: Die Inspiration befällt mich täglich morgens um halb zehn, wenn ich vor der Staffelei stehe. »Inspiration«, wie sie im allgemeinen verstanden wird, ist die dilettantische Ausrede für das Fehlen der Inspiration.

———

Ich: Treffen Sie auf Ihren Reisen viele »Kollegen«?
Kokoschka: Ich treffe Ziegen.

———

Ich: Was halten Sie von James Joyce?
Kokoschka: Ich muß nach einer Seite Joyce zehn Seiten Tolstoi lesen.

GEORG BÜCHNER

Schier unglaublich war nicht seine frühe Genialität, sondern seine frühe Reife. Wäre er ebenso genial, doch weniger reif gewesen: Er hätte Robespierre, nicht Danton zu seinem Helden gewählt.

HEINRICH HOFFMANN

Deutschlands vielleicht beliebtester Kinderbuchautor war Chefarzt der Städtischen Irrenanstalt zu Frankfurt ... Solange der *Struwwelpeter* in den Kinderbibliotheken steht, wirkt das Wort »jugendgefährdend« wie Hohn.

ROMAIN ROLLAND

Vielleicht ist es kein Zufall, daß die beiden größten Romanciers, die Frankreich im 20. Jahrhundert hervorbrachte, Mauriac und Rolland, aus den beiden berühmtesten Weingegenden des Landes stammten, aus Bordeaux der eine, aus Burgund der andere. Wie die Weine Frankreichs werden sie mit jedem Jahr besser.

SOMERSET MAUGHAM

Die Todsünde gegen den Roman hat er nie begangen. Er war nie langweilig.

GERTRUDE STEIN

Eine rührende Managerin. Wenn sie bloß nicht geschrieben hätte ...

GRAHAM GREENE

Ein Mann betritt das Zimmer, setzt sich in den Lehnstuhl, zündet seine Pfeife an, beginnt zu erzählen. Er erzählt von Mexiko, Afrika, Kuba, vom Fernen Osten, Reisfelder, Zuckerplantagen, die Dschungel werden lebendig, daneben Londoner Bürgerwohnungen, Botschaften fremder Länder, Salons von Schiffen auf hoher See. Das Wohnzimmer füllt sich mit Menschen: ein Trunksüchtiger, ein Priester, ein Soldat, ein Spieler, ein Architekt, ein Spion. Die Welt des Graham Greene. Man hört zu, und wird besser, indem man zuhört. Der Autor aber wird sich begnügen müssen, den Lorbeer aus der Hand des lesenden Publikums zu empfangen, dieser internationalen Widerstandsbewegung, die sich am Ende von keiner literarischen Kolchose und keinem Nobel-Clan täuschen läßt. Man wartet, daß der Erzähler wieder das Zimmer betritt ...

ANNA SEGHERS

Als die ungarische Revolution von 1956 unter sowjetischen Panzern erstickte, unterschrieb sie ein Manifest, in dem es hieß: »*Im Namen des deutschen Schriftstellerverbandes begrüßen wir die revolutionäre Arbeiter- und Bauernregierung Ungarns aus Anlaß ihres Sieges über die Konterrevolution. Wir sind den ungarischen Menschen und der Sowjetarmee dankbar, die durch ihr gemeinsames Handeln in dieser gefahrvollen Zeit dem Weltfrieden und damit dem Humanismus gedient haben.*« Trauriger Abschied von der Dichterin, die einst die Käthe Kollwitz der deutschen Literatur gewesen ist.

JOSEF WEINHEBER

Dieser Österreicher, der sich so viel Unrecht zugefügt hat, war der letzte deutsche Dichter, der Verse schrieb, wie man sie seit Hölderlin nicht mehr vernommen.

HERMANN HESSE

Es ist wohl an der Zeit, Klarheit zu bringen in meine leidige »Affäre« mit Hermann Hesse, die, einem Mehlwurm gleich, immer wieder aus den Gazetten kriecht. Hermann Hesse ist tot — ein Grund mehr, mich strenger Sachlichkeit zu befleißigen.

Ich möchte vorausschicken, daß ich Hermann Hesse für keinen großen, nicht einmal einen bedeutenden Schriftsteller halte, für einen esoterischen Spießer vielmehr, und wenn mich dieses Bekenntnis zu einem Banausen stempelt, muß ich es wohl oder übel hinnehmen. Weder der Nobelpreis, den Hesse 1946 erhielt — unter den Nobelpreisträgern figurieren Echegaray y Eizaguirre, Sienkiewicz, Heyse, von Heidenstam, Gjellerup, Karlfeldt, Böll und viele andere, während man die Namen Tolstoi, Ady, Wilder, Saint-Exupéry, Malraux, Koestler, Remarque, Heinrich Mann, Graham Greene, Vladimir Nabokov vermißt —, weder der Nobelpreis noch die Renaissance Hesses Ende der sechziger Jahre können mich daran hindern, ihn für eine jener heiligen Kühe zu halten, die man weder schlachten noch verehren sollte. Richtiger: Mag sie verehren, wer will, wenn es nur anderen erlaubt ist, mit ihnen keinen Kult zu treiben.

Von der Person zur Sache. Man schrieb das Jahr neunzehnhundertfünfundvierzig, Oktober, der Frieden in Europa war fünf Monate alt. Ich hatte, Hauptmann der amerikanischen Armee, mein Zelt in Bad Nauheim aufgeschlagen. Von diesem unzeitgemäßen Kurort aus, den die alliierte Luftwaffe nicht zufällig verschont hatte, leitete ich die ersten Zeitungen des vom nationalsozialistischen Joch befreiten Deutschland. Dreizehn Jahre des Terrors hatten die Deutschen der Freiheit entwöhnt; nun sollte ich ihnen nicht nur sagen, wohin sie sich ihrer Lebensmittelkarten wegen wenden sollten, sondern auch, wie die Sieger die Freiheit auffaßten. Schwerer als mit den nach Wahrheit dürstenden Deutschen hatte ich es mit den die Freiheit, mehr noch als die Lebensmittel, rationierenden Amerikanern. Literatur, meinten sie, sei zu gut fürs Volk. Ich aber war nicht nur amerikanischer Offizier, ich war auch deutscher Schriftsteller. Ich nahm, soweit es die hinkende Militärpost erlaubte, Kontakt auf mit den verbannten Dichtern. In deutschen Häusern fand ich das eine oder andere verbotene Buch. Und da waren noch, spärlich genug, Schweizer Zeitungen, deren ich mich bediente, als habe es Copyright-Gesetze nie gegeben. Als ein fröhlicher Robin Hood raubte ich manches Copy-Right, gab ich dem deutschen Leser das Recht auf Erfahrung. Keiner der Beraubten protestierte.

So geschah es jedoch, daß meine Mitarbeiter eines Tages in der Züricher *Weltwoche* ein Gedicht von Hermann Hesse fanden, *Dem Frieden entgegen*. Wir druckten es ab. Dabei ereignete sich ein Unfall, die beiden Schlußzeilen fielen aus. Höchst bedauerlich, gewiß, doch verständlich auch: Wir arbeiteten in ausgebombten Druckereien, viele standen noch unter Wasser, die meisten qualifizierten Setzer waren tot, in Kriegsgefangenschaft, oder mit knurrendem Magen gerade erst heimgekehrt.

In den ersten Oktobertagen erhielt ich einen Brief von Hermann Hesse aus dem Tessin, einen höchst rüden Brief, in dem er sich über den unberechtigten Abdruck entrüstete und die Verstümmelung des

Gedichtes als »Barbarei« bezeichnete. Dieses Wort, denke ich, wird es gewesen sein, das meine Geduld auf eine unerträgliche Probe stellte. Noch stehe ich für jeden Satz ein, den ich Hermann Hesse am 8. Oktober 1945 schrieb:

»Was aber die Barbarei anlangt, so scheinen sich unsere Ansichten über die Bedeutung des Wortes nicht genau zu decken. Ich weiß genau, wie weh es dem Autor tut, wenn ein Wort verdruckt oder auch nur ein Komma versetzt wird. Aber wir, die wir das Geschehen dieser Welt nicht aus der sonnigen Perspektive des Ticino betrachtet haben, meinen doch, daß Barbarei in unserem Jahrhundert nicht die Vergewaltigung des Kommas bedeutet. Sondern: die Grauen von Belsen und Auschwitz. Der Überfall auf die Tschechoslowakei, auf Polen und Holland. Die Verschleppung von Sklavenarbeitern aus Frankreich und Belgien. Barbarei, so glauben wir, ist die Vergasung der Juden. Die Volksgerichte und die Konzentrationslager, der geplünderte Louvre und der verbrannte Heine. Nicht das versetzte Komma.«

Später hieß es, ich hätte Hermann Hesse im neuen Deutschland »verboten«. Zwar tat ich das nicht, konnte ich es nicht tun, aber in meinem Brief fanden sich harte Worte — sie lauten:

»Denn während die besten Geister Deutschlands aus dem Exil ihre Stimme eben gegen die Barbarei der Konzentrationslager und Bücherverbrennungen erhoben, während die Thomas Mann, Stefan Zweig, Franz Werfel, Fritz von Unruh ihre Anklagen gegen die Barbarei hinausschrien in den Äther, saßen Sie in einer vornehmen Zurückgezogenheit, um die wir Sie keineswegs beneiden, im Tessin: ein Betrachter des ungewissen Ausgangs. Während andere deutsche Dichter, wie Ernst Wiechert — um nur einen zu nennen —, den heroisch-hoffnungslosen Versuch unternahmen, gegen die gleiche wohlverstandene Barbarei innerhalb Deutschlands zu kämpfen, warteten Ihre Freunde, Kollegen und Bewunderer in- und außerhalb Deutschlands auf eine Stimme aus der Schweiz. Aber diese Stimme war beschäftigt, die Barbarei der Interpunktion zu bekämpfen.«

Das war im Impuls geschrieben, nicht ganz gerecht, so wenig wie der Wunsch, Hesse in Deutschland nicht mehr gedruckt zu sehen. Hermann Hesse ließ sich von dem Unmenschen nicht ehren, er hat das unerhörte Regime verabscheut. Aber es waren die vierziger Jahre, nicht die siebziger. Zwischen der leisen, schier unhörbaren Stimme Hermann Hesses — einer Stimme, die seinem Wesen und Dichten entsprach, ich gebe es zu — und einer Stimme ganz ohne Ton vermochte ich damals nicht zu unterscheiden. Ich vermochte es um so weniger, als mir noch die Worte Thomas Manns in seinem Brief an den Dekan der Philosophischen Fakultät der Universität Bonn aus dem Jahre 1936 in den Ohren klangen: *»Ich bin weit eher zum Repräsentanten geboren als zum Märtyrer . . .«* — und dann hatte er die Mächtigen doch durch »*ununterdrückbare Kundgebungen*« seines Abscheus herausgefordert. Welche »*ununterdrückbare Kundgebungen*« des Abscheus hatte Hermann Hesse 1936 geäußert, wie hatten sie sich geäußert, wann hatten sie sich geäußert, und waren sie so »ununterdrückbar«, wie die Stunde es forderte? Hesse hatte nicht geschwiegen, wie ich es ihm vorwarf — er hatte geflüstert.

Hesse ist tot, und ich möchte gern mein Unrecht bekennen. Die Reaktion auf meinen Brief macht es mir unmöglich. Er rief diplomatische Intervention an, beklagte sich bei Thomas Mann, ließ »investigieren« wie ein kleiner Materialsammler und berief sich am Ende, man glaubt es kaum, auf die Fehde meines Vaters mit Karl Kraus. So viel Lärm um die mißratene Omelette von zwei Zeilen!

Heute gilt Hesse, man weiß es, als »ein Heiliger der Hippies«. — »*O my prophetic soul!*«

SALVADOR DE MADARIAGA

Demut überkommt mich jedesmal, wenn die Vorbilder meiner Jugend zu mir herabsteigen, menschliche Formen annehmen, nämlich ihre eigenen, sich mir mitteilen, mich anhören. Es ist mir dann, als hätte mich die Zeit eingeholt, um mir zu geben, was ich irgendwo auf dem Weg verloren habe.

In der zweiten Hälfte der dreißiger Jahre, ich war Korrespondent am Völkerbund, wirkten dort große Männer: Beneš, Apponyi, Politis, Titulescu, Barthou. Und der Spanier Salvador de Madariaga. Jetzt sehen wir uns oft, wenn er die kalten Monate in Locarno verbringt. Man erinnert sich kaum noch, daß er Minister der republikanischen Spanien gewesen ist, Botschafter in Genf, Professor in Oxford; er hat die wohl bedeutendsten Bücher über Cortes und Bolívar geschrieben, seine Essays sind weltberühmt geworden, seine geschichtlichen und philosophischen Arbeiten, seine Dramen und Gedichte, er hätte, ginge es mit rechten statt mit linken Dingen zu, längst den Nobelpreis erhalten müssen, für Frieden oder Literatur oder, noch besser, für Gesinnung. Wir haben das Gespräch dort aufgenommen, wo wir es unterbrochen haben: Ich bin zu ihm gealtert, er ist jung geblieben. Die gleiche Silhouette: ein Adler auf einem Baumwipfel, gleich wird er die Flügel breiten, staunend folgt man seinem Flug.

Welch ein Trost, daß es solche alte Männer gibt! Madariaga, weit über achtzig, schreibt mühelos drei bis vier Artikel im Monat, arbeitet an einem Buch, liest alle wichtigen Zeitungen, korrespondiert mit Freunden in der ganzen Welt, nie auch nur ein Anflug von Passivität oder Resignation, keine Lauheit, man findet ihn immer an der Schießscharte. Vielleicht besitzen nur die Spanier das absolute Maß der Werte. Weder Picasso noch Casals, noch Madariaga haben das Vaterland aufgegeben, als das Vaterland sie aufgab. Nachdem Franco Spanien besetzte, ein ewiges Besatzungsregime, hat Madariaga nie mehr spanischen Boden betreten. Ich sage einmal: »Sie, mit Ihrem britischen Paß ...« — aber er hat gar keinen britischen Paß, er reist, obwohl er sich die bequemste Staatsbürgerschaft aussuchen könnte, mit einem Flüchtlingspapier; er kann Franco das Spaniertum absprechen, Franco nicht ihm. Eines Tages sagt er, daß er nach Francos Tod Spanien besuchen werde. Er ist sechs Jahre älter als Franco.

Es ist der Rechten, die er verabscheut, nicht gelungen, ihn in die Arme der Linken zu treiben — »*not me!*« Die Mitte ist für ihn ein klarer geometrischer Punkt, von links so weit entfernt wie von rechts, er spricht vom Bug des Schiffes, der befindet sich genau in der Mitte, weist den Weg nach vorn; weder läßt er sich von der Mitte abbringen, noch akzeptiert er die Mitte als einen Brei von links und rechts. Er sagt, Marx habe sich geirrt, als er annahm, die Kluft zwischen Reichen und Armen werde immer größer werden, aber er habe sich nicht geirrt, als er die Bereicherung der reichen Nationen und die Verelendung der armen Länder voraussagte: Man ist fasziniert von dieser herrischen Objektivität, fasziniert und ungläubig, da man Objektivität, die Tugend der Unabhängigkeit, für verloren wähnte.

Wie bei allen großen Schriftstellern ist seine gesprochene Sprache mit der geschriebenen identisch, von einer Luzidität, die den Raum erhellt. Brillanz, der Feind der Logik, paart sich mit Logik, und diese wieder mit Humor. Die höchste Intelligenz ist die höchste Fähigkeit der geordneten Assoziation. Madariagas Assoziationen streben nicht auseinander, sie reihen sich aneinander wie geknüpfte Perlen.

Das Beglückendste in der Beziehung zu diesem staatsmännischen Philosophen ist jedoch die Beziehung, die er selbst zu den Musen unterhält. An Seite seiner prachtvollen Frau, der harmonischen Übersetzerin und Interpretin seiner Werke, blickt er über den See hinaus — plötzlich verstummt das politische Gespräch; er setzt mir seine Theorie über die Vögel auseinander, die er für besonders hochentwickelte Wesen hält, weil sie sich, anders als die meisten anderen Tiere, aufrecht fortbewegen. Das mag nicht unbedingt stimmen, Musen stehen manchmal auf Kriegsfuß mit der Wirklichkeit. Noch weniger erkennen Politiker die Wirklichkeit, wenn sie nicht zuweilen über Vögel nachdenken. Dichter sind bessere Politiker ...

ANDRÉ GIDE

Das Merkwürdige an dem, was André Gide gesagt hat, ist nur, daß er es vor beinahe vierzig Jahren gesagt hat.

Ich besuchte ihn in Lausanne, wo er, auf die Bitte junger Schriftsteller, die dramatische Version seines Romanes *Les caves du Vatican* inszenierte. Das Interview erschien am 17. Dezember 1933 im *Neuen Wiener Journal.*

So beschrieb ihn der Zweiundzwanzigjährige.

»In der Halle des prachtvollen, aber auch stillen Hotels Royal am Genfer See in Lausanne sitzt jetzt in einem tiefen Lehnstuhl ein Mann, stundenlang oft, wortlos, und starrt vor sich hin. Man sieht, wenn man die Hotelhalle betritt, den Lehnstuhl von rückwärts und nur ein großer, fast kahler, quadratischer Schädel ragt über die breite Lehne.
...

Und nun, da er zu sprechen anfängt, schwindet alle Theatralik und Pose aus diesem fahlen und breiten, eingefallenen und knochigen Gesicht: die Augen dominieren, scharfe, spöttisch-graue Augen hinter Brillengläsern. Eine seltsame Mischung ist dieser Mann, wie seine Werke eine seltsame Mischung sind: aus Würde, Getragenheit und einer Ironie, die sich über Würde, Getragenheit und Ironie lustig macht. Die deutschen Romantiker nannten, Schüler Fichtes, diese Lust an der Selbstzerfleischung › romantische Ironie ‹: der Dichter André Gide ist der letzte aus der Schule der romantischen Satiriker und satirischen Romantiker. Fünf Minuten, nachdem er den Salon so theatralisch betrat und sich so würdevoll in Pose setzte, macht er sich lustig über Theatralik und Pose, und es ist zuweilen, als verlachten seine höhnenden Augen den harten, lippenlosen, goetheschen Mund, um den stets ein bitterer Zug liegt.
...

Auf einen optimistischen Einwand antwortet er mit einer mißgelaunten, fast bösen Geste: ›Reden Sie keinen Unsinn! Die Zeiten der Literatur sind vorbei. Welch eine Kluft zwischen meiner und der heutigen Generation! Freilich: es ist von allem, was uns bewegte, nicht viel geblieben. Futurismus und Naturalismus und Impressionismus und wie die ›Ismen‹ alle heißen. Aber das ist ja gleichgültig. Es kommt wirklich nicht darauf an, ob man damals, in jener literarischen Epoche, Gutes oder Schlechtes vertreten hat. Diesen Ismus oder jenen Ismus. Aber man raufte sich doch um eine Kunstanschauung. Ungeheuer wichtig war es, ob man für Expressionismus oder Impressionismus eintrat. Heerlager gab es. Literarische, künstlerische Heerlager. Man führte Kriege — wegen Kunstfragen. Können Sie sich das überhaupt noch vorstellen? ... Wer daran Schuld trägt, daß diese Zeit vorbei ist? Niemand. Oder: Dichter und Publikum zu ganz gleichen Teilen. Die jungen Schriftsteller kümmern sich einen Teufel um die Dauer und den Bestand ihres Werkes. Sie wollen den raschen und unmittelbaren Erfolg: sonst nichts. Aber es gibt kaum ein Werk von wirklicher Bedeutung, das sofort Erfolg hat. Der sofortige, der › durchschlagende ‹ Erfolg ist meist ein sicheres Barometer. Daß das Werk nichts wert ist ... ‹«

Man schrieb das Jahr 1933 und man sprach von Emigration und Emigranten.

»›Die Künstler, die aus deutschen Landen verbannt sind‹, sagt Gide, ›sind gern gesehene Gäste Frankreichs. In Paris gibt es noch eine Heinestraße, in Berlin nicht mehr. Und wir sind froh, daß Max Reinhardt in Paris noch schaffen kann.‹«

Auf die Frage, ob Thomas Mann nicht zurückkehren könne nach Deutschland:

»›Jedenfalls will Thomas Mann nicht nach München.‹ Und als das Thema wieder zu den literarischen Bestrebungen der Gegenwart zurückkehrt: ›Ich glaube nicht an ein literarisches Zeitalter, ich glaube nicht an eine literarische Renaissance. Oder nicht in den nächsten zweihundert Jahren. In den nächsten zweihundert Jahren wird das soziale Problem dominieren. Da ist es böse bestellt um die Ewigkeit.‹«

Der Zweiundzwanzigjährige schrieb am Schluß:

»Und als er langsam, ein abgehärmter Fünfziger, aus dem Salon stapft, seinem großen Lehnstuhl zu, da erinnert er am meisten an seinen Amadeus Fleurissoire, der auszog, den Papst aus den Verliesen des Vatikans zu retten, ein kleiner Mann mit einem Regenschirm, und der zuletzt in der Ewigen Stadt starb, von Hochstaplern und falschen Propheten genarrt. An diesen kleinen und gescheiterten Gottfried de Bouillon mit dem Parapluie aus der Provinzstadt Pau erinnert er jetzt, Frankreichs größter lebender Dichter, der an die Welt nicht mehr glaubt und für den Spott und Würde nur mehr Abwehrmittel sind: Panzerhemden gegen eine abscheuliche Zeit ...«

HEINRICH HEINE

Nie hat sich das unbehagliche Verhältnis der Deutschen zu ihrem größten Lyriker neben Goethe erschreckender geäußert als im Heine-Jahr 1972, als viele Guteswollende und manche Intellektspekulanten versuchten, den Dichter zu »rehabilitieren«.

Für mich, der ich, noch nicht achtzehn Jahre alt, ein Buch über Heine geschrieben habe und mich seither unentwegt mit ihm beschäftige, war diese »Rehabilitation« grotesk-schmerzlich — einmal, weil Heine, hundertsechzehn Jahre nach seinem Tod, offenbar der »Rehabilitation« bedarf, zum anderen, weil ich den nunmehr Freigesprochenen, beinahe wie die Opfer der Schauprozesse, nicht zu erkennen vermochte, schließlich, weil diese Rehabilitation an die Wiedergutmachung an den Juden nach dem Zweiten Weltkrieg erinnerte: Man machte nicht die Schande, nur sich selbst gut.

Unvergeßlich, weil verräterisch, bleibt die Scheußlichkeit eines Fernsehprogramms *Über die Schwierigkeiten eines deutschen Dich-*

ters, geehrt zu werden.* Da liefen ein paar untalentierte Popspieler, die *Lorelei* im Beat-Rhythmus skandierend, um den Tisch herum, als wollten sie eine ihnen entwischende Schöne vergewaltigen, und das wollten sie wohl auch, indem sie vorgaben, Heine hätte mit seiner Lyrik die Lyrik verspottet; den Kontrast bildete ein Männergesangverein, der die *Lorelei* am Felsen zum Schlechtesten gab, der Verdacht der Vergewaltigung wurde auf andere abgelenkt; kommunistische Slogans wurden mit der Bemerkung eingeblendet, es handle sich um wörtliche Heine-Zitate, Beispiel marxistischer Manipulation; Analphabeten aller Altersgruppen marschierten auf, um zu beweisen, daß der »richtige« Heine in Deutschland unbekannt sei, ganz als ob es nicht auch der »falsche« wäre — : das alles aber ein Vorspiel zu den Ausführungen des Literaturprofessors Walter Jens, der, seine Kenntnis Heines verbergend, den Sänger in einen leidenschaftlichen Marxisten umschminkte, das Schicksal Heines auf das Schicksal des Dichters in der kapitalistischen Gesellschaft hinuntersimplifizierte, keine primitive Akrobatik Hegelscher Dialektik ungenützt ließ, um die Religiosität des Dichters in einen Zwangopportunismus zu münzen, und der am Ende vorschlug, man möge den Heine-Preis dem Studentenführer Rudi Dutschke zuerkennen. Heine als früher Popsänger, Kabarettist der *Lach- und Schießgesellschaft*, Redakteur der *Roten Fahne*, bestenfalls als Marcuse vom Rhein.

Heine war nichts von alledem. Er war ein Moralist — »*Glauben Sie mir, ich habe moralischer gelebt als die meisten der Menschen, die mich fortwährend der Unmoralität zeihen*«, hatte er zu Alfred Meißner gesagt —, der die Moralisten haßte und von ihnen verfolgt wurde: Es sah Börne, dem Vorläufer Karl Kraus', so recht ähnlich, daß der Jeanette Wohl beschwor, ihm ja zu glauben, Heine, der »*keine Ehre hat und auf keine Ehre hält*«, gehöre zu »*den eitelsten und feigsten Menschen von der Welt*«. Er war ein Aristokrat, den der Salon der Prinzessin Belgiojoso anzog, ein »*Royalist aus angeborener Neigung*« — so in den *Französischen Zuständen* —, der die Menschheit dennoch in »*Satte und in Hungerleider*« einzuteilen vermochte und in der Schrift *Über Polen* schrieb: »*Wer den Gehorsam personifiziert haben will, sehe einen polnischen Bauer vor seinem Edelmann stehen; es fehlt nur der wedelnde Hundeschweif. Bei einem solchen Anblick denke ich unwillkürlich: Und Gott erschuf den Menschen nach seinem Ebenbilde!*« Er war ein Revolutionär — »*Alle Konstitutionen, selbst die besten, können uns nicht helfen, so lange nicht das ganze Adeltum bis zur letzten Wurzel zerstört ist*« —, der die Revolution haßte und fürchtete; es heißt im Dritten Buch über Börne: »*So lange wir die Revolution in den Büchern lesen, sieht das alles sehr schön aus, und es ist damit, wie mit jenen Landschaften, die, kunstreich gestochen auf dem weißen Velinpapier, so rein, so freundlich aussehen, aber nach-*

her, wenn man sie in natura betrachtet, vielleicht an Grandiosität gewinnen, doch einen sehr schmutzigen Anblick in den Einzelheiten gewähren; die in Kupfer gestochenen Misthaufen riechen nicht und der in Kupfer gestochene Morast ist leicht mit den Augen zu durchwaten.« Er liebte Deutschland mit der unglücklichen Liebe des Juden und meinte jede Silbe, als er im Paralipomina zu »Deutschland« seufzte: »Das deutsche Herz in meiner Brust / Ist plötzlich krank geworden, / Der einzige Arzt, der es heilen kann, / Der wohnt daheim im Norden«, und jede Silbe meinte er auch, als er fürchtete, »schmutzige Teutonenstiefel« könnten den »heiligen Boden der Boulevards« beflecken. Er sprach in einem Brief an Fritz von Bengheim vom »Vaterland der Schinken«, und klagte in einem Brief an Varnhagen von Ense: »Fliehen wäre leicht, wenn man nicht das Vaterland an den Schuhsohlen mit sich schleppte.« Er durchschaute den Götzenkult der Kirchen — der katholischen Kirche mehr als der protestantischen —, er prophezeite dem Kölner Dom eine triste Zukunft: »Ja, kommen wird die Zeit sogar, / Wo man, statt ihn zu vollenden, / Die inneren Räume zu einem Stall / Für Pferde wird verwenden«, und vor dem Christusbild ließ er Zuleima im Almansor sagen: »In diesem Hause werden Kinder mündig, / Und Mündge werden da zu Kindern wieder; / In diesem Hause werden Arme reich, / Und Reiche werden selig in der Armut.« Er meinte es ernst mit der Ironie — »Die deutsche Gans, lieb Mütterlein, / Ist gut, jedoch die Franzosen, / Sie stopfen die Gänse besser als wir, / Auch haben sie bessere Saucen« —, aber ebenso ernst meinte er es mit der Sentimentalität: »Verblichen und verweht sind längst die Träume, / Verweht ist gar mein liebstes Traumgebild! / Geblieben ist mir nur, was glutenwild / Ich einst gegossen hab in weiche Reime.« Konservativer und Revolutionär, Bewunderer Napoleons und der Französischen Revolution, Genosse der Massen und Löwe der Salons, Minnesänger und Journalist — und ein armer kranker Jude, der in Jesus Christus seinen Vetter sah.

Heine, der immer Pech hatte, hatte nun auch an seinem 175. Geburtstag Pech; das Heine-Jahr fiel in die Zeit, in der jedes Phänomen marxistisch gedeutet werden will; kein Phänomen läßt sich aber marxistisch weniger deuten als das Genie. Der Marxismus hat eine Allergie gegen den Widerspruch, also gegen das Menschliche. Zwischen zwei kontrastierenden Erscheinungen kann für den Marxisten immer nur eine echt sein, deshalb ist ihm das Genie, ein Ausbund von Kontrasten, ein heimlicher Greuel. Aber nicht nur die Marxisten drücken Heine jenen »Todeskuß« auf die Stirn, von dem Frederick W. H. Myers in Saint Paul spricht. Die Intellektuellen, nicht willens, den Lyriker zu ehren, der ihnen in seiner kristallklaren Verständlichkeit so suspekt ist wie den Reaktionären von gestern ein Lyriker ohne blonde Lockenpracht gewesen ist, bemüht zugleich, nicht als Reaktionäre oder gar als Antisemiten zu gelten, zauberten seine Lyrik unter den Tisch — Jude und deutscher Poet? —, zauberten den Journalisten, Kabarettisten, Feuilletonisten, Pamphletisten aus dem Zylinder, sie hackten Heine den rechten Arm ab und trugen den linken wie eine Reliquie durch die Straßen.

Wenn ich es recht bedenke: welch gespenstische Fatalität! Man könnte die ganze Anti-Heine-Literatur hervorholen — doch genügt es, *Heinrich Heine. Auch ein Denkmal* von Adolf Bartels, Hitlers literarischem Vorläufer, von Seite zu Seite zu lesen — und die Heine-Verteufelung von 1906 etwa neben die Heine-Verherrlichung von 1972 zu stellen: beinahe wörtlich die gleichen Argumente, mit umgekehrtem Vorzeichen. Auch damals sah man nur den Journalisten, Kabarettisten, Feuilletonisten, Pamphletisten — das *Wintermärchen* allein genüge, schrieb Bartels, »*um jeden Anspruch Heines, ein deutscher Dichter zu sein, rundweg abzuweisen*« — : Ist es weniger tragisch, einem der größten Poeten Deutschlands ein falsches Denkmal als gar keins zu errichten? Sollte man Walter Jens den guten Glauben zubilligen: Er hat Heine so wenig verstanden, wie ihn Adolf Bartels verstanden hat.

Warum? Ist es die deutsche Abneigung gegen den Nazarener, der den Olympier in Frage stellt, die Identifikation des Genies mit dem Pompösen, Würdevollen, die Bewunderung für den Gastgeber ohne Gnade und den Gast von fremden Sternen, das Mißtrauen gegenüber dem Menschlichen im Übermenschen? Oder ist es so, daß man Jude sein muß, um Heine zu begreifen? Ach nein, auch die Deutschen könnten ihn verstehen, wenn falsche Scham, schlechtes Gewissen, triviale Toleranz, die Verwechslung von Unverständlichkeit mit Tiefe, Wehleidigkeit gepaart mit Wohlleidigkeit, der Verherrlichung des Schmerzes, Furcht vor dem Bekannten, und, in jüngster Zeit, marxistische Konfektionsnormen sie nicht an dem Geständnis hinderten, daß Wesen, Schicksal und Dichtung des Heinrich Heine, Sohn des Samson Heine und der Peire van Geldern aus Düsseldorf am Rhein, allein und einzig aus Heines Judentum zu erklären sind: Als Fremder wurde er verfolgt, ein Fremder ist er geblieben.

Ich habe mich in diesem Jahr, in dem die Ehrungen Heine so viel Unrecht zufügten wie ihm einst seine Verketzerung — Ver-Ehrung in des Wortes verkehrendem Sinne —, oft gefragt, ob ein Gott oder ein Teufel, oder waren es gar beide, an einem Dezembertag des Jahres 1797 die Deutschen auf die Probe stellen wollten, als sie ein jüdisches Kind am Ufer des Rheins aussetzten und ihm die deutsche Sprache in die Wiege legten. Die Deutschen haben die Probe nicht bestanden. Auch nicht im Jahre 1972. Noch immer gilt das Wort Alfred Kerrs: »*Selig, wem das Denkmal bestritten wird, denn er lebt.*« Trotz Bartels und Jens. Ein deutsches Wunder. Ein jüdisches Wunder.

GESELLSCHAFT UND GENERATION

Herrn Alfred P.
D-382 Bad Pyrmont

Sehr geehrter Herr P.,

Sie haben mir einen Brief geschrieben, in dem Sie Ihrer Enttäuschung darüber Ausdruck verleihen, daß sich der Autor von *Die Mission* zum »Konservatismus« — Sie gebrauchen auch weit härtere Ausdrücke — bekennt.

Sie schreiben: »*Wir haben 1944 von der Gestapo verfolgte Juden in unserem Haus in Strausberg bei Berlin versteckt und ihnen mit Nahrungsmitteln geholfen . . .*«

Gestatten Sie mir, hier einzusetzen. So rühmlich es ist, Juden vor der Gestapo versteckt zu haben, so war es doch 1944 reichlich spät; Sie werden es mir kaum übelnehmen, daß ich mich nicht ganz so gerührt zeige, wie Sie es offenbar erwarten. Die Vergangenheit als Legitimation: Kein Freibrief, doch ist es mir willkommen, Vergangenes an den Beginn meiner Antwort zu stellen.

Ich ging zwar nicht freiwillig in die Emigration, aber ich habe als Freiwilliger sechs Jahre teils auf afrikanischen, teils auf europäischen Kriegsschauplätzen gegen Hitler gekämpft, in der französischen Armee zuerst, dann in der amerikanischen: Ich bin es ziemlich leid, mir meine Weltanschauung von jenen vorschreiben zu lassen, die sich seit 1945 — oder auch 1944 — in Demokratie üben. Sie müssen verstehen, daß die meisten von uns, die man immer noch Emigranten nennt, ganz als ob die erlittene Strafe nicht verjährte, an dem Sträflingsstatus auch nach der Freilassung sich nichts änderte, zum Kampf gegen die Unfreiheit angetreten waren, gegen die Unfreiheit, sage ich, nicht gegen die Unfreiheit einer bestimmten Couleur. Die Unfreiheit trug damals ein braunes Gewand, nicht anders als die Provinzverschwörer des Ku-Klux-Klan weiße Kutten tragen, doch änderte sich nichts an ihrer Gesinnung, änderte sich auch nichts an meinem Widerstand, wenn sie morgen kanarigelbe anlegten.

Es ist wohl in Vergessenheit geraten, daß sich die »Nazis« National-Sozialisten nannten — ich setze »Nazis« in Anführungszeichen, weil diese falsche Zusammenziehung von zwei Wörtern einen Schleier legt über das Wort »Sozialisten«; es ist zu spät, doch gerecht wäre es, von »Nasos« zu sprechen. Gerecht wäre das auch, wenn man zugleich zugäbe, daß die Nasos keine Sozialisten waren, doch haben die Nationalsozialisten gestern den schönen Begriff des Sozialismus ebenso entwendet, geraubt, mißbraucht, wie es die Kommunisten heute tun.

Ich handle, schreiben Sie, »aus einem primitiven Antikommunismus heraus«.

Lassen Sie mich vorwegnehmen, daß ich mich zum Antikommunismus durchaus bekenne. Die Verteufelung der Sprache ist so übel wie die Verteufelung einer Rasse oder eines Volkes: Unabhängigkeit wäre bloßer Lippendienst, wenn man sich, geistern solche angeschwärzten Begriffe durch die Straßen, unter Haustoren verkröche. Die Verteufelung des Begriffes Antikommunismus verläuft parallel mit der Verherrlichung des Wortes Antifaschismus, ein grotesk-paradoxes Phänomen, da beide zwar nicht dasselbe, aber einen ähnlichen Kampf gegen ähnliche Übelstände bezeichnen. Der Kommunismus, wie der Faschismus, ist eine unmenschliche Gesellschaftsform, die den liberalen Instinkt, den freien Gedanken und die unbegrenzte Sehnsucht des Menschen gewaltsam unterdrückt, ohne ihm dafür soziale oder wirtschaftliche Vorteile — sollten diese überhaupt ausgleichende Faktoren sein — zu bieten. Beide, Kommunismus und Faschismus, beruhen auf einer von den Mächtigen, oder jenen, die nach der Macht streben, willkürlich kodifizierten öffentlichen Moral, die der einzig und allein akzeptablen individuellen Sittlichkeit widerspricht.

Was aber nennen Sie »primitiv«? — das Adjektiv erscheint mir wichtiger als das Hauptwort. Ich glaube, Sie richtig zu interpretieren, wenn ich annehme, Sie verstünden darunter das gleiche, das auch ich verstehe: den Mangel an Distinktion und Differenzierung, die grobe Verallgemeinerung, das barbarische In-einen-Topf-Werfen. Ich bitte Sie, wenigstens für einen Augenblick, den mit Recht gebilligten Antifaschismus mit dem zu Unrecht verpönten Antikommunismus gleichzusetzen. Primitiv wäre ein Antifaschismus — wie ein Antikommunismus —, der meinte, die von ihm abgelehnte, verachtete, bekämpfte Gesellschaftsform werde wie eine glacierte und gekühlte Torte fertig serviert, wenn er übersähe, daß dieser Kuchen nach einem bestimmten Rezept hergestellt, aus gewissen Ingredienzen zusammengesetzt in den Ofen geschoben wurde. Eine solche Primitivität erinnert mich an den kleinen jüdischen Jungen, der, seiner Mutter beim Kochen zusehend, beim Anblick des gehackten Fleisches, der diversen Gewürze und des Nudelteiges in entzückte Rufe ausbricht, dann aber, als sie diese zu einer Speise zusammenfügt, das von ihm gehaßte *Krepl* erkennt und laut schreiend aus der Küche läuft. Meine Abneigung gegen *Krepl* richtet sich gegen die Ingredienzen, aus denen diese Speise besteht, ja mehr noch: Es ist kein intellektuell-differenzierender Vorgang, ist Klein-Moritz-Absurdität vielmehr, anzunehmen, nach dem *Krepl*-Rezept könnte man etwas anderes als *Krepl* kochen.

Oder haben Sie etwas anderes gemeint? Ich könnte mir denken, daß Sie befürchten, der Autor der *Mission* würde, in seinem »*primitiven Antikommunismus*«, »links« mit »kommunistisch« verwechseln. Das wäre in der Tat primitiv, einer solchen Identifizierung fühle ich mich nicht schuldig. Die Tafeln »links« und »rechts« erinnern mich an jene Wegweiser, die im Krieg von Saboteuren aufgestellt, ausgetauscht oder vernichtet werden, um die feindlichen Truppen irrezuführen. Sie besagen nichts, oder besagen nichts mehr. Gesellschaftserhaltend oder gesellschaftszerstörend heißen die unverrückbaren Meilensteine. Ich glaube an die bestehende Gesellschaft, nicht etwa, weil ich sie für vollendet, sondern just weil ich sie für unvollendet, das heißt für wandelbar halte; die sozialistische Gesellschaft hat ihre Unfähigkeit, sich zu reformieren, auch dort bewiesen, wo einige ihrer Anhänger Änderung und Besserung für opportun hielten. Innerhalb der bestehenden Gesellschaft respektiere ich jede »linke« Gesinnung; ich widersetze mich ihr, wo sie die Grundstrukturen der bestehenden Gesellschaft zu revolutionieren, also gewaltsam zu ändern sucht, wobei ich Marx ausreichend studiert habe, um zu wissen, daß unter Gewalt auch die emanzipatorische Gewalt zu verstehen ist. Ich »verwechsle« die Linke mit Kommunisten nur dort, wo sie unverwechselbar den sozialistischen Staat anstrebt. Sie macht sich zum Anwalt einer gefrorenen Gesellschaft.

Sie wären indes, ich gebe es zu, weniger enttäuscht, wenn Sie in meinen jüngsten Arbeiten nicht »konservative« Tendenzen entdeckten. Sind Sie bereit, mit mir zusammen, von gesellschaftserhaltenden und gesellschaftszerstörenden Richtungen zu sprechen, von der flüssigen oder gefrorenen Gesellschaft, dann fällt die Antwort nicht schwer. Es kommt nämlich weniger darauf an, daß der Reaktionär, anders als der Konservative, das Vergangene, Verlorene, Vertane, Verbrochene und Veraltete wieder herstellen will — das ist dem Konservativen fremd: Wie soll man bewahren, was nicht mehr vorhanden ist? —; es kommt darauf an, daß der Reaktionär nicht auswählt, alles Vergangene, Verlorene, Vertane, Verbrochene und Veraltete erscheint ihm renaissancewürdig, während der Konservative nur das Gesunde, Geprüfte, Gefundene, Geheilte, Gerechte und Genießbare in Gegenwart und Zukunft zu retten versucht.

Meiner Abstammung, Tradition und Natur nach bin ich eher zum Liberalen als zum Konservativen bestimmt: Es gibt indes Momente, in denen der Liberalismus ein System so lange liberal verteidigt, bis es nicht mehr wert ist, verteidigt zu werden. Konservatismus heißt Liberalismus, der an den Grenzen der Zerstörung halt macht. Sollten Sie mich morgen, nicht unmöglich, im liberalen Lager finden: Nehmen Sie es nicht als Gesinnungswechsel, betrachten Sie es als ein glückliches Zeichen des Temperaturwechsels, es soll Ihnen bedeuten, daß sich die Stürme entfernt haben.

Im übrigen bin ich Ihnen dankbar, daß Sie Ihre Enttäuschung, unter allen meinen Werken, just an der *Mission* exemplifizieren. Dieser

Roman handelt — sofern man überhaupt sagen kann, ein Roman »handle« von »etwas« — von dem Angebot der Nasos, Juden zu verkaufen, stückweise, Liefertransport, wie das Vieh. Einige Tage nachdem Ihr Brief eintraf, lasen wir in den Zeitungen von den Preisen, welche die Sowjetunion für die Ausreisegenehmigung russischer Juden angeschrieben hat. Die Umstände mögen verschieden sein, das sind sie immer, und man könnte anführen, daß die menschliche Ware, die diesmal angeboten wird, nicht unmittelbar von der Vernichtung bedroht ist. An dem Handel mit Menschenleben ändert es nichts. Sie können von mir nicht den Zynismus verlangen, die sozialistische Verachtung des Menschen anders zu sehen, als ich die Naso-Verhöhnung der Sittengesetze gesehen habe. Weil ich der Autor der *Mission* bin, schreibe ich, wie ich schreibe.

Herrn cand. rer. pol. Heinrich N.
D-69 Heidelberg
...
Es erweist sich bei näherer Betrachtung als überaus schwierig, Ihren Brief zu beantworten, weil darin das Wort »Gesellschaft« an die zwei Dutzend Male vorkommt, ohne daß Sie sich der Mühe unterziehen, den Begriff näher zu umschreiben. Sie gehen offenbar von der Voraussetzung aus, daß jedermann weiß, was unter »Gesellschaft« verstanden wird, daß es also eines erklärenden Adjektivs, einer Eigenschaftsbestimmung nicht bedarf, der Angesprochene müsse mit dem Begriff gewisse präfabrizierte Assoziationen, gewisse Lust- und Unlustgefühle, gewisse aggressive oder defensive Impulse verbinden. Ich weigere mich schlechthin, das zu tun.

Gesellschaft bedeutet ein organisiertes Staatswesen oder ein System, das sich der Ordnung widersetzt, bedeutet eine Gruppierung von vielen oder wenigen, zu einem bestimmten Zweck oder auch zwecklos; man kann in eine Gesellschaft hineingeboren werden oder sich ihr anschließen; es gibt eine Gesellschaft zur Förderung der Krebsforschung und eine Gesellschaft, die sich nur die Zeit vertreibt; es gibt eine Gesellschaft, die man »gibt«, oder auf der man sich trifft; es gibt eine Gesellschaft, die eine Klasse repräsentiert, aber auch eine Reisegesellschaft ist eine Gesellschaft; es gibt eine menschliche Gesellschaft, der alle, und eine unmenschliche Gesellschaft, der ebenfalls alle angehören. Gesellschaft gehört also, sollte man meinen, zu jenen Wörtern, die ohne Adjektiv überhaupt nicht existieren, richtiger: Gesellschaft, ohne Adjektiv, ist eine Fälschung, wie alles eine Fälschung ist, was eine Mißinterpretation bewußt zuläßt.

Sie nennen sich einen Intellektuellen, und keineswegs möchte ich bestreiten, daß Sie das sind, doch meine ich, just von dem Intellektuellen die Fähigkeit, ein oder zwei Adjektive zu setzen, Rechtens erwarten zu dürfen. Gesellschaft, wie Sie und andere Intellektuelle den Begriff gebrauchen, wird zu einem körperlosen Ungeheuer, das in der Dunkelheit lauert, die Kinder erschreckt und auf das man nächtens die Meute zu hetzen vermag. Sie verurteilen die Gesellschaft, als wäre Ihnen jede Gesellschaft suspekt, während Sie doch in Wahrheit die Leistungs-, Wettbewerbs- oder Konsumgesellschaft meinen: Diese wollen Sie abschaffen und durch eine andere ersetzen. *A la bonheur!* Ich kann mich mit dem Revolutionär durchaus auseinandersetzen, selbst mit dem anarchistischen. Mit dem »Gesellschaftskritiker« jedoch, der sich, wie die meisten Intellektuellen, als Reformer ausgibt, aber das Haus abzureißen gedenkt, das eben auf Leistung und Wettbewerb und Konsum beruht, mit dem unredlichen Revolutionär, der sich, indem er die »Gesellschaft« bekämpft, nicht zu einer anderen Gesellschaftsform bekennt, fällt mir die Diskussion schwer.

Fast alle ideologischen Siege — oder Niederlagen — sind die Folge sprachlicher Unklarheiten: Die Sprache ist die Probebühne der Ideologie. Wie die Artillerie die feindlichen Stellungen zerstört, ehe die Infanterie stürmt, so werden von dem Angreifer gewisse Begriffe »dem Erdboden gleichgemacht« — erst wenn sich der Begriff der »Gesellschaft« mit der Vorstellung einer Ruinenwelt verbindet, ist die Festung »reif geschossen«. Diese Artilleriefunktionen übernimmt nun der Intellektuelle — auch dagegen hätte ich nichts einzuwenden, wenn er sich, wie es die Genfer Konvention verlangt, als Soldat der feindlichen Armee zu erkennen gäbe. Bitte schreiben Sie mir, welche Gesellschaft Sie zu zerstören, mit welcher Sie diese zu ersetzen wünschen: So verlangt es eine redliche Konfrontation.

Freilich kann die Redlichkeit nicht einseitig sein. Die Verteidiger der »Gesellschaft« sind an dem Verdunkelungsmanöver bei lichtem Tag nicht minder schuldig als die Angreifer. Auch sie sagen nicht, was sie verteidigen; wenn über die kapitalistische Gesellschaft abgestimmt wird, stecken sie die Hände in die Hosentaschen; bei Wörtern wie Leistung, Wettbewerb und Konsum kriechen sie unter den Ladentisch; fragt man sie, ob sie darauf stolz sind, worauf sie stolz sind, erröten sie wie ertappte Teenager; unter gar keinen Umständen wollen sie gestehen, daß so schöne Begriffe wie Freiheit, Demokratie, Moral mit so diffamierten Begriffen wie Leistung, Konkurrenz und Gewinn — leider, wenn man so will — unverbrüchlich zusammenhängen.

Der revolutionären Ideologie ist es gelungen, die »Gesellschaft« zu diffamieren, ohne sie zu definieren. Es gibt gegen die Revolution keine Wunderwaffen. Außer jenen der Enzyklopädie. Sie dürfen mir glauben, daß ich Definition von meinen Freunden wie von meinen Gegnern erwarte.

Frau Elfriede S.
D-5 Köln

Entschuldigen Sie bitte, daß ich Ihren ausführlichen Brief, in dem Sie mir Ihren bedauerlichen »Fall«, beziehungsweise den Ihres Mannes, darstellen und mit einer bitteren Absage an die kapitalistische Gesellschaft beschließen, nur kurz beantworte.

Verstehen Sie mich richtig: Nicht etwa Ihre Kritik an der bürgerlichen Gesellschaft erfüllt mich mit Mißbehagen: Bedenklich erscheint mir der Mechanismus Ihrer Kritik.

Ich empfand es schon in meiner Kindheit als ungerecht, wenn meine Eltern und Erzieher alles, was ich tat oder unterließ, sagte oder fragte, als »bezeichnend« werteten. Man tut oder unterläßt, sagt oder fragt manches, ohne daß diese Äußerungen oder Handlungen für den eigenen Charakter unbedingt bezeichnend wären — zufällig, aus einer Laune, aus Trotz, im Moment, von Umständen verführt.

Gleichermaßen ist manches, was in einer bestimmten Gesellschaft geschieht oder nicht geschieht, für diese Gesellschaft typisch oder symptomatisch, doch beileibe nicht alles. Heute werden — was kein Volksschüler in der ersten Klasse täte — Äpfel und Birnen addiert, ein ganzer Obstkorb von gemeinsamen Nennern. Eine Unterschlagung, der Irrweg eines Kindes, ein Sexualmord, ein rührseliger Roman, der Erfolg eines Dummkopfs, der Mißerfolg eines Talents, ein Selbstmord im Altersheim, der Fehlschuß eines Polizisten, der Text eines Schlagerliedes, die Verzweiflungstat eines Jünglings, der Herzinfarkt eines Managers, oder wie in Ihrem Fall, das Urteil eines albernen oder bösartigen Richters — das alles und tausenderlei mehr, einzeln oder addiert, soll »bezeichnend« sein, das individuelle Schicksal nur noch eine Illustration der »Gesellschaft«, siehe Abbildung Nummer drei, unzusammenhängende Wörter, die, in leere Kästen gesetzt, dem Halbgebildeten, also Ungebildeten das Gefühl geben, das Kreuzworträtsel gelöst zu haben.

Ich werde dem Rechtsanwalt B. schreiben und ihn bitten, sich Ihres Falles anzunehmen. Meine Hilfsbereitschaft ist jedoch, glauben Sie mir, für unsere Gesellschaft nicht bezeichnender, als es das Fehlurteil gewesen ist, über das Sie mit Recht klagen.

Herrn Dr. Ladislaus Zs.
São Paolo, Brasilien

Ihr Brief hat mir wohlgetan. Sie schreiben, daß ich zu den »wenigen Intellektuellen« gehöre, die »eine klare Stellung beziehen«. Das ist zu viel des Lobes, einmal, weil auch das Engagement der sogenannten Linksintellektuellen »klar« ist — sie tun zumindest, was man von ihnen erwartet —, zum anderen, weil ich weit davon entfernt bin, die Fragen beantwortet zu haben, die meine Nächte bedrängen.

Fragen, sage ich, und meine in Wirklichkeit ein einziges Problem, das schwerste von allen: Die Frage nach der Beziehung zwischen Freiheit und Humanität.

Es ist wahr, daß die Zweifel, die mich quälen, die *»braven Intellektuellen«,* von denen Sie sprechen, nicht anfechten. Vielleicht haben auch sie sich, lange ist es her, die Frage gestellt, ob Freiheit und Humanität das gleiche bedeuten, *identical twins,* siamesische Zwillinge, ob man, siegt die Humanität, hoffen darf auf Freiheit, ob, siegt die Freiheit, Humanität ihr folgt, ob Humanität existiert ohne Freiheit und Freiheit ohne Humanität, ob sich gar, ein Alptraum, Humanität und Freiheit gegenseitig ausschließen. Sie besitzen alle Antworten, die wohlerzogenen Intellektuellen, sie suchen keine Richtung und brauchen keinen Kompaß; sie glauben, die Richtungen und jeden Wind und jede Strömung und jeden Strand zu kennen. Die Chinesen sind glücklich, weil sie ihren Reis im Topf haben, die Schwarzen Afrikas sind unabhängig oder ertrotzen sich ihre Unabhängigkeit, der Sozialismus ist menschlich, der Kapitalismus ist unmenschlich, morgen kommt der Sozialismus nach New Delhi, alle werden zu essen haben, alle besuchen die Universität, jedem ein Zimmer, keinem zwei, die Sehnsucht nähert sich der Endstation, ein letztes Gefecht, schon ist es entschieden, gutes Gewissen, gute Nacht!

Ich schlafe schlecht. In meinen Alpträumen sehe ich eine chinesische Schulklasse, die kleinen kahlen Chinesen heben die Fäuste, alle gleichzeitig, skandierend sagen sie auf, was man ihnen eingebleut; Tausende Inder, Tausende Araber, Tausende Schwarze hüpfen wie hochgezogen an Tausenden Schnüren von Hunderten Marionettenspielern; fort sind die Kolonialherren und die neuen Kolonialherren tragen Generalsuniformen, schwarze Kolonialherren; im Stechschritt marschieren die Kolonnen über den Roten Platz vor dem grauen Kreml — und Gesichter an den Gittern der Irrenhäuser. Ich sehe Zeitungsblätter, eine gespenstische Photomontage, die Zeitungen sind in verschiedenen Sprachen geschrieben, Latein, kyrillisch, hebräisch, Sanskrit, aber ich verstehe sie alle und verstehe, daß es die gleichen Schlagzeilen sind, die gleichen Berichte, die gleichen Artikel; Fernsehgeräte, aufgereiht wie in den Schaufenstern, alle zeigen das gleiche Bild, ein einziger Kanal, Papageienkäfige; aus tausend Rundfunkgeräten die gleiche Musik, die gleiche Stimme, wie auf Vorstadtstraßen im Sommer, Kakophonie der Gleichheit aus den geöffneten Fenstern; ich träume in Farben, die Scheiterhaufen glühen, verbrannte Schriften, verbrannte Bücher, aus einem Buch springt ein Mensch, man hält ihn zurück, fesselt ihn, er wird mit seinem Buch verbrannt; Studenten strömen aus den Toren der Universität, wo mag das sein, lauter gute Arbeiter-

und Bauerngesichter, alle tragen die gleichen Schulbücher unter dem Arm, da rollen die Panzer, glattgerädert liegen die Studenten unter den Panzern, Teil eines *Puzzle*-Spieles.

Sind Sie, lieber Ladislaus Zs., meinem Angsttraum gefolgt, dann werden Sie meine Zweifel verstehen. Das Schiff der Intellektualität muß untergehen, weil die bequemen Intellektuellen — welch schreckliche *contradictio in adjecto!* — auch bescheidene Intellektuelle sind: Sie begnügen sich mit den kargen Rationen der Soziologie und Politologie, sie haben auf ihr Schiff nichts mitgenommen als die Konserven von Marx und Engels, von Lenin und Mao, von Marcuse und Mitscherlich. Gibt es keinen Reis für alle ohne den Verlust der Freiheit aller? Gäbe es Reis für alle, warum dann nur Reis, heißt Menschlichkeit Armut für alle, muß meine Menschlichkeit so genügsam sein? Darf ich nicht Reis *und* Freiheit für alle wünschen, und ist es nicht menschlich, wenn einer mehr Reis hat als der andere und alle gleich viel Freiheit haben? Widersprechen sich Freiheit und Gerechtigkeit, gibt es keine Gerechtigkeit in Freiheit, ist nur der Hunger nach Brot ungeduldig, darf nicht auch der Hunger nach Freiheit ungeduldig sein? Werden alle Reis haben, wenn ich meine Freiheit opfere? Wird, wenn ich meine Freiheit opfere, nicht auch der Reis für alle verlorengehen? Ist die Utopie ein Traum oder ein Angsttraum?

Meine Alpträume haben ein langes Leben. Ein Schiff segelt durch die Meere, *Liberté* ist auf den Bug geschrieben, ich habe einen Taucheranzug an, ich werde hinabgelassen, ich habe Angst, ich brauche keine Angst zu haben, eine Wunderwelt erschließt sich mir, Paradies unter dem Wasser, alle Menschen sind gleich, alle haben die gleiche Hautfarbe, schwarz-gelb-weiß, alle tragen die gleichen Gewänder, Reihenhäuser unter dem Wasser, eine Frau kommt auf mich zu, wo bin ich, frage ich, sie sieht mich verwundert an, im Land der Menschen, sagt sie, ich komme aus dem Land der Freiheit, sage ich, sie schüttelt den Kopf, ich atme schwer, vielleicht bin ich kein Mensch, ich tauche auf, ich halte Ausschau nach meinem Schiff, das Schiff ist verschwunden, die See und der Horizont sind eins, die *Liberté* ist fort, sie haben mich allein gelassen, ich rufe nach der *Liberté*, kein Ton über den Gewässern, ich rufe nach Hilfe, keine Antwort, ich will untertauchen, das Land der Menschen erwartet mich, dort unten wissen sie nichts von der *Liberté*, ich werde sie schnell vergessen, ich habe kein Tauchergewand mehr; ich bin nackt, das Land der Menschen ist versunken, ich kann nicht rufen, das Wasser dringt in meine Lunge, ein Hai öffnet sein Maul.

Wer solche Träume träumt — Sie werden es erraten haben —, der fürchtet, daß er die Freiheit verliert, wenn er in die Menschlichkeit taucht, fürchtet, daß die Menschlichkeit verlorengeht, wenn die Freiheit sie verläßt.

Woher, frage ich Sie, kommen diese Ängste? Vielleicht kommen sie daher, daß die Menschlichkeit viele Gesichter hat, die Freiheit nur eines. Vielleicht ist es aber viel einfacher. Vielleicht bin ich ein Egoist der Freiheit. Vielleicht ist meine Angst, in allen Büchern und allen Zeitungen dasselbe zu lesen, an allen Wänden dasselbe zu sehen, aus allen Geräten das gleiche zu hören, so groß, ist meine Angst so groß, in ein Irrenhaus gesperrt oder verbrannt oder vereist zu werden, meine Angst so groß, meine Stimme könnte ertränkt werden und meine Schrift verwaschen — vielleicht also ist meine Angst so groß, daß ich Hosianna! rufe, weil alle zu essen haben, und Hilfe! rufen möchte, weil die Bücher brennen. Aber es könnte auch sein, daß mich nicht Ängste verwirren, daß mich das Wissen verwirrt. In China haben sie Reis und keine Freiheit. In Indien haben sie keine Freiheit und nichts zu essen. In Amerika haben sie Freiheit und zu essen und Krieg. Im Westen Europas haben sie zu essen und Freiheit und verzichten auf Freiheit. Im Osten Europas haben sie keine Freiheit und wenig zu essen. In Rußland wollen sie mehr essen und entsagen der Freiheit. Einer darf schreiben und nicht veröffentlichen, ein anderer darf veröffentlichen, was er nicht schreiben will, der dritte ist auf dem Weg ins Irrenhaus. Soll mich das nichts angehen, weil die Fabrik dem Staat gehört und die Unternehmer verbannt sind? Oder soll es mich nichts angehen, daß es Darbende gibt im Überfluß und Alte in Einsamkeit und Kinder ohne Hoffnung, weil ich schreiben darf, was ich schreibe, klagen darf, worüber ich klage, weil meine Fragen gedruckt werden und ich nicht ins Irrenhaus komme?

Das ist nun, lieber Freund, sicher nicht die Antwort geworden, die Sie erwartet haben. Hinter jeder Antwort ein Fragezeichen.

Das Malheur mit den Marxisten ist nicht, daß sie Marx, sondern daß sie nur Marx gelesen haben.

Wer mit Lüge und Dummheit um die Wette laufen will, muß ein Nurmi sein.

Harakiri ist zu einer kapitalistischen Freizeitbeschäftigung geworden.

Reform hat keine Lieder.

Hüten wir uns vor dem Wort: »Nicht jetzt!« — es wirkt harmlos und ist ein Teufelswort. Wenn der Hagel des Radikalismus über uns herabprasselt, ist die Versuchung groß, mit dem Bau aufzuhören und sich nur der Abwehr zu widmen. Der Fortschritt, der sich vertagen läßt, ist keiner. Wir müssen bauen im Hagel.

Ach, diese fatale Politik des Wind-aus-den-Segeln-Nehmens, mit der man dem Sturm nie ausgewichen, immer nur in die Gewitter gesegelt ist ...!

Die Diktaturen entwürdigen den Menschen zum Tier, und wenn er sich dann wie ein Tier benimmt, sagen sie: Siehe da, er ist ein Tier und verdient nichts Besseres. Das Opfer wird zur Rechtfertigung seines Endes.

Viele Menschen fliehen in die Diktatur, weil es guter Nerven bedarf, um die Demokratie zu ertragen.

Zwischen dem Erpresser und dem Erpreßten bestehen zwar moralische Unterschiede, aber die blutige Geschichte der Vergewaltigungen — mit der Weltgeschichte identisch — wäre ohne die jämmerliche Geschichte der Vergewaltigten nicht möglich. In der Politik ist Notzucht ein Akt gemeinsamen Einverständnisses.

Politik ist so beschaffen, daß faule Früchte nur vom Baum fallen, wenn darunter ein Korb steht, der sie auffängt.

Charisma: Ersatz der Persönlichkeit durch Aberglauben.

Unter allen menschlichen Lügen ist die Lüge von der Kollektivschuld die unmenschlichste.

Es geschieht jeden Tag, daß ein Arzt von dem Bazillus getötet wird, den er töten will. Wir werden infiziert von dem, was wir bekämpfen.

Die fruchtbarsten Diskussionen finden unter jenen statt, die gleicher Meinung sind.

Den politischen Menschen trennt vom musischen Menschen seine Humorlosigkeit.

Intellektuelle Modewörter — Establishment, Denkmodell, Denkanstöße, Vorstrukturierung, Entsprechung, Willensbildung, Selbstverständnis, Programmierung, Verunsicherung, Entfremdung, faschistoid, ein ganzes Vokabular — sind die heimtückischen Waffen einer geistigen Diktatur.

Unser Zeitalter, in dem sich jeder bemüht, »in« zu sein, steht im Zeichen der Silbe »ex« — Expressionismus, Exaltation, Exhibitionismus, Exorbitanz, Exil, Exotik, Exploitation, Expropriation, Experiment und Extremismus. Natürlich wird es mit einem Exitus unserer Gesellschaft enden.

Hintergedanken:
»Ich möchte die Gesellschaftsstruktur ändern.« (Ich bin Sozialist.)
»Ich bin Sozialist.« (Ich bin Kommunist.)
»Ich bin kein Kommunist, aber ...« (Ich bin ein Kommunist in der westlichen Welt.)
»Ich billige die Diktatur nicht, aber ...« (Ich bin Faschist.)
»Ich übe Gesellschaftskritik.« (Ich übe Kritik an der kapitalistischen Gesellschaft.)
»Mein Ziel ist die klassenlose Gesellschaft.« (Mein Ziel ist die Herrschaft einer einzigen Klasse.)
»Ich verachte die Konsumgesellschaft.« (Ich kann mir nichts kaufen.)
»Wir müssen uns auf Europa besinnen.« (Wir müssen die Amerikaner vertreiben.)
»Ich bin für Meinungsfreiheit.« (Für die Freiheit meiner Meinung.)
»Ich verachte die Massenmedien.« (Wenn sie nicht vom Staat kontrolliert werden.)
»Ich bin für Protest und Demonstrationen.« (Im Westen.)
»Ich als Intellektueller ...« (Du als Dummkopf.)
»Du bist ein Reaktionär.« (Du bist kein Sozialist.)
»Du vereinfachst ...« (Ich möchte im Trüben fischen.)

Frau Ingeborg T.
D-47 Hamm

Wenn Sie mich fragen, warum *»gewisse Intellektuelle, die das Lied des Kommunismus singen und anarchistische Gewalttaten im Westen befürworten, nicht in den Osten abhauen«,* wenn Sie ferner den Verdacht aussprechen, diese Intellektuellen seien *»unredlich«,* weil sie sich *»bei uns die Taschen füllen«,* muß ich Ihnen widersprechen.

Erstens: Ich lehne es ab, den Verbannungsparagraphen des alten Athen, eine legalisierte Feigheit, in unserer modernen Gesellschaft wieder einzuführen. Mit der Freiheit des Ortswechsels ist die Freiheit des Bleibens verbunden.

Ich bin, zweitens, der Ansicht, daß die von Ihnen namentlich erwähnten Intellektuellen durchaus logisch handeln: Unlogisch handelten sie, wenn sie ihr Revolutionärtum in Länder trügen, wo die Revolution bereits vollzogen ist. Das Trojanische Pferd war kein trojanisches Pferd, es war ein griechisches: Hätte es nicht griechische Krieger über Troja erbrochen, wäre diese brillante Erfindung nie zu berechtigtem Ruhm gelangt. Ein Trojanisches Pferd in Griechenland ist Nonsens, es hat nur Sinn in den Mauern des Feindes.

Drittens: Die individuelle Gewalttätigkeit, die diese Intellektuellen befürworten oder verhätscheln, wäre in einem Staat, der die Gewalt zur Staatsmaxime erhoben hat, nicht nur undurchführbar, sondern auch überflüssig: Wenn Gewalt Mittel zum Zweck ist, dann ist sie dort, wo das Ziel erreicht ist, sinnlos. *Law and order* gefährden die Revolution nur in einer freien Gesellschaft: Gegen einen Friedhof mit geordneten Grabsteinen hat die Revolution nichts einzuwenden. Ebenso tun Sie den Intellektuellen unrecht, wenn Sie meinen, diese befürworteten *»anarchistische Gewalttaten«.* Anarchismus ist das westliche Karnevalskostüm des Sozialismus. Sie können sich darauf verlassen, daß die sich *»bei uns«* gewalttätig gebärdenden Intellektuellen gehorsame Bürger des sozialistischen Staates wären.

Schließlich handeln die genannten Artisten auch durchaus logisch, wenn sie von der Leistungsgesellschaft profitieren. Diese Gesellschaft ist so eingerichtet, daß sie den Begabten auch dann krönt, wenn er sie auf Kosten der Gesellschaft amüsiert. Es wäre höchst bedenklich, wenn wir die Gerechtigkeit der Leistungsgesellschaft durch Selektivität in Frage stellten. Die profitierenden Intellektuellen tun gut daran, die Armen darben zu lassen: Wenn der Bettler nicht darbt, ist er als Revolutionär unbrauchbar. Daß sie, anderseits, ihr Geld auch nicht der KP vermachen, kann ihnen höchstens die KP übelnehmen.

Sie werden mir gestatten, die Logik der Intellektuellen, die Sie zur Abreise bewegen wollen, zu respektieren und ihnen einen schönen Aufenthalt zu wünschen.

Frau Ursula H.
D-1 Berlin

Sie wundern sich, daß die deutsche Jugend von dem Gedanken der permissiven Gesellschaft so mächtig angezogen wird — »*was verstehen die eigentlich unter permissiver Gesellschaft?*«

Angeregt durch Ihren Brief, habe ich nachgesehen, was das Lexikon zu der *permissive society* zu sagen hat: Dabei bin ich auf jene lexikalische Manipulation gestoßen, die vielleicht manches erklärt.

Es heißt da, permissive Gesellschaft sei ein »*aus der amerikanischen Gesellschaftskritik übernommener Begriff, der Tendenzen innerhalb der Gesellschaft bezeichnet, weitgehende Toleranz auch gegenüber Strömungen zu üben, die die Gesellschaft in Frage stellen*«.

Schon der adjektivlose Gebrauch des Wortes »Gesellschaft« entlarvt die Einseitigkeit der Definition; es wird nicht gesagt, welche Gesellschaft durch die permissive Gesellschaft in Frage gestellt werden soll. Später entschlüpft der Definition allerdings das Geständnis, daß sich die permissive Gesellschaft »*gegen das Leistungs- und Wettbewerbsprinzip der Gesellschaft*« richtet: Da aber allein die kapitalistische Gesellschaft auf dem Leistungs- und Wettbewerbsprinzip beruht, wäre es aufrichtiger, schlicht zu bekennen, daß der Kampf der permissiven Gesellschaft nur einer bestimmten, nämlich der kapitalistischen Gesellschaft gilt.

Andererseits handelt es sich um eine sprachliche Hexerei, wenn die permissive Gesellschaft als ein »*Begriff*« verniedlicht wird: Die permissive Gesellschaft ist, was immer man von ihr halten mag, eine Gesellschaft, dazu angetan, eine andere Gesellschaft abzulösen; sie kann also nicht gleichzeitig eine Tendenz »*innerhalb*« der bestehenden Gesellschaft sein. Schließlich wird die lexikalische Mißinterpretation durch den willkürlichen Gebrauch des Wortes »Toleranz« offenbar — im Sinne ihrer Schöpfer ist die permissive Gesellschaft etwas Neues, während die »*Toleranz auch gegenüber Strömungen ... die die Gesellschaft in Frage stellen*«, evidenterweise nichts Neues ist, sie ist, im Gegenteil, ein integraler Bestandteil der Demokratie.

Die Idee der permissiven Gesellschaft beruht zum Teil auf der Übersetzung der Psychoanalyse in die Trivialsprache, also auf der »Erkenntnis«, daß Komplexe und die aus ihnen resultierenden neurotischen Aggressionen ausschließlich durch die Unterdrückung natürlicher Instinkte, die Verdrängung gesunder Lustgefühle und die Einengung in soziale Konventionen entstehen. Weder Freud noch Adler noch Jung haben auch nur ähnliches behauptet. Zugleich berufen sich — übrigens mit mehr Recht — die Apostel der permissiven Gesellschaft auf die ethnologischen Untersuchungen Margaret Meads, die den Dschungel für so schön hält, wie er durchaus sein mag, die aber, eine *Women's Club*-Revolutionärin, glaubt, die schöne Gesetzlosigkeit der Wildnis auf die Industriegesellschaft übertragen zu können. Schließlich nähren sich die Theoretiker der Permissivität von Kropotkin, Bakunin, Stirner und Proudhon, deren Anarchismus von der köstlichen Großartigkeit des Menschen ausging, also einer so grundfalschen Voraussetzung, daß daneben die anarchistische Taktik des *»Und bist du nicht willig, so brauch' ich Gewalt«* — eine natürliche Reaktion auf die eigene Enttäuschung — kaum noch erwähnenswert ist.

In Wahrheit sind jedoch weder Freud noch Mead, noch Kropotkin die Propheten der Permissivität — Adolf Hitler ist es, aus seiner Asche ist der muntere Phönix gestiegen.

Permissivität, welche die Angst verscheuchen soll, ist der Angst entsprungen, einer Wiederholungsneurose, und zwar nicht nur in Deutschland, wo sich das Schreckliche ereignete, sondern überall in der Welt, wo man das Schreckliche duldete. Die Phantasie ist so verkümmert, daß sich der seiner Phantasie Beraubte keinen Patriotismus ohne Nationalismus, keinen Glauben ohne Bigotterie, keine Kontrolle ohne Zensur, keinen Respekt ohne Götzenanbetung, keine Disziplin ohne Sklaverei, keine Moral ohne Heuchelei, keine Ordnung ohne Zwang, keine Hoffnung ohne Verdummung und keine Autorität ohne Diktatur vorzustellen vermag. Auf der einen Seite verbrauchen die vom Wiederholungstrauma Gejagten frivol das Wort »Auschwitz« — jedes Kriegsgefangenenlager ein »Auschwitz« —, auf der anderen Seite entschuldigen sie die Tat des individuellen Verbrechers mit Kriegsverbrechen, ganz als ob der Mord an einem einzigen Kind weniger schwer wöge, weil Generale einen Feldzug planen. Die Angst vor dem ungerechten Urteil führt zum generellen Freispruch; an die Stelle der unmenschlichen Kollektivschuld tritt die ebenso unmenschliche kollektive Unschuld. Aus Angst, der Wagen des Fortschritts könnte aufgehalten werden, konstruiert die »permissive Gesellschaft« Automobile ohne Bremsen. Sie fahren schnell, vorwärts — und in den Abgrund.

Warum aber sollte, werden Sie mich fragen, liebe Ursula H., die Idee der permissiven Gesellschaft just auf jene jungen Menschen wirken, die das Grauen der Hitlerjahre am eigenen Leib gar nicht erlebt haben? Sie schreiben, diese Jugend wolle nur das eigene Gewissen beruhigen, das heißt *»erlaubt tun, was sie unerlaubt ohnedies tut«*. Das ist wohl ein Element, aber es ist ebenso überschätzt wie der Freiheitsdrang der Jugend, der sich nur allzu leicht in eine Stechschritterotik verwandelt. Es ist anders. Jene, sehen Sie, die den Schock der dreißiger Jahre erlebt haben, waren entweder Täter oder Opfer oder Mitläufer, wobei man die Mitläufer, je nachdem, zu den Tätern oder den Opfern zählen kann, zuweilen waren sie sogar beides. Täter wie Opfer kennen die Ursachen des Verbrechens. Für die Jugend, die weder zu den Tätern noch zu den Opfern gehörte, ist der Nationalsozialismus mit allen seinen Konsequenzen ein unerklärliches Phänomen. Was wir nicht verstehen, erfüllt uns mit Unbehagen, und so ist es auch ein seichtes Märchen, daß diese Jugend vornehmlich die unverständliche Zukunft fürchtet — die war immer unverständlich —: Sie fürchtet die unverständliche Vergangenheit. Wie verführerisch die Deutung, Hitler sei ein Produkt der repressiven Gesellschaft gewesen: Indem man sie eliminiert, beseitigt man die Wiederholungsgefahr! Die Erde ist für diese Jugend von einer Armee bevölkert, die aus lauter geheimen Hitlers besteht, die demokratische Ordnung aber nichts anderes als ein »Weimar«, der vor Hitler ausgebreitete Teppich auf dem Weg zur Macht.

Ich kann allerdings Ihre Sorge, daß wir »einem Zeitalter der Permissivität entgegengehen«, nicht teilen, um so weniger als wir uns mitten in der Permissivität befinden — nicht etwa wegen des moralischen Verfalls, sondern wegen seiner Konsequenzlosigkeit. Es ist beinahe belustigend zu sehen — und ein Thema für Beckett, das er natürlich nicht schreiben wird —, wie fröhlich die Totengräber ihre eigenen Opfer begraben: Niemand verfällt auf die Idee, daß die Totengräber die Mörder sein könnten. Dennoch hat, siehe Schiller, »der Lebende Recht«. In der permissiven Gesellschaft bleiben alle individuellen Handlungen ohne Folge, aber die Permissivität hat Konsequenzen — die Frage ist also, ob der demokratische Staat die permissiven Gifte auszusondern vermag, oder ob er von einer Gesellschaft abgelöst werden muß, der sie gewaltsam entfernt. Ich fürchte nicht den permissiven Staat — den gibt es nicht —, sondern den Staat, der aus der existierenden Permissivität die Konsequenzen zieht.

Herrn Adreas A.
CH-8008 Zürich

Wenn Ihr Brief auch von Invektiven und Verbalinjurien strotzt, so habe ich mich doch entschlossen, ihn zu beantworten. Das kommt wohl daher, daß ich Schriftsteller und um rund vierzig Jahre älter bin als Sie — mein Beruf und mein Alter haben eines gemeinsam: Sie verpflichten zur Selbstprüfung. Wenn Sie mich — ich wähle die milderen Ausdrücke — einen »Jugendhasser«, einen »Jugendfresser«, ja den »wildesten Feind der Jugend« nennen, so muß es sich um ein Mißverständnis handeln: Als Schriftsteller, noch dazu sechzig Jahre alt, darf man jedoch nicht mißverstanden werden.

Nun werden Sie schmunzelnd glauben, daß ich, wie viele meiner Altersgenossen, kniefällig werde, die Jugend zu lieben. Ich hasse die

Jugend nicht, aber ich liebe sie auch nicht. Nichts ist unbestimmter als der bestimmte Artikel: »die« Jugend zu lieben, ist Heuchelei, »die« Jugend zu hassen, ist Torheit. Ich habe, meines Wissens, nie von »der« Jugend gesprochen, weil ich den Menschen für keinen Wein und seinen »Jahrgang« nicht für ein Qualitätszeichen halte, weshalb ich auch die deutsche Mode, hinter einen Namen »Jahrgang 1911« oder »Jahrgang 1952« zu setzen, verabscheue.

Ich bestreite nicht, ja ich behaupte sogar, daß es gewisse berechtigte Verallgemeinerungen gibt. Solche kritische Verallgemeinerungen sind aber nur dann zulässig, wenn sich der Gepriesene oder Getadelte freiwillig der Kritik stellt. Man ist nicht freiwillig Neger, Jude, Araber oder schwerhörig. Man ist auch nicht freiwillig jung. Man kann indes das, was man unfreiwillig ist, freiwillig zu einem Bekenntnis, einer Weltanschauung, einer Ideologie erheben. Wenn die Schwerhörigen plötzlich erklärten, es sei *beautiful*, schwerhörig zu sein, jeder, der nicht schwer hört, ein krummer Hund und Idiot dazu, dann wäre Schwerhörigkeit eine Weltanschauung und als solche der Kritik ausgesetzt. Es könnte auch sein, daß zwar nicht alle Schwerhörigen einen so aggressiven Hochmut an den Tag legten, daß aber die anderen Schwerhörigen, oder auch nur ein beträchtlicher Teil von ihnen, die Tiraden ihrer artikulierten Leidensgenossen kopfnickend unterstützten. Auch in diesem Fall müßten sich die Schwerhörigen Kritik gefallen lassen. Mit anderen Worten: Solange eine artikulierte Minderheit der Jugend den Geburtsschein in eine Parteikarte — um nicht zu sagen, in einen Ariernachweis — »umfunktioniert«, solange die unartikulierte Mehrheit der Jugend »mitläuft«, ist es gestattet, das Parteiprogramm zu mißbilligen. Und wenn Sie nun fragen, warum ich das Parteiprogramm mißbillige, so antworte ich: Erstens, weil ich von der Jugend mehr erwarte als ein Bekenntnis zur Jugend — wie mir auch Alter als Ideologie suspekt ist —; weil ich mich, zweitens, jedem Machtanspruch einer einzelnen Gruppe widersetze, natürlich auch einer Gruppe, die sich mit dem Geburtsdatum ausweist; weil ich, drittens — und das freilich wird Sie mit Ärger erfüllen —, Erfahrung zwar nicht als einen berechtigten Machtanspruch, aber als die Legitimation einer nützlichen Überlegenheit ansehe.

Damit halte ich bei der Selbstprüfung, die ich Ihnen versprochen habe: Weder der gute noch der schlechte, weder der gerechte noch der ungerechte Ruf kommt ja von ungefähr.

Ich bin kein »*Jugendfresser*«, aber mehr als einen meiner eigenen Generation würde ich mit gutem Appetit verzehren. Es sind jene, von denen Solschenizyn sagt, daß sie »*gelebt haben und begreifen und dieser Jugend sollten begegnen können — sie wagen nicht zu widersprechen, sondern flirten reinweg, nur um nicht als ›Konservative‹ dazustehen . . .*« Es sind jene, deren Augen verglasen, wenn man das Wort

Jugend ausspricht, die zu den Ungezogenheiten ihrer Kinder verklärt lächeln oder sich für ihre eigene Existenz entschuldigen, die abtreten, wenn sie dazwischentreten sollten; es sind jene, die mit dem Alibi »Jugend« jede Abscheulichkeit entschuldigen; es sind jene, die, wie die Eltern von Hänsel und Gretel, ihre Kinder im Wald frierend zurücklassen, nach Hause gehen, sich den Bauch vollschlagen und nicht einmal eine Vermißtenanzeige erstatten. Warum, frage ich, sollten die Jungen denen nachstreben, die ihnen nacheifern, jene nachahmen, die sie imitieren, jene respektieren, die sie bewundern, jene suchen, von denen sie verloren wurden?

Da die meisten meiner eingeschüchterten Generation flirten, wo sie widersprechen müßten, und noch dazu einseitig — warum sollte man nicht, indem man die Jugend zu verstehen trachtet, Verständnis von der Jugend verlangen? — setze ich der artikulierten Minderheit der Jugend die artikulierte Stimme der Mehrheit meiner Generation entgegen — zur Repräsentanz wird man weder geboren noch gewählt, sondern gezwungen —, und so erwecke ich den Eindruck der Feindschaft. Was aber die spezifische Rolle des Schriftstellers betrifft: Es ist schwer, ja widersinnig, eine Vermißtenanzeige zu erstatten, ohne den Vermißten zu beschreiben; ich suche die Jugend, also beschreibe ich ihre charakteristischen Merkmale — wer nicht gefunden werden und nicht finden will, die artikulierte Minderheit der Jugend, nimmt mir das übel, sehr verständlich: Suchaktion und Verfolgung sehen sich ähnlich.

Ich werde mich, lieber Herr A., damit abfinden. Ich werde aber nicht aufhören, auch in jenem Teil der Jugend, den Sie vertreten, die andere Jugend zu entdecken, die ich lieben kann. Das Schwert des bestimmten Artikels, Sie dürfen mir glauben, bleibt in der Scheide.

Herrn Dr. Josef R. R.
CH-4600 Olten

Ich danke Dir für die Anregung, meine »Theorie« der leeren Rahmen ins *Netz* aufzunehmen. Vielleicht wäre es nützlich, kurz zu resümieren, worum es geht.

Der Generationenkonflikt — oder sollte man von einem Generationenkrieg sprechen? — hat viele Ursachen: Die Beziehung zur Autorität gehört zu den wichtigsten.

Die westliche Welt gleicht einem Raum, an dessen Wänden nur noch leere Rahmen hängen, ein Museum verschwundener Bilder. Wie sahen sie aus? In einem Rahmen das Bild Gottes, in anderen die Bilder eines heidnischen Götzen, eines Fürsten, eines Helden, eines Vaters, einer Familie, eines Dichters oder auch nur eines Millionärs. Vorbilder waren die Bilder samt und sonders.

Das Unbehagen, das sich ausbreitet, ist bei Älteren und Jüngeren gleich groß — in einem Zimmer voll leerer Rahmen läßt sich nicht leben. Die ältere Generation sucht nach neuen Bildern, die jüngere will die Rahmen zerstören; an Stelle der Bilderstürmer sind die Rahmenstürmer getreten. Hier sehe ich einen der geheimen Gründe für die Anziehung, welche der Sozialismus auf die Jugend übt. Die Welt des demokratischen Kapitalismus analysiert, die marxistische Welt manifestiert. Die unbequeme Wissenschaft Freuds fragt, warum das Vaterbild entsteht, die bequeme Wissenschaft Marx' liefert es fertig ins Haus. Die Demokratie zieht das Individuum analytisch zur Verantwortung, der Sozialismus enthebt es manifestierend der Verantwortung. Der Sozialismus hat wieder Bilder in die Rahmen gesetzt. Das ist eine ihrer vielen Ähnlichkeiten mit der katholischen Kirche. Wie in den Kirchen eigentlich nur ein Bild hängt — die Gottheit in ihren verschiedenen fleischgewordenen Äußerungen —, so hängt in den Kirchen des Sozialismus das Bild Marx' in den Variationen Lenin, Stalin, Mao, Breschnjew und anderer Heiligen: Im übrigen wirst Du bemerkt haben, daß Marx nicht nur wie ein Vater aussieht, er ähnelt auch dem lieben Gott der kleinbürgerlichen Schlafzimmer. Und wo sich kein Porträt der Autorität findet, da genügt ein Stilleben, zum Beispiel eine rote Fahne. Wer keinen Vater hat, nimmt mit einem Stiefvater vorlieb. Die rote Fahne ersetzt den Heiligen Geist.

Du wirst vielleicht sagen, daß das meiner Theorie der leeren Rahmen widerspricht. Warum sollte die Jugend die Rahmen verbrennen wollen? Für sie sind sie ja nicht leer, Marx hat, neben Gott, auch den Vater, den Helden, den Millionär ersetzt.

Bitte vergiß nicht, daß ich von der westlichen Jugend spreche. Autorität und Erfolg sind Begriffe, die sich nicht voneinander trennen lassen. Solange der Erfolg des Marxismus umstritten ist, bleiben die Rahmen in unseren Räumen leer. Deshalb richtet sich auch der Zorn der Jugend nicht, wie sie behauptet, gegen unsere Bilder — wir haben keine —, sondern gegen die leeren Rahmen. Mit anderen Worten: Sie zürnt uns, weil wir sie daran hindern, die Autorität anzubeten, die sie gefunden zu haben glaubt. Wir, die Älteren, sind zwar nicht antiautoritär, aber wir sind unautoritär, alles was wir zu bieten haben, sind leere Rahmen. Eine antiautoritäre Jugend ist eine Jugend, deren Sehnsucht nach Autorität unerfüllt bleibt.

Mit den wilden Hippies könnte ich auskommen. Die milden sind mir ein Greuel. Sie sind eine Mischung aus Torquemada und dem Heiligen Franziskus von Assisi. Sie argumentieren mit Hegelscher Dialektik und mit dem Lächeln eines Evangelisten. Oder sie weichen der Diskussion mit wissender Toleranz aus: Laß den alten Trottel doch reden ... Sie verzeihen einem die Sünden, die man nicht begangen hat.

Man sollte die Jugend um ihres frühen Wissens nicht beneiden. Im Paradies leben heißt, alles verstehen und nichts wissen, in der Hölle leben heißt, alles wissen und nichts verstehen.

Ich stelle erschrocken fest, daß ich Eltern von Kindern zwischen vierzehn und achtzehn sofort erkenne. Sie sehen ängstlich aus.

Es tut not, nachzurechnen. Die Eltern von heute, zwischen vierzig und fünfzig, haben den Zweiten Weltkrieg nicht verursacht, gerade noch erlitten. Wenn die Zwanzigjährigen ihre Väter anklagen, meinen sie ihre Großeltern — aber das klingt nicht so gut. Die Vätergeneration hat keine vollendete Welt gebaut, doch gewiß eine erträgliche. Sie braucht sich nicht zu schämen.

Clemenceau, der kluge Tiger, wußte, daß der Krieg eine zu ernste Sache sei, als daß man sie Generalen anvertrauen könne. Die Zukunft ist eine zu ernste Sache, als daß man sie der Jugend anvertrauen sollte.

Der Charakter, den man mit zwanzig gehabt hat, ist mit vierzig unbrauchbar, mit sechzig beinahe eine Schande. Auch der Charakter hat seine Jahreszeiten.

Der Generationenkonflikt hat zum Verlust der Gegenwart geführt. Die zwei feindlichen Heere stehen sich gegenüber, aber zwischen ihnen ist Niemandsland.

Die Jugend verhält sich zum Alter wie der Kritiker zum schaffenden Künstler.

Frau Hilde T.
D-43 Essen

Sie schreiben, daß Sie von der »Hemmungslosigkeit junger Menschen«, die Sie bei Ihrem Besuch in Hamburg beobachteten, »entsetzt« sind, Sie können sich »nicht vorstellen, was in diesen Köpfen vorgeht«, ich möge mich mit dieser »entfesselten Unmoral« beschäftigen.
    Ich darf annehmen, daß Sie mir nicht zumuten, mich, einem mittelalterlichen Kanzelprediger gleich, mit dem Phänomen auseinanderzusetzen, ohne seine Ursachen zu prüfen.

Unsere Welt ist eine Welt ohne Willen, vor allem ohne Vorstellung, eine Welt unter Erlebniszwang. Der Zwang zum Erlebnis — die jungen Leute, die Sie beobachteten, stehen unter diesem Zwang — beginnt, wo die Phantasie aufhört, Phantasie, des Menschen eigentliche Freiheit.

Das technische Zeitalter hat uns der Phantasie beraubt, und wir haben es nicht bemerkt, weil sie uns nicht brutal entrissen wurde: Sie ist verkümmert, abgestorben, verdorrt, überflüssig geworden. Genau bis zur Erfindung des Radios war die Technik technisch, technischer Fortschritt bedeutete nichts anderes als neue Apparate, Instrumente, Maschinen. Mit dem Fischfang der Wellen beginnt der Einbruch der Physik in die Metaphysik, damit beginnt auch der Untergang der Phantasie. Es war wohl »phantastisch«, daß sich der Mensch in die Lüfte erhob, aber je höher er stieg, desto unsichtbarer wurde er; er blieb unbeobachtet und unvermittelt. Noch der Flug auf den Mond wäre kein Attentat auf die Phantasie gewesen: Es bedarf ebenso reger Phantasie, sich den Mann auf dem Mond vorzustellen wie den Mann im Mond. Daß wir den Mann auf dem Mond *sehen*, das ist schon Metaphysik, richtiger: die Banalisierung der Metaphysik — wem alles vorgestellt wird, der braucht sich und kann sich nichts vorstellen —: Da man die menschliche Stimme und das menschliche Bild aus dem Äther fischen kann, wird man auch andere Wellen auffangen, verwandeln, in Materie umsetzen, Sympathie nach Wunsch, Übertragung von Gedanken und Hintergedanken, regulierte Liebe.

Mit dem Verlust der Phantasie versinkt die individuelle Erfahrung in einem Meer kollektiver Erfahrungen, an die Stelle des Phantasiebildes tritt die Fernsehübertragung. Jeder träumt jede Nacht dasselbe, Mattscheibenträume, am Morgen spricht man von Träumen, als hätten sie in der Lokalchronik gestanden. Gestern war man auf dem Mond. Zwar saß man zu Hause, aber man ist durchaus befriedigt, weil man sah, wie Astronauten oder Kosmonauten, Erlebniswürmer, stellvertretend aus der Konserve krochen. Gestern war man in Indien, eine Gesellschaftsreise von kosmischen Dimensionen. Zwar will man Indien immer noch besuchen, aber was man dort sieht, hat man schon gesehen, ein müder Reisender, der die Wirklichkeit nicht mit der Phantasie, die Wirklichkeit nur mit der Abbildung vergleicht.

Was hat das alles mit Ihrem Hamburger Kellererlebnis zu tun, mit den nackten Mädchen, dem rauschgiftbesoffenen Jungen, mit der »*krassen Unsittlichkeit*«, gegen die ich etwas unternehmen soll?

Da sich Freiheit und Phantasie bis zum Grad der Identität ähneln, erzeugt der Raub der Phantasie das gleiche Unbehagen wie der Raub der Freiheit. Man kann die Phantasie wie die Freiheit unterdrücken, aber Unterdrückung führt zur Revolte. Die modernen Soziologen, die mit dem Begriff Repression manipulieren, ahnen nicht, wie verjährt ihre Theorien sind; sie richten sich gegen eine Repression von gestern, die Unterdrückung der Freiheit, da sie in Wirklichkeit die Unterdrückung der Phantasie untersuchen sollten. Die Phantasie, unterdrückt aber nicht getötet — auch darin der Freiheit ähnlich —, setzt sich zur Wehr. Wir sehen Gewalt, Verbrechen, Gewaltverbrechen, aber das alles und vieles andere — hungerndes Kind, entführter Diplomat, verkohlte Frauenleiche, fliehender Soldat, gemordetes Dorf — würde unsere Phantasie nur dann befriedigen, wenn man uns Lust und Leid mitlieferte, möglichst in Technicolor. Das vermögen die Massenmedien nicht, noch nicht. Die unmittelbare Wirkung der gelieferten Scheußlichkeiten, nämlich Abstumpfung oder Verrohung, ist minimal neben der mittelbaren Wirkung: Die Phantasie wird durch den Erlebniszwang ersetzt. Der Mensch läuft den Beinen nach, die man ihm abgeschnitten hat. Er trägt das Erlebnis als Prothese der Phantasie.

Ich komme zu Ihrem Brief: Der Erlebniszwang ist bei der Jugend, die in dem Zeitalter der Phantasielosigkeit aufgewachsen ist, mächtiger als bei uns, die wir uns noch etwas vorstellen können; sie dürstet nach dem beinahe, aber eben nur beinahe erreichbaren Erlebnis, die Rebellion des Tantalus. So kommt es wohl auch, daß sie nach einer Gesellschaftsordnung greift, deren seelischer, geistiger und materieller Bankrott offen im Tage liegt, sie glaubt nichts, was sie nicht erlebt hat, ihr Kerkerlibido ist durch die Repression der Phantasie entstanden.

Indes heißt das nicht, daß unsere eigene Phantasie, die Vorstellungsgabe der Älteren, noch flügge wäre. Auch Sie, liebe Frau T., können sich nicht vorstellen, daß »Unsittlichkeit«, der Sie begegneten, dem Zwang entspringt, »etwas zu erleben« — dieser Zwang peitscht das lahme Roß der Phantasie auf Trab, Reise ins Blaue, Reise ins Graue, Reise ins Nichts. Wenn Sie von der »*Langweile*« dieser Generation sprechen, so bitte ich Sie, zu bedenken, daß Phantasie der einzige Schutz gegen Langweile ist, dieses Schutzes aber muß die Jugend entraten. Einerseits wird sie von Astronauten im Wohnzimmer zu Tode gelangweilt, anderseits fürchtet sie, und nicht mit Unrecht, daß ihr morgen auch der Orgasmus mittels regulierbarer Lustwellen aus einem Hongkonger Bordell geliefert werden wird. Sie glaubt, in Freiheit zu handeln. Sie handelt unter Erlebniszwang.

Herrn Professor William E. E.
San Francisco, Calif.

Ich habe Ihnen zu schnell versprochen, das Buch von ... zu rezensieren — bitte entschuldigen Sie, daß ich es nicht tue. Erlauben Sie mir, meine Absage zu begründen.

Das ganze, über vierhundert Seiten starke Buch dreht sich um den Begriff der Repression. Es ist, pseudo-wissenschaftlich, Propaganda im Gewand der Gelehrsamkeit. Das verrammelt den Weg der Kritik. Folgt man den Scheinwissenschaftlern in das Labyrinth ihres Jägerlateins, ist man verloren, weil ja die kunstvolle Sprachverwirrung eben dazu dient, eine Antwort unmöglich zu machen; eine wissenschaftliche Widerlegung, die ich, meinerseits, gar nicht wage, würde mehrere hundert Seiten in Anspruch nehmen; ließe man den simplen Menschenverstand walten, erntete man ein überlegenes Lächeln.

Das Wort Repression wird in diesem Buch ebenso undifferenziert gebraucht, wie man sonst mit den Begriffen »Gesellschaft« und »heile Welt« umspringt. Die Sprache der modernen Soziologen und Psychoanalytiker ist voll von Wörtern, die weniger einen Gedanken als einen Hintergedanken ausdrücken, richtiger: Diese Wörter existieren nicht kraft ihrer ursprünglichen Bedeutung, sondern nur dank der Assoziationen, die sie hervorrufen. Obwohl Repression nichts als Unterdrückung oder Verdrängung bedeutet, verbindet der dumme Kerl, auf den die soziologischen Propagandisten spekulieren, mit dem Begriff die Vorstellung der Unterdrückung oder Verdrängung ganz bestimmter Empfindungen, nämlich der Lustgefühle; da jeder Lust auf Lust hat, ist die Rebellion gegen die »Repression« leichterdings zu schüren. Das Opfer, der dumme Kerl, haßt die »repressive Gesellschaft« aus den falschen Gründen: nicht weil sie ihn tatsächlich unterdrückt, sondern weil sie ihn angeblich seiner Lustgefühle beraubt. In Wahrheit gibt es Lustgefühle, ohne deren Verdrängung keine Gesellschaft zu bestehen vermag; es gibt Unlustgefühle, deren Verdrängung ebenso nützlich oder schädlich sein kann wie die Repression der Lustgefühle; es gibt Repressionen, die einem von der Gesellschaft zu ihrer eigenen Erhaltung legitimer- oder illegitimerweise eingeflößt werden, aber auch Repressionen persönlicher Natur, die mit dem bösen Gespenst der »Gesellschaft« nichts zu tun haben.

Die Befreiung von der Repression, um die es dem Autor und seinen Kollegen geht, basiert auf zwei willkürlichen Voraussetzungen — zum einen, daß Angst etwas unbedingt Schlechtes, zum anderen, daß des Menschen Glück von seinem Gewissen unabhängig ist. Da sich niemand fürchten und jeder glücklich sein will, liegt das Verführerische dieser Theorien auf der Hand.

Angst kann etwas Böses sein, ist es aber nicht unbedingt. Der Haß, des Menschen niedrigster Impuls, wird von Angst gezügelt — ohne sie gäbe es niemand, der nicht mindestens einen Mord beginge. Wir haben zu viel, aber auch zu wenig Angst, vornehmlich zu viel oder zu wenig Angst vor der Strafe, die wiederum nichts an sich Böses ist, noch ist sie eine ausschließlich von der Gesellschaft zum Zweck ihrer eigenen Erhaltung ersonnene Teufelei, es gibt Strafen, und es können beileibe die schlimmsten sein, die man selber sich selbst auferlegt. Die Befreiung von gewissen Ängsten ist ein Ziel aufs innigste zu wünschen, doch nicht von allen: Da wir nicht als Engel vom Himmel fallen, ist die Strafangst das eigentliche Regulativ unseres sittlichen Verhaltens. Zweifellos wird diese Strafangst gelegentlich von jeder Gesellschaft mißbraucht, doch besagt schon das Wort »Mißbrauch«, daß etwas Brauchbares in etwas Schädliches umgebogen wurde.

Zum zweiten: Gerade bei den Soziologen, die sich ja schließlich mit der Gesellschaft beschäftigen, ist es unverzeihlich, daß sie das individuelle Glück nicht im gesellschaftlichen Konzept sehen. Die Lustgefühle des Mörders, nicht etwa nur des Lustmörders, sind — die Psychoanalyse hat es luzid nachgewiesen — Glücksgefühle: Religion und Ethik, auf deren Prinzipien unsere Gesellschaft ruht, haben jedoch erkannt, daß das Glück des einen zum Unglück des anderen werden kann, deshalb gibt es neben dem statthaften ein unstatthaftes Glück, nämlich das Glück, das Unglück erzeugt. Zwischen dem Traum des Menschen, seinen Mitmenschen umzubringen, und dem Mord steht sein Gewissen; da uns das Gewissen aber nur schwächlich angeboren ist, wird es von der Gesellschaft entwickelt, zu ihrem und unserem Wohl.

Die Repression, mit anderen Worten, hat teils einen mörderischen, teils einen chirurgischen Charakter. Politisch gesprochen ist die Darstellung des Chirurgen als Mörder für den linken Faschismus ebenso bezeichnend wie die Darstellung des Mörders als Chirurgen für den rechten Faschismus typisch ist. Daraus folgt, daß die Befreiung von der Repression, im ursprünglichen Sinne der Verdrängung, zwar eine Befreiung vom Mörder, aber auch ein Mord am Chirurgen sein kann.

Nun bin ich auf den Gegenstand ausführlicher eingegangen, als ich es zu tun die Absicht hatte. Sie werden jedoch verstehen, daß ich die Vernunft für keine Waffe halte, mit der man der labyrinthischen Pseudo-Wissenschaft begegnen kann. Jedenfalls noch nicht.

Herrn Anton K.
D-4 Düsseldorf-Oberkassel
)...
Obwohl das Problem weit über das Buch unseres Freundes hinausgeht, möchte ich es doch gegen Ihre Kritik in Schutz nehmen. Es gibt, wie Sie richtig schreiben, keine heile Welt, doch gibt es Heiles in der Welt; neben der *Bockswiese* malte Goya auch den *Sonnenschirm*.

Weit mehr bekümmert es mich indes, daß Sie, offenbar ein Opfer der intellektuellen Gehirnwäsche, den Begriff der »heilen Welt« als Schimpfwort gebrauchen.

Es gibt keine »heile Welt«, noch hat es sie jemals gegeben — eine nicht sehr originelle Feststellung, seit der Schöpfer zur Schlange äußerte: »*Und ich will Feindschaft setzen zwischen dir und dem Weibe und zwischen deinem Nachwuchs und ihrem Nachwuchs: er wird dir nach dem Kopfe treten, und du wirst ihm nach der Ferse schnappen.*« Warum also das unentwegte Gerede über eine nichtexistierende »heile Welt«?

Einige von den gesellschaftsfeindlichen Intellektuellen, die den Begriff in negativen Schwung gebracht haben, streben den Sozialismus an, also eine Gesellschaftsform, die sie für durchaus »heil« halten — es wäre aufrichtiger, wenn sie sagten, nur eine bestimmte Gesellschaft, die demokratisch-kapitalistische, sei »unheil«. Diese Intellektuellen befürchten, Darstellungen von »heilen« Teilen unserer unheilen Welt könnten als *partes pro toto* genommen werden, könnten uns einlullen, unseren revolutionären Impuls hemmen: Offenbar halten sie uns für dümmer als wir sind, wer ein einziges Mal die Straße überquert, kann an die Totalität der »heilen Welt« nicht glauben. Der Sozialismus verweist den Mündigen in den Kindergarten. Andere Intellektuelle wiederum empören sich, wie seltsam, über die Fälschung eines Werkes, das sie verachten: Ich kann nicht einsehen, warum sich jemand, der Rembrandt für einen Stümper hält, über die Fälschung eines Rembrandt aufregen sollte.

Darauf kommt es mir an. Handelt es sich um den berechtigten Ärger über eine Fälschung oder eine Abwertung des Originals? Wir wissen — ein Beispiel von vielen —, daß die »Familie« nicht »heil« ist. Das bedeutet jedoch weder, daß es überhaupt keine »heile« Familie gibt, noch daß die »heile« Familie nicht wünschenswert wäre. Kritik, die dieses Wort verdient, ist ein Ausdruck der Hoffnung. Stockmann, am Ende von Ibsens *Ein Volksfeind*, sagt, er sei »*einer der stärksten Männer der Welt!*« Alle Großen waren Trotzdem-Optimisten. Das Taschenspielerstück, Befreiung von Illusion zu sagen, wenn man Vernichtung von Hoffnung meint, möchte ich nicht mitmachen.

Herrn Peter B.
D-1 Berlin

Ich habe das amerikanische Gettostück *Die Mauer* nicht gesehen; es fällt mir schwer, Ihre Frage zu beantworten. Wenn ich Sie recht verstehe, hat der Autor die Berliner Mauer mit dem Warschauer Getto der Nazizeit verglichen, das »*geht zu weit, ist eine unglaubliche Frivolität*«. Mag sein. Massenunfreiheit ist nicht Massenmord, die Freiheit, sich zu fügen, ist auch eine Freiheit, es gibt Tragödien, denen man den Respekt versagt, wenn man sie mit anderen Tragödien vergleicht. Dennoch bedrückt mich der Gedanke, daß wir, gleichsam »verwöhnt«

durch das Übermaß an Schrecklichem, das Maß für das Schreckliche verlieren. Wenn die Angeklagten der Schauprozesse »nur« nach Sibirien geschickt, nicht gleich hingerichtet werden, nennen wir das Fortschritt. Antisemiten, die Juden »nur« am Studium hindern, nicht gleich in Gasöfen treiben, sind schon beinahe keine Antisemiten. Die Berliner Mauer wird, eben weil sie — ich gebe Ihnen recht — kein Warschauer Getto ist, zu einem schlichten Grenzpfosten. Trägheit des Herzens beginnt bei der Bescheidenheit. Ist das Elend, weil es noch elender sein könnte, kein Elend? Wie niedrig wollen wir unsere Ansprüche an die Menschlichkeit hängen ...?

Herrn Generaldirektor Karl-Heinz F.
D-5 Köln

Wenn Sie mir dafür danken, daß ich »die ›Konsumgesellschaft‹ verteidige«, so muß ich befürchten, daß Sie meine Glosse mißverstanden haben — die Glosse, mit dem Zwang der zugespitzten Formulierung, ist eine gefährliche Kunstgattung. Ich möchte, anders als die modernen Architekten, die Kirche beim Turm lassen.

Vor wenigen Tagen, ein willkommenes Beispiel, erzählte uns eine Freundin von ihrer »Zugehfrau« — o Sprachmonstrosität! —, die bei ihr wäscht und bügelt und scheuert und schrubbt, um sich selbst eine Waschmaschine, einen Spülapparat, und was es sonst noch an Küchengolems geben mag, leisten zu können, statt sich mit weniger »Konsumgütern« zu begnügen und dafür zu Hause bei ihren drei Kindern zu bleiben. Ohne Zweifel, sagte unsere Freundin, handle es sich hier um ein Opfer der Konsumgesellschaft — daß sie selbst das Opfer der Anti-Konsum-Propaganda geworden ist, hatte sie nicht bemerkt.

Die Motive der Marxisten sind nicht schwer zu durchschauen. Psychologisch gesehen werden sie vom Neid getrieben: Wie die Pharisäer, die jedes Strip-tease-girl zur Hölle wünschen, wehren sie sich gegen ihre eigene Geilheit; sie werden lüstern bei jedem Kochtopf, den sie sich nicht kaufen können. Soziologisch gesehen wollen sie, um die Industrie zu ruinieren, um Arbeitslosigkeit, Elend und Unzufriedenheit herbeizuführen, also die Voraussetzungen der Revolution zu schaffen, einen Käuferstreik organisieren. Das ist indes nicht, was mich berührt.

Mein Glaube an die integrale Freiheit — eine andere gibt es nicht — schließt die Freiheit ein, so dumm zu sein, wie man ist. Wenn mir die »einzige Zigarette mit dem Psychofilter« oder »Liebesglück durch Monohaarspray« oder »Bodenbelag mit Konfitürwirkung« angepriesen werden — ich biete Ihnen alle diese Erfindungen kostenfrei an —, und wenn ich dann lieber meine Kinder vernachlässige, als daß ich auf die genannten Herrlichkeiten verzichtete, so geschieht mir ganz recht; bei einigem Nachdenken müßte ich wissen, daß man ausgezeichnet ohne diese und andere »Konsumgüter« auszukommen vermag. Vielleicht aber auch nicht. Auf keinen Fall steht es mir zu, die Fasson zu bestimmen, auf welche die »Zugehfrau« glücklich werden will; es könnte immerhin sein, daß sie lieber ihre Tellerwaschmaschine als ihre Kinder streichelt. Es gibt eine ganze Reihe von wesentlichen und unwesentlichen Dingen, die ich verbieten möchte — Wahlrecht für Achtzehnjährige, Neonlicht im Badezimmer, die voreilige Gleichberechtigung von Zulustaaten in der UN, den runden Halsausschnitt bei Damenkleidern, eine nationalsozialistische Zeitschrift, rheinischen Sauerbraten —, aber ich lehne es ab, irgend etwas, das nicht gerade dem Gesetz widerspricht, zu verbieten, weil dann der Nächstbeste sich anmaßen dürfte, just das zu verbieten, woran mein Herz hängt, wonach mein Auge schielt oder auch nur mein Magen knurrt. Weil Schiffer und Kahn am Lorelei-Felsen zerschellten, läßt sich weder das Singen noch die Benützung goldener Kämme, noch die Rheinschifffahrt verbieten. Im Sozialismus, schreibt Georg Krieger, »genießt man die volle, schöne Freiheit, nicht kaufen zu müssen, was es gar nicht gibt«. Und, wichtiger: Es geht nicht an, die Alternative zu leugnen — Demokratie und Konsumnonsens, oder kein Konsumnonsens und keine Demokratie.

Konsumnonsens: Widerspricht das nicht meiner Konsumfreundlichkeit? Ist es denn demokratisch, die Dummheit zu fördern? Keineswegs gedenke ich, sie zu fördern, vielmehr befürworte ich die unentwegte Aufklärung, Belehrung und Erziehung des Konsumenten, befürworte ich die Entlarvung, Verhöhnung und Korrektur des Konsumschwindels — immer unter der Bedingung, daß Pädagogik nicht zu Vormundschaft, freie Entscheidung nicht zu Zwang werde. Ich bin überzeugt, daß Sie mir bis hierher gefolgt sind, aber auch, daß sich nun unsere Wege trennen.

Wenn die Konsumgesellschaft bestehen will, muß sie sich disziplinieren — natürlich auch das freiwillig.

Der wissenschaftliche, soziale, wirtschaftliche und technische Fortschritt hat die Welt dem Glück aller so nahe gebracht, daß alle nach dem Glück greifen, als wäre es auf Armlänge zu erreichen. Die Massenmedien haben die ungerechte Misere ebenso ins Wohnzimmer projiziert wie das ungerechte Glück, sie haben Mitleid und Mitneid ins Unendliche vergrößert. Zugleich erweckt dieser Fortschritt den Eindruck, daß es keine unlösbaren Probleme gibt, das All ist besiegt, also kann auch der Alltag besiegt werden, wen man bemitleidet, den kann man erheben, wen man beneidet, den kann man erniedrigen. Und man kann es jetzt — das Wort »Warten« ist aus dem Vokabular gestrichen. Jetzt, sofort, keinen Augenblick später, müssen Schwarze und Weiße

Brüder werden, die Reichen bescheiden, die Armen teilhaftig, die Primitiven gebildet, die Gebildeten human, die Krieger friedfertig, die Friedfertigen siegreich, die Erwachsenen tolerant, die Kinder erwachsen, wir alle reine Engel. Nicht die Konsumgesellschaft, sondern die Ungeduld führt zur Revolution. Tragen Sie aber zu dieser Glückspanik bei, indem Sie als Glück verkaufen, was kein Glück ist, indem Sie, zu allem Überfluß, die Plötzlichkeit, die Schallgeschwindigkeit, die Explosion des Glückes vorgaukeln, tun Sie genau das, was die Marxisten von Ihnen erwarten. Es ist auch dem Kapitalisten erlaubt, dumm zu sein. Es ist nur nicht ratsam.

Herrn Dr. Paul P.
D-32 Hildesheim

Besten Dank für Ihren Brief nach Ihrer Rückkehr aus der DDR. Sie schreiben resignierend: »*Offenbar ist die Freiheit ein Luxus, auf den die meisten verzichten können.*« Das ist eine Frage, die mich seit vielen Jahren beschäftigt.

Es ist kein Zufall, daß es im Grimmschen Märchen heißt, man müsse sich, um ins Schlaraffenland zu gelangen, durch einen Berg hindurchfressen. Die menschlichen Wünsche gleichen einem Berg, nur kann man sich durch ihn nicht hindurchfressen, man muß ihn erklimmen.

Die unterste Schicht ist ein Konglomerat von Nahrungsmitteln. Die zweite besteht aus sozialen Errungenschaften, wie da sind: Sicherheit des Arbeitsplatzes, Altersrente, Pensionsberechtigung, Bildungsmöglichkeiten. Die dritte Schicht, noch höher, ist aus den alltäglichen »Schönheiten« des Daseins zusammengesetzt: eine menschenwürdige Wohnung, allerlei Zerstreuung, ein Auto. Die vierte Schicht hat schon etwas »Luxuriöses«: Freiheit der Bewegung, Wahrung der Intimsphäre, Kontakt mit dem Ausland und Ausländern. Die fünfte Schicht, den Gipfel, bilden die geistigen, im höchsten Sinne persönlichen Freiheiten: Freiheit des Wortes, der Meinung und des Rechts.

Die menschliche Sehnsucht — wie der Berg — verjüngt sich nach oben: Die unteren Schichten sind breiter als die höheren, und mehr Menschen geben sich länger mit dem Aufenthalt in der unteren Landschaft zufrieden. Insofern teile ich Ihren Skeptizismus: Die meisten empfinden, etwa von der Mitte des Berges an, jeden weiteren Schritt als Luxus — das Automobil ist noch kein Luxus, Reisen ins Ausland sind es schon beinahe, und ohne die Pressefreiheit kann man recht gut auskommen.

Die Erfolge des Sozialismus beruhen nicht zuletzt auf der Erkenntnis, daß sich der Staatsbürger zwischen Pressefreiheit und Altersrente prompt für die Altersrente entscheidet. Dennoch muß ich Ihrem Pessimismus widersprechen. Der Sozialismus, sehen Sie, errichtet, irgendwo in der Mitte des Berges, eine Barriere: Er hat nichts gegen den Fernsehapparat für alle, aber alles gegen die Wahrheit vom Fernsehschirm. Nun ist es aber so, daß mit der Befriedigung der notwendigsten Bedürfnisse der Wunsch nach Luxus erwacht — auch der Luxus der Freiheit keine Ausnahme. Spätestens auf der vierten Schicht des Fortschritts angelangt, greift der Mensch nach der Freiheit. Dem Sozialismus bleibt nichts anderes übrig, als den Sehnsuchtszug gewaltsam aufzuhalten und damit eine mächtige Gegenbewegung auszulösen, oder sich, durch die Gewährung der Freiheit, selbst aufzugeben.

Unterdessen durchleben wir freilich, was Richard Strauss beim »Anstieg« seiner *Alpensymphonie* »*durch Dickicht und Gestrüpp auf Irrwegen*«, »*gefahrvolle Augenblicke*« und »*Gewitter und Sturm*« nennt.

Man muß den Wohnungsbau in den sozialistischen Ländern gesehen haben, um zu erkennen, daß die Kommunisten auf die kleinbürgerliche Gemütlichkeit der Jahrhundertwende spekulieren, auf unsere verborgene Sehnsucht nach Plüsch und Pleureusen, Rosen und Romantik, Spießertum und Sicherheit, proletarischer Jugendstil. Da die Sowjets historisch denken, erinnern sie sich, daß die Sezession mit der robusten Zeit des technischen Fortschritts zusammenfiel, so daß auch eine Atom-Sezession nichts Ungewöhnliches wäre.

Kommunismus läßt sich nicht, wie Chruschtschow vielleicht, Dubcek mit Sicherheit glaubte, »aufmöbeln«. Die ganze Einrichtung ist veraltet.

Der Titoismus, ein Kommunismus mit Patriotismus, hat das kommunistische Weltkonzept nicht geschwächt. In Rußland existiert der Titoismus seit eh und je, Stalin war ein russischer Tito. Tito wünscht nicht, den Westen zu imitieren, er hofft, im Gegenteil, daß es ihm erlaubt werde, Moskau vollständig zu imitieren: Kommunismus plus Nationalismus. Der kluge Marxist glaubt nicht an die Nuancen des Kapitalismus. Wollen wir dümmer sein ...?

Die Verwechslung von Koexistenz und Kollaboration ist eine Sünde der Babelschen Sprachverwirrung. Koexistenz beruht auf der Erkenntnis, daß man den Nachbarn nicht überfällt, auch wenn er sich in seinem eigenen Haus noch so unsittlich aufführt. Kollaboration ist Teilnahme an der Unsittlichkeit.

Es besteht kein Grund, warum die Maschine den Menschen in der sozialistischen Gesellschaft mit weniger Appetit verzehren sollte als in der bürgerlichen: Die Maschine ist kein *gourmet*, sondern ein *gourmand*, und die Abgase »volkseigener« Fabriken stinken nicht weniger als die privater Industrien. Man muß lernen, mit Golem zu leben.

Kulturrevolution: Reparaturwerkstätte für kaputte Wagen, Marke Revolution.

Neben der Freiheit, zu diskutieren, gibt es auch die Freiheit, nicht zu diskutieren.

Block der Neutralen: Östliche Freundschaft mit westlichem Geld.

Die Ewigmorgigen sind so langweilig wie die Ewiggestrigen.

Fräulein Anne-Marie O.
D-68 Mannheim
...
Die »Gewalt-Explosion«, von der Sie sprechen, ist nicht eine zufällige Katastrophe, wie sie etwa durch einen Kurzschluß entsteht, sondern der absichtliche Versuch, die bestehende Gesellschaft zu sprengen. Sie kennzeichnet nicht den Bankrott des »Establishment«, ist vielmehr eine Bankrotterklärung des Marxismus: Da sich die Revolution nicht »von selbst« Bahn bricht, wird sie gewalttätig herbeigeführt. Ich weiß, Sie versuchen, diesen Gedanken mit dem Argument zu widerlegen, daß die Revolution »*immer gewalttätig*« sei. Die Gewalttätigkeit der Revolution ist jedoch, nach Marx, eine Antwort auf die Gewalttätigkeit der bürgerlichen Gesellschaft, während die sozialistische Revolution von heute die Gewalt nicht beantwortet, sondern kreiert; sie entledigt sich des Terrors nicht im Namen des Volkes, sondern terrorisiert das Volk. Die »Stadtguerillas« geben nicht der Gesellschaft Zunder, sondern dem Volk die Sporen.
    Eine rapid fortschreitende Entwicklung ist nichts anderes als eine

Revolution minus Aggression: Die Revolution der Gewalt, nicht mit einer gewalttätigen Revolution zu verwechseln, fällt dieser Entwicklung in die Speichen, ist daher ihrem Wesen nach konterrevolutionär.

Die Gewalt, deren Zeugen und Zeitgenossen wir sind, drückt die Verzweiflung des individuellen Revolutionärs aus, der in der Kollektivität keine Heimat gefunden hat. Sie schreiben mit Recht, daß »nicht jeder Gewalttäter ein Revolutionär« ist. Der Bankräuber ist in der Tat kein Revolutionär, aber neben dem erbeuteten Geld greift er nach dem primitiv-revolutionären Argument, die Bank habe das Geld »nicht gebraucht«. Wichtiger ist die »politische« Kriminalität, gegen die sich der echte Revolutionär wehren sollte, aber nicht wehrt: Die Revolution, unfähig die Ost-West-Grenze zu überschreiten, ersetzt Marschbataillone durch Attentäter.

Es ist nicht die Aufgabe der Justiz, zu entscheiden, ob jemand ein Verbrechen begangen haben könnte, sondern ob er es begangen hat. Die meisten Menschen kommen nicht auf die Anklagebank, weil sie besonders liebenswert sind, aber wehe der Justiz, die glaubt, wie bei einer Miss-Wahl, die Schönsten krönen oder, wie bei einer Schulprüfung, die Fleißigsten belohnen zu müssen. Hauptmann Dreyfus war nicht sympathisch, er war nur unschuldig.

Das Gesetz ist zu einer Menükarte geworden, von der man auswählt, was einem bekommt, verwirft, was einem nicht mundet. Gesetzlosigkeit beginnt mit der Selektivität.

Gedanken bei der Betrachtung der *high society* an ihren diversen Treffpunkten.

Die sogenannte Gesellschaft! Sie glaubt tatsächlich, daß Langweile plus Langweile Zerstreuung ergibt. Sie kuriert ihre Einsamkeit durch Exhibitionismus, ganz als ob die Tiere hinter den Gittern des Zoologischen Gartens nicht einsam wären, weil Neugierige sie anstarren. Seltsame Wechselbeziehung zwischen den Gelangweilten und ihrem dankbaren Publikum: Langweile macht die Langweiler zu Exhibitionisten, das Interesse an der Langweile macht das Publikum zu Voyeurs.

... Intellektualismus und Geldaristokratie haben den Snobismus gemeinsam.

... Der Parvenü gleicht dem Kind, das anderen Kindern zuerst deren Unarten abguckt. Er ist eine Karikatur der Gesellschaft.

... Jeder Aristokrat kennt irgendwo einen Aristokraten. Auch das haben die Aristokraten mit den Juden gemeinsam.

... Die Neuarmen sind manchmal so lästig wie die Neureichen.

... Das *Call-girl* hat die Mätresse ersetzt, weil die Männer, die für ihre Frauen keine Zeit haben, nun auch für ihre Geliebten keine Zeit haben.

... Man kann sich mit Geld nicht unbedingt die Achtung seiner Mitmenschen kaufen. Man kann nur verhindern, daß man von ihnen mißachtet werde.

... Was keine Revolution vermochte, das hat die Konfektionsindustrie zustande gebracht.

... Früher besuchte man die exklusiven Plätze, um von seinesgleichen gesehen zu werden. Jetzt besucht man sie, um von den anderen nicht gesehen zu werden.

... Die juwelentragende, kaviarlöffelnde, bobrennende, jachtsegelnde Gesellschaft der Nichtstuer ist für die bestehende Gesellschaft nicht bezeichnender als der Gestank der Lagunen für das venezianische Barock. Man verwechselt den Hund, der am Eckpfeiler seine Notdurft verrichtet, mit dem Eckpfeiler.

Tapferes Verhalten vor dem Feinde. Bedarf es immer eines Feindes, damit man sich tapfer verhält ...?

Es gehört zu den Folgen des Krieges, daß die Provinz sie überlebt. Vorkriegszeiten sind fast immer Großstadtzeiten, Nachkriegszeiten fast immer Provinzzeiten.

Während der ganzen deutschen Besatzung konnte sich der große französisch-jüdische Theaterdichter Tristand Bernard verbergen. Als er schließlich, im letzten Moment, von der Gestapo festgenommen wurde, wandte sich der Greis an seine Frau: *»Nous avons vécu dans la peur. Désormais nous vivrons dans l'espoir.«* Das paradoxe Phänomen, daß man im Frieden den Krieg fürchtet und im Krieg auf den Frieden hofft, läßt uns den Krieg ertragen.

Haben die Menschen Angst, zu sterben? Vielleicht haben sie nur Angst, zu töten.

Seit Sodom und Gomorra kam das Unheil immer über die Sieger. Um zu verhindern, daß ihre Bäume in den Himmel wachsen, beraubt sie der Schöpfer des Verstandes. Im übrigen ist die Sentenz, daß die Besiegten immer unrecht haben, eine leere Phrase. Die Sympathien der Welt gehören, oft unabhängig von Recht und Unrecht, den Besiegten.

Herrn Eric W.
Elmhurst, N. Y.

Dein Brief, mit dem Angebot, mir »*vor aller Welt*« zu bestätigen, daß ich »*kein Rechter*« sei, daß ich »*im mörderischen Feuer von Salerno*« an Deiner Seite meine »*Haut im Kampfe gegen die Rechte zu Markt getragen*« habe, hat mich gerührt. Eine solche »Verteidigung« wäre indes sinnlos, weil in Wahrheit jedermann weiß, daß ich ein Leben lang gegen den Faschismus gekämpft habe, weil meine Gegner, wären sie belehrbar, nicht meine Gegner wären, aber auch, weil ich heute — es wird Dich überraschen und ich bitte Dich um Geduld — den Vorwurf, ein »Rechter« zu sein, gelassen hinnehme.

Ich denke manchmal, daß jede intellektuelle Unredlichkeit mit einer Identifikation beginnt. Keine Identifikation ist aber unredlicher als diese: Links ist gleichbedeutend mit Verständnis und Humanität, mit Mitgefühl und Mitdenken, mit Fortschritt und Toleranz, rechts gleichbedeutend mit Engstirnigkeit und Privilegdenken, mit Egoismus und Materialismus, mit Reaktion und Unduldsamkeit. Die erfolgreiche Lüge setzt freilich die Fruchtbarkeit des Bodens voraus, in den sie gesät wird. Das Vorurteil ist der Nährboden des Vorurteils.

Anatomisch, sprachlich und gesellschaftlich arrogierte sich der Begriff »rechts« so lange ungerechtfertigte Privilegien, daß es zu einer Reaktion kommen mußte.

Die Qualität der menschlichen Organe hängt nicht von ihrer Placierung ab, aber die rechte Seite ist bei den meisten Menschen stärker entwickelt, die Linkshänder sind eine Minderheit, vier oder fünf Prozent, berühmt unter ihnen nur Leonardo da Vinci, das Herz schlägt zwar links, oder links von der Mitte, aber fast immer schlägt die Rechte zu: Vielleicht hat die Linke deshalb Stärke mit Brutalität verwechselt, Minderwertigkeitsgefühle, elitärer Anspruch.

In der Sprache war »links« — Folge der Anatomie — immer gleichbedeutend mit ungeschickt, unbeholfen, unartikuliert, und zwar nicht nur im Deutschen; *il est gauche;* Goethe, noch nichts Politisches meinend, schreibt in *Wilhelm Meisters Lehrjahren,* die deutsche Nation sei ihm »*so übel erzogen, so schlecht unterrichtet, so leer von gefälligem Wesen, so geschmacklos*«, das heißt »*so links*« vorgekommen; Ähnlichkeit, Verwechslung von rechts und Recht; nicht was Linkens, nur was Rechtens galt, galt als gut, nicht linksschaffen, sondern rechtschaffen war der brave Mann, nicht linksgültig, sondern rechtsgültig ist das Urteil, es erwächst auch nicht in Linkskraft, es ist zu spät, die Rechtschreibung in Linksschreibung zu verdrehen. »*Sitzend zur Rechten Gottes*«, sagt die Heilige Schrift, und weil sich Kirchenfürsten, Regierungschefs und Mitglieder der »Gesellschaft« stets gottähnlich dünkten, saßen die Kardinäle zur Rechten des Papstes, nahm die Regierungspartei im englischen Parlament zur Rechten des Präsidenten Platz, spreizte sich der Ehrengast an der Tafel zur Rechten der Hausfrau, Sitzordnungen spielen immer eine wichtige Rolle, Eitelkeit des Gesäßes.

Geschichtlich gibt es keinen Beweis, nicht den geringsten, daß sich das Böse ausschließlich links oder rechts angesiedelt hätte: Grausamkeit, Gewalt, Herrschsucht, Habgier, Heuchelei, Eigensucht, Eigendünkel sind weder Linkshänder noch Rechtshänder. In unserer Zeit hat Hitler den Extremismus der Rechten, das heißt ihre Anfälligkeit für das Unmenschliche, spektakulär demonstriert, spektakulär aber nur deshalb, weil sein fauler Samen auf den Boden Europas fiel, des spektakulären Erdteiles. Der linken Barbarei des chinesischen Bolschewismus wurden etwa vierzig Millionen unschuldiger Menschen, der linken Barbarei der Sowjetrussen zehn bis zwölf Millionen geopfert, ohne daß die Rechte Unmenschlichkeit, Unverständnis, Unduldsamkeit mit dem Begriff der Linken ebenso willkürlich identifiziert hätte, wie es der Linken in jüngster Zeit gelungen ist, »rechts« mit »extrem« gleichzuschwindeln. Es gibt einen rechten und einen linken Mephisto, aber der linke Mephisto ist ein Abiturient des dialektischen Gymnasiums.

Wo die Dialektik spricht, verstummt die Vernunft, wo sie verstummt, hört die Menschlichkeit auf, die nichts anderes ist als die Inkarnation des vernünftigen Wesens. Damit komme ich zu meiner Antwort.

In jenen Jahren, von denen Du sprichst, war das weite Land der Menschlichkeit vom Rechtsextremismus bedroht. Das weite Land, sage ich, denn auf dieser endlosen, schönen Ebene ist Platz genug, rechts und links von der Mitte, nur was auf der Landkarte unschwer als rechts von rechts und links von links wahrzunehmen ist, liegt außerhalb der Menschlichkeit. Wir haben am Strand von Salerno nicht gefragt, wer links, wer rechts von der Mitte stand, die Grenzen waren in unseren Landkarten deutlich eingezeichnet. Deshalb haben wir beinahe gesiegt — beinahe nur, weil wir auf die Sauberkeit unserer Sache nicht achteten; wir haben den Krieg gewonnen und den Frieden verloren, weil wir uns, den Rechtsextremismus bekämpfend, mit dem Linksextremismus verbündeten. Ich habe Hitler vor und im Krieg nicht als »Linker« bekämpft, ich habe nach dem Krieg meinen publizistischen Feldzug gegen den Hexenjäger McCarthy nicht als »Linker« geführt, ich habe mich nicht als »Linker« für den kujonierten *Spiegel* eingesetzt: Ich kenne bis heute keinen anderen Feind als den Extremismus, und hier wiederum ist es mir gleichgültig, ob er auf die »weiten Räume« von links oder von rechts drohend marschiert. Heute, immerhin, marschiert er von links.

Indes habe ich mehr als einen einzigen Grund, diese Standortbestimmung vorzunehmen. Indem ich der »Linken« die intellektuelle Unredlichkeit vorwerfe, mit der sie »rechts« und »extrem« identifiziert, werfe ich der Rechten in den »weiten Räumen« vor, sich selbst nicht zu identifizieren. Wer andauernd verunglimpft wird, reagiert fast immer emotionell — sei es, daß er sein Gesicht in falscher Scham hinter einem Schleier, sei es, daß er es trotzig hinter dem herabgelassenen Visier des Helmes verbirgt. Der »Rechte«, der sein Gesicht nicht zeigt, darf nicht staunen, daß man es für aussätzig hält. Ich stehe im weiten Land rechts von der Mitte — und auf Posten gegen den Extremismus. Kein Schleier und kein Visier.

CHARAKTER UND LEHRE

Ich bin sechzig geworden, ehe ich lernte, mich halbwegs zu kennen; vielleicht hätte mir ein Psychoanalytiker beistehen können, aber ernsthafte Psychoanalytiker geben sich nicht mit reifen Menschen ab, die werden durch Impfungen nicht immun, höchstens durch Krankheiten.

Wer die Bilanz seines Lebens zieht, behauptet fast immer, es habe sich gelohnt, eine Hand verdeckt das Soll. Wie könnte man etwas lernen, aus einer solchen falschen Bilanz?

Ich war ein einziges Kind, vielleicht glaubten meine Eltern deshalb, ich müßte ein einzigartiges Kind sein. Nicht nur meine Eltern glaubten es. Meine Mutter hatte sieben Schwestern, mehrere waren unverheiratet, die verheirateten hatten Kinder, aber da die Schwestern alle zu meiner Mutter hinaufblickten, erschienen ihnen ihre eigenen Kinder neben mir so bescheiden wie sie selbst neben meiner Mutter. Mein Vater hatte es nie verstanden, mit seiner eigenen Kindheit fertig zu werden, mit Bitterkeit und Armut und dem langsamen Tod seines Vaters. Der Sohn möge werden, was der Vater nicht werden konnte, möge besitzen, was jener nicht besaß, möge erreichen, wonach jener vergebens die Hände ausgestreckt hatte, und so wird der Sohn verwöhnt, so einfach ist das. Aber so einfach war das nicht. Die sieben Tanten verwöhnten mich, jedes Wochenende eine Prinzenvisite, roter Teppich und Kuchen und Besuch im Zoo und andächtiges Lauschen, aber meine Eltern verwöhnten mich nicht, sie liebten mich wie ein Rennpferd, das man füttert und pflegt und streichelt und von dem man verlangt, es möge das Derby gewinnen.

Ich sage nicht, daß ich kein Rennen gewann, denn ich war ein ganz nettes Rennpferd, ich lief sogar in Epsom, als ein Outsider, der als Outsider ankommt. Die meisten Pferde rennen nicht in Epsom, die meisten rennen überhaupt nicht, sie ziehen Milchwagen oder werden zuschanden geritten oder bei einem Kavallerieduell erschossen. Wenn meine Eltern nicht behauptet hätten, ich sei der Favorit und werde schnellbeinig das Derby gewinnen, übrigens nicht nur in diesem Jahr, auch im nächsten und übernächsten und immer und auf allen Rennbahnen, wäre ich zufrieden gewesen: Sie überzeugten nicht nur die Logen- und Galeriebesucher, sie überzeugten auch den Jockey.

»Krankheit«, sagt Jung, »wird ein Komplex erst dann, wenn man meint, man hätte ihn nicht.« Das Schicksal — und die Frau, der ich in den späteren Jahren begegnete — bewahrten mich vor der Krankheit: Es machte mich vertraut mit dem Komplex. Mein Komplex blieben die Erwartungen meiner Eltern, sie begleiteten mich auf allen Wegen, sie standen hinter meinem Schreibtisch, saßen in den Erdlöchern des Zweiten Weltkrieges, lagen in den Betten der Frauen, tönten in den Lärm der Rotationsmaschinen, bestimmten meine Gespräche, verhängten die Spiegel, verfolgten mich durch die Nächte. Und als meine Eltern starben, blieb die Erwartung am Leben — ein Wagenführer, der seine Rosse antreibt, ein General, der seine Soldaten hinausschickt, der inquisitorische Richter, der lizitierende Makler, der ehrgeizige Coach. »*Eins ist das Bitterste von allen*«, heißt es bei Grillparzer, »*. . . Nachdem man sterben sich gesehn / mit seiner eignen Leiche gehn.*« Ich weiß nicht. Mit sich selbst um die Wette zu laufen, ist auch kein Spaß.

Self-pity, die von den Angelsachsen klug verachtete Untugend? Wer, so viel beneidet, sich selbst bemitleidete, hätte keinen Komplex: Er wäre krank. Kein *self-pity*. Unzufriedenheit entsteht nicht aus dem Mißverständnis zwischen Leistung und Erfolg, zwischen Charakter und Umwelt, zwischen Hoffnung und Erfüllung, nicht einmal zwischen dem Wesen und dem Wesentlichen, sie hat ihre Wurzeln im Kinderland. Ich will nicht mehr vor meine Eltern hintreten und ihnen sagen, daß ich erfüllt habe, was sie von mir verlangten. Ich frage: Warum habt ihr so viel von mir verlangt . . .?

Auch der Begriff der Tugend ist der Zeit unterworfen. Schamhaftigkeit etwa, die einst als Tugend galt, wirkt jetzt beinahe lächerlich, eine Heuchelei; das mag gegen die Zeit sprechen, aber auch gegen die Schamhaftigkeit. Der Herr Grünlich der *Buddenbrooks* würde heute seiner Tüchtigkeit halber gepriesen werden, ein Manager; um die Jahrhundertwende bewunderte man den »Charmeur«, den man heute als zwielichtigen Leichtfuß abtut, vielleicht ist er nur ein Faschingsprinz; Heldenhaftigkeit ist so verpönt, daß sich Regisseure bemühen, Schillersche Helden »wenigstens« als Psychopathen darzustellen. Wer will behaupten, daß die Tugend, ein Wort, das kein moderner Schriftsteller niederzuschreiben wagt, nur aus der Mode gekommen ist, vielleicht ist Tugend wirklich nicht mehr Tugend, es gibt Tugenden für Museen und für den Karneval, eine neue Enzyklopädie, Aufgabe für einen neuen Diderot; wer, anderseits, will behaupten, daß Tugend nicht mehr Tugend ist, vielleicht wird sie morgen wieder vom Speicher geholt wie Klimts sezessionistische Gemälde. Tugenden steigen und fallen wie Aktien.

Ich habe ein Gesellschaftsspiel erfunden, zum Patent angemeldet, man kann damit teils lange Abende, teils seine Freunde vertreiben. Ich nenne es das Brillantenspiel. Es geht von dem Gedanken aus, daß jeder eine zentrale Eigenschaft besitzt, größer als die anderen, stärker als die anderen, sie sitzt in der Mitte des Charakters wie der Brillant in der Mitte eines Damenringes. Kreisförmig sind die anderen Eigenschaften angeordnet um den Solitär, zuerst die größeren, dann die kleineren, aber der Brillant, in der Mitte, beherrscht sie, er erhöht oder verdrängt, veredelt oder verfinstert sie; ist die Qualität des Brillanten blau und lupenrein, fällt die mindere Qualität der anderen Steine nicht auf; ist er gelb und matt, bleiben die kleineren Steine, mögen sie noch so wertvoll sein, unbeachtet. Die Spielregeln sind streng. Eigenschaften, die eine Summe von Tugenden und Lastern darstellen, sind nicht zugelassen: Unter einem »guten« oder »schlechten« Menschen kann man sich nichts vorstellen. Ach ja, noch eine Spielregel: Der Begriff des Neides ist ausgeschlossen. Eine solche Dutzendware kann man nicht als Solitär bezeichnen.

Meine Gegner selbst geben es zu: Ich bin ein fleißiger Mensch, für meine Gegner etwas zu fleißig.

Ist Fleiß eine Tugend? Sollte man eine Tugend daran erkennen, daß ihr Gegenteil eine Untugend ist, dann wäre Fleiß eine Tugend: Faulheit ist eine Untugend, Faulheit kommt von Pfuiheit, Faulheit ist Fäulnis. Fleiß ist eine nützliche Eigenschaft, ein soziales Glück, aber seine Motive sind nicht immer rein, wie man das von wahren Tugenden erwarten darf, seine Motive sind eher traurig.

Fleiß ist die Angst vor dem Unvollendeten. Ich habe das Unvollendete immer gefürchtet, bei mir, bei anderen, in des Wortes doppeltem Sinn, im Sinn des Unbeendeten wie des Nichtperfekten, ich habe mit vierzehn einen Roman beendet, mit achtzehn ein Buch über Heine, beendet waren sie, beendet war alles, seither, doch vollendet war es nicht, die Angst blieb, Perpetuum mobile der Fleißigen. Statt fauler zu werden, wie es die Vernunft gebietet, werde ich immer fleißiger, ein Zwang, Fleiß in umgekehrter Proportion zur verbleibenden Zeit, Angst, nicht beenden zu können, nicht zu vollenden, deshalb sind die Alten fleißiger als die Jungen, nicht die Tugend wird größer, nur die Angst.

Die Arbeit legt eine Hand über das Leben. Man ist fleißig aus Furcht und man flieht in den Fleiß. Meine Freunde wunderten sich, daß ich mich, heimgekehrt vom Begräbnis meiner Tochter, an den Schreibtisch setzte; ich arbeite seither mehr denn je, ich könnte auch saufen, jeder bekämpft den Schmerz mit den armen Waffen seiner eigenen Natur, man wird in der Krise kein anderer, man wird nur doppelt, was man ist, Fleiß ist die Überwindung des Schmerzes, wem nützt diese Tugend?

Manchmal will es mir scheinen, man müßte die Tugendbegriffe revidieren; es bleiben nur jene Tugenden übrig, die anderen nützen. Nach meiner Flucht aus dem deutschen Kriegsgefangenenlager, 1940, nannte man mich mutig; ich konnte damit nichts anfangen, denn ich hatte mutig nur mich selbst gerettet, eine mutige Handlung, keine tugendhafte. Tugend beginnt nicht dort, wo ihr Gegenteil Untugend ist, sondern wo sie die Untugend ausschließt. Gerechtigkeit, eine der Kardinaltugenden der Antike, eine der großen sieben der Kirche, ist eine Tugend, weil es keinen gerechten Mörder gibt, nicht einmal einen gerechten Dieb oder Lügner oder Betrüger. Fleiß errichtet keine Barriere gegen Untugenden, einige der schlimmsten Übeltäter waren sehr fleißig. Unglücklich waren sie fast immer.

So groß ist die Abhängigkeit der Menschen voneinander, so sehr färbt, erregt, bedrückt, würgt, belebt einer den anderen, daß jeder von uns nur halb ist oder ein Viertel oder ein Tausendstel, unser Charakter ist Rohstoff, Material, unverarbeitet, er wird von anderen verarbeitet, Charakter ist ein Beziehungswort.

Jeder schildert jeden anders, von »seinem Standpunkt«, sagt man, darauf kommt es aber nicht an, der Geschilderte ist wirklich »anders«, je nachdem, mit wessen Eigenschaften seine Eigenschaften sich vermählen, nur in einer bestimmten Mischung werden sie virulent, in anderen Mixturen verkümmern sie oder verenden. Manchem sagt der Lügner immer die Wahrheit, bei manchen ist der Gütige teufelsschlecht, werden Feiglinge zu Helden. Der Verräter verrät eine Gruppe, andere Gruppen rufen seine Loyalität wach, er hat einen halben Charakter, die andere Hälfte seines Charakters ist die Gruppe. Der Charakter hat ein Geschlecht — Männer haben Männern gegenüber einen anderen Charakter als gegenüber Frauen, und umgekehrt, sie »benehmen« sich nicht bloß anders, die Schizophrenie ist normal. Es ist nicht wahr, daß keiner keinen versteht; in Wahrheit versteht jeder nur den Partner, mit dem sich sein Wesen paart.

Als Entschuldigung freilich darf dieses Splitterwerk nicht gelten. Just der Rohstoffcharakter des Charakters steigert die Verantwortung ins Tausendfache, wir sind nicht nur für die Handlungen, wir sind auch für das Wesen der anderen verantwortlich, indem wir Material sind, sind wir auch Bildhauer. Die Geschichte Robinsons beginnt bei seiner Begegnung mit Freitag.

Wenn ich heute, ums sechzigste Jahr, Kinder hätte, die ich erziehen dürfte: Was würde ich sie lehren? Pädagogik, richtig, also bescheiden verstanden, ist der Versuch, dem Objekt der Erziehung so viel Anstand beizubringen, daß es trotz Anstand zu bestehen vermag, ist zugleich der Versuch, ihm so viel Lebenskunst beizubringen, daß es überleben kann, ohne im Morast der Unmoral zu versinken.

Ich würde meine Kinder lehren, daß alles Böse unter der stillschweigenden Duldung des Guten geschieht; schwiege das Gute nicht, würde das Böse nicht geschehen. Die Trägheit des Herzens schließt alle anderen Sünden in sich ein. Die Stillen im Lande sind Komplicen.

Ich würde sie lehren, daß sie, auch wenn das bei den Gebildeten verpönt ist, wagen dürfen, von guten und bösen Menschen zu sprechen. So selten die Guten wie die Bösen sind: Es gibt gut und böse, Schwarz und Weiß sind die Farben der Sittlichkeit.

Ich würde sie lehren, nicht um Gegenliebe zu buhlen. Gegenliebe klingt wie Gegengeschäft, ein Tauschhandel, bei dem sich jeder bemüht, den anderen zu übertölpeln.

Ich würde sie lehren, nichts von anderen zu verlangen, das sie nicht selber tun, doch — wichtiger — nichts von anderen zu verlangen, das sie selber tun. Man ist Maßstab nur für sich selbst.

Ich würde sie lehren, lieber in Angst zu leben, als Angst zu verbreiten. Es gibt nichts Erbärmlicheres, als gefürchtet zu werden.

Ich würde sie lehren, sich tapfer zu widersprechen.

Ich würde sie lehren, zu glauben. Fragten sie mich, woran sie glauben sollen, würde ich nicht antworten.

Und ich würde sie lehren, daß der Mensch eine miserable Kreatur Gottes ist — miserabel, aber göttlich.

Dann würde ich daran gehen, von der Kunst des Lebens zu sprechen.

Ich würde sie lehren, ihr Elend mit dem Elend anderer zu vergleichen. Das Dasein ist ein Krankenhaus ohne Privatzimmer.

Ich würde sie lehren, sich stets eine zweite Verteidigungslinie zu bauen. Selbst der Feldherr, der mit hundertfacher Übermacht vorrückt, spielt im Sandkasten verlorene Schlacht.

Ich würde sie lehren, bei jeder Niederlage zu fragen, ob sie nicht Frieden bringt.

Ich würde sie lehren, daß sich der kluge Egoist nie an anderen vergeht.

Ich würde sie lehren, nicht dem Popanz der Unabhängigkeit zu huldigen. Unabhängigkeit heißt Einsamkeit.

Ich würde sie lehren, die Einsamkeit nicht zu fürchten. Einsamkeit ist eine gesellschaftliche Fiktion.

Ich würde sie lehren, daß Optimismus ein Scheck ist, den man auf eine Bank zieht, bei der man kein Konto hat.

Ich würde sie lehren, daß der Pessimist dem Geizhals gleicht, der sich den Bissen vom Mund spart, um im Alter sorglos zu leben, der aber stirbt, bevor er das Ersparte genießen kann.

Und ich würde sie lehren, daß wir nicht geboren sind, um das Schicksal zu akzeptieren.

Wir kennen einen Mann, den hüten wir wie der Sammler seine blaue Mauritius. Er ist ein schlechter Mensch. Die Guten und die Bösen haben das gemeinsam: Sie sind Raritäten. Der Himmel ist so leer wie ein Winterkurort im Sommer, die Hölle so leer, daß die Verdammten frieren. Das Fegefeuer ist ausverkauft: die Seelen übereinander gestülpt wie die kaputten Wagen in einem Autofriedhof. Umgekehrte Pfadfinder, wie unser Freund, die ihr Frühstück nicht hinunterbringen, ohne sich die böse Tat für den Tag zu überlegen, gehören im Safe verwahrt.

Mir ist das Wort Tapferkeit lieber als das Wort Mut, tapfer lieber als mutig. Es gibt die Begriffe Übermut, mutwillig, Mütchen, Zumutung. Entmutigt ist mancher, »enttapfert« keiner. Mutig ist die Tat, tapfer ihr edler Bruder: der Widerstand.

Zwischen zwei Entscheidungen ist die tapfere immer die richtige.

Rezept für Erfolg: Lang genug das gleiche tun.

Es ist mit den geläuterten Seelen wie mit den gewaschenen Händen: Es bleiben immer noch genug Bazillen an ihnen haften.

Mitnichten heiligt der Zweck das Mittel; übrigens haben die Jesuiten das nie behauptet. Der Zweck ist ein willkürlich aufgestellter Zielpfosten, unsichtbar, oder er liegt im Nebel. Man kann vom angewandten Mittel aufs Ziel schließen, nicht umgekehrt. Es wäre ein törichter oder unredlicher Arzt, der behauptete, es sei gleichgültig, ob er mit sterilen oder schmutzigen Instrumenten operiert.

Strindberg erzählt in *Sohn einer Magd*, daß der kleine Johann nicht verstanden wurde, deshalb hielt er sich für besser als die anderen. Ich habe immer den Hochmut der Unverstandenen gefürchtet.

Wohltätigkeit ist nur Wohltat, wenn sie sich der Kritik am Gegenstand der Barmherzigkeit enthält. Es ist ungehörig, von der Hand des Bettlers Sauberkeit zu verlangen.

Die menschliche Hilfsbereitschaft hat eine Abneigung gegen hohe Zahlen.

Der Verlust der sittlichen Freiheit beginnt mit der Bereitschaft, aus den Folgen unserer Handlungen zu lernen. Alles, was wir tun, hat Folgen, aber man müßte in der Welt der Märchen oder der Wildwestfilme leben, um zu glauben, daß wir für unsere guten Taten belohnt werden. Sobald sich der gute Mensch der Folgen seiner Handlungen bewußt wird, gerät er in den Teufelskreis der Enttäuschungen: je besser seine primäre Handlung, desto größer seine Enttäuschung. Die sekundäre Handlung ist nun nicht mehr absolut sittlich, sondern bestenfalls nützlich — er hat eben »etwas gelernt«. Die verminderte Freiheit verringert sich in beinahe mathematischer Reihe, sobald aus den sekundären Handlungen tertiäre entstehen, das ursprünglich Gute verfärbt sich bis zur Unkenntlichkeit. Einen sittlichen Menschen erkennt man daran, daß seine sekundären und tertiären Handlungen mit seinen primären identisch sind. Er ist unbelehrbar.

Es ist doch merkwürdig, daß sich die Menschen unter gewissen Umständen zu dem Geständnis ihrer Schwächen, Fehler, Gebresten bereitfinden, nur das Wort: »Ich bin ein Lügner«, kommt keinem über die Lippen. Herzlosigkeit, Dummheit, Verstocktheit, Geiz, Grausamkeit, Feigheit, Wehleidigkeit: Das alles gesteht man eher als auch nur eine einzige Lüge. Daraus sollte man schließen, daß wir Lügenhaftigkeit als die schmutzigste Untugend, als die unseligste Schwäche betrachten. Nichts davon. Wer von sich sagt, er sei ein Idiot, glaubt doch, andere noch ganz gut hintergehen zu können; Lieblosigkeit kann anziehend wirken und beraubt den Lieblosen nicht des Respekts; Feigheit ist zuweilen eine treffliche Entschuldigung, mit der man alles Unbequeme den Tapferen überläßt; andere Häßlichkeiten wirken, bringt man sie selbst vor, unglaubwürdig oder erwecken, im Gegenteil, den Eindruck der Aufrichtigkeit. Dem Lügner, der sagt, er sei ein Lügner, glaubt jeder. Der Lügner schämt sich nicht, ein Lügner zu sein, er fürchtet nur die Folgen seiner Selbstentlarvung. Wir wollen um keinen Preis als Lügner erscheinen, um ungestört weiterlügen zu können.

Der Wunsch nach Klarheit ist mir wohl angeboren; jedenfalls erinnere ich mich an keine Zeit, in der er mich nicht beherrscht hätte. Dieser Wunsch bestimmte meine Neigungen: Ich zog die Impressionisten den Expressionisten vor und diesen wieder die großen Spanier; als meine Freunde Schönberg und Strawinski und Alban Berg entdeckten, entdeckte ich Richard Strauss; von Michelangelo fand ich ohne Übergang zu Rodin; dort, wo es um Dichtung ging und sich meine Gefühle zu Leidenschaft steigerten, mußte ich meine Aversion gegen Kafka und Joyce bekämpfen, während ich Mauriac und Thomas Mann zuflog. War es blinder Konservatismus? Das konnte es bei dem Zwanzigjährigen, der für das Neue so aufgeschlossen war wie irgendeiner, kaum sein, und warum hätte ich, gar so konservativ, den revolutionären Goya allen anderen Malern vorgezogen? Nicht mein Konservatismus ließ mich das Klare lieben und bewundern, das Unklare fürchten und verachten, vielmehr führte mich die Sehnsucht nach Klarheit zum Konservatismus.

Das Klare — was ist das? »Le diable est pur parce qu'il ne peut faire que le mal«, schreibt Jacques Maritain. Der katholische Philosoph behauptet nicht, der Teufel sei rein, obwohl oder gar weil er das Böse tut, sondern weil er nur das Böse tut. Das Gute wie das Böse sind göttliche Offerten. Wen der Teufel versucht, den läßt er nicht böse werden, nicht ganz böse, denn der so Versuchte würde selbst zum Teufel werden und damit rein — der Teufel wünscht keine Konkurrenz. Was er wünscht, ist Verwirrung, die mit Unsauberkeit identisch ist. »Gott schied das Licht von der Finsternis«, Er schuf den Tag und die Nacht, aber die Dämmerung und das Morgengrauen, das Zwielicht und das Halbdunkel schuf Er nicht: Sie entstanden ohne Sein Zutun aus der fatalen Vermischung von Licht und Finsternis, die Er zu teilen unternommen hatte, am ersten Schöpfungstag und vor der Schaffung des Menschen. Für den Gläubigen ist die Nacht so klar wie der Tag, weil die Nacht eine Entscheidung ist wie der Tag.

Grau ist eine feige Farbe. Das heißt nicht, daß wir nicht grau sind, im Gegenteil, deshalb sind wir grau. Aber Freiheit bedeutet Alternative, ohne die klaren Konturen von Tag und Nacht ist uns die Wahl, das heißt die Freiheit genommen. Grau ist keine Alternative, sondern vollzogener Kompromiß. Meine, wie ich zugeben muß, bis zum Exzeß gesteigerte Abneigung gegen die Unklarheit ist die Rebellion gegen den Zwang: Ich möchte mir die Möglichkeit der Entscheidung nicht rauben lassen. Es ist fatal, daß sich der Mensch, auf die Wahl gestellt zwischen Schwarz und Weiß, zwischen Tag und Nacht, für beides entscheidet, aber indem er wählt, täglich, nächtlich, stündlich, immer wieder, bewahrt er sich einen Rest von Hoffnung. Wer die Konturen verwischt, in der Politik, in der Kunst, im Alltag, wer in mißverstandener Demut oder in intellektueller Eitelkeit sich zufriedengiebt mit der Wahllosigkeit, wer die Wegtafeln verschwinden läßt im Nebel, raubt dem Menschen nicht nur die Hoffnung, sondern auch den Zweifel, der ja nichts ist als die gute Qual der Entscheidung. Nicht alles Sichtbare ist gut, alles Gute ist sichtbar.

In einer bezaubernd-federleichten Kabarettszene berührt Frigyes Karinthy eine der merkwürdigsten Erscheinungen des menschlichen Verhaltens. Öffentlicher Park, Baum, Bank. Eine junge Dame erscheint, holt einen Strick hervor, schickt sich an, Selbstmord zu verüben. Ein älterer Spaziergänger rettet sie. Sie erzählt ihm, daß sie sich aus unglücklicher Liebe umbringen wollte. Nachdem sie ihr Herz ausgeschüttet hat, belehrt sie der rettende Engel, warum sie alles falsch angepackt habe: Einem klugen Mann muß man erklären, wie gut er aussehe, einem Playboy, wie intelligent er sei, man rühme die Jugendlichkeit der Alten und die Reife der Jungen. Das Mädchen beginnt, von dem entzückenden Näschen des Retters zu sprechen: Er hat einen Riesenzinken. Ich beobachte immer wieder den schier rührenden Wunsch meiner Freunde, ihrer Schwäche halber geliebt zu werden, richtiger: Sie halten ihre Schwächen für unentdeckte Qualitäten. In jedem von uns, mag er noch so »professional« sein, bastelt ein geheimer Dilettant. Der Dilettant will nicht nur, was er nicht kann, er möchte nicht nur das Gegenteil dessen können, was er wirklich vermag, er hält auch die Trauben, nach denen er vergebens greift, für süßer als sie sind. Fast jeder Journalist will ein Schriftsteller, jeder Schauspieler ein Regisseur, jeder Operettenstar ein Opernsänger, jeder Violinist ein Dirigent sein. Der Dilettantismus tobt in der unmittelbaren Nachbarschaft.

Revision gewisser Eigenschaftswörter.

Eitel. Neben der Eitelkeit des Von-sich-selbst-Entzücktseins, lächerlich, blind, zuweilen aggressiv, gibt es auch die Eitelkeit aus Liebesbedürfnis, den Wunsch zu entzücken. Diese »Eitlen« rühmen sich und schmücken sich und spreizen sich wie Anatole Frances Jongleur vor dem Altar. Es ist durchaus möglich, daß sie der Mutter Gottes gefallen.

Konsequent. Sätze, die mit: »Ich habe schon immer ...« beginnen, erwecken mein Mißtrauen. Man kann »schon immer« das Falsche vertreten haben. »Schon immer«: Manko der Fähigkeit oder des Mutes, sich zu entwickeln.

Herb. Die vielgepriesene Herbheit kann mir gestohlen werden. Wer das Herz nicht auf der Hand trägt, hat keines.

Aufrichtig. Aufrichtigkeit ist so selten wie ein Originalplakat von

Toulouse-Lautrec, deshalb sind so viele Fälschungen im Umlauf. Mancher Satz, der mit »Aufrichtig gesagt« anfängt, endet mit Schamlosigkeit oder seelischer Grausamkeit.

Stark. Vielleicht nur hart.

Weise. Alt.

Unbelehrbar. Meistens nennt man jemand unbelehrbar, mit dem man sich nicht beschäftigen will.

Zynisch. Fast immer abfällig gebraucht, obwohl der Zyniker sehr wohl der Bruder des Idealisten sein kann. Beide betrachten die Wirklichkeit skeptisch: Der Zyniker ist ein pessimistischer Idealist. Nicht jeder Zyniker kann sich, wie Diogenes aus Sinope, in ein Faß zurückziehen. Anders als vielen Idealisten ist dem Zyniker Aufrichtigkeit eigen: Er spricht aus, was jener verschweigt.

Ich verachte niemand mehr als den Opportunisten, aber ich fürchte die falschen Schlüsse, die man von dem Opportunisten auf die ihm opportun erscheinende Sache zieht. Der Opportunist hält es mit den stärkeren Legionen, oder jenen, die er dafür hält. Die Stärke der Legion sagt indes nichts aus über deren Qualität. *Wo es Stärkere gibt, immer auf Seite der Schwächeren* ist nicht nur ein außerordentlich dummer Grundsatz — so dumm, wie beinahe jede Sentenz, in der das Wort »immer« vorkommt —, er ist auch unsittlich, weil er die Möglichkeit, daß das Gerechte stärker sein könnte, ausschließt. Eine gute Sache kann, aber muß nicht die schwächere sein, ihr Erfolg ist kein Grund, sie zu verlassen, die Minorität ist so wenig unfehlbar wie die Majorität. Es müßte heißen: Wo es Schlechtere gibt, immer auf Seite der Besseren. Das ist freilich nicht das Motiv, das den Opportunisten bewegt. Immerhin kommt es vor, daß er sich aus den falschen Gründen auf der richtigen Seite befindet.

Wenn es das Land gäbe, in dem man aus seiner eigenen Haut schlüpfen kann, brauchte dieses Land keine Fremdenverkehrswerbung. Es könnte Hotels für Millionen bauen.

Wir haben eine Freundin, die wir oft ein ganzes Jahr nicht sehen, die aber immer zur Stelle ist, wenn etwas schiefgeht. Kein Grund zur Rührung! Es gibt Freunde in der Not, die es nicht ertragen können, etwas anderes als Not zu sehen.

Der Skeptizismus von heute ist so bequem wie die Disziplin von gestern.

Je oberflächlicher der Haß ist, desto tiefer ist er.

Der Marquis de Sade ist nicht auferstanden, weil wir in einer grausamen Zeit leben: Welche Zeit war es nicht? Auch die Erklärung, daß sich jetzt der Sadismus als etwas Natürliches begreifen läßt, befriedigt mich nicht. Vielmehr haben wir den Grundsatz etabliert: Alles, was Lust bereitet, ist erlaubt. Sadismus ist Selbstbefriedigung unter unfreiwilliger Assistenz, Perversität die Lizenz der Permissivität.

Wir bewundern den Sadisten bis zu dem Augenblick, da seine Gewalttaten in einer sozialen, politischen oder persönlichen Katastrophe enden; in diesem Augenblick jedoch identifizieren wir uns mit den Masochisten, ohne deren Wunsch nach Unterdrückung, Bestrafung und Schmerz die Katastrophe nie eingetreten wäre.

Perfektion ist Sterilität.

Zu den Rätseln, die nie aufhören, mich zu beschäftigen, gehört die Frage, warum gewisse Menschen alles, andere nichts »dürfen«, warum den einen die gleichen Handlungen bis ins Grab verfolgen, die man bei dem anderen flugs verzeiht, warum der eine nicht straucheln darf, ohne daß man ihn hilflos liegen läßt, der andere unversehrt aus der tiefsten Grube gezogen wird, warum sich eines Menschen Bild durch eine einzige Fehlleistung vollends verzerrt, des anderen Bild durch ähnliche oder schlimmere Irrungen nicht einmal angekratzt erscheint.
　　Die Frage ist falsch gestellt. Ich sollte fragen: Wie sind die Menschen beschaffen, die Verrat üben, ohne daß man an ihrer Treue zweifelt, die sich anbieten an allen Straßenecken, ohne ihre Respektabilität zu verlieren, die sich mit Brutalität und Gewalt und Unduldsamkeit verbünden, ohne den Heiligenschein der Humanität zu verlieren — und wie jene anderen, die, biegen sie einmal auf den Waldweg ein, als Wegelagerer verschrien werden, die man, treten sie nur vor ihre Tür, der Prostitution zeiht, die man, äußern sie Unlust, wie die Aussätzigen meidet? Das Charakteristikum der Geschonten ist die Ungefährlichkeit. Sie tummeln sich auf Gemeinplätzen, die so groß sind wie die Wüste, in der Wüste stößt man nirgends an; sie spielen auf der Harfe der Zukunft und rufen nicht in die Gegenwart; sie sprechen von Zuständen, doch nennen sie keine Namen, sie hüten die Anonymität der anderen; sie erregen sich über ein Unrecht, das nicht, oder nicht so bald, zu ändern ist. Man könnte sie abstrakte Wesen nennen: Das

Abstrakte ist ungefährlich. Ungefährlich ist auch die Mittelmäßigkeit, Charakteristikum der Ungefährlichen. Nicht ihr Talent ist unbedingt mittelmäßig, sondern ihr Temperament, es ist berechenbar, man weiß, wann sie aufschreien werden, in der zweiten Szene des dritten Aktes, wie in einem Theaterstück, das man kennt. Sie sind nicht neugierig, die Glücklichen, Neugierde ist gefährlich. Sie klopfen an, bevor sie eintreten, überraschen niemand unbekleidet, sind selbst nie nackt. Ihr Leben spielt sich hinter geschlossenen Fensterläden ab, undurchdringliche, undurchsichtige, verschlossene Fensterläden, nicht einmal ein Herz, wie in den Fensterläden der Bauernhäuser, da sie niemand gestatten, sie nackt zu sehen, darf man hoffen, unentdeckt zu bleiben. Sie haben den gesunden Herdeninstinkt. Man findet sie bei keiner Einsamkeit, gehen sie allein, so marschiert hinter ihnen eine unsichtbare Schar, ihre Redlichkeit und ihre Korruption, ihr Konformismus und ihr Protest, ihre Freiheit und ihre Unfreiheit sind kollektiv. Ihre Heuchelei ist ein Kompliment an die Betrogenen. Man ertappt sie bei keiner Wahrheit, weder im Schlafzimmer noch im Wahllokal, weder im Kinderzimmer noch an ihrem Schreibtisch, weder im Salon noch im Keller. Sie sind gefeit gegen Feindschaft, behütet von der Umwelt, geachtet von den Mitmenschen, weil sie keinen Vergleich herausfordern, keine Wege brechen, keinen Neid erregen, keine Unruhe verbreiten.

Die anderen? Es sind die Gefährlichen. Was sie ändern wollen, wollen sie heute ändern und im eigenen Raum, sie gehen durch die Nacht und stolpern und stoßen an und stoßen ab und stoßen um, sie rufen Namen durch die Straßen und läuten an verschlossenen Türen, sie trommeln durch die Stille, es kümmert sie nicht, wen sie wecken, sie steigen auf Seifenkisten und halten ungeprobte Reden, wenn man sie nach ihrem Namen fragt, sagen sie nicht, daß sie Legion heißen, sie zeigen sich in Lumpen beim Fest und im Brokatgewand bei Tag, sie zeigen sich jedem, der sie sehen will, und zeigen sich, wenn man sie nicht sehen will, und zeigen sich nicht, wenn man sie sehen will, sie gehen allein und blicken sich nicht um, sie achten, wen sie wollen, und pfeifen auf Achtung, sie lachen, wenn sie weinen müßten, und man kann sich auf sie nicht verlassen.

Wem ich Gutes will, ein sanftes Dasein und einen schönen Nachruf, dem wünsche ich, er möge für ungefährlich gehalten werden. Trägt er Unwürdiges vor, so möge er es würdig tun, *ex cathedra*, mit einem Seitenblick auf die Ewigkeit, in gehobener Sprache, das eigene Interesse verbergend, abstrakt und akademisch, Achtung bezeugend, also achtunggebietend, einer, der sich herabläßt, doch mit Sicherheit gleich wieder emporsteigt. Tritt er für Gewalt ein, dann möge er darauf achten, daß es nicht die Gewalt ist, die sein Volk, seine Partei, seine Gruppe verurteilt, jene vielmehr, die sein Volk, seine Partei, seine Gruppe selbst begeht, und er möge es im Namen der Liebe tun, die konkret zu umschreiben überflüssig ist. Handelt er unsittlich, dann möge es nie den Anschein individueller Indiskretion erwecken, er möge daran denken, daß die kollektive Korruption erlaubt, der persönliche Fehltritt strafbar ist, er möge, vor allem und unter allen Umständen, vermeiden, für den *Hopp-hopp*-Menschen des gefährlichen Wedekind gehalten zu werden, je unsittlicher, desto mehr *Etepetete*.

Ich weiß freilich nicht, ob es jemand gelingen kann, meinen Rat zu befolgen. Ich fürchte, man wird in die eine Kategorie hineingeboren oder in die andere. Die Göttinnen der Gefährlichkeit oder der Ungefährlichkeit stehen an unserer Wiege.

Es läßt sich manches über die Erinnerung sagen: Falsch ist sie allemal. Unser Leben besteht aus einer Kette von Episoden, die man rückschauend betrachtet; weil man aber ihren Ausgang, ihr Ende, das Resultat kennt, bestimmen Gelingen oder Mißerfolg die Erinnerung. Der Sommer, der endete, als einem die Geliebte davonlief, war ein schwarzer Sommer — eine evidente Ungerechtigkeit, eine ungewollte Gedächtnisfälschung gar, da ja der Sommer, ehe das Gewitter alles vernichtete, ein durchaus sonniger Sommer gewesen war. Gleichermaßen bereuen die meisten Menschen ihre bösen Taten nicht, weil die schlecht waren, sondern nur, weil sie schlecht ausgingen, so daß man in Kerkern, Krankenhäusern, Anwaltskanzleien und Finanzämtern die meisten Reumütigen antrifft: Reue ist weniger eine Folge der Einsicht als des *unhappy ending*.

Es gehört zur Trivialisierung der Psychoanalyse — woran sie selbst übrigens so unschuldig ist wie das Original an der Kopie —, daß man den Charakter oder bestimmte Handlungen von Menschen in neun Fällen von zehn mit ihren Minderwertigkeitsgefühlen erklärt. In Wirklichkeit haben wir alle, mit wenigen krüppelhaften Ausnahmen, Minderwertigkeitskomplexe; sie gehören zu uns wie unsere Nase, sind, wie die Nasen, größer oder kleiner, auffallender oder bescheidener, »schöner« oder »häßlicher«, immer natürlich. Eben deshalb ist das Minderwertigkeitsgefühl selten der wahre Schlüssel zu unserem Charakter, zu den Motiven unserer Aktionen. So lange nur Fehlleistungen mit dem Minderwertigkeitsgefühl oder deren Kompensation erklärt werden, könnte man es hinnehmen, ärgerlich dagegen, daß fast jede Tugend oder tugendhafte Aktion mit dem negativen Vorzeichen des Minderwertigkeitskomplexes oder seiner Kompensation versehen wird. Großherzigkeit ist das Buhlen des Ungeliebten um Liebe, Disziplin die Angst vor der eigenen Schlamperei, Stärke die Überwindung der Schwäche, am schlimmsten ist es aber um den Helden bestellt, der bestenfalls als Prinz von Homburg zu erklären ist. Das Zeitalter der Enttabuisierung ist auch ein Zeitalter der Enttugendisierung; sie erfolgt mit Hilfe des Minderwertigkeitskomplexes.

Gedanken über Tugenden und Untugenden.

Toleranz ist ein merkwürdiges Geschenk. Ein Glück, es zu geben, ein Unglück, es zu empfangen.

Hilfsbereitschaft. Jeder läßt sich gern bei der Reparatur eines defekten Autoreifens helfen, aber man sollte das wütende Gesicht sehen, wenn man einen darauf aufmerksam macht, daß sein Wagen einen »Plattfuß« hat. Hilfsbereitschaft in ihrer nützlichsten Form, der Warnung, ist unpopulär.

Mitleid. Seltsam: Selbst die Religion predigt nur Mitleid. Mitfreude hält sie für unzumutbar.

Ehrgeiz. Der Fleiß der anderen.

Eitelkeit schützt vor Menschenkenntnis.

Mut in seiner edelsten Form ist Angst vor dem eigenen Gewissen. Man wagt nicht zu tun, was man bereuen müßte.

Gastfreundschaft. Manchmal nur der Versuch, ein Theater zu besuchen, ohne das Haus zu verlassen.

Todesverachtung — ein anmaßendes Wort, da niemand den Tod verachtet —, sollte mit »Lebensachtung« ersetzt werden. Er stürzt sich in die Wellen, um mit Lebensachtung einen anderen vor dem Tod zu bewahren ...

Überzeugung. Ein glorioses Wort, dennoch zu oft glorifizierend verwendet. Nicht alles, was aus Überzeugung getan wird, hat seine Richtigkeit.

Eifersucht ist die emotionellere, aber auch liebenswürdigere Schwester des Neides.

Bescheidenheit. Goethe hat: »*Nur die Lumpen sind bescheiden / Brave freuen sich der Tat*«, nicht so verstanden, wie es zitiert wird. Er hat nicht den Bescheidenen für einen Lumpen gehalten, nur den, der sich bescheidet.

Geschmack ist der beste Ersatz für Bildung.

Trägheit. Ein gefährlicher Begriff, weil er Faulheit, aber auch das Gegenteil von Faulheit bedeutet. Man ist träge, wenn man stehenbleibt, aber der rollende Ball, der nicht stehenbleibt, folgt dem Trägheitsgesetz. Gewisse politische Bewegungen verdanken ihre Bewegung ausschließlich der Trägheit.

Neid. Der Erfolg der anderen ist nur verzeihlich, wenn sie ihn einer Ungerechtigkeit verdanken oder ein schlechtes Gewissen entwickeln. Als mildernder Umstand darf zuweilen der Herzinfarkt gelten.

Kain und Abel: Die Menschheit zerfällt seit Anbeginn in Jäger und Hirten. Die wenigen glücklichen Perioden der Menschheit gehören den Hirten.

Das Gewissen ist wie die Polizei, die nur gerufen wird, wenn das Malheur schon passiert ist.

Es gibt ein einziges Zeichen für den letzten Sieg der Liebe: Der Haß macht alle zwanzig Jahre bankrott.

Unter allen Allergien bereitet die Allergie gegen Ungerechtigkeit das schlimmste Hautjucken.

Als ich jung war, wütete in Wien die Sittenpolizei, es hieß, man »saniere« die Seelen, Seelen wie Währung, man sanierte sie, indem man unschuldige Mädchen aus den Kaffeehäusern holte, mit Prostituierten in die »grüne Minna« zwängte, auf den polizeilichen Unterleibstisch spannte, die Logenwände der Lokale niederriß, am Ende gar die nackten Statuen auf dem Zentralfriedhof mit behördlichem Efeu »umrankte«. Ich schrieb eine Satire, *Umrankt*, der Violetthemdenfaschismus Kurt von Schuschniggs ruinierte meine Zeitungen. Es gibt Leute, die es seltsam finden, daß ich jetzt der plakatierten Pornographie an den nackten Leib rücke, obwohl zwischen der entfesselten Polizei und der entfesselten Permissivität kein Unterschied besteht: Beide üben Notzucht an der Natur, dienen der politischen Nacht, machen Unschuldige zu Huren. Ich erkenne es an meiner Allergie.

Im September 1939 fuhr ich im leeren Zug von Genf nach Paris, in Bellegarde stieg ein französischer Geheimpolizist ein, er beschwor mich, nicht gegen Deutschland in den Krieg zu ziehen, Hitler werde siegen, *plutôt Hitler que Léon Blum*, ich ließ mich nicht belehren. Mit den Siegern kehrte ich nach Deutschland zurück, Skelettstädte, Hungerschlangen, Kollektivschuld, *non-fraternization*, Morgenthau-Plan, ich gab deutschen Journalisten Arbeit bei der *Neuen Zeitung*, aß mit den deutschen Setzern in der Kantine, »*You have gone German*«, sagte der General, drohte mit dem Kriegsgericht, ich ließ mich nicht belehren. *I have not gone German*, es war nur die alte Allergie, Bausch-und-Bogen-Verurteilung, alle in einen Topf geworfen, es hätte mir nichts ausgemacht, Streicher persönlich an den Galgen zu bringen, aber ich ließ es mir nicht verbieten, Kindern *Chewing-gum* zu schenken, der General hatte wahrscheinlich nicht bemerkt, daß ich mich kratzte.

In Amerika saß der Großinquisitor McCarthy zu Gericht, die *un-*

friendly witness, Regisseure, Drehbuchautoren, Schauspieler, die mit der Linken sympathisierten oder jemand kannten, der mit der Linken sympathisierte, wurden aus den Hollywood-Studios gejagt, mich jagte niemand davon, dreimal in der Woche griff ich in der *Daily News* den Inquisitor und sein Tribunal an, die Hearst-Kolumnistin Luella Parsons schrieb, *Warner Brothers* müsse mich feuern, die Brüder feuerten mich, die Linke feierte mich, es war alles ein Irrtum, ich mochte die Linke so wenig wie eh und je, nur die Inquisition mochte ich noch weniger, Hautjucken. Zwanzig Jahre später färbten sich die Wellen rot, wenn man gegen den Strom schwimmt, kommt es nicht auf die Farbe an, der Männergesangverein der Intellektuellen sang die *Internationale*, bei Krupp, wo man dem »*geschenkten Gaul*«, so nannte Krupp die Sklavenarbeiter, nicht ins Maul geschaut hatte, sah man ins Maul des Ostgeschäftes, wie vor zwanzig Jahren in der *Daily News*, so schrieb ich jetzt in einem Blatt Axel Springers, zwei Schweizer Zeitschriften feuerten mich, wie mich die Warner-Brüder gefeuert hatten, Nachholebedarf. Ein unkonsequenter Mann, ich habe noch immer etwas gegen Meinungsterror und Monopolmeinung, die Fronten verschieben sich, nur meine Allergie ist gleich unangenehm.

Als mein erstes Nachkriegsbuch in Deutschland erschien, gab es eine *Gruppe 47*, ich fand es sehr sympathisch, daß sie auf eine saubere Weste in der Literatur sah, ich schätzte ihren Protest gegen die Erzeugung von Atombomben, als ein Wiener Literat, der McCarthy gedient hatte, den Chef der Gruppe angriff, kam ich der Gruppe zu Hilfe. Dann etablierte sie sich als literarisches Elitegericht, wer nicht richtete oder sich richten ließ, wer nicht schrieb, wie sie es vorschrieb, hatte keine Chance, der Nürnberger Richter gleichsam, »*die teutsche Dicht- und Reimkunst ... in VI Stunden einzugießen*«, wer sich nichts eingießen ließ, war zur ewigen Hölle verdammt, die Dichterkolchose erinnerte mich an etwas aus der unmittelbaren Vergangenheit, es fiel mir auf, daß man unter scheußlichen Atombomben nur amerikanische verstand, so etwas Ähnliches war mir schon begegnet, »*c'est le feuille-ton qui fait la musique*«, mein Verleger raufte sich die Haare, und ich stand da, mit meinem Ausschlag.

Ich war in Texas, als John F. Kennedy ermordet wurde, ich liebte Amerika, ich liebte Kennedy, Liebe verpflichtet zu Kritik, liebende Angst zur Warnung, ich sah das demokratische Amerika, ich sprach mit dem schrecklichen Obergespenst des Ku-Klux-Klan, ich ging nach Harlem und in den Süden, sah die Negerrevolte kommen, Elend, Verschwörung, Übermut, der Glaube an Amerika blieb. Hoffnung durch Kenntnis, ich schrieb *Der Tod in Texas*. Das gefiel dem *Spiegel* nicht, wer sollte so Böses von Amerika behaupten, Texaco, Standard-Oil, Shell, nur persönliches Ressentiment könne ein Haar in der amerikanischen Suppe finden — »›*Der Tod in Texas*‹ verdunkelt Amerika und erhellt gewisse Vorgänge in Hans Habe ... Kennedy, Jugend, Eleganz, Intelligenz, New York, Kalifornien. Diesem Amerika gilt eine abgöttische und rechthaberische Liebe. Den anderen Teil identifiziert er als: Texas, Dallas, wilder Westen, tiefer Süden, Ku-Klux-Klan, Öl-millionär Hunt, Lumpenproletariat und Aristokratie ... Diese gestrenge und säuberliche Trennung macht es dem Verfasser einfach, seinen Haß auf Amerika zu versprühen ... Die Führung habe dabei die Ölaristokratie von Texas übernommen. Und voilà — aus dieser Mischung niederer Haßinstinkte zweier Klassen seien die Schüsse von Dallas zu erklären ... Der Süden ist nicht nur wild«, belehrte mich der Rezensent, »der Westen trampelt nicht nur in Cowboy-Stiefeln in die Vergangenheit zurück ...« Das ist eine fatale Geschichte, daß alles, was ich damals angeblich über Amerika geschrieben hatte, acht oder zehn Jahre später just Der Spiegel über Amerika schrieb, Haßinstinkt zweier Klassen, wilder Süden, trampelnder Westen, herrliche Jugend, viel fataler jedoch, daß ich nun das gleiche, das ich damals geschrieben, wieder schreiben mußte, diesmal in der Verteidigung Amerikas, des damals über alle vernünftigen Maße glorifizierten, nun von ehemaligen Faschisten und neuen Sozialisten blind gehaßten und wütend verunglimpften, eines jeden Irrtums fähigen, jeder Besserung aufgeschlossenen, in seiner Brutalität erschreckenden, in seinem Idealismus wunderbaren und die Welt immer wieder gegen ihren Willen rettenden Amerika. Manches hat sich in einem Jahrzehnt gewandelt, zu Gutem und Bösem, nur meine Allergie scheint nicht zu heilen, ich werde mich wohl damit abfinden müssen, mit ihr zu leben.

Ich denke nicht daran, mich meiner Allergie zu rühmen, sie ist eine Krankheit wie jede andere, auch gehöre ich nicht zu jenen Kranken, die meinen, sie allein litten unter ihr, ich befinde mich in guter Gesellschaft, ich kenne eine Menge Leute, die bei der Berührung mit der Ungerechtigkeit die gleichen Symptome aufweisen, andere, die ich nicht kenne, erkenne ich an ihren Büchern und Artikeln und Briefen und Reden und Äußerungen, der Verband der Allergischen e. V. ist der einzige Verein, dem ich je angehört habe. Weil es aber ein guter Brauch ist, daß man, hat man eine lindernde Salbe entdeckt, sie an andere Patienten weitergibt, sie ihnen empfiehlt, sage ich euch, Freunde: Möge es euch gleichgültig sein, mißverstanden zu werden. Danke der Nachfrage, ich bekomme immer noch den Ausschlag. Aber die Haut ist hart geworden. Sie juckt nicht mehr.

Am Ende des zweiten Teiles von Faust sagt Mephistopheles: »Und hat mit diesem kindisch-tollen Ding / Der Klugerfahrne sich beschäftigt / So ist fürwahr die Torheit nicht gering, / Die seiner sich am Schluß bemächtigt.«

Nicht gering war die Torheit, die sich meiner bemächtigte, als ich, es war im Sommer 1972, von dem menschlichen Verrat eines Freundes erfahren mußte — von menschlichem Verrat spreche ich, denn was er »verriet«, war nicht der Rede wert, und von einem Freund spreche ich, obwohl ich eigentlich sein Brotgeber gewesen war —, ein »kindisch-tolles Ding«, doch warf es Fragen auf, die mich noch lange beschäftigten.

Ich hatte dem Mann viel Gutes erwiesen, daher, im Schockmoment, das Gefühl der Torheit. Aber warum sollte mich das schockieren? Die Undankbarkeit, über die wir uns beklagen, ist viel zu alltäglich, als daß sie wert wäre, den »Klugerfahrnen« ernstlich zu okkupieren. Sie ist nicht einmal, was uns am meisten anrührt, eine Ungerechtigkeit. Wenn ich zu diesem Mann »gütiger« war als zu anderen, so kann es nicht an mir allein gelegen haben: Er hatte gewisse gute Eigenschaften angeregt, die ich, neben den schlechten, besitze, wie es Leute gibt, die unsere latente, doch nicht immer präsente Intelligenz anregen, und wie die menschlichen Qualitäten dieser Leute gleichgültig sind, so ist es gleichgültig, ob sich meine »Güte« gelohnt hat; er bescherte mir schöne Augenblicke des richtigen Verhaltens, es wäre undankbar, ihm Undankbarkeit vorzuwerfen. Mehr als das: Wäre ich nun tief enttäuscht, weil er nicht gezahlt, sondern gleichsam heimgezahlt hatte, Vergeltung statt Entgelt, so hieße das, daß ich für meine guten Taten einen Lohn erwartete und also verdienten sie nicht, Verdienste genannt zu werden. Oder sollte ich nie wieder Gutes tun? Das würde seine Schuld zur Kollektivschuld verfälschen.

Auch eine gewisse Hoffnung schenkte mir der Verrat. Als mich mein Sohn, viele Jahre zuvor, bitter enttäuscht hatte, empfand ich es am bittersten, daß ich unter der Enttäuschung nicht litt: ein Menschenverächter wähnte ich zu sein, denn nur das Eis der Verachtung immunisiert gegen Enttäuschung. Nun war ich enttäuscht, und diese Enttäuschung sägte wie ein Eisbrecher durch die öde Landschaft: Ich konnte, der Enttäuschung fähig, ein Menschenverächter nicht sein. Menschenverachtung ist eine schützende Rüstung, indem ich sie ablegte, war ich schutzlos. Die Rüstung, die schützt, beengt auch. Indem ich sie ablegte, war ich frei.

Ich glaubte an seiner Niedrigkeit zu leiden, ein selbstgefälliges Gefühl. Vielleicht litt ich nur an meiner Menschenkenntnis, an ihrem Mangel vielmehr, oder an meinem entkleideten Hochmut. Die Schwächen dieses Mannes lagen klar zutage, Freunde und Fremde hatten mich vor ihm gewarnt, aber ich hatte ihren Rat in den Wind geschlagen, war sicher, seine Gebresten würden in meiner Nähe heilen. Jetzt, da mich meine Menschenkenntnis im Stich gelassen hatte, erkannte ich, daß Menschenkenntnis eine nützliche Eigenschaft ist, doch eine Tugend mitnichten — größere Männer als ich sind noch schlechtere

Menschenkenner, da sie ihr eigenes Maß an andere legen —; Menschenkenntnis ist eine Zwillingsschwester des Argwohns, man braucht auf sie nicht stolz zu sein. Man wäre in der Tat verzweifelt einsam, wenn man nur mit Leuten verkehrte, denen man unbedingt vertrauen kann, es gäbe keinen Versuch am menschlichen Objekt. Und es ist, schließlich, nicht einmal bewiesen, daß der Mann, der auf mich anscheinend so »sauer« reagierte, auf andere nicht »alkalisch« reagieren würde; ich tat ihm Gutes, vielleicht wäre das Gegenteil barmherziger gewesen, von der Mitverantwortung am Bösen wird niemand freigesprochen.

Hatte ich seinen Neid nicht entdeckt? Auch der Vorwurf der Freunde, ich hätte ihn nicht bewirten sollen mit meinen Freuden, bedrängt mich kaum. Keinen Neid erregen, das ist leicht gesagt — was ist die andere Möglichkeit? Ich hätte dem Mann, setze ich mich zu Tisch, die Tür versperren können, aber es ist nichts trister, als allein zu speisen, oder ich hätte ihn einladen können, mit mir zusammen am Hungertuch zu nagen, dazu hätte ich mir aber erst, mühsam und verlogen, ein Hungertuch anschaffen müssen. Wer keinen Neid erregen will, muß seine Türen verriegeln, niemand hinaus, niemand herein, was wäre das für ein Dasein, man muß den Neid nicht herausfordern, aber man sollte wissen, daß man eher dem Tod als dem Neid entrinnen kann.

Der Mann, von dem hier die Rede ist, war ein unglücklicher Geselle, geplagt, gespalten, gestrauchelt, geschlagen, gestrandet. Sollte ich daraus lernen, mich nur mit Siegern zu umgeben? Ich müßte lange suchen, um sie zu finden; es wäre, wenn ich sie fände, nicht sehr befriedigend. Der Nichtschwimmer geht unter, wenn man ihn nicht aus den Fluten rettet, aber es wäre doch höchst paradox, wollte man erwarten, daß er im Moment der Rettung zu schwimmen beginnt; daß einen die Ertrinkenden, indem sie sich an den Retter klammern, in die Tiefen ziehen, ist nicht überraschend. Überdies ist es nur geziemend, daß auch der Retter dem Erretteten dankt, man hat die eigene Schwimmkunst erprobt, eine schöne Befriedigung.

Die Bilanz, die anfangs so kindisch-toll schien, so töricht, ist beglückend. Die letzte Wahrheit, man findet sie im *Faust*. Als der Vorhang fiel, war der jämmerliche Mephistopheles längst verschwunden, ich war von Engeln umgeben, an deren Existenz ich gezweifelt hatte. Ich sah, was der erblindende Faust sieht: »*Die Nacht scheint tiefer tief hereinzudringen, / Allein im Innern leuchtet helles Licht; / Was ich gedacht, ich eil es zu vollbringen; / Des Herren Wort, es gibt allein Gewicht.*« Es wäre zu viel von Faust verlangt, wenn man von ihm erwartete, er sollte dem Bösen, weil es »*das Gute schafft*«, dankbar sein. Der heimkehrende Faust ist dankbar für die Erfahrung.

WERK UND HANDWERK

Die Pest des Idealismus geht um. Seine schwarze Fahne weht über Dörfern und Städten, Ländern und Erdteilen, anders als die Pest des Mittelalters taucht der Skelettgast mit der Sense überall gleichzeitig auf, alle Tore stehen ihm offen, kein Gebet beschwört ihn, kein Arzt bannt ihn, die Jugend rennt ihm nach, die Alten folgen den Jungen, der geliebte Tod. Wir sind ihm verfallen. Der Ritter im schwarzen Mantel kennt kein Hindernis, keinen Kordon, keine Schranken, kein Garten ist ihm heilig, kein Hof, kein grünendes Feld, was schert ihn Weib, was schert ihn Kind, wer sich dem Traum widersetzt, wird niedergetrampelt, wer nicht kniet, wird in die Knie gezwungen. Er hat kein Gesicht, der schwarze Reiter, denn der Mensch soll kein Gesicht haben, alle das gleiche Gesicht, alle gleich groß oder gleich klein, gleich fett oder gleich mager, alle gleich klug oder gleich dumm, und wer sein eigenes Gesicht behalten will, gehört nicht zu seiner Schar, wird verstümmelt oder ausgelöscht. Er kommt von nirgends und keiner ist ihm verwandt, wer dem Nächsten helfen will, ist kein Idealist, Nähe ist ungerecht, Liebe ist Betrug, fort mit ihm, fort aus des Reiters Weg, du darfst keinen Bruder haben, alle sind deine Brüder, der schwarze Ritter nimmt alle in seine Knochenarme, Glück für alle, Atem für keinen, du fliehst umsonst vor soviel Glück, fliehst umsonst in dein eigenes, du hast kein Recht auf Besitz, du darfst das Glück nicht besitzen, es besitzt dich. Er ist der schwarze Heiland des Idealismus. Er kennt keine Geduld, wer von Geduld spricht, ist sein Feind, wird denunziert, wird verdächtigt, Geduld heißt Hoffnung, Geduld heißt Glauben, du darfst nicht hoffen, darfst nicht glauben, darfst die Hände nicht falten, das Himmelreich ist gekommen. Und wer nicht glaubt, daß das Himmelreich gekommen ist, wird vertilgt, auf Frage steht Tod, Gewalt ist Gesetz, es ist die Gewalt des unbedingt Guten, dem totalen Idealismus muß alles weichen, in seinem Namen ist die Gewalt selig. Wo der Reiter haltmacht, da werden Orgien gefeiert, Lustfeste des Idealismus, der Mensch ist so gut, daß ihm alles erlaubt ist, der Glaube wird angezündet, die Gerechtigkeit geteert und gefedert, die Liebe versoffen, Kultur war nur ein Mäntelchen der Reichen, sie wird ihnen vom Leib gerissen, Tanz der Entblößten, vor den Fanfaren des Idealismus bersten die Tore der Kerker, fallen die Mauern der Irrenhäuser, die Bettler brechen auf, die Aussätzigen reigen, die Narren dirigieren, Vergatterung, schon werden die Fahnen wieder gepflanzt, die Vorhut besteigt die Pferde, Intellektuelle, Professoren, Sänger, Philosophen, Theologen, Studenten, der Troß folgt nach, die

Marketenderinnen packen ihr Rauschgift ein, man wird es brauchen, es gibt Unbelehrbare, die können nicht träumen ohne Haschisch, die letzte verschneite Berghütte wird aufgespürt, die letzte verwehte Oase, die letzte Insel. Keiner entgeht dem Glück. Apokalypse des Idealismus.

Ich frage mich in meiner Isolation, ob es zwischen mir und den Intellektuellen auf der anderen Seite keinen Weg gibt, keinen Pfad, ob wir uns nicht finden könnten, irgendwo, im unbekannten Jemandsland?

Wenn uns nichts gemeinsam ist, die Verzweiflung ist uns gemeinsam. Ich bin nicht so jung, daß ich nicht um die Schönheit der Resignation wüßte. Ich traue es mir zu, zwischen den Gittern meiner Melancholie die Freude der anderen zu entdecken; ich kann nicht einstimmen in ihren Siegesgesang, aber ich könnte lächeln bei ihrer Freude. Ich höre nichts. Ich bin unterlegen, und sie haben nicht gesiegt. Gott hat auch sie nicht mit Blindheit gesegnet. Sie sehen die napalverbrannten Kinder in Vietnam und die sizilianischen Bruchbuden und die toten Fische in den Flüssen und den Schmuck der Farah Diba und die Kanonenparaden in Argentinien und die Mauer der griechischen Inseln. Aber sie sehen auch Viehwaggons, in denen ihresgleichen nach Sibirien transportiert wird, die dreckigen Jesuskinder, die im Namen Christi huren, die Rotationsmaschinen, die Lügen speien, die Automaten des Teufels an der Berliner Mauer, die Zeppelinraketen, die dräuend vorbeirollen am Kremlkerker. Ich bin traurig über meine verlorenen Hoffnungen, und sie haben nichts gewonnen als Illusionen.

Könnte uns nicht einen, was eint, die Traurigkeit?

Wenn sie sich und mich und uns alle nicht belügen wollten! Wenn sie nicht, wie ich, jeden Todesengel verfluchten, der über Nord-Vietnam seine Last abwirft — und jedem Dämon zujauchzten, der durch den Dschungel von Süd-Vietnam schleicht! Wenn sie nicht, wie ich, hinter jeder goldenen Obristenbrust die grinsende Macht sähen — und die grinsende Machtlust der zivilen Obristen in Finnland, Schweden und Deutschland übersähen! Wenn sie nicht, wie ich, eine in Armut oder Überfluß ersaufende Jugend beklagten — und die schmutzigen Füße der Tagediebe leckten!

Und wenn sie das Talent, das ihnen gegeben ist, zur Wahrheit nützten, zu ihrer eigenen Wahrheit, der Wahrheit des Künstlers, *right or wrong!* Wenn sie schrieben, damit es die verstehen, die es verstehen sollten, nicht nur für jene, die nur sich selbst verstehen, wenn sie nicht nur wehklagten über die Wehleidigen, wenn sie nicht vorgäben, die Sprache zu retten, da es die Ertrinkenden zu retten gilt, wenn sie nicht Elendsfeste veranstalteten, von denen die Elenden ausgeschlossen sind wie von den Elefantenfesten der Farah Diba! Wenn sie sich demütigten zur Wirklichkeit!

Die Traurigkeit könnte uns einen. Meine Vergangenheit versagte und ich versagte mit ihr, ich habe in einem Narrenparadies gelebt, eine Wüste ist geblieben. Aber auch ihre Zukunft hat versagt und sie mit ihr. Sie wollten Glück für alle und keiner ist glücklich. Sie haben es mit der Elite versucht und haben nichts geändert, sie haben es mit dem Kollektivismus versucht und haben nichts geändert, sie haben es mit dem Abstrakten und mit dem Abstrusen versucht und haben nichts geändert, sie haben es mit der Exklusivität und mit der Exzentrizität versucht und haben nichts geändert, sie haben es mit der Gasse und mit der Gosse versucht und haben nichts geändert. Sie verbergen sich hinter den Glasperlen der Träume, spielen die Spiele ihres Marionettentheaters, spielen vor leeren Bänken, nennen es Literatur und bringen sich um die Früchte der Tränen. »*Zum Sehen geboren, zum Schauen bestellt*«, sind sie nur »*dem Turme geschworen*«; zum Kampf gegen die Macht geboren oder bestellt, verschwören sie sich mit einer Macht gegen die andere, resignierte Bildhauer, Ton in des Töpfers Hand. Das alles wissen sie, deshalb sind sie verzweifelt, erstickte Midas, in keinem Fluß Paktolos erlöst, sie warten auf Godot, deshalb kann kein Gott ihnen erscheinen. Weil mich die Traurigkeit mit ihnen verbindet, strecke ich manchmal meine Hand durchs Gitter. Sie ergreifen sie nicht.

Laien, denen ich immer mit Aufmerksamkeit lausche — Karl Tschuppik hat in seiner Ludendorff-Biographie die Ähnlichkeit zwischen dem Fachmann und dem Narren nachgewiesen —, stellen mir immer wieder die Frage, warum die Intellektuellen »links« stehen »müssen«, warum das Wort Linksintellektueller zum Pleonasmus geworden ist.

In der Verteidigung der Intellektuellen — denn »antiintellektuell« ist die Reaktion — antworte ich, daß nur die Intellektuellen des Westens unbedingt »links« stehen; unter den Intellektuellen des Ostens gibt es viele, die längst nicht mehr nach »links« denken.

Dafür gibt es ein paar bequeme Erklärungen: daß man am eigenen Leib erfahren muß, was »links« bedeutet — aber für so arm an Phantasie halte ich meine Kollegen nicht, daß ich meine, sie müßten alles »erleben« —; daß sich der Intellektuelle auf jeden Fall in der Opposition befindet — literaturgeschichtliche Beispiele, von Goethe abwärts, beweisen das Gegenteil —; daß es, anderseits, tatsächlich um die stereotypen Begriffe »links« und »rechts« geht: »*Kein Schriftsteller, der für den Nobelpreis in Frage kommt, stellt sich auf die Seite von Franz Josef Strauß ... Ein Schriftsteller, der hinter dem Bewußtsein seiner Zeitgenossen zurückbleibt, hat nichts zu sagen*«, sagt nichtssagend Max Frisch, und so wäre denn der Schriftsteller um 1810, vor dem Wiener Kongreß, ein restaurativer Reaktionär gewesen, bewußt des Bewußtseins der Zeitgenossen, statt Gegner dieses Bewußtseins.

Es ist in Wahrheit, und in des Wortes wahrstem Sinne, eine Gewissens-Frage.

Der Intellektuelle kann, wenn er nicht nur ein privilegierter Gebildeter sein will, nichts anderes sein als das Gewissen der Gesellschaft, in der er lebt — das schlechte Gewissen, da ein gutes Gewissen so stumm ist wie ein gesunder Blinddarm. Geht also der westliche Intellektuelle von der Voraussetzung aus, daß er in der »kapitalistischen« Gesellschaft lebt, dann muß er sich als das schlechte Gewissen dieser Gesellschaft empfinden, nicht anders als der Intellektuelle, der sich in der sozialistischen Gesellschaft als deren Gewissen empfindet.

Was aber ist Gewissen? Spätestens seit der »Erfindung« der Psychoanalyse muß uns klar geworden sein, daß Gewissen kein absolutes Phänomen ist, Gewissen ist nicht der Gentleman der Seele, als den ihn unsere Vorfahren verehrten, kein unbedingt richtiges Korrektiv. Wenn das schlechte Gewissen, die Prämisse des Guten, in keinem wenigstens halbwegs rationalen Verhältnis zur bösen Absicht oder bösen Handlung steht, wenn es das Böse, das zu korrigieren es sich anschickt, hysterisch übertreibt, wenn es Strafen ersinnt für das, was nicht begangen, kaum gedacht wurde, dann verdient es den schönen Namen Gewissen nicht mehr, es wird zum pathologischen Komplex. Gewissen ist Moral schlechthin — unter der Bedingung, daß es sich »*in seinem dunklen Drange ... des rechten Weges wohl bewußt*« ist. Alexander Solschenizyn ist das Gewissen seiner Gesellschaft, weil seine Rebellion mit der Unterdrückung korrespondiert, weil seine Sprache der Wirklichkeit adäquat ist, seine Kritik das Risiko einschließt, seine Humanität gegen die »*grinsenden Barbaren*« sich richtet, weil der Teufel, den er bekämpft, ein zerstörender Dämon ist, nicht eine an die Wand gemalte Schreckensfigur, weil er unter Freiheit das versteht, was Freiheit ist: Widerstand.

Das Malheur der Intellektuellen im Westen ist der unaufhaltsame Reformprozeß des Systems, in dem sie leben; er vollzieht sich auch, wenn man ihn verneint, und man kann ihn nicht beschleunigen, indem man ihn verläßt — deshalb wirken die »linken« Intellektuellen des Westens so blaß neben Pasternak etwa oder Solschenizyn. Da aber auch Intellektuelle die Spiegel nicht ganz zu meiden vermögen, entdecken sie ihre Blässe und greifen zum Schminktiegel. Richtiger: Sie greifen zur Kohle, um ihre Gesellschaft anzuschwärzen, die zwar nicht rosig, aber auch nicht schwarz ist. Wo Gebäude stehen, deren Wände man neu streichen müßte, da errichten sie imaginäre Zwingburgen, wo ein Verkehrspolizist ungeschickt den Verkehr regelt, da sehen sie ein Füsilierkommando, wo sie Armenviertel entdecken, da wird ihnen die Welt zu einem einzigen Jammertal, und werden sie herbeigerufen, weil die Wasserleitung tropft, erklären sie beleidigt, sie seien diplomierte Architekten, und gehen daran, das Haus abzureißen. Vermuten sie gar Zufriedenheit, Zuversicht, Hoffnung, ergreift sie besinnungsloser Zorn, sie fürchten die Arbeitslosigkeit des Gewissens — keine Angst, es ist nie arbeitslos! —, sie manipulieren ihre Gesellschaft in ein Schuldgefühl, in dem sie, das schlechte Gewissen, wieder gebraucht werden, Arbeitsbeschaffungsprogramm der Intellektuellenregierung. Sie geben vor, die Macht zu bekämpfen — und manche tun es in gutem Glauben —, obschon sie in Wahrheit lüstern nach Macht streben, Erlöser von einer Sünde, die sie in ihrem primitiven Passionsspiel vorgeistern.

Arrogant bis zum Exzeß des Hochmuts, dieses »Instruments der Schelme«, das Kant verflucht, sind sie so bescheiden, daß sie sich für das »linke« Gewissen der Gesellschaft halten, als ob das Gewissen ein Krüppel wäre, der nur einen Arm hat. In ihrer bescheidenen Arroganz erkennen sie nicht, daß der Feind der Menschheit, der wahre »Fürst dieser Welt«, die Trägheit des Herzens ist, so daß die Würde des Intellektuellen ihm gebietet, keiner Armut sich zu erbarmen, ohne ein anderes Elend zu beweinen, keiner Gewalt zu trotzen, ohne einer anderen in die Arme zu fallen, keine Heuchelei zu entlarven, ohne der anderen die Maske vom Gesicht zu reißen, keine Hinterlist zu entdecken, ohne die andere anzupeilen, und, vor allem, keine Macht zu bekämpfen, ohne der anderen zu widerstehen.

Allen »linken« Intellektuellen den guten Glauben streitig zu machen, hieße, ihre Scheuklappen auszuleihen. Manche sind willenlose Opfer der unsichtbaren Gewalt. Manche sind kurzsichtig oder blind, schwerhörig oder taub. Die meisten sind Kinder, geboren aus der Paarung des Widerspruchs mit der Macht.

Der große englische Dichter W. H. Auden hat an seinem vierundsechzigsten Geburtstag Abschied genommen von seinem Engagement: »Wenn ich mir die Frage stelle, wer von meinem Engagement profitiert hat, heißt die beschämende Antwort: ich. Meine Gedichte haben weder die Juden in Auschwitz gerettet, noch das geringste am Krieg geändert.«

Ich denke, das découragement Audens muß tiefere Gründe haben, obwohl alles, was er sagt, zutrifft: Kein Gedicht verhindert Auschwitz und, neben Waffenfabrikanten, sind Dichter die einzigen Profiteure des Krieges.

Der Schriftsteller, der sich der aktiven Politik verschreibt, verschreibt sich, er gerät in üble Gesellschaft. Er verschreibt sich, meistens ahnungslos, der Korruption.

Für den Politiker ist Korruption selbstverständlich, sie ist sein verbrieftes Recht. In dem Gesetzbuch der Politik findet sich kein einziger Grundsatz, der mit den Zehn Geboten übereinstimmte. Die Politik tötet im Namen des Staates, stiehlt das Geld der Bürger, legt, mit oder ohne Wahlen, falsches Zeugnis ab, schachert mit dem Sabbat, enteignet das Haus des Nächsten, bricht Verträge, setzt das System über Vater und Mutter, mißbraucht die Gesetze, huldigt der gottlosen Macht, schafft menschliche Gottesbilder. Sie achtet nicht einmal die Konvention, diesen Schatten der Ethik. Der Politiker schreitet mit dem Gast, dessen »heimische« Schandtaten er kennt, die Ehrengarde ab, obwohl er sich »privat« nicht einmal mit dem kleinsten Taschendieb zu Tisch setzte; er schließt heilige Verträge mit Verbrechern, die er »privat« beim erstbesten Polizisten anzeigen würde; er führt Kriege, während er seinen Sohn bestraft, der einen Stein nach des Nachbarn Katze geworfen hat.

Der Schriftsteller, der sich einer Partei anschließt, muß früher oder später ihre Handlungen billigen, zumindest akzeptieren oder beschönigen. Er begibt sich der Richterrolle, die ihm zusteht, und wird zum Advokaten oder Staatsanwalt wider Willen. Er wird zum Sprachrohr von Meinungen, die seine eigenen nicht sein können. Neben einem Herrn, den er bewundert, verkehrt er mit Lakaien, die er verachtet. Er meint, er habe sich engagiert, und wird engagiert, wie ein Schauspieler am Theater. Er verrät den Individualismus, was nicht das schlimmste wäre, wenn er nicht zugleich aus der Kollektivität — das wird wohl Auden als »embarrasing« empfunden haben — seine eigene Persönlichkeit herausrettete.

Daß das »politisch Lied« ein »garstig Lied« sei, kann Goethe, wie Walther von der Vogelweide ein eminent politischer Dichter, nicht gemeint haben; deshalb legte er das Wort Brander in den Mund. Das politische Lied ist das eigene Lied des Dichters. Das parteipolitische ist garstig, weil er es nachpfeift.

Das Bild, das die Intellektuellen von der Zukunft entwerfen, ist das Bild einer Zukunft für Intellektuelle. Sie sind die Nachfolger Robespierres, der die Guillotine mit dem *Être suprême* entschuldigte.

Kains Nachfahre im sechsten Glied hieß Jubal — »*von dem sind hergekommen die Geiger und Pfeifer*«. Was kann man von dem Schriftsteller bei einer solchen Abstammung verlangen?

Das sicherste Urteil hat man über Bücher, die man nie gelesen hat.

Intellektuelle Freundschaften beruhen auf gegenseitigem Mißtrauen.

Nur Iwrith hat einen besonderen Ausdruck für das charakteristische Verhältnis von Schriftstellern zueinander. *Kin' at sofrim.* Schriftstellerneid.

Ich werde gewitzt. Wenn ich das nächste Mal das Glück haben sollte, ein Buch in einem Jahr zu beenden, werde ich erzählen, ich hätte sieben Jahre daran gearbeitet. Das einzige, was dem modernen Schriftsteller leicht aus der Feder fließt, ist der Schweiß.

Ich verdanke Thomas Mann die Definition des Genies. In einem Gespräch in Pacific Palisades über Schiller sagte er, das Genie setze sich aus vier Komponenten zusammen: angeborenem Talent, Fleiß, Disziplin und Charakter. »Meistens«, fügte er hinzu, »fehlt nur der Charakter.«

Weil Deutschland in seiner dunkelsten Stunde versagt hat, glauben viele junge Autoren, die deutsche Sprache habe versagt; in Wirklichkeit hat nur sie nicht versagt. Thomas und Heinrich Mann, Erich Kästner, Ernst Jünger, Franz Werfel, Joseph Roth ... Was man heute in Deutschland als Sprachschöpfung verehrt, ist so überflüssig wie ein Tarngewand, das man nach Friedensschluß trägt.

Die Bücherverbrennung war ein Ehrentag des deutschen Buches. Man hat es nie wieder für so wichtig gehalten.

Wenn man mir vorwirft, daß ich die Jugend nicht verstehe, beruhigt es mich, daß mir mit achtzehn Jahren der Dadaismus so fremd war wie heute die Pop-art. Ich bin nicht von gestern. Sondern, gottlob, von vorgestern.

Die experimentierende Kunst wird zur Farce, nachdem das Experiment entweder gelungen oder gescheitert ist. Deshalb ist der Vorwurf, der manchen jungen Künstlern gemacht wird, daß sie das Experiment verraten haben, ungerechtfertigt. Jedenfalls wäre es schlimmer, wenn sie die Entwicklung verrieten.

Die übliche Frage: »Haben Sie aus Rezensionen gelernt?« Ja. Eine Menge über die Rezensenten.

Ich lese, Truman Capote habe *In Cold Blood* geschrieben, um Geld zu verdienen. Hätte er es getan, wogegen nur ein Heuchler etwas einzuwenden hätte: Woher wissen das die Rezensenten? Wie die Filmregisseure befinden sie sich unentwegt auf »Motivsuche«: Wer ihnen mißfällt, der schreibt nicht nur schlechte Bücher, er tut es auch mit den unlautersten Absichten. Ich fürchte, am liebsten wäre den Rezensenten eine Literatur, die nur aus Kommentaren zu ungeschriebenen Büchern bestünde.

Im Jahre 1956 hatte ich in einer New Yorker Zeitschrift die Literaten als Feinde der Literatur bezeichnet; zehn Literaten fielen in der deutschen Zeitschrift *Sprache im technischen Zeitalter* über mich her, auch ein Sammelband *Deutsch — gefrorene Sprache in einem gefrorenen Land?* beschäftigte sich mit dem gleichen Gegenstand. Professor Walter Höllerer, der Herausgeber der Zeitschrift, gab mir Gelegenheit zu antworten — hier, auszugsweise, was noch wert erscheint, festgehalten zu werden.

»Der Begriff ›Literat‹ hat sich im Laufe der Jahrhunderte immer wieder gewandelt. Einmal verstand man darunter einfach schreibende Menschen, ›lauter Literaten‹; ein andermal dünnblütige Kritikaster — zwischen 1880 etwa und dem Erscheinen des Unmenschen aber ... wurde das Wort ›Literat‹ zu einem adeligen Prädikat. Von Georg Brandes bis Willy Haas: Das war die beste Zeit des Literatentums, in der sich der Freund der Literatur auf seine eigentliche Rolle besann, die schöne und merkwürdige Doppelrolle des Dieners und Richters. Merkwürdig, sage ich, doch nicht paradox, denn Diener und Richter haben manches gemeinsam — den Verzicht auf die eigene Persönlichkeit, die Lust am ›Aufräumen‹, am Beseitigen des Störenden, Schmutzigen und Überflüssigen, das Aufbewahren und Behüten ferner, die Treue schließlich, die beiden eigen ist.

Alle diese noblen Qualitäten sind den meisten deutschen Literaten verlorengegangen.

Da ist einmal die Unsachlichkeit, dieser hinterhältige Feind der Literatur ... Da herrscht, wenn von Literatur, Sprache, Autoren die Rede ist, eine Gereiztheit, als ginge es um eine politische Kompetition am Wahltag. Da wird jeder, der anderer Ansicht ist, verdächtigt, beschimpft, persönlich angegriffen, als läge man sich in Schützenlöchern gegenüber; du oder ich, beide können es nicht überleben. Gegen die Diktatur sind sie alle, aber jeder etabliert sich als kleiner Diktator, sich krampfhaft festhaltend an dem bißchen Machtbesitz, das er sich errungen, oder, schlimmer noch, an der herrschenden Meinung, von deren Nabelschnur geschnitten zu werden er fürchtet. Da schlägt jeder um sich, als müßte er, wenn er einmal unrecht hat, ertrinken; der einzige Platz, auf dem er sicher zu stehen glaubt, ist der Kopf des anderen.

Das ist aber auch das Laster der Eitelkeit ...: sich pfauenhaft spreizend stellen sich die Literaten vor Werk, Autor, Literatur und Gegenstand. Einer der deutschen Literatur-Könige — ein Kaiser richtiger, Joachim mit Namen — beginnt eine Beckett-Besprechung mit folgender schöner Selbsterkenntnis: ›Verstört von Beckett-Deutungen, von historischen und philosophiegeschichtlichen oder theologischen Analogien, wagt der aufgeweckte Theaterbesucher kaum mehr die Vermutung, dieser Samuel Beckett könnte ihm Spaß machen‹ — woraufhin besagter Literaten-Kaiser genau 221 Zeilen über einen einzigen Einakter von Beckett schreibt, die es völlig überflüssig erscheinen lassen, den Einakter auch noch anzusehen. Oder: ›Die Zeit‹, eifriger Ministrant sonst im Böll-Kult, hat sich durchgerungen, des Autors neuestes Werk einer wenig gefälligen Kritik zu unterziehen. Gleich darauf erwacht jedoch bei der ›Zeit‹, was ich den modernen Literaten-Instinkt nennen möchte, der Wunsch nämlich, die literarische Welt nach der Pfeife des Feuille-Tons tanzen zu lassen. Zwölf weitere Kritiken erscheinen über das doch ursprünglich dürftig beurteilte Buch, fünf Photos des Autors, insgesamt ... zweitausend Zeilen. Das ist nicht mehr Beurteilung der Literatur, Dienst an ihr am allerwenigsten, da wird die Literatur vielmehr zur Arbeitslosenunterstützung der Literaten, die Sprache zu einer Tarnkappe der Absichten. Ein ›umstrittenes Werk‹ heißt es nun in der Kommerzsprache, doch wurde in Wirklichkeit das ›Umstrittensein‹ hausgebacken, do it yourself; das literarische Werk verschwindet, aus seiner Asche steigt als Phönix der wort- und siegreiche Literat.

Dazu kommt, daß buchstäblich Hunderte von Literaten versuchen, eine unlesbare Literatur ... an Mann und Frau zu bringen.

... Angenommen, der deutsche Literat hätte Achtung vor der Literatur — während sich sein Respekt in Wirklichkeit auf einzelne ›Lieblinge‹ beschränkt —: was nützte es, da er des Lesers nicht achtet? Wie soll der Literat seine wichtigste Aufgabe, die der Vermittlung, erfüllen, da er doch den einen der beiden, zwischen denen er vermittelt, geringschätzt? Kein Leitartikler würde es wagen, von der öffentlichen Meinung wie von einem übelriechenden Exkrement zu sprechen: der Literat aber unterscheidet peinlich zwischen gutem Geschmack — seinem eigenen — und ›Publikumsgeschmack‹, als verglich er Guerlain mit Knoblauch.

Diesem so verachteten, ganz und gar unkundigen, allein zum Kaufen bestimmten Leser haben nun die Literaten seit Jahr und Tag die absurde, abstrakte, intellektuelle, nichterzählende, vor allem aber tödlich langweilige Romanliteratur als die einzig seligmachende angepriesen ... Was aber geschieht mit den Lesern? Ihren ›Sachverständigen‹ vertrauend, haben sie diese Literatur gekauft, aber sie haben sie entweder nicht gelesen oder haben keinen Gefallen an ihr gefunden. Jetzt ist der Punkt erreicht, wo der deutsche Leser genug ungelesene Bücher im Bücherschrank hat. Das wäre kein Malheur, wenn sich der Leser nun, nach der Literaten-Literatur, der Schriftsteller-Literatur zuwenden wollte. Aber der intelligente Leser, der das Vertrauen zu den Literaten verloren hat, hat zugleich auch — so geschieht das mit den Irregeführten — sein Selbstvertrauen eingebüßt. Er weiß schon, daß man ihm eine ungenießbare Literatur verkauft hat, noch zögert er jedoch, sich eine eigene Meinung zu bilden ... Wie anders, als Feinde der Literatur soll ich die Literaten nennen, die dem Leser das Buch verleidet haben?

Warum aber, könnte man fragen, haben die Literaten von heute nur eine Literaturgattung gefördert ...; sie hätten ja ihre Pfauenräder ebensogut vor einer anderen schlagen können. Das eben nicht ... aus zwei Gründen.

Die erzählende Literatur eignet sich nicht, über Seiten und aber Seiten kommentiert zu werden; ihre ›Sünde‹ ist es, in mehr als einem Sinne, für sich zu sprechen. Die erzählende Literatur eignet sich auch nicht, mit der Lieblingsvignette der Literaten: ›Achtung! Zerbrechlich! Das verstehe nur ich!‹ versehen zu werden. Deshalb stürzen sich die Literaten genießerisch auf das Unverständliche, das ich nicht mit dem Schwerverständlichen verwechselt haben möchte — das Schwerverständliche läßt sich ›übersetzen‹, und es zu verdolmetschen ist die Aufgabe der Literaten; das Unverständliche ist jedoch unübersetzbar, so daß es in der Tat nicht verdolmetscht, sondern nur in einem Literaten-Kauderwelsch kommentiert werden kann. Und der zweite Grund. Wer die erzählende Literatur vermitteln will, muß noch etwas anderes verstehen als Literatur. Unmöglich, Balzacs ›César Birotteaux‹ zu kommentieren, ohne sich ein wenig in das Börsenwesen zu vertiefen; der zeitgenössische Literat, der sich an Zolas ›Germinal‹ heranwagte, müßte die sozialen Verhältnisse in Frankreich um 1880 studieren. Die Beurteilung und Kommentierung der Literaten-Literatur von heute bedarf nur einer gewissen formalistischen Literaturkenntnis, die ebenso unkontrollierbar ist wie die Literatur, von der die Literaten sprechen. Wir stehen einem schrecklichen, neu-deutschen Phänomen gegenüber: dem ungebildeten Intellektuellen. Die Schuld am provinziellen Zustand der deutschen Literatur liegt also nicht bei den Schriftstellern, deren Formalismus vielleicht einem inneren Bedürfnis entspringt, und die, zweitens, nicht unbedingt gebildet zu sein *brauchen — bei den Literaten liegt sie, die sich allein in der Formkritik zu Hause fühlen. Es ist eine paradoxe Erscheinung, doch deshalb nicht minder wahr, daß die Geringschätzung des Inhalts zu der Verlotterung der Form führen muß — wir sind Zeugen der Verkümmerung einer Sprache, die, dem Blinddarm gleich, zwar vorhanden, aber höchstens noch für eine Operation gut ist.«*

Ich habe mich dabei ertappt, aus einem Essay ein Zitat, ein vortreffliches noch dazu, aus Sainte-Beuves *Le Sage*, gestrichen zu haben. Ich habe es gleich wieder eingesetzt. So leicht werde ich mich den modischen Tabus nicht fügen.

Das Zitat ist *out-lawed*, es ist nicht mehr salonfähig, der Lächerlichkeit ist es ausgesetzt, beinahe verboten.

Hält man es für ungehörig, sich mit fremden Federn zu schmücken? In Wirklichkeit ist das Zitat nichts als eine formulierte Erinnerung; es wäre jämmerlich, wenn man sich nur daran erinnerte, was man selber gesagt hat. Oder ist es verpönt, Bildung auf so wohlfeile Art nachzuweisen? Was aus dem *Büchmann* zitiert wird, ist leicht zu erkennen, das Lexikon dient nur der Überprüfung, der Ungebildete weiß nicht, was er überprüfen sollte. Als ich den *Marquis von Keith* falsch zitierte, beglückwünschte mich Kadidja Wedekind — nur wenn man einen Autor gelesen hat, pflegte ihr Vater zu sagen, zitiert man ihn falsch. Gehört die Ächtung des Zitats zum allgemeinen Feldzug gegen die Autorität? Die Gültigkeit eines Zitates ist überprüfbar; im übrigen muß an einer Behauptung, die das Examen der Zeit bestanden hat, etwas dran sein.

Die Abneigung gegen das Zitat entspringt der Abneigung gegen die Erfahrung. Der Intellektuelle, der gegen das Zitat plädiert, ist ein Radioamateur, der lieber aus seiner selbstgebastelten Zigarrenkiste nichts oder eine Kakophonie vernimmt, als daß er einen Apparat benützte, den die Erfahrung gebaut hat. Im Grunde kommt es ihm nur auf die eigene Kiste an; er hat für das All, die Ätherwellen und die Musik keine Verwendung. Zudem widerspricht die zugängliche Bildung seinem elitären Anspruch. Er fühlt sich zu unbedingt Neuem berufen; deshalb beruft er sich auf nichts Existierendes.

Ich zitiere Sainte-Beuve, weil ich ihn nicht bestehlen will und weil ich, was er gesagt hat, nicht besser auszudrücken vermag.

Die junge Dichterin schickt mir ihren ersten Gedichtband. Gut oder mittelmäßig, also schlecht: Ich möchte es nicht entscheiden. Es sind keine Gedichte.

Warum wage ich es nicht, ihr die Wahrheit zu sagen? In aller Einfachheit: daß ein Gedicht ohne Reim und Versmaß, ohne Reim oder Versmaß kein Gedicht ist.

Das heißt nicht, ihre »Gedichte« seien undichterisch, keine Dichtung. Dichterisch, Dichtung sind auch die besten Romane, Novellen, Theaterstücke — und wodurch, wenn nicht durch Reim und metrisches Maß, sollte sich das Gedicht von ihnen unterscheiden? Durch Kürze? Kürze und Länge bestimmen keine Kunstform; wenn die Novelle nicht ihren eigenen Gesetzen unterworfen wäre, nennte man sie einen kurzen Roman. Durch die Poesie des Gedankens? Was »poetisch« ist, entscheidet die Sprache, nicht ihre Typographie. Typographie ist die Sache des Redakteurs oder Setzers, nicht des Dichters. In Thomas Manns *Gesang vom Kindchen* heißt es: »*Bin ich ein Dichter? War ich's zuweilen? Ich weiß nicht. In Frankreich / Hieße Poet ich nicht. Man scheidet bequem und verständig / Dort den Reimschmied vom Manne der gradausgehenden Rede. / Jener heißt Dichter, der andere Autor etwa, Stiliste / Oder Schriftsteller; und wahrlich, man schätzt sein Talent nicht geringer. / Nur eben Dichter nennt man ihn nicht: er drechselt nicht Verse.*« Thomas Mann zollt der gültigen französischen Definition Tribut: durch das strenge Versmaß dieser Zeilen.

Ich möchte es der jungen Dichterin mit einem Beispiel erklären. Also nehme ich ein »Gedicht«, nicht etwa von einem Dichter, den ich für unbegabt oder unredlich halte, sondern von Paul Celan, den ich ungemein schätze, dazu noch aus einem mir freundschaftlich gewidmeten Band. Das Gedicht heißt *Ins Nebelhorn* und lautet:

> »*Mund im verborgenen Spiegel,*
> *Knie vor der Säule des Hochmuts,*
> *Hand mit dem Gitterstab:*
>
> *reicht euch das Dunkel,*
> *nennt meinen Namen,*
> *führt mich vor ihn.*«

Das ist wunderschön, aber es wäre ebenso schön — und ohne falsche Prätention —, wenn man es läse: *Mund im verborgenen Spiegel, Knie vor der Säule des Hochmuts, Hand mit dem Gitterstab: reicht euch das Dunkel, nennt meinen Namen, führt ihn vor mich hin.*« Denn diese Dichtung ist kein Gedicht; es hat nicht nur keinen Reim und kein Versmaß, es hat auch keine Melodie, richtiger: die Melodie der Prosa — die letzte Zeile gehört organisch zur ersten — wird durch die Zeilen-, ja Stropheneinteilung buchstäblich zerrissen.

Ach ja, der Konservative oder der Banause, was ja ohnedies dasselbe ist! Alle Reime sind verbraucht, heißt es, alle Versmaße. Das waren sie aber längst, als Goethe »auch« auf »Hauch« reimte: »Kaum einen Hauch; ... Ruhest du auch.« Nicht so übel. Von dem vielleicht schönsten Gedicht der deutschen Sprache, Claudius' Osterlied, ganz zu schweigen: »Erstanden ist der Held ... Gerettet ist die Welt!« Hofmannsthal schrieb: »Er losch auf einmal aus so wie ein Licht. / Wir trugen alle wie von einem Blitz / Den Widerschein als Blässe im Gesicht.« Gesicht hat vermutlich manch anderer vor ihm auf Licht gereimt, aber der herrliche Gedanke »Widerschein als Blässe« wäre ohne »Gesicht« ein blasser Widerschein. Und wenn ich schon bei Widerschein bin: Als Günter Eich schrieb: »Am Nachthimmel ungeheuer / leuchtet der Widerschein / der tausend Lagerfeuer / auf der Steppe am Rhein«, schrieb er noch Gedichte.

Nicht daß ich glaube, die junge Dichterin werde mich für etwas anderes als einen Barbaren halten! Sie braucht keinen Kritiker, sondern einen Psychoanalytiker oder einen Soziologen. Die würden ihr vielleicht erklären, daß der Zwang der Form der Zwang zum Nachdenken ist, ihm trachtet sie zu entgehen; daß die Flucht aus der Disziplin eine Zwangsneurose sein kann; daß das reimlose und maßlose Gedicht nichts ist als der unterbewußte Versuch, Papa eine auszuwischen. Dabei zerschlägt man die Goethe-Büste und schneidet sich die Finger wund. Ein guter Grund, die anderen Barbaren zu nennen.

Es muß Gründe haben, warum die Ichform fast die gesamte moderne Romanliteratur beherrscht, auch ich bin versucht ... Sie ist die leichteste Erzählungsform, weil sich der in Ichform Erzählende von vornherein die Sympathien des Lesers sichert; man ist wehrlos gegen das Vertrauen, das einem der also Berichtende entgegenbringt. Die Ichform reduziert die Ansprüche an die verkümmerte Phantasie. Überdies will ja der moderne Romancier nichts erzählen, er will seine Ansichten äußern, überzeugen, das ist in der Ichform leichter; es ist glaubwürdiger, daß »Ich« eine Meinung äußert, man muß dann nicht auch noch die Figur, die sie ausspricht, glaubhaft machen. Der Romancier von gestern war ein Gott, der über seinen Gestalten thronte; er kannte ihre Gedanken und Gefühle, sah ihr Schicksal voraus, alle Motive ihrer Handlungen waren ihm klar. Die Psychoanalyse hat den Romancier entthront — die eigentliche Ursache der Krise. Was er allein wußte, glaubt jetzt jeder Leser zu wissen, der Leser ist göttlich geworden. Die Ichform breitet das Mäntelchen der Bescheidenheit über den Autor. Über sich selbst besser Bescheid zu wissen als der Leser, ist ihm gerade noch gestattet.

Ich vermisse unter den Sprachglossen, die ich gern lese, eine Glosse über das mit inflationistischem Leichtsinn gebrauchte Wort »erleben«.

Seit die guten Leute nichts mehr zu erleben glauben, haben sie die grammatikalische Regel, daß man nur »etwas«, aber nicht »jemand« erleben kann, über Bord geworfen — sie »erleben« Frau X., oder Herrn Y., was aber nicht als eine Indiskretion gemeint ist. Man sagt, man habe diesen oder jenen »erlebt«, wenn man sagen will, daß man ihn gesehen, mit ihm gesprochen, ihm gehört oder ihm die Hand gereicht hat. Und man »erlebt« unentwegt; eines der köstlichsten Wörter der Sprache, dem auch eine geheimnisvolle Beziehung zum Tod anhaftet — das Schönste an einem Erlebnis ist, daß man es noch, gerade noch erlebte — ist wertlos geworden, wie das Notgeld, mit dem man in den zwanziger Jahren die Wände tapezierte.

Bei der Lektüre mancher modernen Romanciers muß ich an einen österreichischen Poeten der Jahrhundertwende denken, von dem eine amüsante Geschichte überliefert ist.

Da er bitterarm, aber auch sehr begabt war, nahm sich ein wohltätiger Verleger seiner an; er gab ihm den Auftrag, einen Roman zu schreiben. Der Dichter schrieb nun die Geschichte eines jungen Krösus, eines zeitgenössischen Playboys, der in einem Palais wohnt, von Lakaien bedient wird, in einer Equipage fährt. Eines Nachts kommt der junge Mann spät nach Hause, durchquert die Marmorhalle seines Schlößchens, läßt sich von seinem Diener die Stiefel ausziehen, setzt sich schließlich vor einen goldgerahmten Spiegel, nimmt eine goldene Maniküreschere zur Hand und — schneidet damit die zerrissenen Borten von seinen Manschetten. Ach ja, der arme Poet — er konnte sich alles vorstellen, den Marmorpalast und die Kutsche und die Dienerschaft und die Schere aus purem Gold, nur daß jemand kein zerfranstes Hemd haben könne, ging ihm über die Phantasie.

So verhält es sich mit vielen Kollegen, die sich in das »mondäne« Milieu begeben oder für mondän halten, was sie nicht kennen. Sie entdecken den venezianischen Lido wie das tiefste Afrika, ein Mädchen, das Auto fährt, erscheint ihnen überaus schick, beim Champagner erwähnen sie den Jahrgang, bei Cocktail-Partys geht es zu wie in Pompeji, die Visitenkarten haben einen »Büttenrand«, die Damen kramen in ihrer »Krokodiltasche«. Dabei sind das meistens »gesellschaftskritische« Autoren, die von einem Porsche so beeindruckt sind. Mit einer Gesellschaft, die Manikürescheren zum Nagelschneiden verwendet, werden sie partout nicht fertig.

Es ist schade, daß es, neben den Büchern über Schriftstellerfrauen, die ihren Männern geholfen haben, nicht auch Studien über solche gibt, die ihre Männer ruinierten. Das sind meistens Frauen, die den Ruf großer Tüchtigkeit genießen. Sie sind im übrigen gleich zu erkennen: Sie sprechen von ihren Männern mit dem Familiennamen, davor setzen sie den bestimmten Artikel. Ich kenne eine, nennen wir sie Gerda. Ihr Mann, nennen wir ihn Richard, war sehr erfolgreich, Verleger und Theaterdirektoren rissen sich um ihn. Bald hörte man jedoch, so oft man anrief, Richard dürfe nicht gestört werden, er treibe es mit der Muse. Langsam gab man es auf, das Telephon verstummte, der Briefträger brachte nur noch Drucksachen. Gerda nahm Richard alle Besprechungen ab, er ist ja so weltfremd, aber sie stellte Bedingungen, die gar nicht weltfremd waren, der Verdacht stieg auf: Die spielen mit verteilten Rollen. Als der Intendant den unglücklichen Richard zehn Minuten warten ließ, nahm ihn Gerda bei der Hand, ein Genie läßt man nicht warten. Heute ist Richard vergessen. Arroganz ist nur als Privatbesitz erträglich, sie läßt sich nicht delegieren. Man will nicht wissen, was Frauen von ihren Männern halten. Und wenn Männer zu glauben beginnen, was ihnen ihre Frauen erzählen, ist es um sie geschehen. Wen Gott strafen will, dem schickt er eine tüchtige Frau.

Antwort auf eine Rundfrage: »*Ich stimme durchaus mit jenen überein, die sagen, es bedeute nichts, daß ein Buch zum Bestseller geworden sei, auch halte ich Bestseller-Listen für groben Unfug. Das Wort ›nichts‹ duldet keine Qualifikation. Es spricht nicht für ein Werk, daß es ›meistverkauft‹ wird, es ist aber auch kein Beweis seiner Minderwertigkeit. Die Literaten, ihrerseits, zählen zum Ruhm ihrer Lieblinge den Bestsellerruhm hinzu, subtrahieren ihn jedoch vom Ruhm derer, die sie mißachten. Das Wort: Bestseller-Autor klingt nach Falschspieler — ein Mann, der an einem Glücksspiel mit gezinkten Karten teilnimmt. Das wäre übrigens nicht schlimm: Als Bestseller-Autor läßt man sich gern beschimpfen. Ärgerlich finde ich dagegen die willkürliche Auf- und Abwertung des Lesers — kauft er ein Buch, das ihm die Literaten empfehlen, wird ihm auf die Schulter geklopft, kauft er andere Bücher, wird er als Applausmaschine verdammt.*«

Vom sichersten Weg, als Sprachkünstler zu gelten:

Man vermeide passende Adjektive. Der Himmel ist niemals blau, die Wiese niemals grün, die Gestalt niemals schlank, das Gesicht niemals zerfurcht. Der Himmel ist verspätet, die Wiese eitrig, die Gestalt verregnet, das Gesicht unnütz.

Man ziehe Wörter beliebig zusammen, wobei die adjektivische Verwendung von Hauptwörtern zu empfehlen ist. Die Seele ist witwenschwarz, der Löwe jagdgejagt, die Kälte bambusdünn.

Man bediene sich unvorstellbarer Vorstellungen. Eine Zeichnung wird nicht skizziert, sondern ausgezahlt. Der Betrunkene wankt nicht über die Straße, er geißelt sie. Das Gerüst wird nicht errichtet, sondern ermogelt. Der Fisch laicht nicht, er lacht.

Man drücke sich plastisch aus. Man spreche von einem knochigen Bahndamm, einem nistenden Fluß, einem aussätzigen Feuer.

Man erhebe den Kalauer zur Literatur; es ist nichts einfacher. Man benütze die letzte Silbe eines Wortes als erste des nächsten — ein verläßlicher Dirigent ist kontrapünktlich, ein nackter Mann photogenital, eine fade Schriftstellerin eine Dilettante, ein Buch von Françoise Sagan ist Belletristesse. Es geht auch umgekehrt. Eine sanfte Dame namens Irma ist eine Irmadonna, ein törichter Künstler ein Amator, vor einem Duell florette sich, wer kann.

Man verschwende, schließlich, Obszönitäten sparsam und stets überraschend. Nicht der Hund pißt, sondern die Kathedrale. Der Himmel hängt voller Hodensäcke. Jedermann weiß den Orgasmus eines Fabriksschlotes zu schätzen.

Aus einem Brief von Alexander Lernet-Holenia: *»... denn um von sich selber reden zu machen, lizitiert der Journalismus alles Extravagante hinauf, wodurch die Jugend von sich reden machen will; und schreibt ein junger Mensch, wie zum Bei* el Handke, einmal ein vernünftiges Buch, so ruft alle Welt aus· ein Gott, wie vernünftig! ‹ und das Buch geht zehnmal so gut, als wenn er immer schon vernünftig geschrieben hätte.«* Das Phänomen, von Lernet-Holenia aufgezeichnet, hat mehrere Ursachen. Erstens: Die zünftige Literaturkritik, in ihrer Majorität unfähig, bei einem erzählenden Werke zwischen Kunst und Kitsch zu unterscheiden, mißtrauisch gegen sich selbst, wagt es nur dann, den Erzähler zu preisen, wenn er sich vorher als »Dichter« etabliert hat. Zweitens: Das Publikum, dem ein solcher »Dichter« aufgeschwatzt wurde, freut sich, endlich zu verstehen, was es bisher nur gekauft hat. Drittens: Schreibt der Autor vernünftig, nachdem er vorher sein Kauderwelsch an den Mann gebracht hat, ist er nicht mehr gefährlich, er wird, da er sonst seine Vergangenheit verleugnete, die Mittelmäßigkeit oder den Betrug der anderen nicht entlarven.

Wem nichts einfällt — kein Gedicht, kein Roman, keine Novelle, kein Theaterstück, kein Essay, keine Glosse — der schreibt einen »Text«.

Das Ziel der ultramodernen Dramatiker ist noch nicht erreicht. Theater ohne Kostüme und ohne Dekorationen — wann, endlich, kommt das Theater ohne Schauspieler und ohne Publikum?

Da sich auch die kollektive Welt nach der Persönlichkeit sehnt, sehnt sie sich nach dem Erkennen, doch will man neuerdings weniger das Dargestellte als den Darsteller rekognoszieren. Wenn heute zwanzig Maler Mao darstellten, käme es den Beschauern nicht auf den Ausruf: »Das ist Mao!« an, nur auf den Ausruf: »Das ist der Maler X!« Man kann das, je nachdem, Charakter oder »Masche« nennen. Aber vielleicht ist Charakter nur Masche mit Patina.

Ich habe, heißt es, ein »altes« Publikum. Ein Glücksfall. Die Alten werden nicht jung, die Jungen werden alt. Wer ein altes Publikum hat, braucht die Zukunft nicht zu fürchten.

Bildung ist nicht zuletzt eine Frage der Reihenfolge. Wer Kafka vor Balzac liest, versteht weder Balzac noch Kafka.

Als Geburtstagsgeschenk für seine Frau bequemte sich der große Pianist Alfred Grünwald, ein »Wunderkind« anzuhören. Nachdem er dem Knaben eine Stunde gelauscht hatte, sagte Grünwald zu den hoffnungsvollen Eltern: »Vielleicht ist er ein Genie. Talent hat er keines.« Wir leben im Zeitalter der Genies, die kein Talent haben.

Seit mehr als zwanzig Jahren setze ich mich in Artikeln, Essays, zuweilen auch in meinen Büchern, kritisch, manchmal allzu hitzig, mit der abstrakten Kunst auseinander. Ich wüßte nichts, was mir mehr Feindschaft eingebracht hätte.

Es muß einen Grund haben, daß die Kluft zwischen Freunden und Gegnern der abstrakten Kunst — Kunst will ich sie nennen trotz ernsthafter Zweifel — tiefer ist, weiter, eisiger, als zwischen den Angehörigen zweier verschiedener Rassen. Nur ideologische Konflikte gehen so tief, und um eine Ideologie handelt es sich zweifellos, im weitesten Sinn: Sie umfaßt den Künstler wie den Betrachter, umfaßt, was wesentlicher ist, andere Ideologien, so daß man aus der Begeisterung für die abstrakte Kunst oder aus ihrer Ablehnung auf die Stellung zur Gesellschaft, ja auf die politische Gesinnung schließen kann, umfaßt, was am wesentlichsten ist, Elemente, aus denen sich der Charakter des Künstlers wie des Kritikers ablesen läßt. Ein Phänomen.

Die Eindeutigkeit, die meinen schier physischen Widerwillen gegen die abstrakte Kunst kennzeichnet, muß Zweideutigkeiten zerstreuen. Freunde der abstrakten Kunst interpretieren meine Kritik als Ablehnung der modernen Kunst. Das ist eine ungehörige Verwechslung. Ob ich Picassos *Guernica*, Braques *Musikalische Formen* oder Klees *Revolution des Viaduktes* — Beispiele aus der Malerei, doch gilt es ebenso für die anderen Künste — bewundere oder nicht, liebe oder nicht, schätze oder nicht, ist eine Frage des Geschmacks, zuweilen auch der launenhaften Umstände und des individuellen Moments, ist jedoch keine Weltanschauung; nur bei der Abstraktion weiten sich meine Liebe, Ablehnung, Gleichgültigkeit, Liebe, Ablehnung oder Gleichgültigkeit der anderen, zur unüberbrückbaren Kluft. Schwerer als mit den Freunden der abstrakten Kunst habe ich es mit ihren Gegnern; ihre Argumente verführen mich manchmal zu ungewollter Versöhnlichkeit. »Das könnte mein vierjähriger Sohn gemalt haben« oder: »Das Bild kann man ebenso gut auf den Kopf stellen«, schon die bloße Spottfrage: »Was ist das?« sind alberne Spießerargumente. Es ist nicht wahr, daß ein Vierjähriger Pollocks *Fünf Faden tief* hätte malen können; wer Arps *Konfiguration* auf den Kopf stellt, vergißt, daß die Freskomalerei Zimmermanns in der normalen Sicht ihre Wirkung verlöre; die Imitation der Natur war schon im Trecento keine Bedingung der Kunst. Schließlich will mir auch das Argument, daß die abstrakte Kunst den Scharlatanen Tür und Tor öffne, nicht einleuchten: Der ausgezeichnete Literaturhistoriker Emil Staiger tat nicht gut daran, im Zusammenhang mit der hypermodernen Literatur, die ebenso abstrakt ist wie die abstrakte Malerei, von »*ausgeklügelter Perfidie*« zu sprechen — ich gehe nicht so weit und gehe weiter; Plato hat in seiner *Lysis* die Fruchtlosigkeit guter Absichten nachgewiesen: Weder die Unfähigkeit eines vierjährigen Kindes wie Mondrian zu malen, noch die Redlichkeit Mondrians beweisen, daß Mondrian ein großer Künstler ist.

Die Todsünde der abstrakten Kunst: Sie hat den Begriff der Abstraktion zuerst mißverstanden, dann entstellt. Es gibt keine Abstraktion ohne Subtraktion. Die Aussonderung erfolgt nicht willkürlich: Der Künstler zieht von der Summe seiner Erfahrungen, Erlebnisse, Empfindungen und Erkenntnisse das ab, was nur für ihn von Bedeutung ist — das ist die erste Stufe des Schaffungsprozesses. Er gießt dann — der eigentliche Schaffungsprozeß — in sein Werk das, was übrigbleibt, was also, wenn nicht allgemein, so doch über seine Person hinaus bedeutungsvoll ist. Beim Genie sähe die Formel etwa so aus: $10-1 = 9$ — das heißt, fast alles, was er erfahren, erlebt, empfunden, erkannt hat, ist menschengültig und weltbedeutend; beim geringeren Talent könnte man die Formel 10—9 = 1 aufstellen, das heißt, es ist nach der Subtraktion immer noch etwas übriggeblieben, das die Menschheit angeht. Die abstrakte Kunst verfährt umgekehrt. Unmenschlich in des Wortes ursprünglichem Sinne — daher der Schluß auf das Wesen des Künstlers und seines Bewunderers —, reduziert sie das auch nur für ein einziges andere Wesen Gültige, Erkennbare, Wissenswerte, Fühlenswerte auf das allein für den Künstler Geltende. Jede Kunst ist abstrakt — außer der abstrakten.

Velazquez hat Äsop nie gekannt; niemand weiß, wie Äsop ausgesehen oder ob er überhaupt existiert hat. Seine Absicht war also nicht, den vorchristlichen Fabeldichter »gegenständlich« zu porträtieren, ihn gar zu »photographieren« — weshalb es auch purer Unsinn ist, die Photographie als übermächtige Konkurrentin der modernen Malerei aufzubauen —: Er hat in seinem *Äsop* das Alter dargestellt, Schönheit und Schwäche, Verachtung und Verächtlichkeit, Ironie und Irrtum, Triumph und Tragik des Alters. Das ist Abstraktion: Velazquez hat weder sein Alter noch das Alter Äsops, sondern das Alter gemalt. Just das Gegenteil: Mondrians *Pier und Ozean*, mit dem verräterischen »Untertitel« *Plus und Minus*, weil hier alles, was jemals jemand vor Pier und Ozean gesehen, gedacht oder empfunden hat, die kleinere Summe ist, die von Mondrians eigenen Gefühlen abgezogen wird, der Künstler hat sich weder mit Pier noch mit Meer, noch mit einem einzigen Menschen am Ufer identifiziert, nur noch mit seinem übermenschlichen, das heißt unmenschlichen *Ego*. Auf wienerisch liebenswürdige Art hat Peter Altenberg den Unterschied zwischen Künstler und Nichtkünstler definiert: »*Was ich fühle, kann jeder fühlen. Aber sagen kann's nicht jeder.*« Mondrian fühlt, aber er kann es nicht sagen. Deshalb ist im Grunde den hochmütigen Selbstbekenntnissen zweier abstrakter Autoren nichts hinzuzufügen — Robbe-Grillet schrieb: »*L'écrivain c'est celui qui n'a rien à dire*«, Claude Simon: »*L'art est égoïste.*« Die abstrakte Kunst ist es unbedingt.

So ist es wohl der eiskalte Egoismus der abstrakten Kunst, der mich abstößt und zuweilen zu einem emotionellen Aufschrei verführt. Klee nennt ein 1927 entstandenes Aquarell *Resonanz der südlichen Flora*. Ich will Klee glauben, daß die südliche Flora bei ihm eine, freilich ausschließlich professionelle, Resonanz ausgelöst hat; er hat sich vermutlich an die Farben erinnert, mit denen man die südliche Flora malen könnte. Bei einem Kunstwerk wäre der Vorgang umgekehrt: Das Gemälde würde bei dem Beschauer die Resonanz der südlichen Flora hervorrufen. Während Bonnards *Frau mit Kindern* Assoziationen, Erinnerungen, Identifikationen mobilisiert, versagt sich Mirós *Mutter und Kind* jeglicher Assoziation. Die Häßlichkeit des Bildes täte seinem künstlerischen Werk keinen Abbruch, sehr wohl könnte es sich, wie bei den großen Surrealisten, um eine Darstellung des Ödipus-Komplexes handeln, hier aber ist der Name eine bloße Behauptung, die gefroren im Raum steht. Kunst ist eine Synthese aus *Ego* mit der das *Ego* umgebenden Welt. Wenn Pietro Consagra eine durchlöcherte Blechleinwand als *Gespräch vor dem Spiegel* ausgibt — er mag vor dem Spiegel die Vision eines vom Wurm zerfressenen Materials gehabt haben —, so ist das kein Kunstwerk, weil sich sonst niemand im Spiegel jemals so oder ähnlich gesehen hat oder sehen könnte, auch kein Leprakranker. Die abstrakte Kunst ist ein unentwegter Reigen von selbstgefälligen Selbstporträts.

Das Selbstporträt ist auch das einzige Porträt, das seit 1910, als Kandinsky sein erstes abstraktes Aquarell malte und Mondrian mit Sluyters in Amsterdam ausstellte, je von einem »Abstrakten« gemalt wurde. Mit der Flucht vor dem Erkennbaren hat das nichts zu tun, denn *Dornen, Dschungel* oder *Kathedrale* wären Themen, die, stammten die Bilder nicht von Manessier, Hayter oder Pollock, genau so »erkennbar« wären wie das Gesicht eines Menschen. Die abstrakte Kunst verhüllt das Menschengesicht, sie ist, in des Wortes destruktivem Sinne, menschenscheu. Hier und da, wie bei Miró in seinem *Porträt Nr. 1* oder bei Man Rays *Die Seiltänzerin und ihr Schatten*, ist etwas von dem verhüllten Menschen wahrzunehmen, aber da hören ja die Bilder insgeheim schon auf, abstrakt zu sein: Wie sich die abstrakte Kunst gegen den Menschen wehrt, so wehrt sich der Mensch gegen die abstrakte Kunst, er läßt sich nicht, wie Landschaft und Gegenstand, im Unterholz vergewaltigen. Das Menschengesicht, banal wie das Gesicht Karls VI. auf Goyas Familiengemälde, schrecklich häßlich wie die Fratzen auf Hieronymus Boschs *Sturz der Verdammten* oder schrecklich schön wie das Antlitz der *Madonna de Granducca*, ist immer ein Ausdruck der Gemeinsamkeit, der gemeinsamen Hoffnung oder der gemeinsamen Verzweiflung, mit welcher der Expressionismus des Hochmuts, die abstrakte Kunst, nichts gemeinsam haben will. Da aber fast jede Form an den Menschen erinnert — auch Landschaft und Stilleben sind Porträts —, flieht die abstrakte Kunst in den nicht assoziierbaren Formalismus oder in die Farbe. Ob diese Farben »schön« sind oder nicht, wäre auch dann nur für die kunstgewerblichen Qualitäten des Künstlers entscheidend, wenn ein abstrakter Maler neue Farbkompositionen wie Tizian oder Tintoretto gefunden hätte. »Schön« ist auch die Buntheit des Malkastens, aber die Farbe verhält sich zum Gegenstand wie das Adjektiv zum Substantiv: Ein nicht existierendes Substantiv besitzt keine Eigenschaften. Naturalismus als Bedingung der Kunst? Mitnichten. Franz Marcs *Die großen blauen Pferde* sind ebenso »echt« wie die »*bunten Wangen*« der Bajadere bei Goethe — Maler und Dichter sehen, was wir nicht sehen, oder erst durch sie sehen werden —, während Bazains *La terre et le ciel* Erde und Himmel verhüllt. Ich kann es nicht für Zufall halten, daß mehr und mehr abstrakte Künstler ihre Gemälde oder Skulpturen »Komposition«, »Schwarz und Weiß«, »Skulptur in Eisen«, oder auch nur, wie Hartung, *Skulptur*, oder wie Hosiasson, *Gemälde* nennen — Verzweiflung und Geständnis der Niederlage.

Niederlage, Verzweiflung, Hoffnungslosigkeit, Kunst als Reflex der Zeit — all das brächte mir die »Abstrakten« nahe. Aber wenn Wilhelm Hausenstein schreibt: »*Ich wage zu behaupten, die abstrakte Kunst sei der Ausdruck einer Welt, in der der Untergang bereits Wirklichkeit zu werden beginnt*«, kann ich ihm, obwohl er die Wahrheit spricht, nicht folgen. Meine Vorstellung des Künstlers verbindet sich mit der Vision vom letzten Überlebenden. Auf dem treibenden Holz, das von dem zerschellten Schiff übriggeblieben ist, malt Hieronymus Bosch den Untergang, in der Wüste, welche die Atombombe zurückläßt, errichtet Michelangelo das Monument der Katastrophe, in die einzige Mauer, die noch steht, meißelt Dante seinen Höllengesang. Das Kunstwerk »ist« nicht Chaos, es ist die Darstellung des Chaos.

Von der Vision zum Alltag. Zwei Argumente vermag ich aus den gereizten, verächtlichen, zornigen, aggressiven Antworten herauszuschälen, die mir begegnen, wenn ich die heilige Kuh der Abstraktion auch nur zu berühren wage.

Die eine beruft sich auf Kandinskys Definition: »*Das ist schön, was einer inneren seelischen Notwendigkeit entspricht. Das ist schön, was innerlich schön ist ...*« Hier wird — auch wenn »schön« oder »unschön« künstlerische Wertungen wären — die Glaubwürdigkeit des Abstrakten abstrakt erklärt. »*Innerlich schön*« — was ist das? Bin ich der Seelenarzt des Künstlers, ist er nicht der meine? Wie kann ich den Weg zu ihm finden, da er mich nicht sucht? Ich muß ihn »verstehen«, verdammt in alle Ewigkeit, wenn ich es nicht tue — aber hat er einen Versuch, auch nur den geringsten, zu meinem Verständnis unternommen? Gilt nicht mehr, was van Gogh von der »*suggestiven Farbe*« sagte, muß mein Verständnis suggestiv sein, da er mir kein Sterbenswörtchen zuflüstert? Mir? Ach nein, nicht nur mir: Er verlangt ja auch von jenen, die an ihn glauben, daß sie zu ihm pilgern, mit der Akku, dem Spitzeisen und der Steigerpicke der Intellektualität gerüstet müssen sie hinabsteigen in das Bergwerk, wo der versprochene Schatz seiner Kunst vergraben liegt. Es gehört zu den merkwürdigsten Merkwürdigkeiten der abstrakten Kunst, daß sie — geht es nicht um eine bloße Anbetung der Mode —, wegen ihres anarchistischen Charakters von den Gegnern der bestehenden Gesellschaft angebetet, ihrem ganzen Wesen nach exklusiv, aristokratisch, ja antisozial ist.

Zum anderen heißt es — ein so primitives Argument wie das von der »Kinderzeichnung« —, die großen Künstler seien nie verstanden worden. In Wahrheit wurden sie immer verstanden, Goethe und Schiller, Liszt und Wagner, Michelangelo und Rodin, Goya und

Cézanne, und daß einige von ihnen verhungerten, lag nicht am Unverständnis des Publikums, sondern an der Rückständigkeit der sozialen Ordnung oder, einfacher, der Copyright-Gesetze. Die abstrakte Malerei hatte sich bereits 1913, als Kandinsky seine *Rückblicke* veröffentlichte, durchgesetzt; seit langem werden für die Gemälde De Koonings Preise bezahlt, die mit denen der Impressionisten wetteifern; eher geht ein Kamel durch ein Nadelöhr, als daß man bei der venezianischen Biennale ein Bild zuließe, an das man nicht die Maßstäbe von Tanaka, Walker oder Morlotti angelegt hätte. Die Chase-Manhattan-Bank in New York ist eine einzige Galerie abstrakter Kunst. Die Avantgarde hat sich mit der Mode, die Revolution mit dem Konsum, der abstrakte Künstler mit dem Bankier verbündet. Ohne auf die Koketterie der Unterdrückung zu verzichten.

Ideologie und Charakter. Man datiert das Chaos von 1918, aber ebenso gut könnte man es von 1913 datieren; Kunst ist ein Ausdruck der Zeit, aber auch die Zeit orientiert sich an der Kunst. Es steht nicht fest, wie noch Hausenstein meinte, daß die abstrakte Kunst eine Welt, *»in der der Untergang bereits Wirklichkeit«* ist, »ausdrückt«, es ist durchaus möglich, daß erst eine bestimmte Kunst — Intellektualität ganz gewiß — die Konditionen schafft, unter denen die Zerstörung akzeptabel erscheint. Kunst ist nicht nur Kind, sie ist auch Hebamme der Zeit. Mit der pessimistischen Verwirrung, dem intellektuellen Größenwahn, dem heuchlerischen Fortschritt, dem elitären Sozialismus, der legalisierten Irreführung und dem verborgenen Menschen, welche die abstrakte Kunst kennzeichnen, beginnt der Untergang der Sittlichkeit.

Und nun schwebe ich wieder in Gefahr, daß mir die Pferde durchgehen. Ich stehe vor einer nackten blauen Leinwand von Yves Klein und fühle die Herausforderung an meine Toleranz. Diese nackte Leinwand ist genauso »ideologisch« wie Marx' *Kommunistisches Manifest.* Das kann mich jedoch nicht zur Unduldsamkeit verleiten. Weil abstrakte Kunst eine Weltanschauung ist, muß das Recht, sie auszudrücken, gewahrt bleiben. Hinweg über den Abgrund.

Beiläufiges über gewisse Berufe und Institutionen.

Ärzte. Die guten sind Künstler, die schlechten nicht einmal Gelehrte.

Der große Arzt ist ein pessimistischer Diagnostiker und ein optimistischer Therapeut.

Spione sind Jäger, die kein Wild, sondern Jäger erlegen.

Die einfache Erkenntnis, daß der Staat den Geheimdienst bezahlt und nicht umgekehrt, hält den Agenten davon ab, Berichte zu liefern, die höheren Ortes als unangenehm empfunden werden.

Nichts ist für das Ende der Geheimdienste bezeichnender als die Tatsache, daß auch sie ohne Reklame nicht mehr auskommen.

Meteorologen sind die abstrakten Maler des Himmels. Niemand kontrolliert sie, sie drücken sich in einer Geheimsprache aus, ihre Irrtümer betrachtet man als die eigenen.

Botschafter sind in einer Zeit, in der Regierungschefs und Außenminister in wenigen Stunden von Hauptstadt zu Hauptstadt fliegen, nur noch Leute, die ungestraft an verbotenen Plätzen parken dürfen. Es sei denn, daß man sie umbringt.

Nach spätestens zwei Jahren werden Botschafter zu Patrioten ihres Gastlandes. Dieses sollte sie, in Anerkennung ihrer sentimentalen Korruption, bezahlen.

Dirigenten haben den beneidenswertesten Beruf von allen. Sie sind die einzigen Athleten, die Künstler, die einzigen Künstler, die Athleten sind. Sie sind Propheten und Zauberer: Propheten, weil sie das Kommende voraussehen, Zauberer, weil sie es herbeiführen. Sie sind auch die einzigen Generale, die man bei der Ausübung ihrer Macht beobachtet — und sie schicken niemand in den Tod.

Stewardessen sind meistens so hübsch, daß sie dem männlichen Passagier eher Hintergedanken als Vertrauen einflößen. Infolgedessen legen fast alle ein beleidigendes »Rühr-mich-nicht-an«-Verhalten an den Tag. Flugs, in des Wortes wahrstem Sinne, verwandeln sie sich in Schullehrerinnen, die mit so gestrenger Miene zwischen den Bankreihen herumgehen, daß man nicht nur seinen Gurt enger schnallt, sondern glaubt, schmutzige Fingernägel zu haben.

Mannequins betrachten den Laufsteg als freudlose Gasse. Mutter Unnatur. Ziehen sie einen Pelz aus, dann schleifen sie ihn mit verächtlicher Geste hinter sich her, Staubsauger aus Nerz. Mannequins halten nichts von Kleidern.

Maîtres d'hôtel — oder die besseren von ihnen — sind geborene Menschenkenner. Sie sind nachsichtig gegenüber den Schrullen ihrer Gäste, fördern tolerant deren Extravaganzen, übersehen deren Unkenntnisse, erkundigen sich, wenn es genehm ist, nach der »gnädigen Frau«, und wissen, wann es nicht am Platze ist, nach der »gnädigen Frau« zu fragen. Sie erkennen ihre Gäste nach zwanzig Jahren, und sind imstande, sie von einem Abend zum anderen zu vergessen. Zeremonienmeister, Lebenskünstler, Dirigenten, Psychologen und Diplomaten in einer Person.

Anwälte. Die besten lernen ihre Plädoyers auswendig und vergessen sie im Gerichtssaal. Das Verständnis zwischen dem Anwalt und seinem Mandanten ist ebenso unterschätzt, wie das Verständnis zwischen dem Anwalt und dem Gericht überschätzt wird.

Verleger. Wenn sie die Manuskripte ihrer Autoren läsen, verlören sie jeden Sinn für den Publikumsgeschmack.

Buchhändler üben einen schwierigen Beruf aus: Sie vermitteln zwischen Intellektuellen, die nicht wissen, was sie schreiben, und Lesern, die nicht wissen, was sie lesen.

Abenteuerer, vielbewundert, sind unreife Persönlichkeiten, die sich der Folgen ihrer Handlungen nicht bewußt sind; arme Hunde, die sich einen Erfolg im Wettbewerb nicht zutrauen und sich deshalb eine Scheinwelt schaffen; Flüchtlinge vor dem eigenen Ich, die sich nur auf einem Maskenball sicher fühlen; Süchtige schließlich, die Seele und Körper ohne Stimulantia nicht auf Trab zu halten vermögen.

Hotels. Jedes zweitklassige ist drittklassig.

Weekend. Konzentrationslager der Lebensfreude.

Warenhäuser. Ein Paradies der Waren und Gedränge. Wer sie nicht liebt, dem ist die Naivität abhanden gekommen. Er verdient es nicht, in den Jungbrunnen der Großstädte zu tauchen.

Speisewagen. Saftbratengeruch der großen weiten Welt.

Hotelschule. Wo die Gäste Türkisch lernen. Wo die Kellner Taubheit lernen.

Kurorte. Auffangelager für Flüchtlinge vor dem Sozialismus.

Altersheime. Strafanstalten für Männer und Frauen, die wegen Alter und Einsamkeit zum Tode verurteilt wurden.

Es gibt Leute, die ernstlich glauben, mich verletzen zu können, wenn sie mich einen Journalisten nennen — als ob der Schriftsteller kein Journalist, der Journalist kein Schriftsteller sein könnte, als ob der Schriftsteller über dem Journalisten stünde. Sie können mir keine größere Ehre erweisen; es betrübt mich höchstens, daß Journalisten ihre eigene Berufsbezeichnung im derogativen Sinne gebrauchen. Keinem Ingenieur oder Rauchfangkehrer, keinem Schauspieler oder Zahnarzt fiele derlei ein.

»Der Journalismus führt überall hin — wenn man ihn verläßt«, witzelte Shaw. Ich tat es nicht, auch nicht in den späten Jahren, vornehmlich weil ich an dem Engagement des Schriftstellers zweifle, der sich nicht auch journalistisch engagiert. Ein Roman, an dem man zwei Jahre arbeitet, der im dritten erscheint, mag an den Zuständen der Gesellschaft ändern, die Augenblicke der Änderung entweichen dem Schriftsteller. Er liefert die Waffen, die der Journalist gebraucht: *»La même guerre«,* sagte Mauriac.

Weil ich von dem strengen Zusammenhang zwischen Moral und Kontrolle überzeugt bin, empfinde ich den Journalismus als einen eminent sittlichen Beruf; in der Schule des Journalismus wird man unentwegt ertappt. Der Journalist kann sich nicht mit unartikulierten Lauten über Wasser halten, keine Clique, keine Richtung, keine Schule schützt ihn vor der Entlarvung, auf die Todsünde der Langeweile steht die Todesstrafe. Für die Nützlichkeit des Journalisten bedarf es zwar des Talents, aber nicht der Genialität. In der Wechselbeziehung Literatur—Journalismus ist der Journalist der Gebende: Der Journalismus hat der Literatur immer gedient, die Literatur hat dem Journalismus fast immer geschadet, teils durch die Verführung, der viele tüchtige Journalisten unterliegen, indem sie ihrem Beruf untreu werden und lieber als dilettierende Schriftsteller ihr Leben fristen, teils, weil mehr und mehr Literaten unverdauliches Zeug in Zeitungen schreiben. Der Journalist achtet die Literatur, der Literat verachtet den Journalismus; es gibt nicht viele Dichter wie Georges Bernanos, der sich in einem Brief an den Besitzer des *Figaro* für die Kunst des Journalismus einsetzte — »*Ich verkenne nicht, daß man mich Ihnen gegenüber für einen ›Literaten‹ ausgibt, obgleich ... es notorisch ist, daß ich auf die Literatur pfeife.*«

Ich kann jungen Journalisten nicht oft genug sagen, daß sie sich einem beneidenswerten Beruf verschrieben haben. Das Leben schenkt ihnen seine ganze Intensität. Es schenkt ihnen auch eine gewaltige Verantwortung — schenkt, sage ich, denn nur, wem das Gefühl der Verantwortung nicht angeboren ist, empfindet sie als Bürde. Die Kompensationen, die dem geborenen Journalisten gewährt werden — Journalismus ist Kunst, also wird man zum Journalisten geboren —, gleichen Dürre, Enttäuschung und Vergänglichkeit reichlich aus. Der tägliche Schaffensprozeß, der täglich Früchte trägt, die Befriedigung der Wirkung, zuweilen des Heilens, die sich unentwegt erneuernde Begegnung mit dem Menschen, Teilnahme, die sich unter guter Hand in Anteilnahme verwandelt, die Möglichkeit, zu gebrauchen, was sich leicht mißbrauchen ließe, der schöne Rausch der Nüchternheit — wem Druckerschwärze zur Verfügung steht, verfällt keinem Rauschgift —: Das alles läßt den Kummer über das flüchtige Wort vergessen. Der Journalist ist Arzt und Anwalt, Seelsorger und Städteplaner, Geschichtsschreiber und General, Politiker und Poet: Ich werde, lieber Bernhard Shaw, diesem Beruf erst untreu werden, wenn man mich hinausträgt.

Ich erzähle jungen Journalisten mit Vorliebe eine Geschichte, die ich meinem Vater verdanke.

Im Ersten Weltkrieg lebte in Ungarn ein Journalist namens Paul Tänzer, der in Rákospalota, einem kleinen, von Schwaben besiedelten Vorort Budapests — etwa fünftausend Einwohner —, eine deutschsprachige Zeitung herausgab, das *Kleine Politische Volksblatt*. In den Jahren 1914 bis 1918 führte das minimale Blatt eine ungemein scharfe Sprache gegen — Rußland. Eines Nachts erschien Chefredakteur Tänzer im Budapester Journalistencafé, warf einige Exemplare der nach frischer Druckerschwärze duftenden Zeitung auf den Marmortisch und erklärte: »Kinder — ich habe einen Leitartikel gegen den Zaren geschrieben — ich sag' euch, der Zar wird sich kratzen!« Noch jahrelang beflügelte der Satz die sarkastische Phantasie der Kollegen; man sah es so richtig: Atemlos trifft ein reitender Bote vor Zarskoje Selo ein, die neueste Nummer des *Kleinen Politischen Volksblattes* unter dem Arm; der Zar, aufgeregt vor dem Palast wartend, reißt dem Boten die Zeitung aus der Hand, schlägt sie auf, überfliegt Tänzers Leitartikel und beginnt, sich wütend zu kratzen.

Ich versuche, den jungen Journalisten das Lachen auszutreiben. Die närrische Überzeugung von der Wichtigkeit jeder gedruckten Zeile, das Premierenfieber vor jeder neuen Nummer der Zeitung, die absurde Illusion, etwas ändern zu können und daß sich der Zar tatsächlich »kratzen« werde, weil ihm das Lokalblatt von Rákospalota nicht gewogen ist — das macht den wahren Journalisten. Ich wünschte, es gäbe mehr Paul Tänzer ...

Wie man im Journalismus Beeinflussung von außen abwehrt ... Prag, nach dem Ersten Weltkrieg. Der Historiker Karl Tschuppik ist Chefredakteur des *Prager Tagblatts,* Anton Kuh sein Theaterkritiker. Kuh »verreißt« mehrere Aufführungen des Deutschen Theaters. Der Direktor des Theaters erscheint bei Tschuppik, verlangt die Entlassung Kuhs. Bei der nächsten Premiere, einer Reprise der *Räuber,* erblickt man auf dem gewohnten Sitz des Rezensenten einen älteren Herrn mit Schnurrbart und Stehkragen. Niemand weiß, daß Tschuppik den Redaktionsdiener Ferdinand ins Theater geschickt hat. Mit dem Auftrag: »Schreiben Sie, was Sie für richtig halten — es wird unverändert gedruckt.« Die Rezension Ferdinands, am nächsten Morgen, endet mit den Worten: »›*Die Räuber‹ von Friedrich Schiller ist ein sehr gutes Stück. Solche Stücke sollten öfter verfaßt werden.*« Humor als Waffe der Unabhängigkeit ...

Bei der Lektüre der Boulevardblätter kommen mir zwei verbürgte Anekdoten in den Sinn.

Um die Jahrhundertwende gab es in Budapest zwei deutschsprachige Zeitungen, den sehr noblen *Pester Lloyd* und das volkstümliche *Neues Pester Journal.* Das *Journal* wurde von einem Mann namens Rosen herausgegeben, einem Selfmademan; er hätte auch Schneider oder Tischler sein können. Seine beiden Söhne studierten in Oxford und Heidelberg, zweite Generation, die sich der ersten schämt. Nichts aber genierte die beiden Nachwuchs-Rosen mehr als die Unfähigkeit des »Gründers«, den Namen seiner eigenen Zeitung richtig auszusprechen — »Schornal«, sagte der Alte beharrlich, statt Journal. Von seinen Söhnen unentwegt bedrängt, verlor der alte Rosen eines Tages die Geduld — auch er belehrte nun seine Söhne, mit dem überzeugendsten Argument. Er sagte: »Die, die was sagen *Journal*, lesen den *Pester Lloyd*.«

Aus ganz anderem Holz geschnitzt war der Wiener Zeitungsverleger Lippschütz, Besitzer des populärsten Groschenblattes, der *Kronen-Zeitung*. Lippschütz war ein überaus belesener Mann, dazu ein vortrefflicher Lustspielautor, im Team Lippschütz & David. Das hinwiederum ermutigte seine jungen Redakteure, ihn fast täglich mit der Bitte zu belagern, das schändliche Niveau der *Kronen-Zeitung* doch endlich zu »heben«, etwas zur Erziehung seiner Leser beizutragen. Einmal in der Woche durchmaß Lippschütz die Redaktionsräume, blieb er bei den Schreibtischen der jungen Journalisten stehen — er wandte sich an sie mit der väterlich-stereotypen Mahnung: »Kinder — samma gscheit, bleib ma blöd!«

Von den beiden erfolgreichen Verlegern war mir immer Rosen der sympathischere. Die einzige Entschuldigung für die Verbreitung der Blödheit ist die eigene.

Kleines demagogisches Lexikon.

Man setze vor den Namen eines Gegners, den man für keinen Herrn hält, das Wort »Herr«.

Man nehme Gegenargumente vorweg, indem man schreibt: »X. wird jetzt sagen, daß . . .« Daß X. sagen wird, was man voraussagt, beweist weder Recht noch Unrecht seiner Behauptung, aber eine solche Voraussage erweckt den Eindruck, ein berechtigtes Urteil des Gegners müsse ein Vorurteil sein.

Man gebrauche geschickt das Wörtchen »also«. Man sagt, zum Beispiel, von einer Gruppe von Gegnern: »Die wollen also Ruhe und Ordnung.« Sagte man: »Die wollen Ruhe und Ordnung«, könnten die Gegner durchaus redliche Absichten haben, fügt man jedoch »also« hinzu, heißt es, daß sie einer Mafia angehören, die den Polizeistaat wünscht. Der Demagoge ist ein Prophet, der im voraus weiß, was man nicht gemeint hat.

Man versäume es nicht, zuweilen seine Freunde zu kritisieren, damit vermeidet man den Vorwurf der Voreingenommenheit. Dabei bediene man sich eines derogativen Vokabulars, das zugleich Sympathie erweckt. Etwa: »Der Minister hat sich durch seine Gutmütigkeit wieder zu der Fehlbesetzung dieses Postens verleiten lassen . . .«

Man verwende möglichst häufig das Wort »bekanntlich« — erstens schmeichelt es den Uninformierten, zweitens enthebt es den Schreibenden jeglicher Beweispflicht.

Man bediene sich des Ausdrucks: »einerseits — anderseits«, wobei darauf zu achten ist, daß »einerseits« die Meinung der Gegenseite kurz zitiert, »anderseits« die eigene ausführlich dargestellt werde.

Man stelle in drei Sätzen eine Behauptung auf, die zu widerlegen es einer ganzen Spalte bedarf.

Man personifiziere, was man preisen oder verurteilen will. »Mao etabliert Gleichberechtigung der Frau« ist bessere Propaganda, als wenn man sagte, daß China die Gleichberechtigung etabliere. »USA bombardieren Hanoi« erregt nicht halb so wie: »Nixon bombardiert Hanoi«.

Man sage niemals, dieser oder jener Schriftsteller sei dieser oder jener Anschauung wegen zu verurteilen. Man sage, er schreibt schlecht.

Man betone, daß sich der Gegner darüber »ärgert«, nicht »anerkannt« zu werden. Erstens verringert man damit seine Glaubwürdigkeit, zweitens etabliert man sich selbst als Autorität, die Anerkennung zu verleihen oder zu verweigern vermag.

Der Journalismus verliert seine Glaubwürdigkeit im gleichen Moment, in dem er sich mit seinem Feind, dem *Showbusiness,* vermählt.

Die glaubwürdige Zeitung besteht aus Information und Meinung, die getrennt präsentiert werden sollten, jedoch nicht immer getrennt präsentiert werden können: Die ethische Isolation ist schon deshalb unmöglich, weil Schriftgrad, Schrifttype und Placierung einer Schlagzeile eine Meinungsäußerung darstellen; die Vortäuschung einer absoluten Trennung ist daher ein Betrug am Leser. Immerhin sind die Ingredienzen einer Zeitung auf Meinung und Information beschränkt, eine dritte Zutat verdirbt sie.

Das Fernsehen hat das Rezept der Zeitung verdorben. Unfähig, mit der Schnelligkeit dieses Mediums zu konkurrieren, weichen die Tageszeitungen, weichen vor allem die illustrierten Zeitschriften in eine konstruierte Berichterstattung aus, ins Eigene und Einzigartige, ins Verarbeitete und Vorgearbeitete, das dem Wesen der Neuigkeit widerspricht, wobei insbesondere die großen Zeitungen und die Zeitungen großer Länder ins Schwimmen und Schwindeln geraten, weil sie ihr langer Produktionsprozeß und die weiten Entfernungen im Vertrieb zur relativen Unaktualität verurteilen. Die Zeitung wird immer mehr zum Theaterstück, das wochenlang vorbereitet und geprobt wird, selbst das aktuellste Schauspiel ist aber unaktuell, die Premiere ist nur scheinbar etwas Neues, sie ist in Wirklichkeit das Ende des Bemühens.

Der Zwang zur Originalität verleitet zur Sensation. Es handelt sich jedoch nur noch selten um die legitime Sensation, von der ja auch Radio und Fernsehen berichten, sondern um eine hausgemachte: Man veranlaßt den Mörder, über dessen Prozeß auch die anderen Medien berichten, seine Memoiren »exklusiv« für die Zeitung oder Zeitschrift zu schreiben.

Soll die Zeitung ihre Glaubwürdigkeit nicht endgültig verlieren, muß sie zu einer neuen Notwendigkeit finden. Diese kann nicht in der Hinzufügung fremder Ingredienzen bestehen, aber auch nicht im Verzicht auf eine der beiden Zutaten. Die geheime Stärke der Zeitung liegt in ihrer Schwäche, nämlich in ihrer Kontrollierbarkeit. Früher oder später wird der Konsument erkennen, daß seine Beziehung zu Rundfunk und Fernsehen auf einer mündlichen Vereinbarung beruht, der nicht der Wert eines schriftlichen Vertrages zukommt. Kontrollierbar ist nur, was schwarz auf weiß niedergelegt ist. Kein zweitrangiges Theater, sondern ein besseres Fernsehen sollte das Ziel der modernen Zeitung sein.

Jeder junge Journalist sollte mindestens ein Jahr in der Druckerei, im Umbruchsaal, möglichst am Umbruchtisch verbringen. Hier allein offenbart sich die einzigartige Schönheit des Berufes. Im Menschenleben sind Zeugung und Geburt zeitlich entferntes Geschehen. Und in allem erst, was die Technik hervorbringt, ist das Erdachte von dem Ausgeführten weit entfernt. Allein in der Kunst, des Bildhauers etwa, sind Zeugung und Geburt gleichsam identisch. Während in der Redaktion der Journalist, im Maschinensaal der Arbeiter herrscht, reichen sich im Umbruchsaal Ausdenker und Ausführer die Hand; hier wird Blei aus dem Wort, Technik aus dem Gedanken, Vielfalt aus der Meinung, eine vollendete Brücke zwischen geistigem und manuellem Schaffen. Im Umbruchsaal erlebt der Journalist das Abenteuer des Künstlers.

Es gibt so viele schlechte politische Reporter, weil sie zu gut informiert sind. Einzelheiten, besonders jene, die sie »exklusiv« erfahren, verleiten sie zu falschen Schlußfolgerungen und Prognosen.

Die Reportagen von Egon Erwin Kisch müßten Pflichtlektüre aller jungen Journalisten sein. Sie werden von jenen zwei »P« beherrscht, die großen Journalismus kennzeichnen — Präzision und Phantasie.

Wie in der Literatur dem Gedicht, so gebührt im Journalismus der Reportage der höchste Rang. Sie ist die Literatur des Journalismus.

Wer im Namen der öffentlichen Meinung auftritt, ist ein Rechtsanwalt ohne Mandanten.

Die moderne Presse hat raffinierte Methoden gefunden, sich selbst zugrunde zu richten. Zu diesen gehören jene »Briefe an den Leser«, in denen die Redaktion die »Geheimnisse« der Zeitungsmache preiszugeben vorgibt. Erstens weiß jeder, daß es sich nicht um die wahren Geheimnisse handelt, zum anderen ist die Zeitung keine Bühne mit Schnürboden. Ein anderes probates Mittel der Zerstörung ist die Zeitungskritik in Zeitungen. Nur ein geschmackloser Regisseur gefällt sich in der Rolle des Rezensenten.

Wer glaubt, die Lächerlichkeit tötet, hat nicht nur kein Geschichtsbuch, er hat wohl auch nie eine Zeitung gelesen.

Früher dienten Inserate ausschließlich der Werbung. Jetzt dienen sie ebenso häufig als ganzseitiges Alibi. Deshalb inseriert die Industrie mit Vorliebe in linksgerichteten Zeitungen.

Man kann aus der Wirklichkeit in die Abstraktion fliehen. Das ist das Show-Geschäft der Intellektuellen. Man kann aus der Wirklichkeit in die Illusion fliehen. Das ist das Show-Geschäft der Massenmedien.

Durch die Massenmedien sind sich Intelligenz und Intellektualität so nahe gekommen, daß sie sehen, wie weit sie voneinander entfernt sind.

Man setzt in Deutschland die Bücherverbrennung durch die Buchkritik fort.

Es wäre ja freundlich, wenn ich behauptete, im Nachrichtenteil des Fernsehens werde manipuliert — es wird aufs schamloseste gefälscht.
    Das beginnt mit der Anpassung der Wahrheit an das Material: Die angepaßte Wahrheit ist eine Lüge. Wovon es Bilder gibt, das wird gezeigt: kein Bild, keine Information, oder eine Information, die nicht haftet. Die amerikanischen Grausamkeiten in Vietnam werden ge-

zeigt, der Vietcong hat vergessen, einen Kameramann einzuladen, Protestmarsch der belgischen Bauern, die Felder liegen brach, das kapitalistische System pfeift aus dem letzten Loch, kein Bild vom letzten Loch, das Kolchose heißt, Polizeibrutalitäten im Westen, Sibirien ist nicht photogen.

Fast alles aus dem Zusammenhang gerissen, Momentaufnahme als Fälschung. Flüchtlingsstrom aus Ostpakistan — wer hat die Unglücklichen zur Flucht bewogen? Weise Worte spricht der Staatsmann, er hat zwei Stunden Unsinn geredet, drei glückliche Minuten. Ein Demonstrant wird gefesselt über die Straße geschleift, als er einen Polizisten erschoß, paßte der Kameramann. Der Pilot des entführten Flugzeuges erklärt, er sei korrekt behandelt worden, die Entführung war nicht ganz korrekt, das muß man sich dazudenken.

Das Fernsehen lügt nicht wie gedruckt, denn löge es wie gedruckt, könnte man es bei der Unwahrheit ertappen. Ein Wort: »angeblich«. Die Sowjets haben »angeblich« neue Raketen an Ägypten geliefert, die Amerikaner liefern an Israel, ohne »angeblich«; in Stettin wird auf »angebliche« Freiheitskämpfer geschossen, die Freiheitskämpfer in Bangla Desh sind authentische Freiheitskämpfer; ein baskischer Priester wird wegen »angeblicher« Aufwiegelung verurteilt, das Delikt, dessenthalben ein sowjetischer Intellektueller verurteilt wird, ist kein »angebliches« Delikt.

Die Unvollständigkeit wird durch die Wiederholung nicht besser. Gemarterte Kinder, heulend, zu Skeletten abgemagert — wer hat sie auf dem Gewissen? Alle Kriegführenden haben sie auf dem Gewissen, aber zu diesem Kommentar hat man weder Lust noch Zeit, und auch mit dem Pazifismus ist es nicht weit her: Was in Biafra aufrüttelte, berührt in Pakistan kaum noch, die Skelette ähneln sich, das Elend hat kein Gesicht, bei Vietnam ging man zum Eisschrank, bei Irland kehrt man zurück, brennende Häuser sind brennende Häuser, das Unrecht ist heimatlos, Grauen aus dem Archiv. Kontrolle ist das einzige Mittel, die Unmoral an ihrer fröhlichen Entfaltung zu hindern. Hunderte Millionen von Menschen sitzen vor dem Fernsehschirm. Keiner kontrolliert.

So viel wird über den Verfall der publizistischen Polemik geschrieben, daß es mir an der Zeit erscheint, die Gedanken eines »polemischen Publizisten«, von Freunden geachtet, von Gegnern geschmäht, eines Beteiligten und Betroffenen, aufzuzeichnen. Mit der Verfallsdiagnose stimme ich überein: Auch Quacksalber und Scharlatane treffen zuweilen die richtige Diagnose, die Ursachen der Krankheit vermögen sie nicht zu ergründen.

Die Klage darüber, daß es keine großen Polemiker mehr gibt,

keinen Zola und keinen Karl Kraus, keinen Ossietzky und keinen Calmette, keinen Kisch und keinen »Kassandra«, erinnert mich an das Stöhnen der greisen Logenbesucher, die meinen, die Zeit der Bassermann und Sarah Bernhardt, der Werner Krauß und Eleonora Duse sei endgültig vorbei: Wie heute Schauspieler auftreten, die nicht geringer sind als diese Verherrlichten, so erscheinen in allen westlichen Ländern Polemiker, die es mit ihren Vorgängern durchaus aufzunehmen vermögen.

Der Schaden liegt nicht beim Talent. Wo liegt er?

Er liegt, zum ersten, bei der Wahl des Partners. Polemik heißt heute vornehmlich Pressepolemik: Sie ist eine Polemik unter Publizisten. Solche Polemiken unter Federführenden, in des Wortes ursprünglichem Sinne, hat es immer gegeben — keine ist so wenig bekannt und keine so bedeutend wie die zwischen Voltaire und Rousseau —, aber das waren Ausnahmen. Zola hat in seinem *J'accuse* Félix Faure, den Präsidenten der Republik, herausgefordert, Maximimilian Harden in seiner *Zukunft* die Kamarilla um den Fürsten Eulenburg, Heinrich Mann in seinem Artikel *Das Gericht*, 1928, die Justiz der Republik von Weimar, Alfred Kerr im *Pan* den Polizeipräsidenten von Jagow. Die Herausgeforderten stellten sich. Als Horace Greeley, Redakteur der *New York Tribune*, 1862 Präsident Lincoln angriff, weil dem Publizisten die Sklavenbefreiung zu langsam fortzuschreiten schien, konnte die Zeitung fünf Tage später die Antwort des Präsidenten veröffentlichen. Die Verbreitung der Presse geht mit ihrer Verachtung Hand in Hand. Kaum ein Staatsmann hält heute den Publizisten, möge er noch so bedeutend sein, einer Antwort würdig — bestenfalls krächzt ein Papagei, der sich als Pressesprecher ausgibt, die Worte seines Herrn nach —, ja es geschieht kaum noch, daß ein schlichter Erfolgsautor, wie Sudermann im Fall Kerr, den Fehdehandschuh aufnimmt. Und so balgen sich dann, *faute de mieux*, die Journalisten untereinander herum, nicht zum Hallo des Publikums — das wäre ja noch etwas —, nicht zu seiner Befriedigung, zur Selbstbefriedigung nur, der Leser weiß meistens gar nicht, worum es geht, die Zeitung zu einem Boxring degradiert, zu einem *Free for all* der Wildwestkneipen vielmehr, in denen nicht einmal darauf geachtet wird, daß sich Kämpfer der gleichen Gewichtsklasse messen.

Verfall der Polemik: Verfall der Fairneß? Polemik ist ein Duell, Duelle werden, so wünschenswert das wäre, selten mit dem Florett ausgefochten, schwere Kavalleriesäbel sind nicht unerlaubt, schon die Absicht, dem anderen kunstvoll ein Ohrläppchen abzuhauen, ist nicht gerade fair. Die jungen Kritiker der Polemik zeichnen sich auch auf diesem Gebiet durch berückende Unkenntnis aus, Horst Krüger etwa, in diversen deutschen Zeitungen, nennt unter den Polemikeridolen der Vergangenheit Alfred Polgar — ich blicke nach seinem Bild an der

Wand, der ebenso große wie milde Feuilletonist hat nie auch nur eine einzige polemische Zeile geschrieben —; die Polemik war nie »fair«, Marat und Börne, Treitschke und Harden, Kraus und Kuh, Schwarzschild und Rode übertrafen sich in den rüdesten Manieren. Fairneß, die es nicht gab, konnte auch nicht verfallen: Es verfielen Sprache, Niveau und Methode. Die Angriffe Karl Krausens auf Benedikt, Salten, Werfel oder meinen Vater waren sprachliche Meisterwerke, Anton Kuhs *Der Affe Zarathustras* ist die Rede eines deutschen Cicero, Alfred Kerrs Capricho-Lied auf Kraus ist von ergötzlicher Komik, sein Sudermann-*Intermezzo* mit den Zeilen: »*Das Drama wird bei dir zum Reißer, / Das Kunstwerk wird bei dir zum Coup. / Du tust empört? ... Knallerbsenschmeißer. / ... Kotzebue!! / ... Kotzebue!!*« geradezu unsterblich. Die große Polemik, nicht anders als Dichtung, muß über Person und Gegenstand hinaus Bestand haben, nur wenn sie, im besten Sinne, verallgemeinernd ist, ist sie gültig. Nicht als ob es wichtig wäre, nur weil es bezeichnend ist, zitiere ich einen zufällig mich betreffenden Satz von Krüger: »*Weder das, was Herr Habe oder Herr Schlamm, aber auch leider das nicht, was Augstein oder Böll in den letzten Jahren an streitbaren Artikeln schrieben, wird im Jahre 2000 noch von öffentlichem Interesse sein.*« Bezeichnend. Bezeichnend, weil es in der Polemik unstatthaft ist, Schlamm und mich mit dem *epitethon deformans* »Herr« zu versehen — nur in der deutschen Polemik gilt »Herr« als Abwertung, man kann sich darüber den Kopf zerbrechen —, Schlamm und ich sind »Herren«, Augstein und Böll sind es nicht, das widerspricht den Regeln der Polemik, ist eine subkutan-hinterhältige Beeinflussung des Lesers, die Linke nennt es Manipulation, Kavalleriesäbel sind zulässig, Mensuren mit vergifteten Pfeilen Erscheinungen der polemischen Dekadenz.

Das heißt beileibe nicht, daß ich glaube, meine polemischen Beiträge würden das Jahr 2000 überleben. Polemik ohne Aussicht auf Wirkung ist keine. Allen anderen Künsten gleich, ist Polemik nicht vom Bild der Gesellschaft zu trennen. Als Alfred Kerr dem Polizeipräsidenten von Jagow nachgewiesen hatte, daß sich dieser an Tilla Durieux, die Frau des von Jagows Schergen verfolgten Verlegers Paul Cassirer, herangemacht hatte, war es um Jagow geschehen — »*die lustigste der Hinrichtungen*«, durfte Kerr notieren. Das Kaiserreich schützte den Oberst Redl nicht vor dem Todesurteil Egon Erwin Kischs. Hellmut von Gerlachs *Adieu Bülow!* war des Kanzlers Adieu. Kollektive Zeiten sind konsequenzlose Zeiten, weil sich die Umwertung der Werte kollektiv, unaufhaltsam, lawinenartig vollzieht, was der Polemiker, ein Eo-ipso-Individualist, vorbringt, hat keine Folgen, er kann nur stoßen, was ohnedies fällt, nur stützen, was ohnedies steht, er wirft mit Schneebällen, und die Lawine rollt. Nicht der Gegner tötet den Polemiker, sondern seine eigene Wirkungslosigkeit.

Kein Wunder, daß es nur noch wenige gibt, die sich nicht entmutigen lassen. Der Kritiker ersetzt den Polemiker. Der übt — auch das unterscheidet ihn vom Polemiker — ein ungefährliches Handwerk, er wirft seine Schneebälle, wo keine Lawinengefahr herrscht, zwar schaden sie keinem, aber ihm am allerwenigsten. Es ist daher müßig, Gesetze und Regeln und Verbote der Polemik aufzustellen — daß man, etwa, niemand angreift, der nicht zu antworten vermag, daß man, anderseits, keinen Gegner von vornherein für satisfaktionsunfähig hält, daß Polemik kein Selbstzweck ist, daß sie sich, anderseits, auf sichtbare Punkte beschränkt, nicht gegen unfaßbare Größen richtet, wie es die Gesamtheit der Gesellschaft ist, daß Polemik allgemein verständlich sein muß, kein afrikanisches Duell sein darf, daß die Person im Vordergrund steht, das Persönliche aber im Hintergrund, daß Ausbrüche und Ausdrücke des Temperaments erlaubt sind, doch keine noch so geringe Abweichung von den Fakten —; es wäre sinnlos, die Pistolen eines Duells zu prüfen, das nicht stattfindet. Heinrich Heine, der größte Polemiker von allen, nannte sich einen »verlornen Posten in dem Freiheitskriege«. Ein solcher »verlorner Posten« ist der Polemiker von heute. Kein Grund zu klagen. Jede Kunst hat ihre Zeit. Polemik ist eine Kunst.

EROS UND AGAPE

Eingehüllt in eine Sexwolke — Zeitungskioske ersetzen die *Folies-Bergère*, Brüste wie Höcker von Kamelen, pornographische Filme, zärtliche Abkürzung: Pornofilme, ein Wald von Schamhaaren, Pornoliteratur, Sexfibel für die Kleinen, Lebenshilfe für die Großen, Gebrauchsanweisung für Orgasmus, Brüste wie rosa Zitronen, Negerin von rückwärts, Japaner von vorn, Sexshop an der Ecke wie der Tabakladen, Leder gefällig, Peitsche gefällig, Lustknaben, Sex für jeden Geschmack, jede Börse, Arm nach oben: Stehbusen, Arm nach unten: Hängebusen, Sex im Büro, Sex in der Schule, Sex in der Zahnradbahn, Sex in der Telephonzelle, Ophelia nackt, Hintern wie Buckel, TV-Koitus, wie verlängert man den Beischlaf, länger leben durch Onanie, gelehrte Abhandlungen nach dem Modell: »*Der Dichter, selbst des Zwiespaltes Beute, / Im Leben rat- und glückentblößt, / ›Schafft‹ noch Konflikte fremder Leute, / Die er mit Herrscherhoheit ›löst‹*« — eingehüllt in Gewand und Geruch, Dunst und Duft, Rauch und Rausch von Sex, fragt man sich: Sind wir dem Glück näher gekommen?

Dem Glück, frage ich, nicht der Sittlichkeit.

Was Sittlichkeit ist, darüber sind wir uns alle uneinig, seit eh und je. Das aber ist das Merkwürdige, daß wir uns alle, Alte und Junge, Liberale und Sozialisten, Exhibitionisten und Prüde, einig sind über das Glück von Frau und Mann, so einig, daß es zum Gemeinplatz geworden ist: Glück ist die Harmonie von Körper und Seele, Eros und Agape. Und so ist denn die Frage: Hat uns die Sexwelle, Woge, Flut, Hochwasser, Wasserfall, diese Harmonie gebracht? Die Zahl der Scheidungen steigt, nicht nur, weil sie »erleichtert« werden. Mehr Sexualverbrechen; die Statistiken, wonach sie in »freien« Ländern seltener geschehen, haben sich als Lug und Trug erwiesen. Nicht die Alten, »*glückentblößt*«, stechen sich mit Rauschgift voll, die sexuell »enthemmte« Jugend tut es, wenn Haschisch kein Glückersatz ist, was sollte es sein? Was ist geschehen?

Nichts, was nicht schon geschehen wäre in der verdammten Vergangenheit. Die sexuelle Revolution erhebt ihre klagende, anklagende Stimme gegen die christliche Kultur, aus der die bürgerliche entstand, nicht ganz unwahr. Wahr ist es unbedingt, daß die christliche Kultur Eros von Agape trennte, Geschlechtsliebe von Menschenliebe, die Seele vom Körper, eine Liebe von der anderen, als ob es das gäbe, Harmonie predigte sie und Disharmonie schuf sie, und tat noch Übleres: Sie verurteilte den ausgestoßenen Eros zu einer Dienstbotenrolle, zur Rolle eines diebischen, hinterhältigen, besoffenen, oft gewalttätigen und am Ende gar überflüssigen Dieners. »*Mein Sohn, gib deinen Begierden nicht nach, / Und von deinen Gelüsten halte dich zurück*«, heißt es bei Jesus Sirach, und heißt es auch anders in Kapitel acht und neun des *Briefes an die Römer*, es war eine lustlose, der Freude feindliche Kultur, sie errichtete Klostermauern zwischen Glück und Genuß.

Habe ich die Beziehung der christlich-bürgerlichen Kultur zur Sexualität geschildert? Das alles trifft, gespenstisch, auf die neue Gesellschaft zu, der die geschlechtliche Revolution Hebammedienst leistet.

Sie hat die Scheidung von Eros und Agape ausgesprochen, und zahlt Agape nicht einmal Alimente. Jetzt lebt Eros in Saus und Braus, und Agape wimmert vor der Tür. »Natürlich« ist Eros, und Agape ist es nicht. Genuß ist etwas »an sich«. Das ist er — wenn man eine Zigarette raucht, ein Glas Wein leert, den Braten kostet, eine Sinfonie hört, Samt streichelt. Streichelt man die Haut eines anderen, dann gibt es keinen Genuß mehr »an sich«, man ist nicht mehr allein, Mann oder Frau, jeder Kuß ist ein Experiment an einem anderen Menschen, und das Experiment mißlingt auch, wenn es im Moment des Experiments gelingt, körperliche Harmonie wie einst seelische Harmonie, Harmonie ist Zusammenklang der Substantive, der Objekte, Körper und Seele. Aber das Experiment mißlingt nicht nur, es verdirbt auch die Materie. Agape hat nicht zu Eros gefunden, und nun findet Eros nicht zu Agape. Der isolierte Genuß läuft neben dem Glück einher, läuft hinter ihm einher, stolpert über seine Schleppe. Die Bordellmauer ist nicht niedriger, als es die Klostermauer gewesen, und wenn man sie genau betrachtet, sieht man, daß sie aus den gleichen Steinen gebaut ist.

Das Tragische: daß der Mensch nicht tut, was er will, nicht will, was er tut. Ungerecht, der neuen Gesellschaft böse Absichten vorzuwerfen; eine Gesellschaft, die das Glück nicht gewollt hätte, auf ihre Art, hat es nie gegeben. Kein Genußmatthäus, kein Gehirnlukas, kein Gruppensexmarkus, kein Rauschgiftjohannes, dem die Vermählung von Eros und Agape nicht lieber wäre als die Masturbation des Sexuellen — nur die Zöllner des Geschlechts eine Ausnahme. Aber läßt sich das so gründlich Verdorbene — Verdorbene, sage ich, nicht Verderbte — noch reparieren?

Ich weiß nicht. Die Religionen haben alle Revolutionen überlebt, mehr schlecht als recht, immerhin, weil sie zögernd, widerwillig, spät zwar, doch erkannt haben, daß Fortschritt Revision bedeutet. Galileis These, Bibel und Natur könnten sich nicht widersprechen, da beide den gleichen Autor haben: Gott, galt 1611 ebenso als Häresie wie seine Kinematik. Hundertdreißig Jahre später war sie für Benedikt XIV. eine

Selbstverständlichkeit. Moral ist Freiheit, Freiheit die Fähigkeit der Revision. Kann die neue Gesellschaft aus der Misere finden, in die sie sich mutwillig begeben hat? Kann sie anders handeln, als die Gesellschaft, die sie bekämpft? Kann sie zusammenfügen, was sie so brutal trennte? Kann sie die Inquisition beenden?

Es heißt, wir leben im Zeitalter der sexuellen Revolution. Zweifel sind, vorerst, historischer Natur. Die Revolution fand nach dem Ersten Weltkrieg statt, wie sich ja die Revolution nicht anders als jene Frauen benimmt, die ihren Geburtsschein fälschen: Sie ist eine alte Dame, geboren zwischen 1914 und 1918, vielleicht sogar, will man bösartig sein, im Jahre 1905, Rußland. In den zwanziger Jahren, als ich in Wien das Gymnasium besuchte — konservative Hauptstadt eines bis heute konservativen Landes —, war von den sechzehn- oder siebzehnjährigen Mädchen, die wir vom Lyzeum abzuholen pflegten, soviel ich weiß, kein einziges unberührt. Will man mit den Maßstäben von heute messen, war es immer noch eine »heuchlerische« Zeit, doch nicht wir heuchelten, die Jungen, jedenfalls nicht in unseren Handlungen. Wir respektierten die Heuchelei unserer Eltern —, oder unsere Eltern? —, erzählten ihnen nicht, wann und wo und mit wem wir geschlafen hatten — noch gab es *concierges,* die sollten nicht erfahren, daß Mademoiselle um drei Uhr früh heimkam, Moral des Haustorschlüssels, Liebe am Nachmittag, Myrtenkranz —, doch Heuchelei nur noch im Wohnzimmer, nicht im Schlafzimmer. In einer Revolution erringen sich die Unterdrückten Rechte, die sie vordem nicht besaßen; wir also waren Revolutionäre, wir, in der Tat, warfen die Sittengesetze der Vergangenheit über den Haufen — ich sage es nicht, weil ich mir und meinen Gefährten Revolutionsorden anheften will, sondern weil die geschichtliche Wahrheit den sexuellen Spartakusaufstand von heute seiner Sklavenbefreiungsglorial Rechtens entkleidet.

Die sexuelle »Revolution« der neuesten Zeit ist keine Revolution, sondern eine Demonstration, eine unehrliche noch dazu, weil als Protestmarsch ausgegeben wird, was ein Jubiläumsfest ist, nicht halb so gewagt wie die Aufmärsche des irischen Oranierordens.

Wofür oder wogegen wird demonstriert? Für die Freiheit des Koitus? Keine Verfassung könnte sie endgültiger garantieren. Gegen die Heuchelei? Sollte es noch heuchlerische Eltern geben, die Jugend hat fast die ganze Gesellschaft auf ihrer Seite. Für die Enttabuisierung, wie das Modewort lautet?

Ich komme der Antwort näher.

Fremdwörter, polynesische gar wie »Tabu«, sind der Aberglauben des dummen Kerls. Tabu hieß ursprünglich nur heilig, unantastbar, unverletzlich. Die soziologische Verwendung des Wortes ist eine Fälschung: Die Naturvölker durften das mit der geheimnisvollen Kraft der *Mana* erfüllte Heiligtum nicht angreifen, sprechen durften sie darüber nach Herzenslust. In der Soziologie ist ein Tabu etwas, worüber man nicht sprechen darf. Das kennzeichnet gleichzeitig den Unterschied zwischen Revolution und Demonstration. Die sexuelle Revolution nach dem Ersten Weltkrieg errang die sexuelle Freiheit, die sexuelle »Revolution« der sechziger und siebziger Jahre erringt nur die Freiheit, darüber zu sprechen. Keine befreite Sexualität, nur entfesselter Exhibitionismus.

Ist die Demonstration sinnvoll?

Die Psychoanalyse, auf die sich die Beischlafrebellen berufen, hat die Schädlichkeit der sexuellen Verdrängungen erkannt; hat Mittel und Wege ihrer Überwindung empfohlen; hat festgestellt, daß sich das Individuum in einer Gesellschaft der Tabus nur schwer oder gar nicht von seinen Hemmungen zu befreien vermag: sie hat von der Gesellschaft gefordert, daß sie die Natürlichkeit des Sextriebes und seiner Befriedigung anerkenne. Die Plakatierung der Sexualität, Sexualität als angepriesene Konsumware, findet sich auf keinem der von Freud, Jung, Adler, Ferenczi, Brill oder Menninger hinterlassenen Rezepten. Ist es einmal anerkannt, daß das junge Mädchen nicht als Jungfrau in die Ehe geht, Onanie nicht schädlich ist, Orgasmus auf jede Art herbeigeführt werden kann, dann ist mit der unentwegten Demonstration, daß man das alles, und was sonst noch, »dürfe«, für den einzelnen nichts gewonnen, er ist schon »enthemmt« — und ist er es nicht, dann keineswegs der längst gestürzten Tabus halber. Die lobenswerte Erfindung der Laxative wird durch die Zurschaustellung der Fäkalien nicht verbessert. Sie würde den »Verstopften« nicht »entstopfen«.

Kann die geschlechtliche »Revolution« nicht auch auf Erfolge weisen? Sie hat eine vernünftige sexuelle Aufklärung erreicht — daß es auch eine unvernünftige gibt, tut nichts zur Sache —; sie hat, eben weil über alles Sexuelle gesprochen, weil alles Sexuelle demonstriert und betrachtet werden darf, dem erotischen Proletariat den Weg zum erotischen Reichtum der Wissenden geöffnet; sie hat durch Kostproben das Risiko unglücklicher Entscheidungen reduziert.

Es verhält sich wie mit den Revolutionen, die an die Stelle von Reformen treten. Die Menschheit scheint nicht erkannt zu haben, daß mit jedem Gewinn ein Verlust verbunden ist: Wer sich mit Arbeit sein Brot verdient, geht weniger spazieren, wer sich bildet, büßt ein gewisses Maß von Unbefangenheit ein, wer eine glückliche Ehe eingeht, verzichtet immerhin auf die Segnungen der Unabhängigkeit. Gewinn ist in Wirklichkeit ein günstiges Tauschgeschäft. Das günstigste Tauschgeschäft ist die Reform, weil das Verlorene gering ist neben dem Gewonnenen. Revolution ist ein Gewinn, der mit maximalen

Verlusten errungen wird, ein miserabler Tausch. Was an der sexuellen »Revolution« unserer Tage revolutionär ist, ist mit einem zu hohen Preis bezahlt: An der Luft der Öffentlichkeit verblaßt die Zärtlichkeit, verkümmert das Einverständnis, verdorrt die Einmaligkeit der Beziehungen, verblüht die Hoffnung, verwelkt die Liebe. Fortschritt wird zu Forderung, Permissivität zu Perversität, Feigheit zu Freibeuterei, Gemeinsamkeit zu Gewalt, Rausch zu Rauschgift; von der Scham bleiben nur die Schamhaare übrig.

Kein Phänomen kommt indes von ungefähr, auch nicht das Phänomen des revolutionär trommelnden Veteranentages der Sexualität. Die Revolution, die unsere Gesellschaft dem Erdboden gleichzumachen sich anschickt, kann es sich nicht leisten, einen Winkel der bestehenden Ordnung »auszusparen«, geschweige denn ein so weites, wichtiges, wesentliches Gebiet zu schonen wie die Sexualität. Da sie die bestehende Gesellschaft nicht mit einem Schlag in eine Ruine verwandeln kann, pflanzt sie ihre Siegerfahne heuchlerisch auf die Festung längst vollzogener Reformen. Zwar ist die Fahne rot, aber Penis und Vagina ersetzen vorerst Hammer und Sichel. Der Vierzehnjährige sieht lieber einen Pornofilm, als daß er Marx liest — das kommt später. Wer die Perversitäten des Marquis de Sade als etwas »Natürliches« zu begreifen lernt, dem wird auch die politische Gewalttätigkeit »natürlich«. Die Sexwoge des Westens dient dem Osten als Spülwasser. Dort, wo die Revolution gesiegt hat, verzichtet sie auf die sexuelle Revolution. Sie windet um die rote Fahne wieder den Myrtenkranz.

Kleine Unterschiede.

Frauen lieben das Erreichte um so mehr, je schwerer ihnen der Weg dazu gemacht wurde. Männer verzeihen Frauen nur selten, daß sie um sie leiden mußten.

Das Bedürfnis der Frauen, Pläne zu schmieden, ist riesengroß. Die meisten Männer sind »planlos«.

Für den Mann, anders als für die Frau, ist die physische Intimität nicht unbedingt ein Anlaß zu Vertraulichkeiten.

Männer sind auf die Vergangenheit ihrer Partner eifersüchtiger als Frauen. Angst vor dem Vergleich.

Die meisten Eifersuchtsmörderinnen ermorden ihre Nebenbuhlerin. Die meisten Eifersuchtsmörder ermorden die Frau, von der sie betrogen wurden. Das zeigt, um wieviel höher der Mann die Frau als die Frau den Mann schätzt. Die Frau hält den Mann, der sie betrog, für ein willenloses Werkzeug der Nebenbuhlerin.

Fast alle eitlen Männer sind gute Liebhaber. Bei den Frauen kann man sich darauf nicht verlassen.

Randbemerkungen über die Ehe.

Mein Vater pflegte zu sagen: Die Ehe ist eine Institution zum gemeinsamen Ertragen von Leiden, die man nicht erlitte, wenn man nicht geheiratet hätte.

Die meisten Frauen heiraten einen Mann, weil er so ist, wie er ist — und wollen ihn dann ändern. Unter allen geheimen Scheidungsgründen ist die Verwandlung der Frau in eine Gouvernante der häufigste.

Die Ehe ist eine ideale »Erfindung«, weil sie sowohl Einsamkeit wie Gesellschaft auf ein Minimum reduziert.

Die Ehe wird immer populär bleiben, weil sie eine natürliche Institution ist: Sie gibt, wie die Natur, dem Winter die Chance, sich in den Frühling zu wandeln.

Viele Ehen gleichen Eisenbahnschienen, die fremd nebeneinander einherlaufen. Aber wie sollte man auf einer einzigen Schiene fahren?

Wer »Verständnis« hat für den »Freiheitsdrang« des Ehepartners, sollte nicht heiraten.

Konvention ist der Klebstoff der Ehe, und man tut recht daran, sie nicht geringschätzig abzutun. Sie leimt die Ehe in dem Moment, in dem sie auseinanderzufallen droht.

Die »Probeehe« gehört zu den dümmsten modernen Ideen. Wenn man nicht die Endgültigkeit probiert, weiß ich nicht, was man probieren sollte.

Ich kann mir vorstellen, daß eine Liebesbeziehung eine Ehe ersetzt. Die »moderne Ehe« dagegen ist der überflüssige Ersatz für eine Liebesbeziehung.

Wer sich ernsthaft mit dem Problem der Pornographie beschäftigen will — und warum sollte man sich mit einer so mächtigen Erscheinung nicht ernsthaft beschäftigen? —, begegnet überraschenden Schwierigkeiten.

Die erste Schwierigkeit: Seit der Begriff der Pornographie existiert, seit mehreren Jahrhunderten, hat er einen abfälligen Klang. Er bezeichnet etwas offenbar so Abstoßendes, daß die *Encyclopaedia Britannica*, die beileibe keine Definition scheut, das Wort in ihren 24 Bänden überhaupt nicht aufgenommen hat. In England hat man sich von 1928 bis 1960 darüber den Kopf zerbrochen, ob *Lady Chatterley's Lover* eine Pornographie sei, über die *Memoiren der Fanny Hill* wurden in Deutschland noch Ende der fünfziger Jahre »Sachverständigengutachten« eingeholt, bis heute verteidigen die Verehrer Henry Millers den Autor gegen den Vorwurf der Pornographie. Ein einzigartiges Phänomen, nicht weil sich Freunde und Gegner der Pornographie widersprechen, sondern weil sie übereinstimmen — die Gegner Henry Millers tun *Wendekreis des Krebses* mit »Pornographie« ab, seine

Freunde aber sagen nicht etwa, das sei eine großartige Pornographie, sondern behaupten, es sei überhaupt keine. In Gerichtsentscheidungen heißt es regelmäßig, dieses oder jenes Werk sei, da künstlerisch wertvoll, keine Pornographie: Keinem Richter fiele es ein, von einer künstlerisch wertvollen Pornographie zu sprechen. Die Auseinandersetzung mit den Freunden der Pornographie ist beinahe unmöglich, weil sie nicht den Begriff der Pornographie verteidigen, sondern nur einzelne Produkte der Pornographie als nichtpornographisch bezeichnen, oder gar bestreiten, daß es Pornographie überhaupt gäbe.

Damit wird die zweite Schwierigkeit offenbar. Weil Pornographie ein offensives Wort ist, ist es auch ein defensives, wobei sich, noch komplizierter, Offensive und Defensive gar nicht auf den eigentlichen Inhalt des Begriffes beziehen. Ein so gebildeter Mann wie Ludwig Marcuse hat seinem Buch *Obszön* den Untertitel *Geschichte einer Entrüstung* gegeben, und sein Buch ist dann auch nicht ein Lobgesang auf die Pornographie, sondern eine Attacke gegen die Unterdrückung der Freiheit: Marcuse entrüstet sich über die Entrüstung. Neun von zehn Verteidigern der Pornographie verteidigen nicht, was sie zu verteidigen vorgeben; sie befürchten im Grunde nur, daß eine Gesellschaft, die heute pornographische Produkte verbietet, morgen eine politische Partei verbieten könnte. Der Diskussion haftet von vornherein etwas Heuchlerisches an, auf beiden Seiten: Ehrlich wäre es, darüber zu diskutieren, ob überhaupt etwas nicht unbedingt Kriminelles verboten werden darf, unehrlich dagegen ist es, die Pornographie in ein *pars pro toto* der Freiheit zu verdrehen.

Die dritte Schwierigkeit: Pornographie wird als adjektivisches Substantiv gebraucht, also als ein wertbezeichnetes Abstraktum, etwa wie Häßlichkeit, während es in Wirklichkeit etwas absolut Konkretes bedeutet, nämlich stets ein Produkt. Ein pornographischer Roman ist ein Roman, ein pornographisches Bild ist ein Bild; ob das Adjektiv zutrifft oder nicht, sind sie so wenig »eine« Pornographie, wie es auch nicht »eine« Häßlichkeit gibt: Pornographie existiert nur durch den Gegenstand. Noch schwieriger werden die Schwierigkeiten aber, weil es außer Pornographie kaum einen Begriff gibt, der nur kraft der öffentlichen Ausstellung existiert. Eine Speise ist eine Speise, ob sie verzehrt wird oder nicht, ein Manuskript bleibt auch unveröffentlicht ein Manuskript, und der Geschlechtsakt ist der gleiche, ob er in einem dunklen Schlafzimmer oder auf einer Bordellbühne erfolgt. Selbst die obszönste und unzüchtigste Handlung ist aber nur obszön oder unzüchtig, auf keinen Fall jedoch eine Pornographie, wenn sie nicht »veröffentlicht« wird. Der Hirt, der mit seiner Ziege schläft, begeht Sodomie, mit Pornographie hat das nichts zu tun, während der normalste Geschlechtsakt, auf Seite sechs einer Zeitschrift abgebildet, Pornographie sein kann.

Hier, endlich, zeigt sich ein schmaler Pfad, der zur Definition führt, der einzigen wahrhaft statthaften Voraussetzung eines Urteils.

Der ungarische Bühnenautor Ferenc Molnár, dessen Aussprüche vielleicht länger leben werden als seine Werke, hat einmal über das Stück eines Konkurrenten in schöner Bösartigkeit gesagt: »Ein gutes Stück. Leider eignet es sich nicht für eine Premiere.« Ob Pornographie ein »gutes Stück« ist oder nicht — ein »Stück«, das heißt ein Produkt, ist es immer —: Gesellschaftlich relevant ist ausschließlich die Frage, ob sich ein darin beschriebener oder dargestellter Akt aus der Intimsphäre zur »Premiere«, also zur Veröffentlichung eignet.

Was ist »geeignet«, was ist »ungeeignet«?

Neue Schwierigkeiten. Ist die künstlerisch wertvolle Pornographie »geeignet«? Das Urteil ist zu individuell, als daß es maßgebend sein könnte. Ich halte *Lady Chatterley's Lover* für ein Meisterwerk der Literatur, Henry Millers *Wendekreis des Krebses* für eine pubertär-senile Selbstbefriedigung und die *Memoiren der Fanny Hill* für einen unfreiwillig komischen Kitsch. Meine Meinung: Es könnte auch anders sein. Oder entscheidet die Absicht über die »Eignung«? Wenn eine illustrierte Zeitschrift Pacins Illustrationen zu Heines *Memoiren des Herrn von Schwabelewopski* in der Absicht publizierte, die Geschlechtslust des Lesers zu erregen und die eigene Geschäftslust zu befriedigen, so könnte man zwar die Absichten einer solchen Redaktion verurteilen, Pacins Zeichnungen würde das keinen Abbruch tun: die Zeitschrift hätte in »ungeeigneter« Absicht etwas durchaus »Geeignetes« veröffentlicht. Daß viele Leser Nabokovs *Lolita* der *dirty words* halber kauften, läßt ein Urteil über die Leser, nicht über *Lolita* zu. Im übrigen sagt auch die Absicht, Geschlechtslust zu erregen, über die Eignung der Publikation nichts Endgültiges aus: Da Geschlechtslust nichts Unsittliches ist, käme es auf die Frage an, auf welche Weise, zu welcher Zeit und bei wem sie provoziert wurde — Maillols *Pastorale* mag die Geschlechtslust eines Knaben in der Pubertät erregen, dem Greis wird kaum der Pornofilm aus einem Sexshop genügen. Jugendgefährdend? Das ist ein leichtfertig gebrauchtes Wort, leichtfertig insbesondere, wenn es nur auf Pornographie angewandt wird. *Max und Moritz* ist erheblich »jugendgefährdender« — wenn auch literarisch wertvoller —, als Gore Vidals *Myra Breckinridge* oder Philip Roths *Portnoy's Complaint*, obwohl die Bücher von Roth und Vidal pornographisch sind, Wilhelm Busch ist nicht gerade ein Pornograph. Obszön, unzüchtig? Keine Identifikation könnte unrichtiger sein als die lexikalische von »pornographisch« mit »obszön« und »unzüchtig« — das Wort »Scheiße« ist obszön, aber nicht pornographisch, die Darstellung des *Magischen Diagramms* im Tempel von Chitagrupta ist pornographisch, aber nicht obszön.

Die Antwort verbirgt sich, aber sie ist zu finden.

Für die Publikation ungeeignet sind alle Darstellungen aus der Intimsphäre, die entweder überflüssig oder schädlich oder beides sind. Die Überflüssigkeit ist leichter als die Schädlichkeit festzustellen.

Die Zeit und die Gesellschaft, in der *Lady Chatterley's Lover* spielt, wird erst durch das Verhältnis der Lady mit dem Waldhüter erklärlich. Sie flieht vor der Heuchelei in die Obszönität; sie schläft mit ihm nicht trotz seiner Vulgarität, sondern dieser Vulgarität halber; gebrauchte er nicht die Wörter, die Lawrence aufzeichnet, könnte sie gleich bei ihrem noblen Greis bleiben. Nicht seines literarischen Wertes wegen eignet sich *Lady Chatterley's Lover* zur Publikation — der bleibt umstritten —, sondern wegen der Notwendigkeit, die dem Werk innewohnt, aber freilich auch, weil hier von einer einmaligen Situation unter eigenartigen Personen die Rede ist: Sollte ein Vierzehnjähriger im Lawrenceschen Werk nur an den *four letter words* Gefallen finden, so liest er die gleichen doch auch an den Wänden der Pissoirs, ohne den Gewinn, den ihm dieses Buch bietet. Kein einziger der von Miller beschriebenen Geschlechtsakte gibt dagegen Aufschluß über etwas anderes als den Geschlechtsakt: Er wird von Automaten ausgeführt und verleitet zur sexuellen Automatisation.

Das Überflüssige ist nicht immer schädlich.

Die Schädlichkeit der Pornographie — ich wiederhole, nicht jede Pornographie ist schädlich — liegt teils auf der Hand, teils unter dem Hemd.

Auf der Hand liegt sie, wo die Schädlichkeit kriminell ist. Der Einbruch in die Intimsphäre ohne oder gegen den Willen der Beteiligten — wobei es sich um so relativ »Harmloses« handeln kann wie die Nacktbilder der Jacqueline Kennedy — erschöpft, wie es in der Sprache des Gesetzes heißt, den Tatbestand des Einbruchdiebstahls, ja der Notzucht. Wenn Darstellungen aus der Intimsphäre politischen Zwecken dienen — nicht nur, indem man einen unliebsamen Politiker in einer unzüchtigen Pose zeigt, sondern auch, wenn man das Publikum mit obszönen Bildern in eine Schaubude lockt, in der dann Wahlpropaganda betrieben wird —, erschöpfen sie den Tatbestand des Betruges. Werden durch Publikationen aus der Intimsphäre einzelne oder Gruppen diffamiert — der Familienvater im Bordell oder Hippies beim Gruppensex —, so erschöpft das den Tatbestand des Vergehens gegen die Menschlichkeit.

Verbrecherisch ist aber auch — »unter dem Hemd« —, was die Seele vergiftet, wobei ich abermals meine, daß das »Jugendgefährdende« überschätzt wird; ich bin keineswegs sicher, daß die junge Seele mit den Giften nicht eher fertig wird als die Seele des Erwachsenen. Wenn mit der Pornographie Eros aus dem Haus von Agape entführt und in einer Isolierzelle gefangen gehalten wird, dann hat sich diese »Pornographie« des Kidnappings schuldig gemacht, ein krimineller

Akt an Eros *und* Agape. Wenn durch das pornographische Produkt der Eindruck erweckt wird, daß die sexuelle Liebestechnik Erotik ersetzt, dann handelt es sich um eine mutwillige Fälschung. Wenn die »Pornographie« die Achtung für das andere Geschlecht in Frage stellt — meistens die Achtung für das weibliche, und dazu genügt die Abbildung von Photoprostituierten auf Titelblättern —, dann geht sie nicht anders vor als ein Segregationist Südafrikas oder Rhodesiens. Wenn sie den Liebesgenuß in Voyeurtum und Exhibitionismus »umfunktioniert«, dann handelt sie übler als die übelsten Dirnen, die ja den Käufer in die Intimität hineinführen, nicht aus dieser heraus und in die Öffentlichkeit, und denen im übrigen in allen zivilisierten Staaten das *solliciting*, nämlich die Anwerbung, Überredung und Verführung verboten sind: Pornographie in ihrer schädlichen Form ist *solliciting* — sie begann nicht zufällig mit der Hurenbeschreibung —, ist die illegale, weil propagandistische Form der Prostitution. Verbrecherisch — »unter dem Hemd« — ist »Pornographie« schließlich, wenn sie den sexuellen Appetit über das Maß seiner möglichen Befriedigung anregt, so daß Tantalus nach den Früchten der Perversität, und hier wiederum vornehmlich nach den Früchten der Gewalt greifen muß.

Ich werde der Frage, ob ich das Überflüssige, wenn es sich mit dem Schädlichen paart, verbieten würde, nicht ausweichen. Da ich nicht für Hitler gekämpft habe — nicht einmal widerwillig —, sondern gegen Hitler, so daß ich von derlei Schuldkomplexen frei bin, fällt es mir leichter als anderen, zwischen einem immer noch intimen Eros-Zenter und einer die Intimität in die Öffentlichkeit entführenden pornographischen Zeitschrift zu unterscheiden, will sagen: Ich glaube nicht, daß man mit der Konfiskation einer Zeitschrift, in der Peitschen als Konsumgüter der Liebe angepriesen werden, die Demokratie konfisziert. Die Frage: »Wer soll das bestimmen?«, versetzt mich keineswegs in hysterische Angst — ein Staat, der seine Bürger nicht an der freien Meinungsäußerung hindert, wird wohl noch einigermaßen gerecht zwischen *Lolita* und publizistischen Massagesalons unterscheiden können. Der totalitäre Staat entsteht aus dem Unglück seiner Bürger. Die Feinde ihres Glücks sind die Feinde ihrer Freiheit. Pornographie, als das schädlich Überflüssige, ist ein Feind des Glücks, also ein Feind der Freiheit.

Das war noch eine männliche Welt, in der Karl Kraus schrieb: »*Die Fülle meines Werks ist ungemein: / mir fällt zu jedem Dummkopf etwas ein.*« Dummkopf existiert nur im Maskulin, aber wenn es mit der Frauenbefreiungsbewegung, der *Women's Lib*, wie der prägnante Werbeslogan lautet, so weitergeht, werden sich die weiblichen Sansculottes das Recht ertrotzen, »Dummköpfinnen« genannt zu werden. Ich verleihe es ihnen freiwillig. Ob selbst Karl Kraus etwas zu ihnen eingefallen wäre, möchte ich bezweifeln.

Da ich nicht in Amerika lebe, vermag ich nicht, sie so ernst zu nehmen, wie es Norman Mailer tut; eigentlich sind es — wieder ein freiwilliges Feminin — nur arme Teufelinnen, Verführte dieser Erde. Weil ich aber ihre Gleichberechtigung anerkenne und damit jeder männlichen Höflichkeit ledig bin, wage ich das Unaussprechliche auszusprechen: Ihr Führungskader ist unglaublich häßlich. Es heißt, die Erfindung der Schminke ginge auf die Phönizierinnen zurück, unter denen relativ viele von Geschlechtskrankheiten befallen waren: Sie verbargen den Aussatz unter einer dicken Schicht von frühem Elizabeth Arden. Das hätte ihnen freilich wenig genutzt, weil man nun die Syphilitikerin zwar nicht am Aussatz, aber an der Schminke erkannt hätte, und so überredeten sie die Reinhäutigen, sich gleichfalls zu maquillieren. Die Frauenrechtlerinnen, jedes Reizes bar, wie — keine weibliche Wortveränderung ist mir zu gut — ihre Vorfahrinnen, die Feministinnen, die schon 1903 »pfuiteuflisch« anzuschauen waren, haben sie ihre hübschen Geschlechtsgenossinnen verführt, sich so abstoßend zu geben wie sie selbst wirken, zwar nicht mit dem Resultat, daß der Mann den Sozialismus des Bettlakens anerkenne, aber doch mit der berechtigten Hoffnung, daß er sich den Geschlechtsverkehr abgewöhne. Der »Penisneid«, nach Freud aus dem Kastrationskomplex geboren, liegt ihnen, der Mann muß es ihnen lassen, vollkommen fern, zumindest tritt er vorerst in Form des Vaginaneides auf. Den Mann können sie zur Not verkiefeln. Die glückliche Frau auf keinen Fall.

Damit ist schon gesagt, daß die modernen Gefolgsfrauen der guten alten Emmeline Pankhurst ihr Suffragettenheer nicht nur aus Häßlichen rekrutieren — als altmodischer Mann halte ich, pardon, die meisten Frauen für schön, hübsch oder ansprechend —: Sie sehen sich nach den Unglücklichen um, deren Zahl größer ist als der Miesgeborenen. Fast die ganze Menschheit unserer Tage ist damit beschäftigt, einen Feind zu suchen. Nach dem modischen »Denkmodell« unserer Epoche muß dieser Feind eine Kollektivität repräsentieren. Wer seinen Vater nicht mag, was ganz natürlich ist, der bekämpft die Vätergeneration; wer meint, er werde schlecht bezahlt, ist »unternehmerfeindlich«; wer von einem Neger überfallen wird, wird zum Rassisten. Es ist daher nur recht und billig, daß Mrs. X., die mit ihrem Orgasmus Schwierigkeiten hat, nicht ihren Puritanismus, ihre Schwangerschaftsfurcht, Kindheitserlebnisse, oder was ihr die Psychoanalyse sonst anzubieten hat, analysiert — Freud war auch ein Mann —; nicht einmal das Geschlecht von Mr. X. ist daran schuld, sondern selbstverständlich das männliche Geschlecht. Daß das Wort

»Frigidität« weiblichen Geschlechts ist, gehört zu den grammatikalischen Hexereien des Mannes; ich werde nur noch »der« Frigidität sagen und schreiben. Die Zeit ist großzügig: Unter der Kollektivschuld gibt sie es nicht.

So ist es freilich nicht, daß die Frauenbefreierinnen jedes weiblichen Instinktes entrieten. Zwar hat die Frau, das in Wahrheit überlegene Wesen, dem Mann den Apfel gereicht, aber er hat hineingebissen: Adam hat das Paradies mit dem schlechtesten Gewissen verlassen. Seither denkt die kluge Frau, daß sie sich ein bißchen Paradies nur zu bewahren vermag, wenn sie das schlechte Gewissen des Mannes wachhält. Die Damen des *Women's Lib* haben die Primitivität der Hausfrau, die weiß, daß ihr der Ehemann vom Ausflug mit der Geliebten ein Armband mitbringt, zu einer Computer-Technik entwickelt: Nun wäscht er das Geschirr, auch wenn er sie nicht betrogen hat, sein schlechtes Gewissen ist kollektiv; an der Wiege eines jeden Knaben stehen die Damen Kate Millett, Germaine Greer, Shulamith Firestone, Betty Friedan, und reichen ihm den Schnuller des schlechten Gewissens. Geschirrwäsche durch Gehirnwäsche.

Manches hat die Revolution erreicht, nicht alles, das kann man von einer Revolution nicht verlangen. Schon dürfen Frauen ihre Koffer schleppen, das Haushaltgeld bezahlen, ihre Kinder mit fremden Kindern in Kinderheime stecken, den Einbrecher verscheuchen oder sich von ihm erschießen lassen, in den Tagen der Menstruation Schnee schaufeln, allein in die Ferien reisen und, wie die Reichen Anatole Frances, unter der Brücke schlafen. Zwar brechen sie die Treue nicht öfter als früher, aber mit besserem Gewissen. Im Schlafzimmer gibt es noch einige Schwierigkeiten, denn der Mann ist von Gott — einem männlichen Wesen, deshalb hat Er es ausgeheckt — so gebaut, daß sich sein Geschlecht, wird sein Geschlecht unterdrückt, nicht erhebt, aber »die« Prometheus tröstet sich mit den Worten: »*Hast du nicht alles selbst vollendet, / Heilig glühend Herz?*«, sie formt Menschen nach ihrem Bilde, ganz allein. Gegen die gröbliche Ungerechtigkeit der Schwangerschaft und des Gebärens gibt es vorerst nur ein Mittel: den permanenten Lysistrata-Streik, wird jedoch die Ehe, wie es die Ideologinnen der *Women's Lib* propagieren, abgeschafft, wird, wer weiß, auch der lästige Geschlechtsverkehr abgeschafft werden.

Nein, zu einer solchen Dummheit kann einem kaum etwas einfallen. Sie ist auch unter allen revolutionären Dummheiten die ungefährlichste. Die Apostolinnen — schon wieder ein neues Feminin — kämpfen scheinbar für die Gleichberechtigung der Frau — die längst errungen ist, nur ein verknöcherter Greis oder ein rückständiger Trottel könnte sie ihnen streitig machen —, während sie die Gleichheit der Frau meinen. Die Frau ist dem Mann nicht gleich, der Mann ist der Frau nicht gleich, daran ist nichts zu ändern. Darauf kommt es jedoch nicht an. Sondern darauf: daß die Frau, dem Mann nicht gleich, dem Mann überlegen ist. Sie trägt den Menschen in sich; deshalb ist sie menschlicher. Sie fragt sich neun Monate lang, ob sie einen Knaben oder ein Mädchen gebären wird: deshalb begreift sie das Unerforschbare des Göttlichen. Sie ist dem Kind näher, also der Erde, sie ist der Erde näher, also dem Verständnis. Sie beschützt ihr Kind, also die Menschheit. Sie leidet mehr, also ist sie klüger, weil sie klüger ist, vermag sie Leid besser zu ertragen. Sie hat die Einheit von Genuß und Glück gefunden; sie gibt, wenn sie empfängt, und empfängt, wenn sie gibt. Sie ist die einzige Entschuldigung für die mißlungene Kreation. Und das alles soll sie aufgeben für die Freiheit, sich so schlecht benehmen zu dürfen, wie es der Mann seit der Vertreibung aus dem Paradies tut? *No chance*, in Kate Milletts Sprache zu sprechen.

Aber auch Kate Millett, die verspätete Suffragette einer vollzogenen Revolution, ist nicht den Wellen entstiegen. Die *Women's Lib*-Bewegung ist eine Schaumgeburt der sozialistischen Notzucht. Es gehört nicht zu den geringsten Erfindungen des Sozialismus, daß Chaos, nach Ovid *»die in unermeßlicher Finsternis liegende, gestaltlose Urmasse«*, nicht von selbst entstanden ist oder da war von Anbeginn, daß es auch erzeugt werden kann. Das Rezept des Chaos ist so simpel, daß es auf dem kleinsten Papier Platz hat: Jeder gegen jeden. Die Vorbedingung des Sozialismus ist das Chaos, Chaos aber entsteht, wenn sich Väter und Söhne bekämpfen, Mütter und Töchter, Brüder und Schwestern, Schwarze und Weiße, Reiche und Arme, Bürger und Arbeiter, Bauern und Soldaten — doch ist es nicht genug, jeder gegen jeden, Blinde gegen Sehende, Schreibkundige gegen Analphabeten, Schornsteinfeger gegen Bäcker, Vierjährige gegen Fünfjährige, Kleinstädter gegen Großstädter, Schwimmer gegen Nichtschwimmer, den Schöpfern *»unermeßlicher Finsternis«* ist jeder Krieg willkommen, jeder Konflikt, jede Feindschaft, jeder Zwiespalt, jede Prügelei — und da sollte ihnen der Hader zwischen Mann und Frau nicht willkommen sein? *Women's Lib* ist eine von vielen Ersatzrevolutionen, ein Beitrag zum Chaos. Ginge sie von Männern aus, wäre sie bedenklich. Frauen sind zu gescheit ...

Vom Kult der Nacktheit.

Heuchelt die Bibel? Es heißt da: *»Und die beiden, der Mensch und sein Weib, waren nackt und schämten sich nicht.«* Aber als sie klug wurden und ihnen die Augen aufgingen, da wurden sie *»gewahr, daß sie nackt waren; und sie hefteten Feigenblätter zusammen und machten sich Schurze«*.

Adam und Eva waren nackt, aber sie waren allein. Unterschied zwischen Paradies und Nacktkultur.

Sie wollen sich alle nackt ausziehen. Nein, sie wollen aus ihrer Haut schlüpfen. Aber sie schlüpfen nur aus dem Schlüpfer.

Sie entkleiden sich auf Universitäten und in Gerichtssälen, »pour épater le bourgeois«. Sie haben keine Ahnung, wie sich der bourgeois über ein solches Gratis-Strip-tease freut.

Die Revolutionäre lesen nicht einmal Revolutionsgeschichte. Die Sansculottes nannten sich so aus Wut, weil sie nicht die schönen Breeches der Wohlhabenden besaßen. Danton wollte die Sansculottes anziehen, nicht ausziehen.

Pornographische Publikationen zeigen nicht mehr den Körper, nur noch Körperteile. Die werden ausgewogen, wie die »schönen Stücke« beim Metzger.

»Es geschieht meiner Mutter ganz recht, wenn ich friere — warum kauft sie mir Kleider ...?«

Die Nacktheitsrevolutionäre verwechseln die Freiheit von Unterdrückung mit der Freiheit von der Unterhose.

Wenn Nacktheit etwas ganz »Natürliches« ist, weiß ich nicht, warum in Nacktkolonien der Alkoholkonsum verboten ist.

Agape nannten die frühen Christen jene Mahlzeiten, mit denen die Reichen die Armen »abspeisten«, angeblich um ihnen liebend zu helfen, in Wirklichkeit, um Proselyten zu gewinnen. Vielleicht ist Agape deshalb in Verruf geraten. In Wahrheit bedeutet sie nur Menschenliebe. Sie schließt Eros nicht aus, sondern ein.

Die Qual des Alters ist die Qual der Überflüssigkeit. Man wird jedoch nicht überflüssig, wenn man alt, sondern alt, wenn man überflüssig wird. Die »befreite« Frau hat es verstanden, die Überflüssigkeit ins jugendliche Alter vorzuverlegen.

Oben ohne — das bezieht sich neuerdings aufs Gehirn.

Adam und Eva sind als Erwachsene zur Welt gekommen. Über die Tugend hat Gott die Reife gesetzt.

Antwort auf den Brief einer liebenswürdigen Leserin von Ilona, die fragte, woher ich die »weibliche Seele so genau« kenne: »Man hat von einem deutschen Romancier erzählt, er habe, als er einen ›Frauenroman‹ schrieb, stets einen Damenrock angelegt. Es kann dabei nichts

herausgeschaut haben als eine Hose. Ich könnte Ihnen manches auf-
zählen, was eine Frau von einem Mann unterscheidet: die Seele wäre
nicht dabei. Sollte es mir gelungen sein, mich in eine ›weibliche‹ Seele
zu versetzen, habe ich mich in die Seele eines anderen Menschen ver-
setzt.«

Allerdings hat es schon mit *Effie Briest* begonnen: Für das Scheitern
der Ehe wird die Arbeit des Mannes verantwortlich gemacht. Die
Sympathien des Publikums wenden sich prompt der »vernachlässig-
ten« Frau zu, auch heute, da sie doch hingehen und sich mit etwas
Arbeit zerstreuen könnte. Meistens geht es indes gut aus: Das Lasttier
sieht ein, daß es nicht so viel hätte arbeiten sollen. Und wenn sie nicht
verhungert sind, leben sie noch heute ...

Der Käufer in der Liebe ist immer der Besiegte.

Der *homme à femme* ist meistens ein verhinderter Homosexueller. Er
ist der Spiegel, in dem die Frau sich selbst sieht. Allerdings muß er
noch eine Bedingung erfüllen: Er muß Zeit haben. So groß die Unterschiede zwischen Don Juan und Casanova sind — Stefan Zweig hat es
brillant nachgewiesen —: arbeitslos waren beide.

Gedanken über die Geliebte und den Geliebten.
  Die Geliebten verheirateter Männer — oder die Geliebten verheirateter Frauen — ziehen fast immer den kürzeren. Man liebt es, die
cocus zu verspotten: Die gehörnten Betrüger und Betrügerinnen sind
viel komischer. Wer ist lächerlicher — der Mann, der seine Frau mit
ihrem Geliebten im Bett ertappt, oder der nackte Kerl, der auf den kalten Balkon flüchten muß? Die Geliebte erhält zu Weihnachten eine
Krokodiltasche statt eines Solitärs. Für eine Kapitalanlage kommt sie
nicht in Frage.
  Die meisten Geliebten sind auf die Witwen ihrer Liebhaber eifersüchtiger als auf deren Frauen.
  Gerade alternde Männer sollten sich hüten, eine Geliebte zu haben.
Nur die Ehe gestattet es, sich von seinen ehelichen Pflichten loszukau-
fen.
  Die Geliebte ist immer die Belogene. Sie will von dem Mann hören,
daß seine eigene Frau gefühlskalt ist — wie demütigend für die Geliebte, die also nur *faute de mieux* existiert.

Die meisten Männer fürchten sich mehr vor ihren Geliebten als vor ihren Frauen.

Der Mann, der seine Frau, der Geliebten willen, nicht im ersten Jahr verläßt, verläßt sie nie. Der Rest ist Illusion.

Brief eines Vaters an seinen Sohn.

»... und nun wirst Du mich einen alten Romantiker nennen. Ich wurde schon Schlimmeres genannt, mein Sohn, es schreckt mich nicht.

Ich will Dich nicht bekehren, belehren, ich behüte Dich schon längst nicht mehr.

Es gab viele Frauen in meinem Leben, Du weißt es, und auch in Deinem jungen Leben hat es viele Frauen gegeben, wir wollen sie uns nicht aufrechnen. Aber ich frage Dich: Wie viele hast Du geliebt? Sage mir nicht, wie viele Dich geliebt haben, ich weiß nicht, wie viele mich geliebt haben, wie viele hast Du geliebt? Wie oft hast Du gefühlt, daß das Zimmer leer ist und die Straße und die Stadt und das Land, weil sie nicht bei Dir ist? Wie oft hast Du sie mit anderen verglichen und Dir gesagt, daß ihr keine andere gleicht, und wie oft geschah es, daß Du für einen flüchtigen Augenblick geglaubt hast, eine andere gliche ihr? — und so warst Du verliebt in einen Blick oder eine Haarsträhne oder einen Händedruck, aber es waren nicht ihre Augen und nicht ihre Haare und nicht ihre Hände, und so war es nicht sie. Wie oft bist Du aufgestanden vom Lager und hast gedürstet, obwohl Du getrunken hattest, und auf dem Weg von ihr wolltest Du zurückkehren, und wie oft hast Du Dich geschämt, weil sie Dir gedankt hat und Du hast gefühlt, daß Du ihr hättest danken sollen? Wie oft hast Du vor ihrem Bild gestanden und gedacht, wie sie gestern nackt aussah und morgen nackt aussehen wird, und wie oft hast Du, als sie neben Dir lag, gedacht, daß sie es morgen schwer haben wird beim Examen und daß sie einen Vater hatte, der sie nicht liebte, und daß sie sich erkälten wird, weil ihr Mantel zu dünn ist? Wie oft warst Du voll von verhaltenen Ausbrüchen, weil ihr das Seidenband von der Schulter geglitten war und sie es nicht schnell genug hochgezogen hat mit ihren spitzen Fingern, und als sie der andere ansah, hat sie gelächelt, und wie oft bist Du nachher nicht zu ihr hinaufgegangen und tobend durch die Gärten gelaufen? Wie oft hättest Du eine andere nehmen können, und Du hattest Lust, eine andere zu nehmen, und Du hast es nicht getan, weil es ihr weh tun könnte? Wie oft hast Du klugen Worten gelauscht und sie erschienen Dir leer, und Du hast Dir gesagt, daß Du sie fragen würdest, weil sie klüger ist als die anderen? Wie oft bist Du einer einzigen Stunde wegen eine ganze Nacht gefahren, und Du hast Dir das Geld geliehen, weil Du kein Geld für die Fahrkarte hattest, wie oft bist Du durch den Schnee gewatet und hast vier Wochen lang gehustet und hast gesagt, es sei die Zugluft, und wie oft hast Du ein paar Mahlzeiten übersprungen, weil der Flieder im Winter so teuer ist?

Ich weiß nicht, wie viele Frauen Du geliebt hast, mein Sohn, aber beantworte Dir die Fragen, die ich Dir gestellt habe, und Du brauchst nicht die albernen Testfragen auszufüllen, die jetzt in den Gazetten erscheinen. Ich sage Dir nicht, daß alles bisher falsch war und daß Du warten sollst, auch ich habe nicht gewartet, Liebe im Auto, ich weiß nicht mehr, wie sie ausgesehen hat, da war das Mädchen, mit dem die Hälfte der Klasse geschlafen hatte, warum nicht auch ich, die Frau des Freundes meines Vaters nahm mich ins Bett, keine Reue, Gruß und Dank, nur mein Herz wärmt die Erinnerung nicht, mein altes Herz, und Du wirst die Wärme brauchen, später.

Jetzt lächelst Du, mein Sohn, Du glaubst es besser zu wissen, ich bin von gestern und Du bist von heute, aber der Mensch ist nicht von gestern oder heute, Du glaubst, heute liebt man anders, ohne Mondscheinsonate und auf dem Mond suchen sie Kieselsteine, die Erde dreht sich nicht mehr um ihre Achse, sie dreht sich um ein riesiges Bett, gestern hat sie einen anderen geliebt, morgen liebst Du eine andere, was weiter, mit der einen kommt man ins Lokal und mit einer anderen verläßt man es, es kommt auf den Augenblick an, morgen geht die Welt unter, es kam immer auf den Augenblick an und die Welt ging immer unter, man ist nur einmal jung, aber man ist auch nur einmal alt, und ich möchte nicht, daß Du frierst.

Jetzt lächelst Du, und ich kann Dir nichts anderes sagen, daß auch ich gelächelt habe. Denn auch ich habe, als ich so alt war wie Du, fast auf den Tag, den *Brief eines Vaters unserer Zeit* gelesen, und dieser Vater war ein deutscher Dichter, und er hätte nicht mein Vater, er hätte mein Großvater sein können. Er hieß Herbert Eulenberg und war ein Rheinländer, und sie wissen nicht einmal am Rhein, daß er gelebt hat. Aber die Zeilen, mit denen er den Brief an seinen Sohn beendete, sind, als hätte er sie heute geschrieben, deshalb schicke ich sie Dir, und weil man doch lieber auf seinen Urgroßvater hört als auf seinen Vater, am liebsten auf einen Urgroßvater, mit dem man nicht verwandt ist. Herbert Eulenberg schrieb:

›*Und so lebe wohl mit dieser einzigen Lehre, die ich als Vater Dir in Dein Leben mitgeben kann und mag: Stehe heiter vom Mahle auf, das Dich sättigte, und drücke der Frau, die Dich ihr Gast sein ließ, dankbar die Hand, und laß jedes leidenschaftliche Fest nicht mit Scham und Roheit, sondern mit Scherzen und Zärtlichkeiten endigen! Genieße die Liebe als die schönste Freude, die dem Sterblichen blieb, als er vom Tisch der ewigen Götter verstoßen wurde, wie dies irgendeiner unserer heutigen unbekannten Poeten als Dank für die Himmlischen in diese Verse gefaßt hat:*

Ihr gabt uns Leiden zum Erbteil,
Ihr ewigen Mächte,
Und Tränen und Sehnsucht
Und Kummer und Tod:
Und nanntet es Menschenleben.
Doch über all das gabt ihr uns Flügel
Fortzuflattern in Lust und in Glück
Und euch gleich zu werden in Ewigkeit:
Und nanntet es Menschenliebe. ‹«

HEIMAT UND EXIL

Im Exil fragte Alfred Kerr: »*Was ist Heimat? Kindheit. Wiegensang. / Sprachgewöhnung. Und Erinnerungszwang.*«

Am 12. Februar 1911 in Budapest geboren. So beginnen Biographien. Was sagen sie, sagen sie etwas?

Ich kehre nach Budapest zurück, Geburtsstadt, auch die Heimatlosen wurden irgendwo geboren. Das Geburtshaus steht noch, in der Nähe der Donau, Jahrhundertwendebau, blaue Kacheln in die Mauern gesetzt, die Hausmeisterin hieß Frau Bognár, Hausmeisterinnen verdienten im Ersten Weltkrieg mehr als die Mieter, meine Mutter öffnete die Tür, erblickte einen ganzen Waschtrog voll Faschingskrapfen: »Wir mögen sie kalt, zum Kaffee«, sagte Frau Bognár. Von der Bosniaken-Kaserne hörte man den Zapfenstreich, *capistráng* hieß die ungarische Wortverdrehung, im Salon spielte meine Gouvernante Klavier, Adele Bienert aus Düsseldorf, Tochter eines blinden Ingenieurs, sie sammelte Maler-Postkarten, Rembrandt, Rubens, Tintoretto, Tizian, ich lernte sie lieben, fast alle Gedichte aus *Kluges Auswahl deutscher Gedichte* mußte ich aufsagen, ich lernte sie lieben, wir durften zu Hause nur deutsch sprechen, »Ungarisch — eine tote Sprache«, sagte mein Vater, seine Mutter stammte aus Wien, erst mit vier Jahren sprach ich die ersten ungarischen Worte, in Ungarn, Heimat und Sprachgewöhnung, nicht dasselbe. Ich gehe an dem Haus der Tanten vorbei, die Straße ist nach dem Nationalhelden und Freiheitsdichter Sándor Petőfi benannt, die Tanten, die noch nicht tot waren, hat Hitler getötet, eine von ihnen, Adele, wurde verrückt an dem Tag, an dem die Russen einmarschierten, sie glaubte, mit Stalin verlobt zu sein, ich blicke zu den Fenstern hinauf, die Tanten hatten einen Modesalon, hier also soll ich mit Knöpfen gespielt haben. Im Künstlerklub *Fészek* erzählt man Witze, ich verstehe sie, ich lache, »Wir sind doch zu Hause«, sagt Licci, man ist zu Hause, wo man die Witze versteht, ungarischer Humor, mein eigener, ich blättere im Telephonbuch, wen könnte man anrufen, ich kenne niemand, die breite Avenue in Buda ist nach meinem Taufpaten benannt, hier wurde ich getauft, Hitlers ungarische Verbündete wollten davon nichts wissen, in dem Café, in dem mein Pate die jungen Dichter um sich versammelte, sitzen Unbekannte, ich komme gerade zurecht zum Begräbnis meiner Kusine, ich kenne niemand auf dem Friedhof, im *Mátyáspince* gibt es gebackene Gansleber und *halászlé*, Fischsuppe, *Gundel*-Palatschinken, das Essen hat mir nie wieder geschmeckt, nirgends, auch nicht im *Tour d'argent*, man ist zu Hause, wo der Magen zu Hause ist, die Zigeuner spielen, ich kenne ihre Lieder, aber sie rühren mich nicht, keine Heimatklänge und auch keine Touristenattraktion, Heimat, Nichtheimat, ich fahre ab, die Geburtsstadt versinkt im Nebel, Drahtverhau, an der Grenze weise ich meinen amerikanischen Paß vor, der Beamte spricht englisch, ich antworte deutsch, wir könnten auch ungarisch sprechen, verlorene Heimat, ich habe sie nie besessen.

Kindheit, Sprachgewöhnung. Stubenbastei, Wien, Franz-Josephs-Gymnasium, Schulgeruch: Tinte, Kreide, Urin, Turnschuhschweiß, an der Säule die Besuchszeiten der Lehrer, ich kenne keinen Namen, »Was suchen Sie?« fragt die junge Mutter neben mir, sie lacht, »Ihre Professoren müssen ja längst tot sein. Oder pensioniert«, fügt sie hinzu, ach ja. Am Schulweg noch der Friseurladen, im *Apollo*-Kino sah ich den ersten Tonfilm, »*Yes, I have no bananas*«, sang die Baker im *Ronacher*, der erste Kuß, im Ateliergeschoß unseres Hauses, Margit, die Nazis haben sie in Paris ermordet, von der Redaktion in der Berggasse, auch Sigmund Freud wohnte dort, fuhr ich nach Braunau, fand heraus, daß Hitlers Vater Schicklgruber geheißen hatte, Ernst Klebinder, mein Chefredakteur, druckte es, er hat in Turin Selbstmord verübt, mit dem Spülwasser der Scheuerfrau, darin war Zyankali, das *Café Rebhuhn*, wo er seinen Stammtisch hatte, ist ein Espresso. Man spricht jetzt ein anderes Wienerisch in Wien, als wir in der Schule sprachen, viel Offiziersadel, Martin Kirigin Sieger von Mardegani, in der Anschlußzeit hat man sich ein neues Wienerisch angewöhnt, nach jedem Satz ein Fragelaut, vielleicht Protest, jedenfalls eine andere Sprache, Sprachgewöhnung, ja, wenn es keine Weltgeschichte gäbe, ich habe Mühe, den Taxichauffeur zu verstehen, »Sie sind aus München?« sagt er, nein, von gestern. Ich blättere im Telephonbuch, wen könnte man anrufen, ich kenne niemand, man ist dort zu Hause, wo man Schulkollegen hat, der Primus der Klasse schreibt, ich sollte zum Abiturientag kommen, der Lob ist Direktor des Restaurants am Kahlenberg, Heimat, ob ich wüßte, wo Lewy geblieben sei, noch zwei oder drei jüdische Namen, ich fahre nicht zum Abiturientag, wo ist Lewy geblieben, Lewy ist in Auschwitz geblieben, keine Heimat. Wenn ein »Arier« zurückkehrte, nach dem Krieg, schrieb man in Deutschland, er sei ein Deutschamerikaner, auch wenn es ein Österreicher war, niemand sagt, ich sei ein Deutschamerikaner oder ein Österreicher, ein Verleger wollte eine Novelle in den Sammelband österreichischer Erzähler aufnehmen, wieso der Habe, der ist doch Ungar oder Amerikaner, vielleicht ist er aber auch Nigerianer oder Hottentotte, bei Juden weiß man das nicht so genau. Der alte Kellner spricht noch meine Sprache, »siehst du«, sagt Licci, in einer Buchhandlung hinter dem Bauernmarkt finde ich *Kluges Auswahl deutscher Gedichte*, antiquarisch, »siehst du, du hast doch gesagt, daß die deutsche Sprache deine Heimat ist«, sagt Licci, ich nicke, sie hat recht,

Sprachgewöhnung, warum soll ich Licci sagen, daß ich in den Menschen nicht zu Hause bin, wir wohnen in der gleichen Sprache, nicht in der gleichen Haut. Junger Wein beim »Heurigen«, Schrammelkapelle, ich bin so sehr zu Hause, daß mich jeder Fremde für einen Wiener hielte, nur die Wiener halten mich für keinen Wiener, eine Schulkollegin ruft an, erste Klasse, sie hatte zwei blonde Zöpfe, ich brachte ihr Schokolade, wenn man Marillen und Paradeiser und Erdäpfel sagt, weiß ich, daß Aprikosen und Tomaten und Kartoffeln gemeint sind, ich gehe über die Ringstraße, ich denke an eine alte Spieluhr, unter Glas, allerlei Figuren, Herren im Gehrock, Damen mit Wespentaille, Kind mit Rad, die Uhr ist stehengeblieben, die Zylinderhüte hängen in der Luft, die Damen im Knicks erstarrt, Kind mit erhobenem Holzstab über dem verzauberten Reifen, Dornröschen, der Schrammelsänger singt: »*Wien, Wien, nur du allein ...*«, das eben nicht.

Vielleicht Europa. Das sonnige Weinland der Toscana, das harte Weinland an der Mosel, um Granitblöcke rankt sich der Wein im Maggiatal, kühle Blondinen jenseits des Kanals, zwischen Olivenhainen reiten feurige Mädchen auf Mauleseln, die Abendsonne bettet sich im Balaton, die Juwelenhändler auf dem Ponte Vecchio, vor dem Balkon in Baden-Baden braust die Oos auf, nimmt sich ernst, Weihnachtsmette in Tirol, die Bauernkinder singen, in der Kathedrale von St. Gallen weitet sich der Himmel, das Schlößchen bei Salzburg, Fischer von Erlach, die Schneiderstraße in London, der Feuerfresser auf der Piazza Navona, der Stierkämpfer im Fischlokal des Hafens von Barcelona, ein Student im Talar auf den Stufen der Universität von Coimbra, die Glasbläser von Murano, alte Damen in den Kuchenburgen auf dem Kurfürstendamm, heimatliche Kneipen, heimatliche Kirchen, heimatliche Freunde, heimatliche Feinde, heimatliche Grenzpfähle. Und jetzt will Europa eins werden, habe ich es nicht immer gesagt, ich habe Großes mit Kleinem verglichen, Goethe entdeckte sein Deutschtum im französischen Straßburg, ich entdeckte mein Europäertum in Amerika, »Was bist du?« fragte man in Amerika, »Europäer«, sagte ich, und nun nennt sich jeder Nationalist Europäer, der europäische Gedanke, was ist ein Europäer, ein Europäer ist einer, der Amerika haßt, so habe ich es nicht gemeint. Die Vielfalt habe ich gemeint, das Glück des Andersseins, daß sich Schweden und Sizilianer verstehen, nicht daß sie den gleichen Reisepaß haben, Herzklopfen an der Grenze, man schmuggelt etwas vom griechischen Markt oder vom Trödler aus Brüssel, auf dem San Bernardino noch Schnee, Grün im Tessin, die Sprache der korsikanischen Fischer und der Amsterdamer Makler, Eintritt in die EWG, kein Eintritt in die EWG, NATO, keine NATO, das habe ich nicht gemeint, der Herr, der des Menschen Sprache verwirrte, in Babylon, wollte kein Esperanto,

Er wollte auch keine Abkürzungen. Der Schauspieler in Hamburg sagt, der gastierende Schauspieler aus München sei ein ganz elender Schauspieler, auf dem Broadway empfiehlt einer den anderen, Amerikaner: ein Volk ohne Neid, »unkultivierte Amerikaner«, jedes Jahr gewinnen sie die Nobelpreise für Physik und Chemie, man wird es ihnen schon zeigen, den Amerikanern, wir Europäer werden es ihnen zeigen, man könnte die ganze französische Industrie in das Gelände zwischen New York und Washington packen, wie diese Barbaren ihre Neger behandeln, die Gasöfen waren, obwohl technisch hoch entwickelt, nicht *Made in USA*, als die Gasöfen brannten, hat man mich in Amerika durchgefüttert, in einer deutschen Zeitung zeigen sie die Freiheitsstatue mit bluttriefenden Händen, die Hände ballen sich zur Faust, ich singe leise: »*Send these, the homeless, tempest-tost to me,/ I lift my lamp beside the golden door!*«, »Was bist du?« fragt einer, »Amerikaner«, sage ich. Ich fahre von Philadelphia nach New York, die Häßlichkeit prasselt mir ins Gesicht, rote Fassaden, verwitterte Reklamewälder, Feuerstiegen, gelbgebrannte Gärten, *Used-car-dealers*, Abfallkübelpassagen, irgendwo zwischen Atlanta nach Birmingham überrascht uns der Regen, Sintflut, Weltuntergang, bewaffneter Überfall der Natur, als hätte hier der Mensch die Natur geschaffen, Prometheus unter den Ländern, Gulliver am Ufer der Zwerge, wer sollte hier nicht das Fürchten lernen, ich bin Europäer, ich fürchte mich, als ich die Freundin besuchen will, stellt der *doorman* inquisitorische Fragen, ich könnte ein Mörder sein, der Ölmillionär lädt mich ein, ein Analphabet, *Coca-Cola*-Reklame mitten im *Hamlet*, der Neger, der meinen Roman *Weg ins Dunkel* für die Bühne bearbeitete, hat die Jüdin weggelassen, wie viele Unschuldige hat die *Mansonfamily* ermordet, hier könnte ich den Kerl niederschlagen, der das Mädchen belästigt, ich bin Amerikaner, aber es gibt zu viele, die man niederschlagen müßte, ich reise ab, ich bin Europäer.

Vielleicht nicht *Kindheit, Wiegensang, Sprachgewöhnung und Erinnerungszwang*. Vielleicht das Volk. Es ist mein Volk, in Israel, diese Gesichter kenne ich, erkenne ich, traurigkühne Augen, die junge Frau ist meine Tante Aranka, die Nazis haben sie erschlagen, der alte Mann könnte der Rabbiner Dr. Kupfer sein, der unterrichtete auf der Stubenbastei, er hat mich immer so melancholisch angesehen mit seinen roten Augen, weil ich in den protestantischen Religionsunterricht ging, der Fallschirmjägerhauptmann spricht nur Iwrith, aber ich weiß, was er sagt, »Braucht ihr keinen Soldaten?« frage ich, »Sie sind doch etwas zu alt«, lächelt er, »Braucht ihr keinen General?« scherze ich. Die Straßen von Tel Aviv erinnern mich an Budapest, aber die Israelis erinnern diese Straßen nur an Tel Aviv, sie verstehen die Araber besser als die Europäer, sagen sie, sie sind mit Arabern aufgewachsen, aber ich ging mit Martin Kirigin Sieger von Mardegani zur Schule, die

Araber verstehe ich nicht, der Himmel über Bersheba ist so weit
wie die Ewigkeit, der Himmel über Dornbach war schmal wie
ein Fenster, es gibt ein Wiener Lokal bei Jerusalem, das Essen
schmeckt weder wienerisch noch jüdisch, unser Freund zitiert aus
Ezechiel, ich wage es nicht, aus Lukas zu zitieren, ich schicke Weihnachtskarten, nach Israel schicke ich keine, die israelischen Freunde
würde es beleidigen. Über tausend Menschen hören meinen Vortrag in
Haifa, kein einziger, der nicht mein Freund wäre, ihre Söhne und
Töchter haben sie nicht mitgebracht, die verstehen nur Iwrith, ich
kaufe eine Zeitung, der Zeitungshändler ist mein Bruder, ich blättere
im Telephonbuch, ich kenne keinen Buchstaben, jeder Jude hat Ver-
wandte in Israel, ich habe keine, wir kosten Thina und Humus, exoti-
sche Speisen, sie könnten chinesisch sein oder indisch, der Gesang an
der Klagemauer, ich verstehe jedes Wort, obwohl ich kein Wort verstehe, ein Soldat ist auf den Golan-Höhen gefallen, es bedeutet mir
mehr als hundert französische oder amerikanische Soldaten, mein
Volk, im Theater verstehe ich keine Silbe, Sprachgewöhnung, warum
freue ich mich, daß die Bibliothek der *Jerusalem University* ein deutscher Freund gebaut hat, ich bin schließlich kein Deutscher, wer bin
ich?

*»Wenn du (gleichviel, wo du her bist) / Ein Ulysses oder Ahasver
bist«,* dichtete Kerr im Exil. Nicht gleichviel, woher du her bist.
Ulysses war ein Tourist. Er kehrte zurück. Ahasver kehrt nicht
zurück.

Volkscharakter ist ein Wort, das kein feiner Mann in den Mund
nimmt. Warum wird er geleugnet?

Der Nationalismus, maßloses Vertrauen zum eigenen Volk, wurde
nach dem Zweiten Weltkrieg von einem ebenso grenzenlosen Mißtrauen gegenüber dem eigenen Volk abgelöst. Man hatte sich alles zugetraut, nun mutete man sich alles zu. Bei dem löblichen Versuch,
emotionelle Diffamierungen und die damit verbundenen Aggressionen
abzubauen, erkannten die zivilisierten Völker, daß sie über den
Charakter anderer Völker ganz abscheulich gedacht hatten. Sie hätten
sich nun entschließen können, über den Charakter anderer Völker
weniger abscheulich zu denken, aber das ließ ihr eigener Charakter
nicht zu. Statt schwachsinnige Qualifikationen mit gerechten Überle-
gungen zu ersetzen, beruhigten sie ihr Gewissen mit der bequemen
Erklärung, es gäbe überhaupt keinen Volkscharakter. Mit dem
schmutzigen Bad der Diffamierung wurde das Kind des Charakters
ausgeschüttet.

Besonders lebhaft wurde das Sonntagsbad von jenen Völkern be-
grüßt, die von der »Entfernung« des Volkscharakters zu profitieren

glaubten. An der Quelle der kollektiven Unschuld steht die Kollektiv-schuldlüge. Dem Begriff »Volkscharakter« haftet etwas Endgültiges an, lebenslänglicher Kerker, Erbsünde, Verdammnis in alle Ewigkeit. Daß man von Volkscharakter sprechen könnte wie vom Charakter des Individuums, mit allen Möglichkeiten und Hoffnungen der Ände-rung und Besserung, wollte den Völkern nicht einleuchten; sie sahen darin etwas Endgültiges wie den Tod, den man ja auch seiner Endgül-tigkeit halber fürchtet. Da sie aber nicht behaupten konnten, nur das eigene Volk habe keinen Charakter, bequemten sie sich, be-quemten sie sich, auf den Volkscharakter zu verzichten, *en général*.

Im Prozeß der umgekehrten Verallgemeinerung gelangten sie zu Verwechslungen wie in einem Shakespeareschen Lustspiel oder einer Mozart-Oper. Sie verwechselten Volkscharakter mit Rassismus. Und über die Verschiedenheit des Volkscharakters konnte man leichter als über die Hautfarbe hinwegsehen.

Das alles geschah unter dem Einfluß der marxistischen Geschichts-betrachtung, von den *professionals* mißbraucht, von den Amateuren mißverstanden. Selbst wenn es wahr wäre, daß der Mensch ein Produkt seiner Gesellschaft ist, so sind Tausende Jahre der Entwick-lung, in denen der Charakter ausgebrütet wurde, mit dem materiali-stischen Zauberstab nicht wegzuhexen.

Mit der Beruhigungspille, es gäbe keinen Volkscharakter, ist nichts zu gewinnen. Ist mit der Wahrheit etwas zu gewinnen?

Liebe, die von der Fiktion der *égalité* ausgeht, ist Selbstliebe, also überhaupt keine. Der marxistische Neohumanismus, unfähig, die Menschheit der Liebe auch nur um einen Schritt näher zu bringen, proklamiert die Gleichheit; da sich aber im Prozeß eines Zusammen-lebens in *liberté* die Ungleichheit bald herausstellt, ist die Enttäu-schung unvermeidlich, auf die Enttäuschung folgt die Aggression, welche die *fraternité* ausschließt. Liebe heißt nicht, den fremden Cha-rakter zu leugnen, heißt, ihn nicht zu hassen. Zum Verständnis gehö-ren zwei — nicht im Sinne der Gegenseitigkeit, die in der Tat keine Bedingung des Verständnisses ist, in dem Sinne vielmehr, in dem man einen anderen versteht, der anders ist als man selbst. Die Liebe zu anderen heißt die Liebe zum anderen.

Mein Schicksal forderte, daß ich in allen Perioden meiner Existenz mein Verhältnis zu den Deutschen prüfen mußte. Ein komplizierteres Verhältnis ist nicht zu denken.

Meine Kultur ist so deutsch, daß ich in jeder anderen Kultur zu er-sticken wähne, ich lernte als Kind *Die Kraniche des Ibykus* auswendig, nicht Baudelaires *Klagen eines Ikarus*, ich spielte bei der Schülerauf-führung den Posa, nicht Corneilles *Cid*, ich las Nietzsches *Zarathustra* vor Laotses *Tao-Te-King*, ach, warum soll ich es nicht sagen, es ist die Wahrheit, als ich 1940 in deutsche Kriegsgefangenschaft geriet, deutsche Soldaten mich hinter Gitter sperrten, schlug mein Herz höher beim ersten deutschen Wort. Ich war »französischer« Kriegsgefangener bei den Deutschen, und als ich ihnen davongelaufen war, erschienen meine Bücher, die ich deutsch schrieb, in englischer Sprache, Deutsche rotteten inzwischen aus, was von meiner Familie übriggeblieben war, am Tag, an dem man mir auf Long Island eine amerikanische Uniform gab, betete ich in der Feldkapelle für die Niederlage der Deutschen, als Dresden brannte, war ich an der Front, warum soll ich es nicht sagen, es ist die Wahrheit, ich dachte an Coventry und Rotterdam und London, ich weinte keine Träne um Dresden. Ich stand auf den Trümmern von Kassel und ich war um die Genugtuung betrogen und ich gab einer Frau, die zwischen den Ruinen nach einer Blume suchte, meine Decke, und als es verboten war, mit Deutschen zu verkehren, sammelte ich in Axel von Ambessers winddurchpfiffener Wohnung Deutsche um mich, und als ich zurückkehrte nach Amerika, schrieben mir Hunderte von Deutschen Dankbriefe, Bände ließen sich mit den Briefen füllen. Ich glaubte in Deutschland deutsche Zeitungen machen zu können, aber sie wurden von Lesern und Inserenten boykottiert, der »Umerzieher«, und als meine Bücher wieder in Deutschland erschienen, bildeten junge Schriftsteller eine Phalanx gegen den Eindringling, pensionierte Obersten, die Buchhandlungen besaßen, verbanden sich mit der neuen Linken, und ich reiste ab und ich kehrte zurück, und ich griff, wie man sagt, in die deutsche Politik ein, und ein deutscher Zeitungsverleger öffnete mir seine Spalten und niemand hinderte den Ausländer, seine Meinung zu sagen, man bekämpfte mich, aber niemand verbot es mir, und mit den Briefen deutscher Leser könnte ich Waschkörbe füllen, aber ich fülle nicht Waschkörbe, sondern Seiten, ich antworte jedem, es sind gute deutsche Briefe. Auf den Photos aus der Zeit der Nasos, wie man die National-Sozialisten Rechtens nennen sollte — Verschleppung, Kristallnacht, Hinrichtungen —, sind mehr Deutsche zu sehen, als Deutsche insgesamt zugaben, von den Greueln gewußt zu haben, aber fast alles, was in Deutschland seit 1945 geschieht, ist eine Folge des Hitler-Traumas, und kein Volk, das ein so schlechtes Gewissen hat, ist ohne Gewissen, und es ist gleichgültig, daß unter dem schlechten Gewissen am meisten jene leiden, die nichts verbrochen haben. Ein komplizierteres Verhältnis ist nicht zu denken ...

Mit jedem Tag wird es komplizierter. Ich denke: Die Deutschen begehen nicht mehr Fehler als andere Nationen — aber immer dieselben. Vor den Wahlen im Jahre 1972 höre ich eine Rundfunksendung aus einer rheinischen Stadt, auf die Frage des *inquiring reporter* antwortet eine ältere, bürgerliche Dame, sie werde sozialdemokratisch wählen, und als der erstaunte Interviewer wissen will, warum nicht den Gegenkandidaten, sagt sie: »Er spricht so häßlich vom Kanzler«, die Deutschen mögen es nicht, wenn die Opposition häßlich von der Regierung spricht, ich schlage die Hände über den Kopf zusammen, aber warum schlage ich die Hände über den Kopf zusammen, es geht mich nichts an, es geht mich sehr viel an, kompliziert. Die Deutschen sind die Vorzugsschüler der Mode, wenn Paris große Hüte vorschreibt, tragen die deutschen Damen die allergrößten, gibt es in London einen zornigen jungen Mann der Literatur, sind in Deutschland hundert junge Männer zornig, jetzt ist vielen Deutschen das Moskau-Rot nicht rot genug, hier verändert sich die Substanz durch Dimension, Hang zum Opportunismus, Hang zur Übertreibung, Hang zum Extremismus, in zehn Jahren wird man sie todsicher der Kollektivschuld anklagen, und ich werde so wenig Genugtuung empfinden wie im Brandgeruch von Kassel, kompliziert. Jeder Deutsche ein Gesangsverein, spottete man früher, jetzt jeder Deutsche eine Gewerkschaft, was man Führerbild nannte, nennt man Vaterbild, was an jeder anderen Grenze zu internationalen Konflikten führte, Todesmaschinen an der deutsch-deutschen Grenze, das endet hier mit Bruderkuß, Deutsche, die den Mord verabscheuen, küssen deutsche Mörder, Nationalismus mit roter Seidenmaske, es wäre sehr einfach, aber ein ehemaliger Konzentrations-Häftling, er wohnt in der Münchner Dachauer Straße, wird mit einem Herzinfarkt eingeliefert, er sagt den Ärzten: »Es wäre lächerlich, wenn Sie mich sterben ließen — zwischen Dachau und Dachauer Straße«, und sie lassen ihn nicht sterben, ein junger Arzt hält sechzehn Stunden lang seine Hand, kompliziert.

Nun ist die Erklärung schnell zur Hand, Haßliebe, ich habe es hundertmal gelesen, ich hätte eine Haßliebe zu den Deutschen. Auch das wäre einfach, Haßliebe steht in jedem Wörterbuch, leider ist es so unbrauchbar wie die meisten Wörter aus dem Vokabular der psychoanalytischen Konfektion. Haßliebe, das hieße, daß ich die Deutschen liebe *und* hasse, die gleichen, während ich in Wahrheit nicht die gleichen liebe, die ich hasse, warum soll ich es nicht sagen, es ist die Wahrheit, ich hasse die einen besonders, die anderen liebe ich besonders, wahrscheinlich eine deutsche Eigenschaft, alle deutschen Eigenschaften sind »besonders«. Jene, die ich hasse, hasse ich besonders, weil die Deutschen weder die Besten der Erde sind noch die Übelsten, nicht die Gütigsten und nicht die Grausamsten, nicht die Gewaltsamsten und nicht die Gehorsamsten, nur die Verführbarsten sind sie unbedingt, dem Guten bedingungslos folgend wie dem Bösen, auch der Rattenfänger nicht zufällig aus Hameln, er entführt nicht 130 Kinder, sondern ein ganzes Volk, ich hasse in dem Deutschen, den ich hasse, den Verführer, er könnte auch anders und alle würden ihm folgen. Und auch die Deutschen, die ich liebe, liebe ich »besonders«, denn sie bekämpfen nicht nur das Böse, sie bekämpfen den inneren Rattenfänger und die dummen Kinder, im Inneren, sie hören die Dudelsackklänge und folgen ihnen doch nicht, lauter goldene Brücken, die sie nicht betreten, lauter Regenbogen, denen sie nicht nachrennen, das unsichtbare Heer der Widerstandskämpfer. Es gibt jetzt zwei Deutschland, es hat immer zwei Deutschland gegeben, man soll die Grenzen nicht auf den Landkarten suchen, dann ist es vielleicht nicht so kompliziert.

Tag- und Nachtgedanken über Deutschland.

Charakter. Die Welt hat in einem halben Jahrhundert die Macht der Deutschen zweimal gebrochen, ohne ihrem Charakter auch nur einen Kratzer beizubringen.

Glück. Deutschland hat zum Glück eine gestörte, zur Größe eine ungebrochene Beziehung.

Es war beinahe genial, daß die Nasos für das organisierte Vergnügungsprogramm ihrer Jugend den Begriff *Kraft durch Freude* erfanden: Die Freude konnte auf keinen Fall Selbstzweck sein. Nur ein Deutscher, beileibe kein Nationalsozialist, konnte den Gedanken fassen, Humor sei, wenn man »trotzdem« lacht. Der deutsche Humor braucht eine Entschuldigung. Die deutsche Gründlichkeit ist der Versuch, »trotzdem« nicht fröhlich zu sein.

Fleiß. Die Deutschen schmücken sich mit ihren Arbeitsstunden, wie Kampfflieger ihre Flugzeuge mit den Kreuzchen abgeschossener Flugzeuge dekorierten. Man ist in Deutschland arriviert, wenn man länger im Büro bleiben darf. Manager tragen den Herzinfarkt wie das Ritterkreuz. Zum Teil hängen auch die militärischen Qualitäten der Deutschen mit ihrem Fleiß zusammen. Aus dem Krieg braucht man um sechs Uhr abends nicht heimzugehen.

Wenn Deutsche von ihrem Urlaub zurückkehren, erzählen sie, sie hätten »fleißig« in der Sonne gelegen — ein Ausdruck, der in diesem Zusammenhang in keiner anderen Sprache verwendet wird. Sie haben den Sonnenbrand erarbeitet, was ihnen den Sonnenbrand besonders lieb macht.

Das undankbare Verhältnis der Deutschen zu den Amerikanern ist nicht zuletzt ein Care-Paket-Trauma. Sie wollten keine Lebensmittelpakete, sondern Werkzeuge.

Das Organisationstalent der Deutschen ist das Kind der Phantasie. Organisation heißt Voraussicht der Schwierigkeiten.

Neid. Viele Deutsche gönnen ihren Freunden nicht einmal einen schönen Nachruf. Der tiefentwickelte Neid in Deutschland ist vermutlich eine Folge des langen Zusammen- und Nebeneinanderlebens in Uneinheit.

Antisemitismus. Daß es einen deutschen Antisemitismus gibt, ist so originell wie die Feststellung, daß es Rothaarige gibt. Es gibt in Deutschland weder besonders viele Rothaarige noch besonders viele Antisemiten.

Nationalsozialismus. Ich erkläre den Nationalsozialismus am besten mit einer Novelle von Edgar Allen Poe. Der Dichter erzählt von seinem Besuch in einer abgelegenen Irrenanstalt, die er nach mehreren Tagesritten erreicht. Dort wird er vom Direktor der Anstalt empfangen, von Ärzten und Pflegern und Pflegerinnen bewirtet, bis ihn beim abendlichen Festessen ein schrecklicher Verdacht befällt. Gleich darauf stürzen Männer und Frauen in den Saal, das eigentliche Pflegepersonal: Es war von den Irren in den Keller gesperrt worden. Deutschland wurde zwölf Jahre lang von Irren beherrscht, die ihre Wärter eingesperrt hatten. Das Beispiel ist freilich nicht ganz präzis. Die Gefangenschaft dauerte lange, weil die Deutschen dazu neigen, ein Regime für eine Regierung zu halten. In Deutschland wird eine Regierung durch ihre Existenz populär. Und die Befreiung kam nicht aus dem eigenen Keller.

Für den Größenwahn des Dritten Reiches hat Deutschland mit Provinzialismus bezahlt.

Um dem Gefühl der Kollektivschuld zu entgehen, hat man in Deutschland die Kollektivschuld einer Generation etabliert.

Politik. Das schönste Wort der deutschen Sprache — »Es tut mir leid« — ist deutschen Politikern unbekannt.

Es ist nachweisbar falsch, daß die Deutschen kein revolutionäres Volk seien. Es ist ein anderes, daß die deutschen Revolutionen tot geboren werden. Sie werden begonnen, nicht beendet.

Man spricht im Englischen von politischer *science*. In Deutschland spricht man von politischer Kunst.

Fremdarbeiter. Die große Mehrheit der »römischen« Gladiatoren bestand aus »Fremdarbeitern«. Es rächt sich immer, die schmutzige Arbeit von Fremden verrichten zu lassen.

Ausland. Die Beziehung der Deutschen zum Süden hat sich seit zweitausend Jahren wenig geändert. Sie sehnen sich nach einem Süden, den sie verachten. Sie überziehen den Süden mit Krieg oder mit Touristen.

Die Deutschen achten alle Länder, die sich auf der Landkarte nördlich von ihnen befinden. Sie sehen im Schweden den guten Deutschen.

Deutsche und Franzosen verbindet die Verwechslung von Hochmut mit Stolz.

Die Ähnlichkeiten zwischen Deutschen und Juden sind so zahlreich, daß Konflikte nicht ausbleiben können.

Die Deutschen sind für die Welt so schwer zu verstehen, weil man sich vom Klischee des »Kühlen Nordens« ungern trennt. Das »südliche« Temperament dieses »nordischen« Volkes äußert sich in Sexualität wie Politik, in Sentimentalität wie Ungeduld.

Berlin. Seit 1945 gleicht Berlin einem halbwaisen Kind, dessen Vater mehrere Male wieder geheiratet hat. Es hat keine Mutter, aber immer wieder neue Stiefmütter.

Die Ähnlichkeit der Berliner mit anderen Deutschen ist zufällig.

Es gibt schöne Frauen, die gleichwohl immer betrogen werden. Berlin ist eine solche Frau.

Berlin ist eine Stadt ohne Hinterland. Immer noch besser als ein Hinterland ohne Berlin.

Der Berliner Taxichauffeur ist ein Meinungsforscher, der seinen Gast nach dessen Fragen beurteilt.

Eine Frontstadt ist Berlin längst nicht mehr. Eine Teststadt wird es bleiben. Test des Widerstandes. Test der Müdigkeit. Test der Menschlichkeit. Test der Barbarei. Test der Solidarität. Test des Verrates. Test des Westens. Test des Ostens. In Berlin bewährt sich Europa. Oder geht unter.

Die heimatlose Stadt. Deshalb vertragen wir uns so gut.

Nachdem ich die Zeitungen der amerikanischen Militärregierung geleitet hatte, kehrte ich nach Amerika zurück. Gleich darauf veröffentlichte ich drei Artikel im New Yorker *Aufbau.*

Im ersten kritisierte ich *Die Irrtümer von Nürnberg.* Die fünf wesentlichen Thesen waren die folgenden. »*Erstens: Wir haben gemeine Verbrecher ›ungemeiner‹ Verbrechen angeklagt … Die für den Nürnberger Prozeß etablierten Gesetze vermitteln … nicht den Eindruck, daß es abwegig sei, einen Krieg zu beginnen. Sie vermitteln bloß den Eindruck, daß es nicht ratsam sei, einen Krieg zu verlieren. — Zweitens: Wir haben Verbrecher, die nicht auf ein und derselben Anklagebank sitzen sollten, auf eine Anklagebank gesetzt. — Drittens: Wir haben gerecht angeklagt und werden gerecht urteilen — aber wir haben in der Prozeßführung den Schein der Ungerechtigkeit erweckt … Die Anträge der Anklage wurden fast ausnahmslos angenommen, die der Verteidigung fast ausnahmslos abgelehnt. Das deutsche Volk … empfand noch deutlicher, daß man zwar den kleinen Mann in Deutschland, der sich unter das Messer des Hitlertums beugte, anklagt — aber die Chamberlains, die sich dem Unheil ebenfalls nicht widersetzt hatten, schützt. — Viertens: Wir haben es zugelassen, daß der Prozeß in die Länge gezogen wird. — Fünftens: Wir haben es nicht nur versäumt, das Interesse, sondern auch die Sympathie des deutschen Volkes für die Anklage zu wecken.«*

Im zweiten Bericht schrieb ich: »*Wir haben den Deutschen die Demokratie gebracht wie einen Anzug aus dem Konfektionsgeschäft, den man aus dem Katalog aussucht, vom Rechen hängt, sorgfältig verpackt und dem Besteller zusendet, unbekümmert um die Größe und den Körperbau des Trägers.«*

Im dritten Aufsatz wandte ich mich gegen Kollektivschuldlegende. Da heißt es: »*Selbstverständlich war es den Deutschen nicht entgangen, daß es den alliierten Soldaten verboten war, sie ›Unter den Linden‹ zu grüßen. Die besten Elemente unter den Deutschen vermieden es daher, mit den alliierten Truppen in Kontakt zu treten: Der deutsche Vater, der etwas auf sich hielt, verschloß jetzt sein Haus dem Fremden, der erst kommen wollte, wenn die Sonne untergegangen war. Diese beleidigten Familien waren nicht die Nazis: Gerade die Nazis waren nicht ›heikel‹, die hatten alles Interesse, zu konspirieren. So beschränkte sich der Verkehr der Truppen mehr und mehr auf jene ›lieben Kinder‹, die Heine bittet, ihn nicht Unter den Linden zu erkennen ... Die strammen Nazi-Mädchen gingen mit den Soldaten Arm in Arm, die anderen blieben zu Hause.«*

Mai 1946. Deutschland in Trümmern, Deutschland hungert, Deutschland geächtet. Kein Wunder — und ich rechne es mir nicht hoch an —, daß am 9. August W. E. Süskind in der *Süddeutschen Zeitung* über mich schrieb: »*Überhaupt kann man sagen, daß dieser Journalist, der, soviel wir wissen, von Geburt weder Amerikaner noch Deutscher ist, ganz deutlich das tut, was von jeher das Vorrecht der Propheten war: der jeweiligen Umwelt nicht nach dem Mund zu reden. Er hat uns Deutschen in seiner Zeitung manche bittre und kühle Wahrheit gesagt und sich gewiß keiner deutschen Empfindlichkeit angeschmeichelt. Umgekehrt scheint er auch drüben in Amerika Dinge zu berühren, die nicht unbedingt als angenehm empfunden werden ...«* Kein Wunder. Ein Wunder nur, daß es so schnell vergessen wurde.

In Airolo, am Gotthard, gaben wir auf. Hoher Schnee, die Straße vereist. Wir ließen den Wagen in einer Garage, beschlossen, mit der Bahn weiterzufahren.

Warten im Bahnhofsrestaurant. Eine einzige Klasse, von peinlicher Sauberkeit, aber es ist mir unmöglich, die Schweizer Sauberkeit als »peinlich« zu empfinden. Ich habe auch nichts gegen die »einzige Klasse« — im Bahnhof.

Gleich fällt mir ein riesiges Gemälde auf, der Zürcher Paradeplatz im Regen, später Impressionismus, vortrefflich. Ich sage zu Licci: »Vielleicht könnte man das Bild kaufen.« Ich erkundige mich bei der »Saaltochter«, sie sagt: »Das hat unser Geschäftsführer gemalt.« Den muß ich kennenlernen. Gleich ist er da, ein Herr im dunklen Anzug; so sehen in anderen Ländern die Staatssekretäre aus. Ich fühle mich

sicher in einem Land, in dem die Bahnhofsrestaurateure wie Staatssekretäre aussehen. Ja, sagt er, er habe das Bild gemalt, bei der
Zürcher Kunstausstellung habe es gerade einen Preis gewonnen. Unverkäuflich. Ob ich mich für Kunst interessiere? Die Stiche an der
Wand gehören ihm, Privatbesitz. Ob wir anderes sehen wollen? Wir
folgen ihm durch den Schnee, in eine Scheune, am Bahnhofsgebäude.
Er zeigt uns einen Hodler; das Geld dafür hat er sich zusammenge-
spart. Einen Schlitten aus dem siebzehnten Jahrhundert, eine Empire-
Kommode, die gehören ihm nicht, im Nebenberuf Kunstrestaurateur.
Restaurateur und Restaurateur, hier Geschnetzeltes, dort Hodler. Ein
erstaunliches Land liegt am Gotthard.

Das Erstaunlichste kommt erst. Am Abend in Zürich, im Kreis
Schweizer Freunde, erzähle ich von dem Erlebnis in Airolo. Komplet-
ter Mißerfolg. Niemand findet meine Geschichte merkwürdig, warum
sollte ein Restaurantmanager in Airolo keinen Hodler besitzen, keine
Schlitten restaurieren, nicht impressionistisch malen?

Ein geheimnisvolles Land liegt zwischen den Alpenketten. Der
Landarzt in Solothurn, den der Buchhändler Lüthy eingeladen hat, hat
morgens die *Herald-Tribune* gelesen. Seine Frau spricht erfahren über
Braque. Der ehemalige Bundespräsident Schaffner ist ein internatio-
naler Wirtschaftsexperte, er versteht von Musik soviel wie ein interna-
tionaler Dirigent. Was weiter? Bei dem Maler Willy Fries in Wattwil
beschämt mich ein junger Handlungsreisender mit seiner Kenntnis
moderner Kunst. Auf dem Dolder, in Zürich, teuerster Baugrund der
Welt, lebt ein ehemaliger Zirkusdirektor in einem gewaltigen Zelt.
Soll er! Gerzensee: Überall in der Welt würde die Fayencesammlung
unseres Freundes Stuker — sein Adoptivvater war der erste Europäer,
der Bochara betreten hatte — öffentlich gezeigt werden. Übrigens hat
sein Nachbar den Hafen von Eilat gebaut. Wer weiß schon, wo
Gerzensee liegt? Der Vater von Markus Krebser — seine Buchhandlung in Thun wäre für Los Angeles zu groß und zu kultiviert — hat die
Galapagos-Inseln erforscht, als er eine Eule photographieren wollte,
fiel er vom Baum, Markus fährt einmal im Jahr zu unbekannten arabischen Stämmen. Die Taxifahrerin in Bern sagt, sie arbeite nur das
halbe Jahr, die andere Hälfte verbringe sie auf Reisen, sie war gerade
in Peking. Na und?

Das unbekannteste Land Europas liegt im Herzen Europas — so ist
das mit Europa. Oder mit dem Herzen. Langweilig? Weil sich das
Interessante hinter einem Vorhang abspielt, möglichst aus Klöppel-
spitzen? Ist nur Lärm interessant und Dreck und der lärmende Dreck
der Gewalt? Bürgerlich? Das wäre ja ein ungewolltes Kompliment,
wenn man den Anstand für eine ausschließlich bürgerliche Tugend
hielte. Konservativ? Es hängt davon ab, was man bewahrt. So konservativ ist die Schweiz nicht, daß man nicht in jeder Dorfapotheke die

neuesten Medikamente aus der ganzen Welt erhielte. Oder daß eine alte Frau nicht eine elfmal so hohe Rente bezöge wie im »fortschrittlichsten« Land des Ostens. Oder sich mein Gärtner nicht die Briefe von Thomas Mann ausliehe. Militaristisch? Das empfand schon Hitler als überaus unangenehm. Geldgierig? Nun ja, der Bote dankt schon für ein Trinkgeld von fünfzig Rappen, Münzen aus dem Jahr 1909 sind noch gültig, die Welt, die ihr Geld in der Schweiz anlegt, braucht nicht so heikel sein.

Seit jener Winterstunde in Airolo kenne ich die Schweizer besser. Man sollte eben fragen, wer das Bild im Bahnhofsrestaurant gemalt hat.

Schweizer Merkwürdigkeiten.

... Europas größtes und ältestes Fremdenverkehrsland hat sich mit den Fremden nie befreundet. Man sagt, daß man von den hier ansässigen Fremden erwarte, sie mögen sich assimilieren. In Wirklichkeit fürchtet man die Ansteckung.

... Die Schweizer sind das einzige Volk der Welt, das zuerst denkt, dann handelt. Was die Schweizer langsam beschließen, führen sie schnell aus.

... Da die Schweizer so »normal« sind, sind ihre Lieblingsadjektive: irrsinnig und wahnsinnig. Hier ist das meiste »irrsinnig« schön und »wahnsinnig« gut.

... Wenn man Gottfried Keller und Conrad Ferdinand Meyer liest, versteht man nicht, daß für die meisten modernen Autoren der Deutschschweiz Deutsch eine Fremdsprache ist.

... Schweizer Autoren beneiden Deutschland nicht um die unmittelbare Vergangenheit. Aber um deren »Bewältigung«.

... Die Deutschschweizer Intellektuellen neigen dazu, die abgelegten Kleider der deutschen Intellektuellen als modische Neuheiten zu tragen.

... Jedes Volk schämt sich seiner Tugenden. Das Schweizervolk am meisten.

... Jeder Schweizer bemüht sich, »beide Seiten« zu sehen. Das geht auf Kosten der Originalität.

... Die Schweiz als »Polizeistaat«. Im weitaus bestinformierten Land der Welt, wo man genau weiß, was an der Elfenbeinküste vorgeht, weiß man natürlich auch, was in des Nachbars Haus geschieht.

... Das Minimum sozialer Konflikte in der Schweiz ist auf ein Minimum sozialer Minderwertigkeitsgefühle zurückzuführen. Es geht den Schweizern nicht so gut, wie man allgemein glaubt. Sie fühlen sich nur wohl.

... Zwischen die Unduldsamkeit der Schweizer und deren üble Folgen hat die Eidgenossenschaft ihre Tradition gesetzt.

... Wer die Landkarte betrachtet, bekommt von der Schweiz eine falsche Vorstellung. »Ausgebügelt« wäre das Land zehnmal größer.

... Kommentar der Nichtschweizer: Na ja, die hatten seit Jahrhunderten keinen Krieg. Ein Zufall? Vielleicht etwas Volkscharakter gefällig ...

Da ich Lokalpatriotismus für die einzige legitime Form des Nationalismus halte, schäme ich mich nicht meines »Asconeser« Lokalpatriotismus. Begönne ich, mich in der Schweiz heimisch zu fühlen, erinnerten mich zumindest Weltwoche, National-Zeitung und andere ehemals angesehene, immer noch weit verbreitete Zeitungen daran, daß das nicht so ist. In Ascona fühle ich mich heimisch.

Die Menschen sind es, nicht der Ort, obwohl auch der Ort dazu beiträgt. Das Tessin hat, trügerischen Prospekten und neidischen Fremden zum Trotz, vier Jahreszeiten: Voreilig kommt der Frühling, gerade wenn der Winter lang genug gedräut hat, er hat gedräut, er hat »Eis und Schnee umher«-gestreut, wenn auch mit »mit trotzigen Geberden«, vier Jahreszeiten, aber nicht trotzig, auch der Sommer ist nicht von trotziger Hitze, eine kühle Brise weht abends vom See, voreilig kommt der Herbst, Beginn des Jahres, nicht sein Ende, die Jahreszeiten spielen hier con sordino, Merlot-Ernte, unauffällig, die Fasane im Garten kommen an die Tür, sie wissen, wer im Winter für sie sorgen wird. Heimkehr von Reisen, man nimmt die Fähre in Laveno, setzt nach Intra über, »Warum sind wir eigentlich fortgefahren?« sage ich zu Licci, der Hafen von Ascona so farbenheiter wie der von St. Tropez, die Märkte von Canobbio und Intra und Luino so lautbespickt wie die Märkte des Orients, bei Canero Ruinen, Mittelmeerküste, zwanzig Minuten vom Haus die Stille des Maggiatals, Rebenhügel, Wasserfälle, die Knochenkapelle am Friedhof, in den Friedhöfen ruhen schon einige, dich ich gekannt habe, Beinahe-Heimat, Schwärme von weißen Tauben auf den Bäumen des Gartens, Licci kennt sie alle, die Grottos so heimlich wie in Apulien oder in den griechischen Bergen, weiße Gipfel, auch im Sommer, aber in der Ferne, Baby-sitter, nicht Gefangenenwärter, rauhe Felsen, sanfte Felder, Palmen, deutscher Wald, Musterkollektion eines fahrenden Händlers, Schattenlandschaft im Verzascatal, Fischernetze auf der Piazza, natürlich erst, wenn die Fremden abgefahren sind, man wartet darauf, daß sie abreisen, wo man wartet, daß die Fremden abreisen, ist man beinahe zu Hause.

Doch sind es die Menschen, hier lebt ein freies Volk, die Vögte hatten hier Pech, den Bau der Zwingburgen in Bellinzona hätten sie sich ersparen können, ihr Italienisch ist Tessinerisch, sie haben von Italien und von der Schweiz genommen, was ihnen am besten gefiel, sind geblieben, was sie waren, ihr Stolz braucht kein Piedestal und kein Trommeln und keine Dekrete. Der Papierhändler ist ein Aristokrat, der Anwalt ist ein Aristokrat, der Arzt ist ein Aristokrat, der Restaurateur ist ein Aristokrat, zumindest sind die Straßen von Ascona und Locarno nach ihren Vorfahren benannt, es ist angenehm, durch Straßen zu fahren, die nach dem Papierhändler benannt sind. Freunde. Man kauft das Bügeleisen beim Bürgermeister, und der Buchhändler ist Stadtpräsident eines benachbarten Ortes, natürlich hat er in Indien gelebt, Philosoph, Ursprung des Menschen, aber auch der Installateur philosophiert, fünf Minuten, nachdem man angerufen hat, ist er da, der Bootsmann ist ein alter Seebär, er könnte von Helgoland sein, der Tischler ist ein Renaissancekünstler, man kennt die Familiengeschichte des Gepäckträgers in Bellinzona, der Malermeister, mit einer Stimme wie Battistini, schmückt die Spitze des Weihnachtsbaumes, dann essen wir zusammen, der Polizist blickt traurig, weil er mir ein Strafmandat geben muß, man sollte ja nicht gerade vor der Feuerwehr parken, der Apotheker schickt das Medikament expreß, eine Stunde später ist es da, wenn Not an Frau ist, hilft die Frau des Briefträgers aus, wir treffen sie beide in einem *Grotto*, der Zollbeamte in Locarno sagt, man könnte das Geschenkpaket eventuell nach Gewicht verzollen, das kostet weniger.

Ich nehme es niemand übel, daß man es mir übelnimmt, in Ascona zu wohnen, mindestens zweimal im Monat lese ich, daß ich das nicht sollte, denn in Ascona lebt man in Saus und Braus und weiß nicht, was in der Welt vorgeht. Wer hier in Saus und Braus lebt, der könnte in Großstädten viel besser sausen und brausen, und warum Schriftsteller, die in einem Ort leben, dessen Namen jenseits von Köln niemand kennt, mehr von der Welt wissen sollten, ist mir unerfindlich. Ein bißchen provinziell ist auch Paris, man kann nicht überall gleichzeitig sein, der Mittelpunkt der Welt ist nur der eigene Nabel, und wenn man den betrachtet, muß man den Kopf senken. Ascona ist nicht der Mittelpunkt der Welt, nicht einmal der Schweiz, aber auf dem Zeitungsstand gibt es belgische und spanische und amerikanische Zeitungen, die Post funktioniert wie eine *Patek-Philip*, ich kann am Telephon New York wählen, in anderthalb Stunden bin ich auf dem Flughafen Mailand, kein Mittelpunkt, aber ein Ozeandampfer, da trifft man Inder und Holländer, Ungarn und Japaner, wer nach dem Süden fährt, bleibt hier stehen, wer aus dem Süden kommt, macht hier halt, in meinem Gästebuch eine englische Schauspielerin, ein amerikanischer Industrieller, ein italienischer Professor, ein afrikanischer Diplomat; es tut mir leid, daß mir die Äpfel von der Nachbarfarm ins Fenster hängen, und ich trotzdem weiß, wie es im großen

Verlies zugeht, das DDR heißt. Und außerdem möchte Licci nirgendwo anders leben.

Unterwegs . . .

. . . Man muß ein Land genau kennenlernen, um es zu lieben. Man darf es nicht zu genau kennenlernen, wenn man es lieben will.

. . . Wie ich mir nie erklären konnte, warum die nördlichste Stadt jedes Landes »nördlicher« wirkt als die südlichste eines davon noch nördlich gelegenen Landes, so ist es das Gesetz der größten Städte jedes Staates, daß sie größer wirken als eine größere, die aber im eigenen Land nicht die größte ist.

. . . Wer mit der Eisenbahn fährt, spielt Eisenbahn.

. . . Ich sehe den Vögeln nach. Symbole der Freiheit. Nein, lauter Emigranten.

. . . Der Mensch, wie das Bier, wird durch Export nicht besser.

In Budapest. Die Ungarn sind das freiheitsliebendste Volk der Welt. Und das pragmatischste. Wie kein anderes Volk kämpfen sie für ihre Freiheit. Wie kein anderes arrangieren sie sich mit jenen, die ihnen die Freiheit geraubt haben.

Es gibt einen braven Soldaten Schwejk. Einen braven Soldaten Kovács gibt es nicht.

Ein tragisches Volk, das die Parodie seiner eigenen Tragödien schreibt.

In Paris. Die Franzosen sind für die meisten anderen Völker unerträglich, weil sie sich für so intelligent halten, wie sie sind.

Das Volk Diderots vermag nicht nur alles zu erklären, sondern auch alles wegzuerklären.

Die französische Politik der Nachkriegszeit läßt sich nur durch den Sieg Frankreichs in einem Krieg erklären, den Frankreich verloren hat.

In Wien. Nach dem Ersten Weltkrieg hat Wien Österreich verloren. Nach dem Zweiten Europa.

Die Österreicher beneiden die Deutschen um das, was sie selbst um keinen Preis sein möchten.

In London. Ich weiß nicht, ob ich am liebsten englische Schiffe benütze. Englische Rettungsboote unbedingt.

Eine vollkommene Identifikation der Emigranten mit ihrem Gastgeberland habe ich nur in England gefunden; aus England sind auch die wenigsten Emigranten heimgekehrt. *Imitation is the best compliment.* Der Stolz der Emigranten auf »ihr« England ist das größte Kompliment für England.

In Jerusalem. Israel ist eine sozialistische Demokratie mit gastronomischer Diktatur.

Viele junge Israelis sollen blond und blauäugig sein — eine gute

Nachricht. Warum so gut, eigentlich? Ein neuer Menschentyp. Und wenn er keiner wäre? Etwa fünfzig jüdische Nobelpreisträger, auch ohne neuen Menschentyp. Bauern, neuerdings? Warum ist das so besonders rühmlich, ein Bauer zu sein? Tapfere Soldaten, die Juden, neuerdings? Gideon, Amaziah, Jerobeam, Josua, Juda Maccabaeus hatten sich auch nicht gerade schlecht geschlagen. Hauptmann Bienenstock, der höchstdekorierte ungarische Offizier des Ersten Weltkrieges. Übrigens: Die jungen Juden sehen nicht wie junge »Arier« aus. Sie sehen aus wie junge schöne gesunde kräftige Juden.

Amerikanisches Notizbuch.
Idealismus. Idealismus und Politik sind ein Widerspruch in sich. Amerika ist das einzige Land der Erde, wo Idealismus und Politik, weit davon entfernt, Brüder zu sein, wenigstens Vetter dritten Grades sind.
Macht. Es wäre nur billig, das mächtigste Land der Welt nicht allein daran zu messen, was es tut, sondern auch daran, was es unterläßt. Jedes andere Land hätte seine Macht längst doppelt und hundertfach mißbraucht.
Gewissen. Ich verdanke einem der klügsten Männer Israels, dem Minister Shimon Peres, die Erkenntnis, daß es zwei Arten von Ländern gibt: die *appologetic* und die *non-appologetic countries*. Länder, die sich nie, und solche, die sich stets entschuldigen, auch für das, was sie Gutes taten. Amerika macht gut, was es schlecht gemacht, aber auch schlecht, was es gut gemacht hat. Isolationistisch von Natur, hat es jedesmal, wenn es dem Gesetz einer Zeit gehorcht, die keine Isolation kennt, ein schlechtes Gewissen. Die Macht, die es besitzt, widerspricht seinem Wesen. Es gleicht einem in der Öffentlichkeit Verleumdeten, der durch die Richtigstellung mehr verdirbt, als ihm die üble Nachrede geschadet hat.
Naivität. Naiver als die Amerikaner ist nur der, der auf ihre Naivität spekuliert.
Neid. Es fällt schwer, in Amerika jemand zu finden, der schlecht vom anderen spricht. Die Erklärung, das Land sei so groß und reich, daß es sich Neidlosigkeit »leisten« kann, hieße, daß Tugenden von Macht und Banknoten abhängen. Es ist wahrscheinlicher, daß Amerika so reich ist, weil es in das Räderwerk des Erfolges nicht den Sand des Neides streut.
Geduld. Der Frieden der Welt wäre sicherer, wenn man Amerikas für den Europäer schier unvorstellbare Geduld nicht mit Schwäche verwechselte. Der Europäer versteht es nicht, daß hundert Kunden eines Warenhauses eine Stunde lang wortlos vor einem Verkaufsstand warten, hinter dem sich eine Verkäuferin die Nägel manikürt. Dann

sagt jemand: »Genug!«, in welchem Fall aber nicht der Verkaufstisch gestürmt, sondern das Warenhaus angezündet wird. Langmut wie Brutalität der Amerikaner entsprechen der Größe des Landes.

Neger. Ich schrieb 1964 in *Der Tod in Texas:* »*Ich begann ... den Unterschied zwischen Anerkennung und Liebe zu verstehen. Die Anerkennung ist ›sachlich‹, sie ist eine menschliche Institution, als solche zu regulieren durch das Gesetz — die Liebe aber ist ein Gefühl, dessen die meisten Menschen ... nicht fähig sind. Wenn Marx recht gehabt hätte, und nicht Jesus, dann wäre mit der Anerkennung alles, oder beinahe alles getan. Forderten die Neger Amerikas nur Anerkennung, Gleichberechtigung, Gerechtigkeit: ... kein unerreichbares Ziel. Aber sie fordern Liebe. Daß sich die Weißen untereinander nicht lieben, die Schwarzen auch nicht und auch die Gelben nicht ... daran wollen, daran können die Neger Amerikas jetzt nicht denken. In Jahrhunderten der Unterdrückung ist die Revolte gewachsen, aber keine menschliche Revolte ist so gewalttätig wie das menschliche Liebesbedürfnis. Das Leiden der schwarzen Rasse hat sich zu einem Mount Everest des Hasses aufgetürmt, aber aus allen Höhlen dieses schrecklichen Berges, aus allen Schluchten und von allen Gipfeln ruft es: Liebe, Liebe, Liebe! Der Mensch will nicht nur von denen geliebt werden, die er liebt: Er will auch von denen geliebt werden, die er haßt, von diesen ganz besonders. Das Liebesbedürfnis ist so grenzenlos, wie die Liebesbereitschaft begrenzt ist: Wer der Liebe bedarf, der begnügt sich nicht mit der Hand, der will auch das Herz; wer seine Hand gereicht hat, der will sein Herz noch nicht unbedingt geben.*« Ich schrieb auch: »*... aber mich ergriff in der elegantesten Straße Harlems ein Mitleid, tiefer als das Mitgefühl, das mich später in manchem Elendsviertel ergriffen hat — vielleicht, weil sich die schwarzen und die weißen Elendsviertel auf ein Haar ähneln, die schwarze Eleganz aber wie eine verzweifelte, groteske, hoffnungslose Imitation der weißen Eleganz wirkt. Mitleid und Angst ergriff mich, in der 125. Straße Harlems, denn ich weiß, daß die Imitation, dieses größte aller Komplimente, mißlingt sie am Ende doch, in Haß umschlägt: Man haßt niemand mehr als den, den man umsonst nachzuahmen versucht hat. Die Schwarzen Amerikas haben zu hassen erst begonnen.*«

In *Off Limits,* 1955, schrieb ich: »*Die amerikanischen Frauen haben die Emanzipation übersprungen; sie sind von der Sklaverei gleich zur Diktatur übergegangen.*«

Die amerikanische Frau will stets umworben und nie erobert werden: Ihr Ideal ist ein prolongierter Brautstand.

Kinder. In Amerika werden die Kinder wie Erwachsene und die Erwachsenen wie Kinder behandelt.

Jugendkriminalität und Rauschgiftsucht von 1973 sind die direkte Folge der »modernen« Kinderziehung von 1953.

Häuser. Die meisten Amerikaner wohnen nicht in Häusern, sondern in Kapitalsanlagen.

Intelligenz. Ihre Intelligenz schützt die Amerikaner vor Intellektualität.

Die Liebe zum Gemeinplatz schafft die amerikanische Solidarität.

Der Europäer lehrt, der Amerikaner lernt.

Phantasie. Europäer haben nicht genug Phantasie, um sich die amerikanische Phantasielosigkeit vorzustellen. Die Erkenntnisse der Amerikaner sind empirisch: Sie müssen alles erleben, erfahren, erproben. Unbegrenzt zugleich ihre Fähigkeit, aus dem Erlebten, Erfahrenen, Erprobten zu lernen. Deshalb begehen die Politiker aller anderen Kontinente vielleicht ihren katastrophalsten Fehler, wenn sie, die amerikanischen Irrtümer betrachtend, Amerika »begraben«. Der amerikanische Tod ist nur ein Prolog der Auferstehung.

Anti-Amerikanismus. Ersatz für Antisemitismus.

Ich habe mich ein halbes Leben lang mit dem Verhältnis zwischen Deutschen und Amerikanern beschäftigt, schmerzliches Verhältnis, schmerzliche Beschäftigung.

Wie wenig wissen sie voneinander, diese beiden Völker; in den Schützengräben des Chemin des Dames, in den Schützenlöchern der Ardennen lernt man sich nicht richtig kennen. Wie Studenten, die sich bei der Pflichtmensur zum ersten Mal sehen, die sich schlagen, angefordert, ungekannt, so sind diese Völker.

England, Frankreich, Spanien, Italien: Das war für die Amerikaner etwas anderes. Amerika war eine englische Kronkolonie gewesen; in ihren Pubertätsjahren blickten die Vereinigten Staaten nach dem revolutionären Frankreich; Kalifornien war ursprünglich spanisches Land; mit Garibaldis Italien fühlte sich Amerika verwandt. Deutschland war für Amerika nicht fortschrittlich genug, um bewundert, nicht einig genug, um gefürchtet zu werden. Land der Kuckucksuhren und dicken Bertas, blonder Gretchenzöpfe und preußischer Monokel, Goethe unübersetzbar und Wagner ein Kriegstrommler, Hindenburg-Zackzack, *The Kaiser*, Nürnberger Parteitag, Sauerkraut, Konzentrationslager, Lederhosen, Teutonen, *Once a German always a German*, Klischeestarre. Klischeestarre auf der anderen Seite. Land der Wechselfälscher und mißratenen Söhne, Zwischendeck, Abenteurer, Kidnapper, Gangster, Analphabeten, Dollaranbeter, die Wurzeln liegen tief. Das Wort vom *»Land der unbegrenzten Möglichkeiten«* wird falsch zitiert, es enthielt keine Anerkennung, es stammt von dem deutschen Schriftsteller Max Goldberger, es war warnend gemeint, als er 1902 sagte: *»Europa muß wach bleiben. Die Vereinigten Staaten sind das Land der unbegrenzten Möglichkeiten«*, und neun Jahre später verstand der Kronprinz nicht, warum die Amerikaner stolz sein sollten auf ihr Geburtsschiff, die *Mayflower: »Sie werden sich schon nicht in das Abenteuer gestürzt haben, wenn sie nichts auf dem Kerbholz hatten.«* Kein Bedürfnis nach Kennenlernen, außer in Maschinengewehrfeuer und im Bombenhagel. Eher hängt ein amerikanischer Bürger den Zwei-Dollar-Druck einer Bellini-Madonna über sein Bett als einen bayerischen Barockengel, eher kauft ein deutscher Bürger einen dänischen Nierentisch als einen *Early-American-Sessel*, und dort, wo man den anderen imitiert — das geschieht häufig, seit dem Zweiten Weltkrieg —, schielt man nach dem Exotischen. Wenn man nicht gerade aufeinander schießt, dann sieht man sich an wie im Zoo, wobei jeder sich selbst für den Beschauer, den anderen für die Giraffe hält.

Historische und kulturelle Ursachen, sie sind immer zu finden. Im gleichen Jahr, als Amerika »entdeckt« wurde, bastelte in Nürnberg Martin Behaim an einem Erdglobus: kulturelle Überlegenheit der Deutschen. Im Jahre 1789, als George Washington zum ersten Präsidenten der Vereinigten Staaten gewählt wurde, gab es keinen deutschen Staat, nicht einmal ein Staatskonzept: politische Überlegenheit der Amerikaner. Als Amerika noch die Sklaverei kannte, 1859, schrieb Wagner *Tristan und Isolde*. Und während Amerikas Staatssystem seit beinahe zweihundert Jahren auf den gleichen Grundsätzen beruht, ungebrochen, gab es in Deutschland seit 1914 drei verschiedene Staatsformen, vielleicht sogar vier. Ähnliche Unterschiede zwischen Amerika und anderen europäischen Ländern, aber auch Berührungspunkte. Im Unabhängigkeitskrieg eilte der Marquis Lafayette Amerika zu Hilfe — *»Lafayette, here we come«* —, aber der tapfere Mann reiste wieder ab; der nicht minder tapfere deutsche General Friedrich Wilhelm von Steuben blieb in Amerika, und was er von Preußen zu berichten wußte, war nicht gerade dazu angetan, die Achtung der Amerikaner für Deutschland zu erhöhen.

In diesem Jahrhundert standen Deutschland und Amerika nie auf der gleichen Seite, weder im Krieg noch im Frieden. Roosevelt, der den Nationalsozialismus, nicht Deutschland bekämpfen wollte, beklagte sich 1940 bei seinem Berater, Botschafter Joseph E. Davies, daß es leichter sei, dem amerikanischen Volk die Idee eines Krieges gegen die Deutschen als gegen Hitler zu »verkaufen«, und Nikita Chruschtschow erwies sich als ein beachtlicher Prophet, als er 1963 zu Paul-Henri Spaak sagte: *»Eines Tages werden die Deutschen wieder ein neues Rapallo wollen. Dieser Tag wird nicht unter Adenauers Nachfolger eintreten, wahrscheinlich auch nicht einmal unter dem Nachfolger seines Nachfolgers, vielleicht noch später. Aber es wird kommen, und wir können warten.«*

Das Verhältnis der Völker beruht auf gegenseitigen Vorurteilen, richtiger: Die Frage ist, ob die Vorurteile so groß sind, daß gerechte

Urteile darin untergehen, oder ob wenigstens die Bereitschaft existiert, sie zu überwinden. Ich will nicht glauben, daß die Ur-Antipathien der Amerikaner für die Deutschen, der Deutschen für die Amerikaner schlechthin überwindlich sind, aber es ist menschliche Natur — nicht nur deutscher oder amerikanischer Charakter —, daß man sich aufrichtig freut, wenn Vorurteile bestätigt werden, sich aufrichtig kränkt, wenn man sie widerlegt sieht. Das Dritte Reich war für die meisten Amerikaner das Deutschland ihrer Erwartungen — *true to form*. Deutschland hinwiederum wurde in einem einzigen Jahrhundert zweimal von jenen Amerikanern besiegt, die von den Deutschen verachtet wurden. Das Amerika des Marshall-Planes war nicht das Amerika, das den deutschen Vorstellungen entsprach — den deutschen Vorstellungen entsprach der kaugummikauende GI, die Offiziersfrau mit den Haarwicklern im PX, der Tourist im Hofbräuhaus. Und Vietnam. Ich wage, zu behaupten, daß, hätte Frankreich seinen Krieg in Indochina fortgesetzt, in Deutschland dennoch kein einziges »Frankreich-Haus« angezündet worden wäre, die Vietnam-Proteste waren rationell »linke«, emotionell Anti-Amerika-Kundgebungen. Bestätigtes Vorurteil, Knallfreude.

Das Porträt des Amerikaners in Deutschland, das Porträt des Deutschen in Amerika sind Karikaturen. Fast immer überlebt die Karikatur das Porträt. Wenn man die in der *Berliner Illustrierten Zeitung* 1904 erschienene Erzählung *Das Schofförchen und die Dollarprinzessin* liest — der »Dollarkönig ... *machte die beste Schuhwichse in ganz Amerika und zweitausend Arbeiter waren ihm untertänig*«, aber »*er litt an hochgradiger Nervosität vom vielen Geldmachen*« — kann man ebensogut den *Spiegel* von 1973 lesen. Nicht anders als der Illustriertenschreiber dachte Wilhelm II., der im Ersten Weltkrieg erklärte: »*Entweder soll die preußisch-deutsch-germanische Weltanschauung — Recht, Freiheit, Ehre, Sitte — in Ehre bleiben oder die angelsächsische — das bedeutet: dem Götzenkult des Geldes verfallen. In diesem Kampf muß die eine unbedingt überwunden werden.*« Kaum hatten die Deutschen Lindbergh zugejubelt, da wurde sein Kind entführt, die Nabelschnur der Abneigung war wieder geflickt, selbst eine liberale Zeitung sprach vom »*Volk der Kidnapper*«. Die amerikanische Wirtschaftskatastrophe von 1929 wurde in Deutschland mit kurzsichtiger Genugtuung aufgenommen — sarkastisch berichtete der New Yorker Korrespondent der *Frankfurter Zeitung*: »*Gleich ist es zwei Uhr nachts, und ich werde noch zum Telegraphenamt gehen, unterwegs eine Melone essen und mir den Dom von Reims nochmals betrachten, der, wie eine Nippsache, beleuchtet auf dem obersten Stockwerk eines Wolkenkratzers prangt und für eine neue Art der Dampfheizung Reklame macht.*« Auf die Dollarkrise von 1973 reagierte Deutschland nicht anders als auf den Schwarzen Freitag vierundvierzig Jahre vorher. Die Verständigung nach dem Zweiten Weltkrieg, die mit der Stuttgarter Rede des amerikanischen Außenministers James F. Byrnes begonnen hatte, war von historisch kurzer Dauer — etwa das, was Henry Louis Mencken »a honeymoon with the wrong bride« genannt hatte.

Ist der Amerikaner für den Deutschen ein *uggly American*, bestenfalls ein *Babbit*, so ist der Deutsche für den Amerikaner — ich spreche nicht von einer aufgeklärten Minderheit — vor allem uninteressant. Mag es hundertmal der Realität widersprechen: Es gibt kaum einen Amerikaner, der glaubte, Deutschland sei Europas Schicksalsland, Wahlen in Frankreich sind unvergleichlich wichtiger als in Deutschland, *Le Monde* oder *Corriere della Sera*, von *Times* nicht zu sprechen, lassen aufhorchen, bedeutende deutsche Zeitungen werden selten zitiert, deutsche Autoren haben höchstens einen Kuriositätswert, und muß man dies oder jenes anerkennen — das »Wirtschaftswunder« etwa —, dann Respekt im Ton von: »Der Schlaumeier hat es wieder einmal geschafft ...« Deutschland ein Land der unbegrenzten Unmöglichkeiten.

Wenn ein Volk das andere nur in der Karikatur sieht, so kommt das nicht von ungefähr. Ich kenne in der Tat keine anderen Völker, die sich weniger ähnelten. Optimismus, oft in der grotesken Form des *keep smiling*, ist für die Amerikaner ebenso natürlich wie für die Deutschen ihr empirischer Pessimismus. Ein deutscher Professor hat witzig geschrieben, daß sich seine Landsleute, stünden sie vor den Wegtafeln: »Zum Himmel« und »Vortrag über den Himmel«, prompt zum Vortrag begeben würden; der Amerikaner findet von der Praxis zur Theorie, und auch das nur widerwillig. Der Deutsche organisiert, der Amerikaner improvisiert. Die Deutschen sind, im guten wie im schlechten Sinn, neugierig, die Amerikaner sind es weder im guten noch im schlechten Sinn. Die Deutschen knausern zu Hause, die Amerikaner im Ausland, die Deutschen sind im Ausland höflich, die Amerikaner zu Hause. Deutsche assimilieren sich relativ leicht, Amerikaner nie. Selbst eine faschistische Diktatur, wie die Hitlers, konnte es nicht wagen, sich an den sexuellen Freiheiten zu vergreifen, im Gegenteil, die förderte sie unter allerlei »völkischen« Vorspiegelungen; selbst eine liberale Regierung in Amerika macht halt vor einem tiefverwurzelten Puritanismus. Wenn sich Deutsche und Amerikaner wenigstens in der beruhigenden Erkenntnis finden könnten, daß sie die beiden unbeliebtesten Nationen der Erde sind ...

Ich habe das Glück, kein Staatsmann zu sein; ich weiß nicht, ob sich das alles eines Tages ändern wird, noch weiß ich, wie man es ändern könnte. Immerhin denke ich mit Sorge, daß das Verhältnis zwischen Deutschland und Amerika, letzte Konsequenz kontrastierender Entwicklungen und Charaktere und eines schier archaischen Mißtrauens, das schwächste Glied der Kette ist, die den Westen zusammenhält.

Es schadet nicht, die Wahrheit zu sagen. Oder es schadet nur dem, der sie ausspricht.

Das waren hoffnungsfrohe Zeiten, als Manfred Hausmann sein Buch *Kleine Liebe zu Amerika* schrieb. Ich könnte ein anderes schreiben, zweiundvierzig Jahre später: Großes Vertrauen zu Amerika.

Die Dankbarkeit, die ich für dieses Volk empfinde, das den Gestrandeten aufnahm — viele ehemalige Emigranten haben den lästigen Ballast der Dankbarkeit über Bord geworfen —, trübt den Blick nicht. Manches in Amerika hat meine Nerven strapaziert; es liegt wohl an mir. Obwohl ich weiß, daß die Amerikaner dem Geld nicht mehr und nicht weniger huldigen als andere, bekomme ich einen Ausschlag, wenn ich von einem *50 000-Dollar-a-year-man* lese — als ob der Mensch das wäre, was er verdient. Bei der Wachsgesicht-*efficiency* einer amerikanischen Krankenschwester habe ich mich nach den rüden Sitten Europas gesehnt; ich weiß nicht, ob ich die falsche Diagnose eines europäischen Hausarztes nicht der Lochkartensicherheit der Mayo-Klinik vorziehe; obwohl meine europäischen Erfahrungen auch nicht gerade rosig sind, konnte ich die legalisierten Lügen in den Inseraten der amerikanischen Gebrauchtwagenhändler nicht akzeptieren; ich gestehe, daß mich die Banalitäten der Astronauten eher auf die Palme als auf den Mond treiben; die Geduld der Leute, die eine halbe Stunde für ein Sandwich anstehen, verdirbt mir den Appetit; die Bürokratie eines amerikanischen Amtes schlägt mich in die Flucht; ich kann mich nicht daran gewöhnen, daß ein amerikanisches Adreßbuch vollkommen überflüssig ist, da der Lektor, mit dem ich mich in New York im Vorjahr befreundete, längst in Wisconsin Bier verkauft; mein intellektueller Hochmut sträubt sich, wenn bei einer Quiz-Sendung der Applaus prasselt, weil der Kandidat erraten hat, daß Byron ein englischer Dichter war.

Ich schäme mich, diese Nebensächlichkeiten ernst zu nehmen. Ich vertraue den Menschen Amerikas. In diesem Land kann es nicht geschehen, daß man krank und arm in seiner Wohnung liegt, ohne daß sich die Nachbarn um einen kümmern; man lernt Menschen kennen, und sie fragen, was sie für einen tun könnten, und sie gewähren einem Obdach und leihen einem ihren Wagen und sitzen den halben Tag am Telephon, um einem einen *job* zu beschaffen; hier gibt sich niemand gebildeter als er ist, und jeder ist bereit, zu lernen, was er nicht weiß, wer eine Meinung äußert, sagt auch *I might be wrong*; ist er *wrong*, kommt ihm die Entschuldigung leicht über die Lippen; der Tisch ist für jeden gedeckt, und die Gärten haben keine Zäune; so klein und verstaubt und spießerisch ist kein Dorf in Texas, daß der Wüstenwind nicht etwas von der Größe des Landes in die *Main street* wehte, und niemand glaubt, besser zu sein, wenn er den anderen schlecht macht.

Ich vertraue der Tradition Amerikas, die hier so lebendig ist wie New York bei Nacht. Wenn es des Beweises bedürfte, daß Konservatismus die Voraussetzung des Fortschritts ist: Amerika erbringt ihn Tag für Tag. Die Hymne ist hier kein Grabgesang. Kein Präsident schämt sich, Wörter auszusprechen wie Ehre und Vaterlandsliebe und Selbstachtung und Würde und Anstand. *They mean something.* Die Barackendörfer des »wilden Westens« sind häßlich, und die Kathedrale von Chartres ist herrlich, aber die Bewohner jenes Dorfes haben etwas mit ihren Häusern von gestern zu tun, und die Bewohner von Chartres haben mit ihrer Kathedrale von vorgestern nichts zu tun. Die Flagge erinnert an etwas, das man kennt. Manch einer haßt seinen Vater, aber den Vater eines anderen nennt er *Sir.* Konservatismus ist der schöne Abscheu vor dem Extremen. Die Menschen, die hier leben, zweifeln an jeder Regierung, aber sie sind stolz auf ihre Gesellschaft. Mehr und Besseres verlangen die Arbeiter, aber die *hard hats* jagen die hungernden Tagediebe aus den Fabriken. Wer hier für mehr Freiheit demonstriert, legt einen Kranz auf den Sockel der Lincoln-Statue. Die Denkmäler sind ihres Lebens sicher. Die unverständliche Frage: Mehr Freiheit oder mehr Demokratie, versteht hier niemand. Der Demonstrant, der gegen den Vietnam-Krieg demonstriert, will die Seele Amerikas retten; er haßt den Krieg nicht, weil er die Tradition haßt, sondern weil Krieg der Tradition Amerikas widerspricht. Der Astronaut, der aus dem All zurückkehrt, dankt dem Allmächtigen. Und es ist keiner, der sich darüber wunderte, keiner.

Ich vertraue der amerikanischen Korrektur. Nirgends ist die Rauschgiftsucht giftiger verbreitet als in Amerika, und nirgends wird sie weniger verherrlicht, tapferer bekämpft. Hier ist die Studentenrevolte eine Studentenrevolte, und wächst sie in die Revolte gegen die amerikanische Gesellschaft, verdorrt sie. Hier verherrlicht ein Nachrichtenmagazin einen pornographischen Film, und Hunderte Leser schließen sich einem Leser an, der schreibt: »*Ich habe Ihre Zeitschrift in den Abfalleimer geworfen, woraufhin der Abfall aufstand und sich entfernte.*« Ein Präsident will den Krieg beenden, und beendet ihn nicht vor den Wahlen, weil sich Amerika korrigiert — *but on his own time.* Die Fehler, die Amerika begeht, sind monströs, aber im Wappen der Nation könnte das Wort stehen: »Bis hierher und nicht weiter!« Zwei Anarchisten, Sacco und Vanzetti, wurden 1927 hingerichtet, und Großväter erzählen ihren Enkeln immer noch von der Schande Amerikas. Es gab hier Al Capone und Huey Pierce Long, McCarthy und den Ku-Klux-Klan, aber ihr Ende war Kerker oder Verachtung. Ein beredter Mann wie McGovern stand auf und predigte das Ende der amerikanischen Gesellschaft, und Millionen, die seiner Partei angehörten, gingen zu den Urnen und ließen ihr Gewissen predigen. Die Gewalt lauert in den nächtlichen Straßen New Yorks, und Mörder-»Familien« wandern durch die kalifornischen Prärien, aber sie schrecken mich nicht, weil ich das alles schon erlebt habe und weil Amerika das alles schon überlebte. Krank sind wir alle. Europa ist krank und weiß nichts von seiner Krankheit und brüstet sich seiner Krankheit und geht nicht zum Arzt und verharrt in seiner Krankheit. Amerika schämt sich seiner Krankheit und leidet an seiner Krankheit und heilt sie. Ich liebe Europa. Ich vertraue Amerika.

Wenn ich sage, daß ich seiner Größe vertraue, meine ich nicht die Rocky Mountains und nicht die Fabriken von Detroit und nicht die Weizenfelder von Kansas und nicht die Theater des Broadway. Ich meine das Nebeneinander. Zu keiner Zeit, als ledervermummte *rockers* über Amerikas Straßen ratterten, blieben die Bibeln in den weißen Dorfkirchen ungeöffnet. Hunderttausende strömten in die Rauschgiftlager, und Hunderttausende hörten einen Evangelisten. Wenn hier ein Millionär mit Millionen die abstrakte Kunst fördert, baut ein anderer Millionär ein Museum für gegenständliche Kunst. Im Central Park New Yorks krächzt Beat-Musik, und man spielt Bach. Die Jugend vergnügt sich in Diskotheken und beim Rodeo. Auf der gleichen Seite der *Washington Post*, auf der ein Kolumnist die Regierung verhöhnt, nimmt sie ein anderer in Schutz. Einmal tritt die *New York Times* für die Demokratische Partei ein, ein anderes Mal für die Republikanische. Kaum hat ein »linker« Dichter den Pulitzer-Preis erhalten, wird ein konservativer Autor gekrönt. Eine Schauspielerin wettert gegen die Industrie, und die Filmindustrie krönt sie mit dem *Oscar*. Einer verabscheut den Vietnam-Krieg, ein anderer hebt die heimkehrenden Piloten auf seine Schultern.

Ich war nicht glücklich in diesem Land; es liegt an mir, dem Europäer, ich kam zu spät. Ich liebe Europa und vertraue ihm nicht, ich vertraue Amerika, wo ich noch weniger heimisch bin als in Europa.

Ich höre, die Amerikaner seien ein Volk von *salesmen*. Vielleicht können sie in der Tat, wie das amerikanische Idiom lautet, den Eskimos Eisschränke verkaufen; sie verstehen es nicht einmal, die kleinste Liebe zu Amerika an den Mann zu bringen. Aber warum sollte man eine so unverkäufliche Ware, wie es Liebe ist, überhaupt anbieten? Da ich Europa liebe, obwohl mir diese Liebe niemand angeboten hat, frage ich mich: Ist auch die Vernunft unverkäuflich? Muß sich Europa, weil es Amerika nicht verstehen will, Asien unterwerfen? Muß es, weil es die Ebenbürtigkeit Amerikas nicht anerkennen will, in die Hände der Minderwertigkeit geraten? Muß sich die Vergangenheit der Zukunft widersetzen? Muß Europa, weil es Führer nicht sein kann, der Verführung weichen? Muß der europäische Stolz in Demütigung enden? Muß Europa mit den Verlierern ins Verderben marschieren ...?

Nur ein Tolstoi könnte den Roman der Hitler-Emigration schreiben. Es ist uns allen, die es versucht haben, mißlungen.

Die Leinwand ist zu breit, das Rundgemälde von Waterloo daneben eine Miniatur. Deutsche Emigration? Deutsche und österreichische, polnische und holländische, französische, belgische, tschechische: Europa auf der Flucht. Wie hätten die Emigranten zueinander finden können, vom Haß vertrieben, ist man in Liebe nicht verbunden. Die Knochenarme des Sensenmannes von Braunau umfaßten Rassen und Völker und Parteien, umfaßten alle, die nicht dachten wie der leere Totenkopf.

Jüdische Emigration, politische Emigration. Es dämmerte den jüdischen Emigranten, bedroht und vertrieben nur weil sie Juden waren, daß ihre Assimilation eine Illusion gewesen war, der Wunschtraum des Moses Mendelssohn aus Dessau, gute Gäste waren die Juden gewesen, zur Assimilation gehört ein freundlicher Gastgeber, aber sie wollten es nochmals versuchen, und so taten die jüdischen Emigranten, als wären sie Einwanderer, aber der Emigrant ist kein Einwanderer, nur ein Auswanderer. Die politischen Emigranten wußten es besser, irgendwo waren sie zu Hause gewesen, deshalb versuchten sie es nicht, heimisch zu werden im Exil, das Gastland ein Wartesaal, Tour-Retour-Karte, sie warteten auf die Heimkehr. Daneben jüdische Emigranten, die weder zu den Juden der neuen Diaspora gehörten noch zu den politischen Flüchtlingen, die Juden, die den Weg nach Palästina fanden, Heimkehrer.

Die Hitler-Emigration strebte nichts an, außer Hitlers Ende, sie strebte nur fort. Einer hatte einen Onkel in Kanada, also Kanada, ein anderer konnte in Lissabon ein Visum für Kuba kaufen, also Kuba, Endstation des Schiffes in Porte-au-Prince, also Haiti, dreihundert Visa für Peking, zweihundert für Brasilien, Schmuggelengel in Marseille, es waren Amerikaner, also nach Amerika, verstreut unter alle Völker, als mein Freund Pem englischer Soldat war, war ich französischer Soldat, wir schrieben uns Feldpostbriefe, auf deutsch, die Zensoren mußten uns für Spione halten. Es gab Länder, die wollten nur Farmer aufnehmen, es gab Länder, die retteten nur Katholiken, es gab Komitees, die schätzten nur Intellektuelle, es gab Parteien, die kümmerten sich nur um die Genossen, ich kannte eine Dame in New York, die sandte ihre *Affidavits*, so hießen die papiernen Rettungsgürtel, nur an Violinisten.

Alle waren einig gegen Hitler, nicht alle einig gegen Deutschland, alle solidarisch mit ihrer Gruppe, nicht alle solidarisch mit einer anderen. Nie wieder heim, gleich wieder heim, nachher, die deutschen Juden sagten: Nie wieder, die französischen Juden sagten: Gleich wieder, die österreichischen Juden sagten: Nie wieder gleich, einer fühlte sich verraten, der andere vergewaltigt, »sein« Volk sei schlecht, sagte der eine, »sein« Volk sei gut, sagte der andere, die meisten trauerten, als Rommel in Afrika siegte, einige waren stolz, daß Rommel in Afrika siegte, einige trauerten und waren stolz. Es gab frühe Emigranten und späte Emigranten, die frühen Emigranten mißtrauten den späten, die späten beneideten die frühen. In Frankreich, als es noch frei war, konnte kein junger Emigrant Soldat der französischen Armee werden, nur Legionär, in England konnte er Offizier werden, aber nicht in jeder Einheit, in Amerika konnte er General werden, in allen Einheiten, in Frankreich stand man Schlange für eine Arbeitserlaubnis, in Amerika war man dankbar für frisches Blut, in England besuchte der Soldat seinen Vater auf der Isle of Man, wo der als »Deutscher« interniert war, zusammen mit deutschen Agenten, in Rio de Janeiro wies man die Alten zurück, in Portugal sah man nach der Brieftasche, in Moskau fragte man nach der Parteikarte.

Man hatte nichts gemeinsam als Furcht und Flucht und ein bißchen Hoffnung. Emigration beginnt zu Hause, aber diese Emigration hatte kein Zuhause. Die französische Emigration von 1793 war eine aristokratische Emigration, man war im Exil, weil man kein Jakobiner sein wollte, man hatte einen Krieg verloren, man hatte gegen Danton oder Robespierre gekämpft, Aristokraten zu Hause, Aristokraten in der Fremde. Die ungarische Emigration von 1849 war eine ungarische Emigration, man war im Exil, weil man in Ungarn kein Ungar sein durfte, man hatte die Schlacht von Világos verloren, dort hatte man Hand in Hand gekämpft, Hand in Hand überschritt man die Grenze des Ottomanischen Reiches. Der jüdische Exodus aus dem Osten der Pogrome war eine religiöse Emigration gewesen, als Jude war man verfolgt worden, Jude wollte man bleiben, unter den Zweigen des Laubhüttenfestes in Wien und Rom und New York war man, was man in Kiew oder Lemberg oder Krakau gewesen, der exilierte Gott hatte die Exilierten begleitet. Nur ein kleiner Teil der Hitler-Emigration wußte, warum er hatte fliehen müssen, die anderen begleitete nur die Frage.

Sie kehrte nicht zurück, die Hitler-Emigration, sie rieselte zurück, tropfte ein, oder blieb draußen: Einer kam als Besatzungssoldat zurück und tat, als verstünde er nicht deutsch, ein zweiter nahm das erste Boot nach Frankreich und verlor seine neue Staatsbürgerschaft, ein dritter beeilte sich, deutsche Firmen in England zu vertreten, und hätte für nichts in der Welt seinen britischen Paß eingebüßt, ein vierter mied die deutschen Heilbäder, ein fünfter dankte seinen deutschen Freunden, ein sechster kaufte Häuser in Berlin, ein siebenter verzichtete auf sein Haus in Frankfurt; einer schickte Pakete, sobald die Post funktionierte, ein anderer weigerte sich, Pakete zu schicken, und manche kehrten so früh zurück, daß ihm die anderen Pakete schicken mußten. Wenn sie sich trafen, wunderten sie sich. Wer in Amerika gewesen war, dem erschien der »schwedische« Emigrant wie ein Dorfbewohner; wer den »Blitz« in London erlebt hatte, hätte ihn auch in Berlin erleben können; der »Schweizer« Emigrant verstand weder den »amerikanischen« noch den »englischen«, das zweite Unverständnis.

Keinem war die Rückkehr verwehrt. Einige waren zu stolz, um zurückzukehren, einige waren zu alt, einige hatten Kinder, einige waren Kinder, als man sie ins Exil gebracht hatte. Als ein emigrierter Schauspieler zum ersten Mal wieder auftrat, in München, erhob sich das Publikum, es applaudierte fünf lange Theaterminuten lang, gleich darauf schrieb ein Kritiker, wie denn ein solcher Mann einen deutschen Klassiker inszenieren könne; ein Schriftsteller, auf dessen Buch vor wenigen Monaten in Amerika gestanden hatte: »*German-born author*« gehörte jetzt der »Exil-Literatur« an, elegantes Getto; der heimkehrende deutsche Regisseur galt als »Deutsch-Amerikaner«, seine jüdische Frau als Ex-Emigrantin; jüdischen Schriftstellern wurden die Rezensionen jüdischer Schriftsteller zugeteilt, kein Risiko, lobte er den Exilgefährten, dann wußte man ja, weshalb, verriß er ihn, wie schlecht mußte das Buch doch sein, jeder Heimkehrer ein Experte für gestern; die Daheimgebliebenen antichambrierten bei den Heimkehrern, »Sie wissen ja, ich habe schon immer ...«, Persilscheine, ein Jahr später saßen die Heimgekehrten in den Vorzimmern der Daheimgebliebenen; Neid zuerst, »Sie ahnen nicht, was wir gelitten haben, na ja, Sie in Amerika ...«, Emigration als Vergnügungsreise, dann Überlegenheit, »Sie war eben nicht da ...«, schließlich Mitleid, verlorene Jahre. Lange litt ein Politiker darunter, daß er nicht »mitgelitten« hatte, da er doch bereit gewesen wäre, mitzuleiden, wenn er nicht hätte auch »mitverbrechen« müssen, dann wurde er, die Bewährungsfrist war abgelaufen, aufs Schild gehoben, nicht der Emigrant wurde rehabilitiert, man rehabilitierte sich durch seine Rehabilitation, gefälliger Heiland, der die Sünden der anderen auf sich genommen hatte, in ihrem Namen hatte er gebüßt, in seinem Namen konnten sie nun sündigen.

Es hatte in der Emigration keine Verräter gegeben, beinahe ein Wunder, aber wie sollte eine Emigration, die nicht einig war in der Verstreuung, einig werden in der Sammlung? Nur der Anblick des Teufels schützt vor der Korruption. Da war einer, der verdiente sich sein armes Brot, indem er die Gefährten von gestern gefährdete, der zweite lieferte »Informationen« über die Exilzeit eines dritten, später »Kapo« und Buchhalter der Denunziation; einer hielt die Fahne der Emigration hoch, bis er sich lächerlich vorkam und sie fallen ließ; ein anderer hielt sie hoch und wurde fallen gelassen; manche waren feig, manche waren tapfer, manche waren feig und betriebsam, manche waren tapfer und müde, und manche sagten »Genug!«, sie hatten genug von der äußeren Emigration und genug von der inneren.

Ich klage nicht an. Und ich klage nicht.

Heine schrieb: »*Pflanzt die schwarz-rot-goldene Fahne auf die Höhe des deutschen Gedankens, macht sie zur Standarte des freien Menschentums, und ich will mein bestes Herzblut für sie hingeben*«, aber niemand wollte sein bestes Herzblut, er hatte die falsche Blutgruppe, Emigranten haben die falsche Blutgruppe. Ich klage nicht. Das Ausmaß der Tragödie trotzt der Vorstellung, vielleicht könnte sie auch kein Tolstoi erfassen, eines Dramatikers bedürfte es, eines Dante, vertraut nicht mit Heimat und Exil, vertraut mit der Hölle. Ich klage nicht. Das Schicksal sorgt für Ausgleich, wen Gott schlägt, den erhebt er auch. Weil die Emigranten von gestern nirgends zu Hause sind — Einwanderer, nochmals, sind keine Emigranten —, sind sie überall zu Hause, wer keine Heimat hat, dessen Heimat ist die Welt, neben dem Kainsmal gibt es auch ein Abelsmal. Die Daheimgebliebenen sind immer noch fremd in London und Rom und New York, Gott hat sie mit Provinzialismus geschlagen, und der Emigrant von gestern ist nicht einmal fremd in der Wüste oder im Dschungel, er ißt mit Stäbchen und wirft Speere und trägt ein Leopardenfell und tanzt fremde Tänze und betet in fremden Kirchen und weint bei fremden Begräbnissen. Weil er mehr erfahren hat, weiß er mehr, und weil er mehr weiß, ist er mehr. Weil er nirgends zu Hause ist, kann er von nirgends vertrieben werden. Es reist mit leichtem Gepäck. Er hat kein Heimweh.

GLAUBEN

Mit jedem Tag hat sich mein Dasein gewandelt, auch mein Charakter wandelte sich und mein Auge — mein Glauben an Gott hat sich nicht geändert, er wird sich nicht ändern, bis man mich hinausträgt.

Was verstehst du unter Gott, wie stellst du dir Gott vor? — eine kindliche Frage, und fast niemand, der sie kindlich beantwortet. Fast keiner steht Rede, jeder gebraucht Ausreden.

Meine Antwort, hoffe ich, ist eines Intellektuellen unwürdig.

Ich verstehe unter Gott das übermenschliche, übergeordnete, allwissende Wesen, das außerhalb uns und allem Seiende. Vorhanden, existierend. Den Herrn.

Die Heiden begreife ich, die Heiden, die noch nicht zu Gott gefunden, und die Heiden, die von Gott weggefunden haben. Die Heiden glauben nicht, was ich glaube, das ist ihr Recht und ihre Misere. Sie sind nicht kurzsichtig und nicht weitsichtig, sie sehen nicht mit einer Brille und nicht ohne Brille, sie sehen nicht auf dem einen Auge oder dem anderen, sie schielen nicht. Sie sind blind. Und sie sind Gott genehm, weil sie nicht sagen, daß sie etwas sehen, was sie nicht sehen. Es sind aufrichtige Blinde.

Mit den Schielenden des Glaubens kann ich mich nicht verstehen. Sie schielen raffiniert und nach allen Richtungen. Sie sagen, Gott ist in uns. Mit einer so ungenauen Ortsbestimmung kann man nicht einmal des Nachbars Garten finden. Das Gute in uns, sagen sie. Das Böse in uns ist Er dann also nicht. Was ist das Böse in uns? Der Teufel? Da das Böse in uns stärker ist als das Gute, wäre der Teufel Gott und Gott nichts als ein geschlagener Krieger. Es gäbe drei Milliarden Götter, selbst für den Olymp zu viel, jeder Gott würde jeden Gott bekriegen, der Letzte Krieg. Was im Menschen ist, das ist ein Mensch: er selbst, sein Samen, ein Kind. Wäre Gott in uns, wäre Er ein Mensch. Gott ist ein Wesen, aber kein Mensch.

So meinen sie es nicht, sagen sie. Gott ist die Stimme in uns. Das klingt schön religiös und ist heidnisch. Wer nicht an die Allwissenheit Gottes glaubt, glaubt nicht an Gott. Wäre Gott eine Stimme in uns, wäre es eine allwissende Stimme. Wir würden alles verstehen, und verstehen doch nichts. So meinen sie es nicht, sagen sie. Die Stimme ertönt nur, wenn wir es wollen. Somit wäre Gott unserem Willen untertan, wir wären Gott und Gott wäre ein Grammophon. Sie haben Gott abgeschworen und ersetzen Ihn mit Philosophie. Der Philosoph denkt wissenschaftlich. Er weiß also, daß die Sprache, die in uns ertönt, wie jede Sprache, das Resultat eines bewußten oder unterbewußten Denkprozesses ist. Wir denken nicht, was gut ist, sondern fragen uns, was gut *für* uns ist. Wenn das Gottes Stimme wäre, wäre Gott der größte aller Opportunisten. Gott spricht nicht in uns, sondern zu uns.

Die Schielenden des Glaubens sagen, Gott sei die Summe der Welt. Dieser pantheistische Versuch, aus dem Glauben in die Philosophie auszuweichen, Gott mit einem Begriff zu ersetzen, dieser feige Kompromiß mit der Aufklärung, dieser frühmoderne »Dreh« wurde von der katholischen Kirche *»ausdrücklich und feierlich verworfen«*; seither wird von fast allen Kanzeln ausdrücklich und feierlich gepredigt, was die Kirche ausdrücklich und feierlich verworfen hat. Es gibt keinen Glauben ohne Verantwortung. Diejenigen, die sagen, Gott sei in uns, gehen der Verantwortung wenigstens noch nicht vollends aus dem Weg, da wir uns ja auch vor uns selbst zu verantworten haben. Gott als Summe der Welt ist die blinde Flucht aus der Verantwortung.

Da Bücher in Brailleschrift bekanntlich besonders dickleibig sind, lassen sich mit den Wörterbüchern der Schielenden, also der heuchlerischen Heiden, ganze Regale füllen. Ihre Gottesdefinitionen rangieren von »Allgegenwart« bis »Prinzip des Guten«, von dem »Absolut-von-sich-Seienden« bis zum »Vollendeten«, von »Gott ist die Wirklichkeit« bis »Gott ist die Gnade«, von »Gerechtigkeit« bis »Liebe«. Gott ist all das, aber keines davon »ist« Er. Der wesenlose Gott verhält sich zu Gott wie eine einzige Eigenschaft zum Menschen als Ganzes.

Bezeichnend für diesen ungeschickten Seilakt ist die Tatsache, daß die meisten theologischen Lexika, die Gott definieren müßten, Gott, der Einfachheit und Kompliziertheit halber, überhaupt nicht definieren. Es ist nicht, daß sie fürchteten, *»den Namen des Herrn, deines Gottes«* zu »*mißbrauchen*«, denn unter Gottesbild, Gottebenbildlichkeit, Gottesbeweis, Gotteskindschaft, Gottesvaterschaft, Gottesmutterschaft, Gottesverehrung, Gotteslästerung, Gottesfurcht ist allerlei Mißbräuchliches zu lesen, nur Er, der da angeblich verehrt, gelästert oder gefürchtet wird, ist leider vom Seil gefallen.

Mit dem abstrakten Gott des philosophischen Dogmas, das nicht um ein Haar glaubwürdiger ist als irgendeine Marienerscheinung, ist so wenig anzufangen wie mit einem abstrakten Gemälde. Das abstrakte Gemälde verschleiert das Gesicht des Menschen, die abstrakte Religion das Gesicht Gottes. Im abstrakten Gott ist kein Licht, nur Finsternis.

Ich höre die Frage: Muß man mit Gott etwas »anfangen«? Selbstverständlich. Wollte ich in den abstrakten Religionskauderwelsch verfallen, würde ich sagen, Gott sei die sittliche Utilität. In Wahrheit bietet Er uns die sittliche Alternative. Ich höre: Das ist der Glaube der Primitiven. Die meinen, Gott helfe den Bedrängten, ermutige die Verzagenden, mahne die Sündigen, trage die Gerechten, tröste die

Trauernden, ein Gott für die Schwachen, die in Illusionen flüchten, sich an Hoffnungen klammern und sich begnügen. Gott ist der Gott der Schwachen, also aller. Wer in den menschlichen Mauern keine Türen sucht, braucht Ihn nicht. Daß Er »nützlich« ist, beweist Ihn. Er macht das Unerträgliche erträglich, das ist Definition und Inkarnation der Liebe. Ein Gott, zu dem man nicht beten könnte, wäre ein Nichtsnutzgott. Der Glaube an die Nützlichkeit Gottes ist der Glaube schlechthin.

So erkläre ich mir den Verfall der Kirchen, aller Kirchen, aller Religionen. Sie haben den nützlichen Gott abgeschafft und wundern sich, daß sich die Menschheit von ihrem Nichtsnutzgott abwendet. Hätten die Menschen nur erkannt, daß die Kirchen einen selbstsüchtigen Aberglauben verbreiten, würden sie nach einem Glauben suchen, der vom Aberglauben befreit ist. Sie würden sich Gott zuwenden, nicht dem Atheismus. Aber die Kirchen sind von den Dogmen des Aberglaubens zum Dogma der Philosophie übergegangen, sie haben die heidnischen Gottesbilder mit einer heidnischen Theologie ersetzt. Wer für ein abstraktes Gottesgemälde keine Kirchensteuer entrichten will, handelt vollkommen vernünftig. Statt einer Philosophie zu folgen, die ihm Gott verweigert, folgt er einer Partei, die ihm einen Ersatzgott bietet. Daß ihm auch dieser falsche Gott, der Parteigott, der an die Stelle des Philosophiegottes tritt, nichts nützt, wird er in 2000 Jahren erkennen. Er wird dann ein Parteiatheist werden.

Schwerer zu verstehen ist es, warum die Religionen, die man beileibe nicht verdächtigen kann, keine Kirchensteuer kassieren zu wollen, unverkäufliche Gottesbilder anbieten. Sie haben sich von der Polarisierung mitreißen lassen, die nur Revolution oder Reaktion kennt. Die Reaktionären glauben, dem neuen Heidentum mit dem alten Ablaß begegnen zu können. Die Revolutionären sind beim Anblick der Astronauten so erschrocken, daß sie meinen, man könne nicht mehr von Gott sprechen, da die Houston-Touristen zwischen Erde und Mond keinem Engel begegnet sind; sie ahnen nicht, wie viele Länder im All dem exilierten Gott Asyl bieten. Ihre Antwort auf Bigotterie ist Philosophie. Zwischen Bigotterie und Philosophie entscheidet sich die Menschheit für das Heidentum.

Freilich sind die Philosophieheiden nicht nur vor den Astronauten erschrocken. Die Kirchen haben die Bibel bigott gelehrt und können sie jetzt nur noch mit abstrakten Linien vollkritzeln. In ihrer wissenschaftgezündeten Panik begreifen sie nicht, daß die Bibel, neben einem ewigen Gesetzbuch, auch eine Anekdotensammlung ist. Die darin aufgezeichneten Zeichen und Wunder sind von geringer Bedeutung, da sie selbst Zeichen und Wunder ist. Die Bibel ist nach einem göttlichen Diktat entstanden. Die Verfasser des Alten und Neuen Testaments waren jedoch nie etwas anderes als menschliche Sekretäre,

Editoren, Redakteure, Übersetzer: Sie konnten entweder nicht steno-
graphieren, oder sie haben nach dem Diktat aus eigener Initiative das
eine hinzugefügt, das andere weggelassen, haben auch die ihnen nicht
ganz verständliche göttliche Sprache zum Teil falsch übersetzt, haben,
was ihrem Gedächtnis entschwunden war, eingefügt und interpre-
tiert: Glauben heißt bedingungsloser Glauben an Gott, nicht bedingungsloser Glauben an das Protokoll. Deshalb war der Kampf der
Kirche gegen Darwin töricht: Wenn der Mensch vom Affen stammte,
dann hätte Gott den Affen eben vor dem Menschen erschaffen. Wenn
Christus auf dem See Genezareth Wasserschier verwendet hätte, dann
waren es göttliche Wasserschier, und wenn der Mensch aus Molekülen
der Finsternis bestünde, dann wäre das der Willen Gottes. Daß der
Mensch stirbt, weil sein Herz versagt, beweist nur, daß der Mensch
stirbt, weil sein Herz versagt; die Frage, warum er sterben muß, bleibt
offen. Wenn es keine Luft gibt auf dem Mond, so beweist das nur, daß
es keine Luft gibt auf dem Mond; die Frage, warum die Erde eine
Atmosphäre hat, bleibt offen. Da die Wissenschaft bestenfalls zu den
vorletzten Erkenntnissen vordringt, ist sie ihrem Wesen nach nicht
atheistisch: Atheismus beginnt dort, wo wir aus den vorletzten Erkenntnissen die letzten Schlüsse ziehen.

Zurück zu mir, einem gläubigen Menschen, der sich deshalb weder
schwächer noch stärker dünkt als andere und der keine Proselyten
sucht, weder unter Heiden noch unter Kirchenfürsten.

Heißt Gläubigkeit, daß ich glaube, Gott throne über den Wolken
und habe einen langen weißen Bart? Ich habe dafür nicht den geringsten Beweis, noch suche ich nach einer Personifizierung, die über die
Wesenheit Gottes hinausgeht. Allerdings haben Gelehrte, Theologen,
Atheisten, Marxisten auch ihrerseits nicht den geringsten Beweis für
das Gegenteil. Atta Troll, der sich Gott als einen riesigen weißen
Polarbären vorstellt — »Droben in dem Sternenzelt, / auf dem goldenen Herrscherstuhle, / Weltregierend, majestätisch, sitzt ein kolossa-
ler Eisbär ...« — ist gläubiger als die meisten Kirchenfürsten. Ich be-
klage es, nicht Atta Troll zu sein, aber ich bin imstande, an einen Gott
zu glauben, Dessen Wohnort ich nicht kenne, Dessen Allwissenheit
ich mir nicht vorzustellen vermag, Dessen Entscheidungen ich nicht
begreife und Den ich nicht nach meinem Ebenbild forme. Ich suche
nicht nach Gottesbeweisen, obwohl ich sie täglich erlebe. Ob Jesus
Christus Gottes Sohn war oder ein jüdischer Prophet, ist mir gleichgültig: Seine Stimme war göttlich, wie die der Propheten, und war es
eine innere Stimme, die sie nach außen projizierten, so kam die
innere Stimme von außen zu ihnen. Ob Jesus Christus der Messias war
oder nicht: Es gibt den Menschensohn. Den Sohn eines Prinzips oder
eines Symbols kann es nicht geben.

Vielleicht hat dieser Glaube, den ich niemand aufdränge und dessen

Verhöhnung mich kalt läßt, in meiner Kindheit begonnen. Meine unvergeßliche Gouvernante, Adele Bienert aus Düsseldorf am Rhein, war eine vortreffliche Zeichnerin. Sie lehrte mich zeichnen. Wir zeichneten unter anderem, schon damals, Mondmenschen. Wenn wir Mondmenschen zeichnen können, sagte ich eines Tages, warum zeichnen wir nicht Gott? Sie sagte: »Weil Gott keine Konturen hat.« Der Gott des Aberglaubens von gestern hat menschliche Konturen. Der Gott des Aberglaubens von heute hat philosophische Konturen. Mein Gott hat keine anderen als die meines Glaubens.

Wer glaubt, dem fällt das Gebet nicht schwer. Die Gebete der Ungläubigen werden, denke ich, doppelt gezählt. Der Mensch, der das Haupt neigt, gleicht einem Fragezeichen. Das Gebet spricht von der ewigen, unendlichen, maßlosen, verzweifelten Sehnsucht des Menschen nach einer Antwort; da diese Sehnsucht göttlich ist, ist die Bitte: »Laß mich glauben, daß Du bist«, kein Widerspruch in sich. Die Bibel spricht an vierundsechzig Stellen von Durst, dürsten, dem Dürstenden und Durstigen. Gebet ist Durst.

Ich kenne kein einziges Gebet auswendig; selbst das *Vaterunser* mit der merkwürdigen Formulierung, Gott möge uns vergeben, »*wie auch wir vergeben unsern Schuldigern*« — wenn Er es täte, wie wir es tun, wäre es schlimm um uns bestellt, auch enthält das Wort einen anmaßenden Vergleich —, erschien mir immer zweifelhaft; sogar die Psalmen erfüllen nicht immer die Bedingungen eines schlichten Gebetes; dem wunderbaren siebenten Psalm etwa mit der Mahnung an Gott: »*Stehe auf, o Herr, in deinem Zorne, erhebe dich / wider den Grimm meiner Feinde / und wache auf, mein Gott, der du Gericht bestellt hast*«, haftet etwas Heidnisches an. Dank, Bitte um Vergebung und Ergebenheit sollten, meine ich, der Inhalt jedes individuellen Gebetes sein, und statt mit *Amen* sollten sie enden mit dem Gethsemane-Wort: »*... doch nicht wie ich will, sondern wie du willst.*«

Es gibt für die Großartigkeit des Gebetes keinen besseren Beweis, als daß es den schielenden Theologen, welche die Religion zerstört haben, nicht gelungen ist, das Gebet zu ruinieren. Männer und Frauen beten — in Gotteshäusern und Freudenhäusern, in Flugzeugen und Werkzeugschuppen, in Alpenhütten und Hüttenwerken, die Astronauten sagen, daß sie beten, die Kosmonauten beten und sagen es nicht. Keiner betet zu einem Prinzip, einer Philosophie, einem Symbol, am allerwenigsten zu sich selbst. Alle beten zu dem Über- und Außenstehenden.

Auf die Frage, was ich davon halte, den Anti-Abtreibungsparagraphen aus dem Gesetzbuch zu eliminieren, antwortete ich:

»Bis zur Erfindung und dem legalisierten Gebrauch der ›Pille‹ standen sich zwei Ansichten gegenüber, denen man die Achtung nicht versagen konnte. Die einen hielten die Unterbrechung der Schwangerschaft für einen Mord im Mutterleib, die anderen verteidigten sie mit mehr oder weniger sittlichen, auf jeden Fall sozial gerechtfertigten Argumenten. Ich stand zwischen beiden: Bei der Abtreibung handelt es sich unbedingt um die Tötung eines Wesens, doch war das in den meisten Fällen kein Mord, sondern ein Totschlag in Notwehr, und der ist, soviel ich weiß, in keinem Land strafbar.

Seit die ›Pille‹ erfunden wurde, die in manchen Ländern bereits von den Krankenkassen verteilt wird und die demnächst die Mütter ihren Töchtern auf den Schulweg mitgeben werden wie das Butterbrot, ist das Element der Notwehr entfallen. Entfallen ist auch das soziale Argument, da sich Arm wie Reich die ›Pille‹ leisten können; verteilt sie der Staat, so kann er seinen Bürgerinnen für den Preis einer Kürettage — ein ernster Eingriff immerhin — einen ganzen Sack voll Pillen überlassen. Es ergibt sich für mich somit der paradoxe Zustand, daß dort, wo die ›Pille‹ verboten ist, die Abtreibung erlaubt sein sollte, daß man sie aber dort, wo die ›Pille‹ erlaubt ist, verbieten müßte — etwa nach dem Grundgesetz von Andorra, das da lautet: ›Si la chasse est permis, la pêche est interdite, si la pêche est permis, la chasse est interdite.‹

Das ›Recht auf den eigenen Körper‹ gehört zu jenen pseudoliberalen Schlagwörtern, die, gedankenlos akzeptiert, einer Überprüfung bedürfen. Hat der kleinste Mensch, als den man das Embryo ansprechen kann, kein Recht auf seinen eigenen Körper? Kein absolutes Recht, mag sein, aber auch das Recht der Mutter auf ihren Körper ist gewissen ethischen Konditionen unterworfen.

Was der Menschheit am meisten fehlt, ist ein neuer Diderot, der eine neue Encyclopédie ou Dictionnaire raisonné des sciences, des arts et des métiers herausgibt. Darin würde, wer weiß, die Unterscheidung zwischen Glück und Lust den vornehmsten, gewiß den aktuellsten Platz einnehmen. Das Recht auf Glück — in der amerikanischen Verfassung sogar gesetzlich verankert; deshalb ist sie die bisher beste Verfassung — ist mit dem Recht auf Lust nicht identisch, das zweite ist dem ersten nicht einmal ähnlich. Unterbewußt empfinden das merkwürdigerweise gerade die ›linken‹ Intellektuellen, die ihrerseits zwischen Glück und Vergnügen sorgfältig unterscheiden; sie sind, in ihrem sauren Ernst, ›glückfreundlich‹, aber ›vergnügungsfeindlich‹. Um so unverständlicher ist es, daß sie Glück und Lust miteinander verwechseln, obwohl man beileibe kein Intellektueller, nicht einmal sehr klug sein muß, um zu sehen, daß die Lustgesellschaft vom Glück

weiter denn je entfernt ist. Es gibt ein Recht auf Glück, aber kein Recht
auf Lust. Das heißt aber, auf unseren Fall angewandt, daß man von der
jungen Frau verlangen darf, wenigstens — und übrigens ohne jeden
Lustverzicht — gefälligst die ›Pille‹ zu schlucken: Ich achte diese
jungen Frauen zu sehr, als daß ich daran zweifelte, sie könnten die
Liebe freudiger genießen, wenn sie nicht in Gefahr gerieten, später
einen Mord oder Totschlag begehen zu müssen.
     Davon wollen jedoch die ›Freunde‹ der Abtreibung nichts wissen.
Ich kann mich des Verdachtes nicht erwehren, daß es ihnen weder um
den sozialen Fortschritt geht, der ja mit der ›Pille‹ erreicht ist, noch
um das ›Recht auf den eigenen Körper‹, das auch das Recht des kleinsten Wesens einschließt, sondern nur um die totale Rücksichts- und
Hemmungslosigkeit, jene Permissivität, die mit der Erhebung der Lust
in den Glücksstand beginnt und mit der Legalisierung der Gewalt
endet. In der permissiven Gesellschaft ist Notwehr keine Bedingung
eines Freispruchs bei Mord.«

Unter unseren Freunden ist »unser« Weihnachtsfest eine Art Legende
geworden, in Person oder Gedanken mitgefeiert von manchen, von
manchen belächelt, gepriesen als ein Akt der Pietät oder des Starr-
sinns, gescholten als ein Akt des Konservatismus oder der Heuchelei.
Oft beginnt es schon im Sommer. Licci und ich durchstöbern die
Läden nach Geschenken, das wäre etwas für George, das würde Erika
freuen, das würde Erna gut zu Gesicht stehen, bitte geh weiter, heim-
liche Einkäufe des einen für den anderen, sag, wenn dir etwas gefällt,
ich könnte dich damit überraschen, natürlich nicht zu teuer. Zu Hause
alles versteckt, jeder hat seine geheimen Orte, es wird ein amerikanisches oder ein spanisches oder ein holländisches Weihnachten werden,
je nach den Sommer- oder Herbstreisen. Wenn sich die frühen Schatten des November über den Garten legen, sitzt Licci an ihrem Tisch im
Bauernzimmer, schneidet Papiere zurecht, befestigt Klammern am
Baumschmuck, doch muß ich meistens mit abgewandtem Kopf das
Zimmer durchqueren, denn sie malt, Lampen, Vasen, Aschenbecher,
Bleistiftbehälter, Überraschungen für mich, Keramikarbeit, auf die sie
sich ausgezeichnet versteht. Ende November, das Ritual ist streng, beginnt Liccis Mutter mit den Proben ihrer Backkunst, eine Trance-Kö-
chin, wie sie sich selbst nennt, ob es wohl auch dieses Jahr gelingen
wird, Kostproben, natürlich sind sie glänzend gelungen, die Mohn-
und Nußbeugel, Spezialitäten ihrer Preßburger Heimat, Rumkugeln
und Windbeutel und Ischler Krapfen, alte Rezepte, erheblich verbessert, »Mummi« ist eine Sarah Bernhardt der Küche, etwas dramatisch,
wie es sich für Sarah Bernhardt gebührt, sie wird in diesem Jahr drei-
undachtzig und durchmißt dreiundachtzigmal täglich das Haus, ein

wahres Glück, wer sollte sonst meine Post ablegen, meine Zeitungen ausschneiden, Anrufer beleidigen und das Nußbeugel-Drama in fünf Akten inszenieren? Mit dem Blumenhändler Giovianni Schober fahre ich rechtzeitig nach Lugano, dort gibt es einen Märchenwald von Weihnachtsbäumen, der ist also nicht so schön wie im vorigen Jahr, er ist viel schöner als im vorigen Jahr, am Morgen des 23. Dezember wird er geliefert, er ist immer um einen oder zwei Meter zu groß, am Abend kommt Herr Müller, der Malermeister, mit seiner Leiter, Licci, Erna — Liccis Schwester —, Christine und ich schmücken ihn, es ist unmöglich, die Stücke zu zählen, die da in den Ästen des Kindertraumes hängen, in beinahe zwanzig Jahren gesammelt, Österreich und Mexiko, Deutschland und Italien, Engel unter Glas, ein Tiroler Bauernhaus, ein Papageienkäfig, musizierende Engel, eine chinesische Teekanne, Schornsteinfeger und Glückspilze, Zigarren und Bleistifte aus Schokolade, Rehe und Fische und Weihnachtsmänner. Die Pakete sind schon fortgeräumt, viele fortgeschickt. Licci hat sie alle gepackt, mit meiner etwas unbeholfenen Assistenz, halt den Daumen auf den Knoten, jetzt muß ich dir schon wieder zeigen, wie man das Papier faltet, im »süßen« Teller von Marias Tochter sind zu wenig Nüsse, die Papiere sind nicht so schön wie im vorigen Jahr, dieses ist schöner, schreib endlich deine Gedichte — zu jedem Geschenk gehört ein Gedicht, ich werde sie unter dem Baum verlesen.

Es ist noch alles, man glaubt es kaum, wie zu Grillparzers Zeiten, der am 25. Dezember 1866 an eine Gönnerin schrieb: »So der Baum, nun erst die Früchte! Zuckerwerk, Äpfel, mir keine Unbekannten, Theebrot, wie es Göthe zu essen pflegte, der mitunter etwas schlechtes schrieb, aber nie etwas schlechtes aß ... Nun sogar ein Fasan! der nachdem er aus seinem poetischen Waldleben durch Pulver und Blei in den prosaischen Tod versetzt worden ist, durch Kochen und Braten wieder in idealischen Zustand versetzt werden kann ...« Kein chinesisches Kerzchen kann den Duft der ungarischen Gansleber vertreiben, die da unter Liccis gewandter Hand schmort, auch der Schinken spreizt sich schon auf seinem Marmorfuß, der Konditoreigeruch der Kindheit schlägt den Bratengeruch vollends aus dem Feld, jetzt zieht die Hausfrau ein Festkleid an, reizender denn je anzuschauen, Erna bringt ihre Geschenke, sie hat lange in Amerika gelebt, für diesen Abend »Tante aus Amerika«, ich setze die Platte mit den Weihnachtsliedern auf, wir zünden die Kerzen an, Wachskerzen selbstverständlich, höchst feuergefährlich, gleich führen auch die Wunderkerzen ihren Sternentanz vor, Maria singt italienisch, Christine singt deutsch, Licci singt ungarisch, ich singe gar nicht, es könnte den ganzen Zauber verjagen. Ich hole den Champagner aus dem Garten, wo er seit Tagen im Schatten gelegen hatte, Festessen, Bescherung, Rufe der Freude, Licci ist sehr überrascht, sie hat ein Hauskleid bekommen, das sie vor sechs Monaten in Zürich selber anprobiert hat, wann werde ich denn das alles tragen, sagt »Mummi«, nun kann ich meine Gedichte zum Besten geben, um zwei Uhr morgens ist das Haus noch hellwach.

In den Tagen darauf kommen die Freunde, die Kerzen leuchten wieder, die Wunderkerzen tanzen, das Mohnbeugel ist doch besser geraten als im vorigen Jahr, Gäste am Mittag, Gäste am Abend, Licci wird sich vierzehn Tage schonen müssen, das nächste Jahr wollen wir nicht übertreiben, das nächste Jahr übertreiben wir wieder, die Gäste verabschieden sich, ich weiß nicht, was sie denken.

Ein Lügner, wer behauptet, es sei ihm gleichgültig, was man von ihm denkt: Einmal im Jahr, ganz genau zwischen dem 24. Dezember und dem 6. Januar, Dreikönigstag, ist es mir vollkommen gleichgültig. Ich lese Weihnachtsgeschichten, hier und da zeige ich Licci den Artikel eines Intellektuellen, Konsumgesellschaft und Konsumzwang, also bin ich ein Opfer der Konsumgesellschaft, und ich habe Licci die Kette unter Konsumzwang geschenkt, was soll man mit solchen armen Idioten anfangen? Da ich in Weihnachtsstimmung bin, weil ich so frei bin, daß ich es wage, zu Weihnachten in Weihnachtsstimmung zu sein, ärgere ich mich nicht über die Idioten, die jetzt ihr Anti-Weihnachtsartikel-Soll erfüllen, wie sie früher, unter dem gleichen Konsumzwang, ihr »... und den Menschen ein Wohlgefallen« geschrieben haben, vielleicht wissen sie es wirklich nicht besser, sie verwechseln, nachdem sie Lust mit Glück verwechselt haben, Vergnügen mit Freude und Freude mit Vergnügen, viele unter ihnen sind jung und stehlen ihren Kindern die Kindheit, und wenn ihre Kinder sie hassen werden, soll es mich nicht überraschen.

Ich habe einer Leserin, Trudi Bärlocher aus St. Gallen, eine Weihnachtskarte geschickt, mit unserer spanischen Madonna — ich schikke, potztausend, Weihnachtskarten, weil es besser ist, sich einmal, als gar nicht zu erinnern —, und sie hat mir St. Galler Konfekt geschickt, am schönsten sind die Grüße der Unbekannten, wir sind die Marzipan-Soldaten des großen Weihnachtsheeres, einmal im Jahr Freude bereiten, nach dem Kalender, ist besser als keinmal.

Ach ja, wie komme ich eigentlich dazu, Weihnachtskarten, Weihnachtsbaum, Weihnachtsgeschenke, Weihnachtslieder, mit meinem jüdischen *background*, der Monsignore hätte dafür so wenig Verständnis wie der Oberrabbiner, nur sind mir, einmal im Jahr, Monsignores und Oberrabbiner absolut egal, nur das Kinderland ist mir nicht egal, genauso war es in meinem Kindheitshaus in Wien und genauso in Liccis Kindheitshaus in Preßburg, ich feiere kein christliches Fest, fast niemand tut es, ein Geburtstagsfest, vielleicht, die Klage über die verlorene Schlichtheit ist so heuchlerisch wie über den Konsumzwang, man erinnert sich, man schenkt, man freut sich, und man weiß, daß sich andere freuen, hinter roten Vorhängen leuchtet ein

Weihnachtsbaum, und man sieht die Lichter von Madonna del Sasso, das Kinderland ist mir nicht gleichgültig und der Bauer von nebenan, der seinen *Merlot* bringt,und die Stille, welche die Piazza befallen hat, und Liccis Augen. Manchmal frage ich mich, ob ich aus Trotz handle, Weihnachten wäre ein schlechter Anlaß zur Demonstration, aber ich handle nicht aus Trotz, als ich zur Schule ging, brauchte ich nicht zu demonstrieren, und auch im Krieg trotzte ich nicht, in jener heißen Weihnachtsnacht in Dakar, und auch nicht nach dem Krieg, in den Trümmern von München. Hast du noch etwas Weihnachtspapier aufgehoben, Liebste?

Religion ist Gefühl, religiöses Denken ein Widerspruch in sich.

Es geschah zu Beginn des Jahrhunderts: Der Erzbischof von Warschau warf sich den Kosaken entgegen, deren Waffen der Erzbischof von Lublin gesegnet hatte. Die Kirche liebt es, gleichzeitig auf *Rouge* und *Noir* zu setzen.

Die Vernichtungswaffen des zwanzigsten Jahrhunderts sind der Versuch, Gott das Recht auf die Sintflut, das *ius ultimae noctis*, zu entreißen.

Gott hat den Menschen am sechsten Tag geschaffen; kein Wunder, daß Er etwas müde war. Wie bei manchen Malern, war Seine Frühperiode besser.

Die Bibel ist nur als Ganzes zu verstehen, das Alte und das Neue Testament bilden eine Einheit. Es gehört, zugleich, zu den Wundern der Bibel, daß sie die ganze Menschheitsgeschichte symbolisiert, die aus alttestamentarischen und neutestamentarischen Epochen besteht — in den alttestamentarischen strebt die Menschheit nach Gerechtigkeit, in den neutestamentarischen nach Liebe. Auch die Philosophie, jede Philosophie, ist, aus dem Unterbewußtsein ihrer Schöpfer und Verkünder heraus, entweder eine alttestamentarische oder eine neutestamentarische Philosophie; sie setzt, wie der alttestamentarische Marxismus, Gerechtigkeit über Liebe, oder, wie der neutestamentarische Freudismus, Liebe über Gerechtigkeit. Es ist vielleicht die tragischste Tragödie der Menschheit, daß sie als konfliktierend betrachtet, was in Wahrheit kongruent ist: Der gerecht urteilende

Richter, der den Verbrecher fürs Leben hinter Kerkermauern weist, denkt nicht an den lieblosen Strafvollzug, und wer Mördern und Taschendieben den gleichen liebevollen Strafvollzug zubilligt, denkt nicht an Gerechtigkeit. Der Mensch ist nicht so beschaffen, daß er volle Gerechtigkeit üben oder ganze Liebe ausschütten könnte. Das Streben nach einem biblischen Zeitalter, nach einem Zeitalter des Alten *und* neuen Testaments würde das Glück immerhin aus der unsichtbaren in die sichtbare Ferne rücken.

Das menschliche Leben gleicht einem Bankkonto, von dem wir Summen abheben, auf das wir neue deponieren, aber wir wissen nicht, wieviel sich auf dem Konto befindet: Ob es ein Soll oder Haben aufwies, als wir es eröffneten, bleibt das Geheimnis des göttlichen Bankiers.

Das Gebet ist ein Anruf, bei dem man auch nie weiß, ob der Angerufene antwortet. Wer den Hörer nicht abhebt, kann indes keine Antwort erhalten.

Die sittliche Verlotterung unserer Zeit — intellektuell bestritten, weil gefördert, gefördert, weil bestritten — ist, gewiß nicht allein, doch in hohem Maße eine Folge des unzulässigen Wertvergleiches. Ich erinnere mich der letzten Szene des Chaplin-Films *Monsieur Verdoux* — ein Meisterwerk des größten Komödianten dieser Zeit, vielleicht aller Jahrhunderte, dessen politische Naivität seinem Werk keinen Abbruch tut —: Da entschuldigt der Frauenmörder, ein Nachfahre Landrus, oder Landru selbst, seine Untaten mit der Grausamkeit des gesellschaftlichen Systems, ja des jüngsten gesellschaftlichen Geschehens, der Angeklagte, freigesprochen durch Vergleich, verwandelt sich gleich darauf in einen Ankläger. In Wirklichkeit wären die Verbrecher auch eines weniger charmanten Mörders als Monsieur Verdoux weder mit denen Hitlers noch mit denen Stalins zu vergleichen, weil es sich aber um ungleiche Kategorien handelt, bleibt das eine vom anderen unberührt, der individuelle Mord geht nicht im Massenmord unter. Es ist pure Tollheit, die Opfer des Vietnam-Krieges weniger zu beklagen, weil in seinen Jahren in Amerika mehr Menschen auf den Autobahnen getötet wurden; die Rauschgiftsucht ist nicht weniger katastrophal, weil soundso viele Menschen, übermäßigen Tabakkonsums halber, an Lungenkrebs sterben; die Verschleppung sowjetischer Intellektueller ist durch den südrhodesischen Rassismus nicht zu entschuldigen; der totale Krieg mit dem Abwurf sämtlicher Hydrogenbomben würde keine einzige Flugzeugentführung rechtfertigen. Im übrigen könnten wir, wenn wir Monsieur Verdoux freisprechen, Oberleutnant Calley nicht verurteilen. Der Teufel im Detail? Eher im Wertwirrwarr.

Die Logik vieler Gnostiker, die meinten, die Erde sei das Fegefeuer, ist bestechend. Es würde fast alles erklären, was wir die »Ungerechtigkeit« Gottes nennen.

Paulus schrieb an die Korinther: *»Die Zeit ist kurz; damit fortan auch die, welche Frauen haben, so seien, als hätten sie keine, und die Weinenden, als weinten sie nicht, und die Fröhlichen, als freuten sie sich nicht, und die Kaufenden, als behielten sie es nicht, und die Welt benützen, als nützten sie sie nicht aus.«* Empfiehlt Paulus die Heuchelei? Er empfiehlt den göttlichen Realismus, das Zusammenleben in Unvollkommenheit. In der Epoche der fortschrittlichen Dekadenz — vielleicht der Titel unserer Zeitgeschichte? — erlaubt man anderen alles, weil man sich alles erlauben will. Paulus setzt sich mit der Permissivität auseinander.

Ich habe mich seit Marinas Tod oft gefragt, ob ich »gläubiger« geworden bin, seither, oder meinen Glauben verloren habe, und wenn ich denke, weder das eine noch das andere sei geschehen, so ist mir das ein gewisser Trost — es tröstet mich nicht über den Verlust meines Kindes, die Zweifel an meinem Glauben sind geschwunden.

Ich übe einen unmenschlichen Beruf. Alle Schriftsteller üben, ob sie es gestehen oder leugnen, einen unmenschlichen Beruf, weil es keinen Moment, kein Zusammentreffen von Umständen, kein Erlebnis und keine Situation gibt, in denen sie nicht selber sich selbst photographierten, in ihren Seelen eine Kamera, Selbstauslöser, Geheimauge, wenn sie lachen, sehen sie sich lachend, wenn sie weinen, sehen sie sich weinend, wenn sie zürnen, sehen sie sich zürnend, wenn sie ruhen, sehen sie sich ruhend, ihr Dasein ein Traum, nicht etwa im sentimentalen Sinne, im Gegenteil, ein Traum, weil man sich nur im Traum selbst sieht, ohne Spiegel. Diese Selbstbespiegelung, Preis des Schaffens, Glück des Schaffens, ist zugleich der gottgewollte Ausgleich für ihre Leiden, sie haben Lepra mit den Leprakranken und bluten mit den Verwundeten und sterben tausend Tode, aber ihr eigener Aussatz ist der Aussatz eines anderen, ihr Blut das Blut eines anderen, und wenn sie sterben, ist ein anderer gestorben.

Ich stand an Marinas Sarg in der kleinen Kirche von Beverly Hills, ich hatte ihn ausgesucht, ich sehe mich, wie ich ihn ausgesucht habe,

»Wollen Sie kirchliche Musik?« fragte der trauerverkaufende Maître
d'hôtel, »Nein, Beatle«, sagte ich zornig, ich stand am Sarg, ich sehe
mich am Sarg stehen, und hörte keine Silbe von den Sprüchen des
Priesters — sie war vom anglikanischen zum katholischen Glauben
übergetreten, ihr innigster Wunsch —, hinter mir die Schar ihrer
Freunde, Ausflug einer Schulklasse, meine eigenen Freunde waren
herbeigeströmt, vertraute und vergessene Gesichter, helfende Hände,
helfende Worte, ich sah niemand, doch mich sah ich ganz genau,
richtige Zeit und scharfe Blende. Die Wintersonne lächelte albern über
dem Friedhof, es waren Gartenstühle aufgestellt, grün, Sommergast-
haus, Blumen und Kränze, ein Polizeiwagen hinter dem Leichenwa-
gen, der immer noch dastand, blödsinnig, als könnte er Marina wieder
abholen, die Detektive, mit denen ich in der Nacht zuvor die Kneipen
Hollywoods durchkämmt hatte, beobachteten die Trauergäste, vielleicht waren die Mörder unter ihnen, jemand drückte mir eine
Schaufel in die Hand, ich haderte mit Gott, aber ich wußte, daß ich
mit Ihm hadere.

Ich haderte mit Ihm, deshalb glaubte ich an Ihn. Es waren keine
höflichen Fragen, die ich stellte, der Ton ist höflicher geworden, doch
ich frage noch immer, warum sie, gerade sie, warum ich, gerade ich,
was ist das für eine Lakaiensprache, in den Todesanzeigen, »Der Herr
in seinem unerforschlichen Ratschluß ...«, Phrasen zwischen schwarzen Balken, »... zu Sich genommen, in Seine Ewigkeit«, wer will das
wissen, und meine Ewigkeit ist es nicht, verlogene Resignation, wie
sollte man das Sinnlose akzeptieren, sie wäre im Februar achtzehn geworden, nicht achtzig oder neunzig, ich resignierte nicht, resignieren
heißt, sich zufrieden geben, wie hätte ich mich zufrieden geben können, ich rebellierte, aber ich rebellierte gegen das Existierende, ich
fragte herrisch und drohend und fluchend, ich schüttelte die Fäuste,
der ungerechte Gott, unbegreiflich in Seiner Ungerechtigkeit, Gott
noch immer.

Andere mögen den Glauben verlieren, aber verlieren sie ihn —
haben sie dann je geglaubt? Was ist das für ein Gott, an den sie glaubten? Ein gütiger Gott, weil er nur die Kinder der anderen unter die
Räder wirft, ungerecht erst, wenn er den Mord an meinem Kind duldet; der gütige Gott von Auschwitz und Dachau und Bergen-Belsen,
ungerecht nur, daß er meine Tante nicht verschonte; der gütige Gott
der Sibirientransporte, nur meinen Vater hätten die Henkersknechte
nicht befragen dürfen. Das sinnlose Gesetz, das einen tiefen Sinn
haben muß. Bin ich so wichtig, daß es mich nicht treffen darf ...?

Der Krieg, den die katholischen Kirchen seit manchem Jahr »für« den
Teufel führten — in dem Sinne natürlich, daß es ihn gibt, nach dem

Wort Pauls VI.: »*Der Teufel existiert wirklich*« —, wird an grotesker Vermessenheit nur von jenen Theologen übertroffen, die wider die Existenz des Teufels streiten.

Sie müßten sich entscheiden, die hohen Herren, nicht zwischen Gott und Teufel etwa, ohne Zweifel sind sie nicht des Teufels, sondern zwischen Glauben und Philosophie.

Juristisch gesprochen, wäre die Entscheidung zwischen den Teufelsgläubigen und den Teufelsleugnern immer schwer gefallen. Solange die Kirche die achtzehn Marienerscheinungen des Hirtenmädchens Maria Bernarda Soubirous, genannt Bernadette, geboren zu Lourdes am 7. Januar 1844, heiliggesprochen im Jahre 1933 zu Rom, feierlich zu bestätigen wagte, konnte sie gelassen behaupten, auch der Teufel wandle unter uns — juristisch gesprochen hätten zweifelnde Theologen dem nichts entgegensetzen können, da kein Gericht einen Zeugen akzeptiert, der nur vorbringen kann, er habe etwas *nicht* gesehen. Seit aber Theologen, aller Konfessionen übrigens, von einem abstrakten Gott sprechen, den man schwerer finden kann als einen Sinn in einem Gemälde von De Kooning, haben die Gegner der Teufelsexistenz Oberwasser, Unterwasser richtiger: Ist das Eis unter Gott gebrochen, dann auch unter dem Teufel, beide sind untergegangen.

Aber auch das scheint etwas nicht seine Richtigkeit zu haben. Hat sich die Religion einmal auf das Gebiet der Philosophie begeben, dann wüßte ich nicht, wie und warum die Modernen unter den Theologen die Existenz des Teufels bestreiten wollten: Ist Gott das Gute, die Stimme in uns, die Summe der Welt, und was es sonst noch geben mag an Zweideutigkeiten und Sophistereien, dann ist ja schließlich auch das Böse, seine Stimme in uns, sein Anteil an der Welt nicht zu bestreiten; was schadet der abstrakte Teufel, da der abstrakte Gott nichts nützt?

Der Herr möge mich davor bewahren, mich an dieser teils hochgelehrten, teils hochbigotten Diskussion auch nur aus der fernsten Ferne zu beteiligen. Wie das Liebchen im Gedicht von Heine, das dem Teetisch fern ist, als dort Hofrat, Hofrätin, Domherr, Fräulein, Gräfin und Baron von der Liebe diskutieren, habe ich meine eigene Anschauung von der Liebe, beziehungsweise vom Teufel, aber ich werde mich hüten, sie zu verraten. Meine allerdemütigste Frage lautet nur: Ist Gott ein Wesen oder ein Prinzip? Ist Er ein Prinzip, warum sollte es der Teufel nicht sein? Sind die Kirchenfürsten der Meinung, Gott sei ein Wesen, warum verschweigen sie es dann, und verschweigen sie es, warum bestehen sie dann auf der Existenz des Gehörnten? Sind die Theologen der Meinung, Gott sei die Vollendung, warum bestreiten sie dann den Teufel der Unzulänglichkeit?

Allerdemütigst stelle ich die Frage: Sind sich die Herren, Kardinäle und Theologen, wirklich über den Teufel so uneinig, oder, der Herr möge es verhüten, über den Herrn? Sprechen sie die gleiche Sprache oder verschiedene? Warum können sie sich, wenn sie die gleiche Sprache der Abstraktion sprechen, nicht verständigen? Warum versuchen sie nicht, ehe sie miteinander sprechen, sich darüber zu verständigen, in welcher Sprache es geschehen soll? Ist ihre Diskussion aufrichtig? Und ist sie es nicht — ist vielleicht Unaufrichtigkeit der Teufel ...?

Manche haben gelesen, was ich im Laufe eines Lebens über Juden und ihre Feinde geschrieben habe. Professor von Benda, in *Die Mission*, denkt: »*Besser wäre es gewesen, wenn ein christlicher Unterhändler hier hätte stehen können, besser wäre es gewesen, wenn die Sache der Juden seit Jahrhunderten von Christen vertreten worden wäre. Die Juden hätten sich nie in ihre eigenen Angelegenheiten mischen sollen. Die Katholiken und die Protestanten und die Mohammedaner, die Deutschen und die Engländer und die Amerikaner — sie alle durften sich in ihre eigenen Angelegenheiten mischen, aber nicht die Juden. Religionsfreiheit und Patriotismus bei den einen, Selbstsucht bei den anderen — immer wenn die Juden ihrer eigenen Sache sich annahmen, hatte es in Anklage, Verurteilung und Verfolgung geendet. Schlichen sie sich an der Wand entlang, waren sie feig, traten sie aus dem Schatten, waren sie unverschämt; knauserten sie mit ihren Mitteln, waren sie geizig, gingen sie mit dem Geld großzügig um, trumpften sie auf; strebten sie vorwärts, waren sie von Ehrgeiz zerfressen, gaben sie sich bescheiden, fehlte es ihnen an Mut; kämpften sie, geschah es, um Ehren einzuheimsen, kämpften sie nicht, waren sie ehrlos — wer aber war der Christ, der für sie eintrat, der ihre Mission übernahm?*«

Antisemitismus ist das einzige Gewand, das bei jeder Gelegenheit getragen werden kann.

Die Beziehung zwischen Judentum und Christentum ist eine Verewigung des Generationenkonfliktes: Der Jude ist der Vater, der Christ ist der Sohn — wie sollten sie sich verstehen?

Der jüdische Witz ist ein Revolver, der die unangenehme Eigenschaft hat, gleichzeitig nach vorne und rückwärts loszugehen.

Objektivität gegenüber Israel ist Subjektivität gegenüber den Juden.

Von einem Baum des Bösen ist in der Heiligen Schrift keine Rede. Als sie vom klugen Baum aßen, wurden die Menschen ganz von selbst böse.

Es gibt keine neue Sittlichkeit. Nur eine alte Unmoral.

Fast so wichtig wie die Bibel zu lesen, ist es, in der Bibel-Konkordanz zu blättern. Man erfährt daraus, daß Hoffen und Hoffnung in der Bibel zweihundertsechsmal vorkommen. Hoffnungslosigkeit kommt kein einziges Mal vor. Das Wort »Hoffnungsloser« ein einziges Mal. Und das im Zusammenhang: »... *sondern du bist der Gott ... der Retter der Hoffnungslosen.*« Es steht bei Judith. In einem apokryphen Buch.

Selbstprüfung bei Durchsicht der Tagebücher. Nebensächlichkeiten. Sind sie es?

1937. In meinem kleinen Peugeot von Genf nach Nizza gefahren. Ein Freund hatte mir erzählt, daß er die Strecke in soundsoviel Stunden zurückzulegen pflegt. Im naiven Glauben an seinen Rekord versuchte ich, ihn zu übertreffen, bei Grenoble überschlug sich mein Wagen. Wären wir gleichzeitig gestartet, nebeneinander, hätte sich der Unfall nicht ereignet. Man sollte nur mit sichtbaren Konkurrenten wetteifern.

1962. Die »Materialsammler« haben Zeit, und ich habe keine. Ich soll in meine Vergangenheit steigen, um zu beweisen, was keines Beweises bedarf. Egon Friedell wurde einmal im feudalen *Regina-Palace* eine Dachkammer angewiesen. Dort schrieb er ruhig — bis er eine Maus bemerkte. Der Portier: »Bei uns gibt es keine Maus, Herr Friedell!« Er schrieb weiter. Wieder die Maus. Der Empfangschef: »Aber, Herr Friedell — bei uns gibt es keine Maus!« Am nächsten Morgen traf ihn ein Freund im benachbarten Park. Er war im Begriffe, die Maus aus der Falle zu befreien. Er habe die Falle gekauft, etwas Käse hineingetan, prompt war die Maus in die Falle gegangen. Der erstaunte Freund: »Warum läßt du sie laufen?« Friedell: »Was so wahr ist, braucht man nicht zu beweisen.« Statt zu erzählen, was Friedell gesagt hat, wühle ich in alten Papieren.

1968. Die Frau, die ich mit siebzehn Jahren geliebt habe, schreibt Schmähartikel, in ihrem Stelzstil. Früher schrieb sie im Schmalzstil. Kommt Schmähen von verschmäht? Als ich sie auf dem Markusplatz treffe, begrüße ich sie. Gute Vergeßlichkeit.

1969. Jetzt, da man sie zu Grabe trägt, denke ich: Ich habe der Witwe des großen Komponisten den Lebensabend erträglich gemacht. Ich spreche mit Witwen, korrespondiere mit Witwen, kümmere mich, wenn ich es vermag, um die Werke ihrer Männer. Witwen, die treu bleiben, sind Symbole der Treue. Man kann ihnen nicht untreu werden.

1972. Beim Bürgermeister von Jerusalem den allmächtigen deutschen Konzernherrn getroffen. Sein Konzern hat vor zwanzig Jahren durch ein Inseratenboykott die Zeitung ruiniert, die ich leitete, *Echo der Woche.* Forsyt berichtet darüber in *Die Akte Odessa.* Der Boykott wurde proklamiert, weil ich — so Forsyt — »*eine Anzahl ehemaliger SS-Führer bloßgestellt*« hatte. Jetzt fehlt der Konzernherr bei keiner Moskaureise. Lebhafte Diskussion; wenn er könnte, würde mich der Konzernherr ruinieren — von der anderen Seite. Mein Gewissen freut sich.

1973. In dem Leserbrief an eine Zeitung, deren antisemitische Gesinnung ich kenne, geschrieben: »*Ich, als Jude ...*« Ich hätte ebenso schreiben können: Ich, als Protestant ... Gut geschlafen.

Um das sechzigste Jahr ...

Ich stehe vor dem Schaufenster des Antiquitätenhändlers. Ein Schaukelstuhl. Ich möchte ihn kaufen. Ich möchte ihn vor mein Fenster stellen. Am Morgen tauchen auf dem Pfad zwischen der hohen Hecke und dem Golfplatz die Konturen der Reiter auf, rote, schwarze, gelbe Wogen. Die Golfschläger blitzen in der Sonne. Die Sonne liegt über dem verschneiten Gipfel des Tamaro. Ich habe keines der Dörfer am Berghang besucht, jedes Jahr habe ich es mir vorgenommen, jetzt könnte ich es tun. Die Schweizer Malerin, die mit ihrem amerikanischen Mann in den Bergen wohnt, will ich seit Jahren einladen. Ich könnte im Schaukelstuhl sitzen und mit ihnen sprechen. Ich habe mir vorgenommen, das Alte Testament noch einmal ganz zu lesen, Josua, das Buch der Richter, Samuel, Esra, die Könige.

Geht, neben der Jugend, das Alter verloren?

Man könnte die Zeitungen abbestellen. Aus dem offenen Fenster des Hausmädchens immer noch Radiogeplärr. Die Musik hat aufgehört, der Nachrichtensprecher, Israel, Vietnam, Bonn, die menschliche Stimme furchterregender als das gedruckte Wort, was hat er gesagt, halbes Wissen ist erschreckend, die Phantasie will sich nicht schaukeln. Wenn der Postbote keine Zeitungen bringt, bringt er Briefe, auf Briefe ist man nicht abonniert, man kann sie nicht abbestellen. Soll ich antworten: Es tut mir leid, ich habe einen Schaukelstuhl gekauft ...? Der Schaukelstuhl steht nicht im Garten, er steht in der Gesellschaft.

Wenn ein Riß durch die Gesellschaft geht, geht ein Riß durch den Garten. Ich stehe vor der Auslage und denke an meinen Vater. Er pflegte meiner Mutter zu sagen: »Hättest du bloß den Volksschullehrer geheiratet ...!«

Es ist noch zu früh. Ich würde zuweilen aufstehen aus dem Schaukelstuhl und an meinen Schreibtisch gehen und etwas schreiben. Gedichte. Oder einen Liebesroman, ich habe ihn längst skizziert. Ich könnte die Handlung ins neunzehnte Jahrhundert versetzen. Was würde es nützen? Flucht. Man kann leichter verheimlichen, was man nicht weiß, als das, was man weiß. Schriebe ich Verse, die sich reimen, wäre es ein Protest. Schriebe ich von Menschen, denen es wichtig ist, was ihnen wichtig ist, würde man fragen: Warum ist ein Arbeiter zufrieden? Warum denkt der junge Mann aus gutem Haus nicht an das Elend? Ich müßte es begründen. Ginge ich auch nur ein einziges Mal zum Schreibtisch — der Schaukelstuhl würde sich wiegen, aber ich säße nie wieder darin, nur der Wind würde es bewegen.

Jetzt geht eine Familie an mir vorbei, Vater, Mutter, drei Kinder, es ist Sonntag, sie gehen die Via Borgo hinunter, zur Kirche. Ich sehe ihnen nach. Ich bin froh, daß sie zur Kirche gehen. Warum bin ich froh? Man wird ihnen sagen, Christus sei auferstanden, und die Eltern werden ihren Kindern sagen, es sei nicht wörtlich gemeint. Vielleicht bin ich froh, daß die Familie zur Kirche geht, weil sie für Hammer und Sichel verloren ist. Die beiden Jungen haben kurz geschnittene Haare und das Mädchen einen langen Rock, so sah meine Mutter aus, auf jenem Kinderbild. Ich schöpfe Hoffnung. Aber wenn ich hoffe, muß ich etwas unternehmen, damit sich meine Hoffnung erfüllt. Ist der Schaukelstuhl mit dem geschwungenen Rohrrohr und dem Wellenbein ein Museumsstück?

Ich sollte den Schaukelstuhl kaufen, ich kann doch nichts ändern, wenn ich ihn nicht kaufe, im sechzigsten Jahr, werde ich es im siebzigsten bereuen, ich bereue im sechzigsten, daß ich im fünfzigsten etwas getan habe, ich habe das Nichtstun versäumt. In der Universität Boston gibt es einen ganzen Saal mit meinen Büchern. Und weil die Juden wieder verfolgt werden, in Afrika und in Asien, denke ich doch, ich muß ihnen helfen. Sollte ich ihnen ein Maschinengewehr schicken, statt ein neues Buch zu schreiben? Aber was ist das für ein Schaukelstuhl, in dem man einen Scheck für ein Maschinengewehr ausstellt?

Ich sage mir, daß die Zeit des Verständnisses gekommen ist, um das sechzigste Jahr. Und des Mitleids. Ich verstehe die Unruhe des jungen Dichters, der schreibt, man müsse alles verbrennen, um alles aufzubauen. Aber wenn ich es zulasse, daß alles verbrannt wird, ehe alles aufgebaut wurde, werden alle Schaukelstühle verbrannt werden. Ich habe Mitleid mit den Armen. Aber es wird heißen, ich beruhige nur mein Gewissen, wer nicht Feuer legt, löscht sein Gewissen. Oder es wird heißen, ich will nur Zeit gewinnen, bis sich der Schaukelstuhl ausgeschaukelt hat. Oder die Armen werden fragen, wieviel der Schaukelstuhl gekostet hat, und sie werden kommen und ihn verbrennen. Man hat mir das Recht auf Verständnis genommen und auf Mitleid. Dabei habe ich kein Verständnis für mich verlangt und kein Mitleid für mich, nur das Recht, zu verstehen und Mitleid zu haben.

Wir starren uns an, ich und der Schaukelstuhl. Die Kirchenglocken läuten. Drüben, vor dem Zeitungsstand, stehen diskutierende Menschen, die Sonntagszeitungen berichten von neuen Kriegen. Ein Auto fährt über die Serpentinenstraße zu einer Villa hinauf. Der Mann hat ein großes Auto, er hat gearbeitet, um das Haus zu bauen, man will es ihm wegnehmen. Auch andere haben gearbeitet und haben kein Haus. Es gibt mehr Gerechtigkeit als Häuser. Die Sonne reflektiert sich im Schaufenster. Ein riesiger gelber Kran über dem zerstörten *Rustico*, ein Monsterpapagei mit Fangarmen. Geschieht ihm ganz recht, dem *Rustico*, warum ist er so alt? Aus der *Pizzeria* Beat-Musik, die Langhaarigen hocken auf den Barstühlen, stoßen sich an, sehen herüber zu dem Mann vor dem Schaufenster, stützen grimmig das Bartkinn in die Hände, trinken den Klassenkampf-Apero. Zwei junge Priester gehen langsam die Via Borgo hinab zum See. Im Photoladen, nebenan, werden billige Kameras angepriesen, jeder kann sie kaufen, keiner will sie kaufen, jeder will die teure Filmkamera des anderen. Die Kirchenglocken läuten, wer soll am Sonntag begraben werden? Neun von zehn Büchern im Bücherladen sagen, man sollte die Kirchenglocken schmelzen. Sagte ich nicht selbst, man müßte ein Maschinengewehr kaufen, wer soll es verstehen, daß ich die Kirchenglocken nicht in den Feuerofen werfen will?

Ich werfe einen Blick auf den Schaukelstuhl, gehe weiter. Ich werde keinen Schaukelstuhl kaufen.

Ich glaube ...

Ich glaube an die Erfahrung. Und ihren Trost. Über meiner Jugend lagen die Schatten der Ungerechtigkeit. Ich lernte, Gerechtigkeit zu suchen. Ich wuchs auf in Reichtum — und in Armut. Ich achte die Reichen nicht wegen ihres Reichtums und die Armen nicht wegen ihrer Armut. Der Krieg stahl mir sechs Jahre. Ohne den Krieg hätte ich mein bestes Buch nicht geschrieben. Frauen brachten mir kein Glück. So erfuhr ich, was das Glück neben einer Frau bedeutet. Lange Jahre hatte ich wenige Freunde. Die späte Fülle wäre nichts ohne die frühe Leere. Ich wurde herumgetrieben wie das Blatt im Wind. Das verwehte Blatt lernt die Erde kennen. Erfolge und Mißerfolge gaben sich die Klinke. Ich verachte die Erfolglosen nicht und achte die Erfolgreichen. Ich rebellierte gegen das Leid. Wer kein Leid erfahren hat, ist stumpfes

Holz und unfruchtbarer Boden und ein stummes Klavier. Manche Angriffe taten weh. Sie bewiesen, daß meine Waffen nicht rostig geworden waren. Ich geriet in Gefahren und wurde gerettet. Noch immer kein Beweis, daß Gott mit mir etwas vorhat. Aber es könnte sein, daß ich es nicht weiß.

Ich glaube an die Abhärtung. Ich geriet als Fremder und Jude in Hitlers Gefangenschaft. Spätere Ängste waren keine Ängste mehr. Eine Frau, die ich verlassen hatte, fuhr denunzierend durch die Lande. Betrug und Enttäuschung, die ich nachher erfuhr, waren gering. Hitler erstickte meine Stimme. Gegen den subkutanen Terror bin ich gefeit. In den wichtigsten Jahren meiner Jugend regierte die Gewalt. Jetzt drängt sie an die Macht: kein Vergleich. Ich erlebte den Tod meiner Freunde in Auschwitz. Neben Auschwitz ist alles erträglich.

Ich glaube: »... euer Ja sei ein Ja und euer Nein sei ein Nein«, und ich glaube, daß es nicht von ungefähr kommt, wenn Jakobus sagt, dies »vor allen Dingen«. Ich geriet unentwegt ins Handgemenge mit Halbhumanisten, Halbrebellen, Halbmutigen, Halbgläubigen, halben Männern, und es ist mir nicht gut bekommen. Ich bereue vieles, doch das bereue ich nicht. »Denn nichts ist verhüllt, was nicht enthüllt werden wird, und nichts verborgen, was nicht bekannt werden wird.«

Ich glaube an das Gesetz. Es heißt, das Gesetz sei ein Arsenal, dem die Starken ihre Waffen entlehnen. In Wahrheit ist es ein Depot, dem die Schwachen ihre Krücken entnehmen. Es ist nicht so, daß alle Gesetze in die Bücher geschrieben sind. An den Rand der Bücher schreibt man seine eigenen Gesetze, aber es sind Randbemerkungen, die dem Text nicht widersprechen. Wenn ich glaubte, durch das Gesetz schlüpfen zu können, geriet ich an Zaun und Draht und Mauer. Stärkere als ich brauchen weniger Gesetze, ohne Gesetze kommen auch sie nicht aus. Als ich im Lager von Dieuze merkte, daß meine Kameraden im Schmutz versanken, begann ich, mich zu waschen, weil ich mich gewaschen hatte, fiel ich den Wärtern auf, weil ich ihnen auffiel, führten sie mich ins Freie, weil sie mich ins Freie führten, entkam ich. Später geschah es, daß ich mich nicht wusch. Dann entkam ich nicht.

Ich glaube an den Sinn der Leistung. Ich habe manches geleistet, das mir zum Nutzen wurde, doch nichts davon, das nicht auch anderen genützt hätte. »Unternehmer« ist ein schönes Wort, weil nur, wer etwas unternimmt, die Welt vorwärtsführt, vorwärtstreibt, vorwärtshöhnt, vorwärtsredet oder vorwärtsärgert. »Arbeitnehmer« ist ein häßliches Wort, es klingt, als nähme man nur Arbeit und gäbe nichts dafür und erhielte nichts dafür. Alle sollten Unternehmer sein. Aber nicht alle sollten gleich sein. Gerechtigkeit hat mit Gleichheit nur das »G« gemeinsam. Mit Glück etwas mehr. Die Heilige Schrift ist eine einzige Aufforderung zu Barmherzigkeit, Verständnis, Wohltat und

Almosen. Wenn die Schwachen nicht in die Welt geplant wären wie die Starken, bedürfte es keiner Barmherzigkeit, keines Verständnisses, keiner Wohltat und keines Almosens. Ich glaube an gleiche Wiegen, nicht an gleiche Särge. Zwischen Geburt und Tod ist die Leistung gesetzt.

Ich glaube an das Primat der Intelligenz über die Intellektualität. Es verging kaum eine Woche meines Lebens, ohne daß man mir die Mitgliedskarte für den Klub der Intellektualität ins Haus gesandt hätte. Ich habe sie zurückgeschickt. Ich tat es nicht aus Bescheidenheit. Intellektuell heißt: bloß geistig. Bloß. Ich möchte nicht auf einem Bein humpeln, wenn ich auf beiden Beinen gehen kann.

Ich glaube an den Widerstand. Die Helden meiner Jugend waren geschichtliche Figuren und Phantasiegestalten: Danton und Posa, Kossuth und Tell, Lafayette und Roland. Sechs Jahre Krieg haben mich gelehrt, die Gewalt zu hassen. Aber den Spatz, den ich im Garten unter dem Baum fand, hat die Katze zerfetzt. Man errichtet Gandhi Denkmäler — und Indien hungert. Wer meint, die Gewalt lasse sich wegsingen oder wegfasten, glaubt an das Himmelreich auf Erden.

Ich glaube an die Entwicklung. Am Rande des Weges, auf den ich zurückblicke, kauern die Stehengebliebenen. Manche, die fliegen wollten, sind abgestürzt. Mein Fahrlehrer sagte in der ersten Stunde: »Das Wichtigste ist, daß Sie nie hypnotisiert auf die Kühlerfigur schauen. Schauen Sie, so weit Sie sehen.« Das war ein guter Rat, mit der Kühlerfigur. Er hätte auch sagen können: Gucken Sie nicht nach den Berggipfeln. Das Ende der Straße ist immer noch eine Grenze.

Ich glaube an die *ultima ratio* des Menschen. Er erhebt sich in die Lüfte und steht Kopf und sieht die Welt verkehrt. Bis er aufsteht und sie wieder richtig sieht. Wohl sieht er sie auch wieder falsch, aber die überflüssigen Gegenstände nützen sich ab und Michelangelos Moses nützt sich nicht ab. Als ich dreißig war, herrschte ein Mann über Europa, und man hielt seinen Rassenwahn für Verstand. Dreißig Jahre später duckt sich der Rassenwahn in den Südwinkel Afrikas. Als man damals Intellektuelle in Konzentrationslager sperrte, besuchte sie das Rote Kreuz und fand, es ginge ihnen nicht so schlecht, jeder von ihnen habe eine Büchse Sardinen. Jetzt sperrt man Intellektuelle in Irrenhäuser, aber die Welt lernt, daß das Regime, das seine Intellektuellen in Irrenhäuser sperrt, ein Irrenhaus-Regime ist. Das alles vollzieht sich allmählich. Es ist das Glück des Alters, viele Untergänge erlebt und den Weltuntergang nicht erlebt zu haben. Es ist nicht von der *ratio*, es ist von der *ultima ratio* die Rede.

Ich glaube an die Niederlage des Bösen. Auch das ist eine irdische Erfahrung, es ist nicht der Aberglaube vom irdischen Sieg des Guten. Ich war im amerikanischen Staat Georgia, als Rommel seinen Sieg in Nordafrika feierte. Es war endgültig. Ich war in Tunis, als die Endgültigkeit zu Ende ging. Ich wurde in einem brennenden Dorf gefangengenommen, als die Engel der Dunkelheit am Triumphbogen der Lichterstadt standen. Fünf Jahre später wurde der Antichrist im Hof des Führerbunkers zu Berlin verbrannt. Als im schwarzen Dezember des Jahres 1941 Japans Todesengel niederschlugen, erhob sich die Welt über das schwache, fahrlässige, blinde Amerika. Vier Jahre später kapitulierte der Kaiser. Ich hörte das Brüllen der Massen im Stadion zu Nürnberg. Ich höre den Marschschritt der Legionen auf dem Roten Platz zu Moskau. Ich denke an die Unbelehrbarkeit des Menschen. Und an seine Belehrbarkeit.

Ich glaube an den Kalender. Der Dezember ist der letzte Monat des Jahres, nicht des Daseins. Ein neuer Kalender ist ein neues Dasein. Kerkerinseln und Banditenhäfen, Gefangenenlager und Munitionsdepots, Irrenhäuser und Sibirienzüge: Das ist unser Dezember. Wegelagerer, Propagandisten, Zuhälter, Nachrichtenfälscher, Henkersknechte, Pornographen, Terroristen, Huren, Kinderschänder, Jugendverführer: Das ist unser Dezember. Hochmut und Nüchternheit, verfluchte Väter und verlorene Söhne, Klassenneid und Klassenhaß, verfälschte Lehren und verlogene Freiheit: Das ist unser Dezember. Aber die Tage werden länger, mitten im Winter, und der neue Kalender hat so viele Blätter wie der alte. Schon künden Künder des Unheils vor leeren Bänken. Schon müssen die Verführer Tarnkappen stülpen. Schon suchen Junge nach Erfahrung. Schon schenken Alte ihre Erfahrungen. Schon wagt sich Melodie in Musik, schon wird im Gemälde das Gesicht sichtbar, schon zeichnet sich Sinn im Text. Schon bedecken Mädchen ihre Blößen. Schon wandeln Paare, Hand in Hand. Einer geht am Götzenbild vorbei und blickt zum Himmel empor. Einer wirft die falsche Lehre über Bord und greift nach der Schrift. Einer rollt die Fahne ein und öffnet das Buch. Einer vergräbt das Messer und setzt sich nieder und wartet. Einer verwirft den Plan und rückt den Turm zur Kirche. Einer schüttelt sich nicht mehr im Veitstanz und nimmt sein Rad und ruht unter Bäumen. Einer geht nicht am Haus vorbei und kehrt ein und sucht seinen Vater. Einer wirft die Ampulle ins Wasser und pflückt eine Blume für seine Mutter. Und alle leiden an Sehnsucht.

Ich glaube an die Türen. Sie sind die wahren Sinnbilder meiner Erfahrung. Ich habe viele Mauern gesehen und viele wurden immer höher und auf vielen zog sich Stacheldraht. In manchem Kerkerhof lief ich im Kreise, und als ich hinaustrat, war ich in einem neuen Kerkerhof. Gegen manche Mauer lief ich und schlug mir den Kopf wund, ich kletterte manche Mauer empor und schnitt mir die Finger blutig und fiel in den Graben. Und der Dezember kam, ehe ich erkannte, daß es keine Mauer gibt ohne eine Tür. Ich kenne die Mauern. Ich sehe die Türen.

Heyne Ex Libris